福瀧博之著

手形法概要〔第二版〕

法律文化社

第二版 まえがき

本書は、手形法解釈学を勉強する学生のために手形法の講義の概要を示すことを目的として、先に公けにした「手形法概要」の第二版である。初版の出版以来、民法をはじめとする関連法令に多少の改正があった。また、新しい判例もいくつか見られる。その意味で、初版の改訂が必要となったものである。

初版を出版した後、近時、わが国においては、いわゆる司法制度改革に伴う法学教育システムの変更もあって、法学教育において手形法という法分野の有する意味は、相当変わってきているようである。また、手形および小切手の利用もかつてほどではないといわれる。このような評価は、多かれ少なかれ価値判断を伴う問題であって、ここでは立ち入らないが、わが国の法学教育において、現在でもなお手形法を勉強する意味が多少なりともあると考える以上、そのための教科書もまた必要であり、本書を改訂する意味も、その限りにおいては認められると考えている。

第二版においては、初版以来の法律の改正を反映した記述にするとともに、この間の新しい判例にも言及した。本来、改訂に当たっては、法令、判例の補訂だけでなく、その後刊行された少なからぬ論文、著書にも言及し、それを反映した記述にすべきであると考えたが、それには、相当大幅な加筆が必要なので、次の機会に譲り、先ずは、右の限度において改訂した第二版を公けにすることにした。

今回の改訂に当たっても、初版のときと同じく、法律文化社編集部淺野弥三仁氏および舟木和久氏に御尽力賜わり、関西大学法学修士吉岡次則氏に助けて頂いた。感謝申し上げたい。また、法律文化社代表取締役社長岡村勉氏には、第二版の出版に格別の便宜を賜わった。ここに厚く御礼申し上げる次第である。

二〇〇七年一月

関西大学法学部研究室

福瀧博之

初版　まえがき

手形の制度は、その経済的な機能からすると自明ともいうべきことであるが、すぐれて合理的な仕組みを有する。このような手形制度に関する法律関係を規整の対象とする手形法もまた合理的な構造を有する法分野であり、「手形法」という大学における講義科目も最も明快で理解しやすい科目の一である。

もっとも、現実には、手形法が理解の容易な科目であることに気付かないまま、講義にも出席せず、独自に勉強もせず、一般私法の知識の単なる適用だけでは分からないという当然のことから何となく難解な科目であると誤解している学生も少なくないようである。不可解なことである。

ここにこのような形で本書を公けにするのは、従来の私の講義の経験をもとに、手形法の講義の概要を示して、一部の学生の右のような誤解を解くための一助にしようと考えたものである。右のような本書の目的からも明らかなように、本書は独特の手形理論を説くものではなく、多くの場合には確立された学説に従うものにすぎない。また、本書は、基本的には同様の意図によったものであった本書の旧版ともいうべき手形法概要〔講義案〕（関西大学出版部・昭和五七年）を書架の片隅から引き出して手を加えたものであるから、その叙述にも不充分な点のあることは否めないが、それは講義で補充することを予定している。

第1章と第9章は、テーマの関係から他の各章に比べて抽象的な叙述が多い。初めて手形法を学習する人は、第1章と第9章は、後回しにする方がよいであろう。もっとも、いずれも理論的には重要な問題を取扱っているから全体をひととおり勉強した後では、一読されることを希望する。

なお、各章の初めに、各章の内容を端的に示す簡単なコメントを加えてあるが、多くの場合には、本文においても同一の内容が繰り返されている。その限りでは、コメントは必要ないようであるが、これは、各章の記述に入る前に各章のテーマが手形法のどの位置にあるかをあらかじめ簡単に示しておこうとの考えに出るものである。

本書は、このような小冊子にすぎないが、その成立は多くの人々の御助言と御配慮に負うところが多い。法律文化社編集部淺野弥三仁氏には、本書の出版のために何かと御尽力賜わり、関西大学法学修士吉岡次則君には、校正および索引の作成などで御協力頂いた。感謝申し上げたい。また、法律文化社前代表取締役社長井上重信氏ならびに代表取締役社長岡村勉氏には、右のような私の意図に御理解を頂き、本書の出版に格別の便宜を賜わった。ここに厚く御礼申し上げる次第である。

一九九八年五月

関西大学法学部研究室

福瀧博之

目次

第2編　手形法総論

第5編　小　切　手

凡　例

(1) 法令略語

民　民法
商　商法
手　手形法
小　小切手法
会社　会社法
拒絶　拒絶証書令
民訴　民事訴訟法（平成八・六・二六法律一〇九号）
公催　公示催告手続ニ関スル法律
非訟　非訟事件手続法
印税　印紙税法
銀取　銀行取引約定書（ひな型）（平成一二年四月一八日廃止）
当座　当座勘定規定（ひな型）

(2) 判例引用略語

大判　大審院判決
最判　最高裁判所判決
（東京）高判　（東京）高等裁判所判決
（東京）地判　（東京）地方裁判所判決
民録　大審院民事判決録
裁判例　大審院裁判例
民集　大審院民事判例集または最高裁判所民事判例集
高民集　高等裁判所民事判例集
下民集　下級裁判所民事判例集
新聞　法律新聞
判タ　判例タイムズ
判時　判例時報
金融法務　金融法務事情
金融商事　金融・商事判例

(3) 文献略語（発行年の表示は、各文献の表示に従って西暦または年号で表示する。）

伊澤　伊澤孝平・手形法・小切手法（有斐閣・昭和二四年）
石井＝鴻　石井照久＝鴻　常夫・手形法小切手法〔増補版〕（勁草書房・昭和四五年・第二版昭和四七年・増補版昭和五〇年）
岩本　岩本　慧・商法Ⅲ〔手形法小切手法〕（法律文化社・昭和四一年）
上柳＝北沢＝鴻＝竹内編・商法講義(4)　上柳克郎＝北沢正啓＝鴻　常夫＝竹内昭夫編・手形法・小切手法（商法講義(4)）（有斐閣・昭和五三年〔一九七八〕）
大隅　大隅健一郎・新版手形法小切手法講義（有斐閣・一九八九年）
大隅＝河本　大隅健一郎＝河本一郎・注釈手形法・小切手法（有斐閣・昭和五二年）
大橋　大橋光雄・手形法（弘文堂書房・昭和一二年）
大森　大森忠夫・新版手形法小切手法講義（三和書房・昭和四九年）
大塚＝林＝福瀧・商法Ⅲ　大塚龍児＝林竧＝福瀧博之・商法Ⅲ（手形・小切手）（有斐閣・一九八九年）
河本　河本一郎・約束手形法入門〔第三版〕（有斐閣・昭和五一

年）

木　内　木内宜彦・手形法小切手法〔第二版〕（勁草書房・一九八二年〔初版・一九七七年〕）

小　橋　小橋一郎・手形法・小切手法（成文堂・平成七年〔一九九五年〕）

小橋・講義　小橋一郎・新版手形法小切手法講義（有信堂・高文社・一九八二年）

小橋・手形行為論　小橋一郎・手形行為論（有信堂・昭和三九年）

小橋・有価証券　小橋一郎・有価証券法の基礎理論（日本評論社・昭和五七年）

坂　井　坂井芳雄・手形法・小切手法の論理（上・下）（法曹会・昭和四九年）

坂井・改訂　坂井芳雄・手形法・小切手法の論理〔改訂版〕（上・下）（法曹会・昭和五五年）

坂井・三訂　坂井芳雄・手形法・小切手法の論理〔三訂版〕（上・下）（法曹会・平成三年）

坂井・裁判手形法　坂井芳雄・裁判手形法〔再増補〕（一粒社・昭和六三年）

鈴木・商法研究Ⅰ　鈴木竹雄・商法研究Ⅰ（総論・手形法）（有斐閣・昭和五六年）

鈴木＝前田　鈴木竹雄＝前田　庸補訂・手形法・小切手法〔新版〕（有斐閣・平成四年）（旧版は、鈴木竹雄・手形法・小切手法（有斐閣・昭和三二年）である。）

高　窪　高窪利一・現代手形・小切手法（経済法令研究会・昭和五四年）

高窪・改訂　高窪利一・現代手形・小切手法〔改訂版〕（経済法令研究会・平成元年）

高窪・法論　高窪利一・手形・小切手法論（文久書林・昭和五六年）

高窪・通論　高窪利一・手形小切手法通論（三嶺書房・昭和五七年）

竹　田　竹田　省・手形法・小切手法（有斐閣・昭和三〇年）

田中誠二　田中誠二・手形・小切手法詳論（上巻・下巻）（勁草書房・昭和四三年）

田中耕太郎・手形法小切手法概論　田中耕太郎・手形法小切手法概論（有斐閣・昭和一〇年）

田　邊　田邊光政・手形流通の法解釈（晃洋書房・昭和五一年）

平　出　平出慶道・手形法小切手法（有斐閣・一九九〇年）

菱　田　菱田政宏・手形小切手法（中央経済社・昭和六一年）

前　田　前田　庸・手形法・小切手法入門（有斐閣・昭和五八年）

松　本　松本烝治・手形法（中央大学・昭和五年〔二六版〕）

大隅・商法総則　大隅健一郎・商法総則〔新版〕（有斐閣・昭和五三年）

鴻・商法総則　鴻　常夫・商法総則〔全訂第四版補正二版〕（弘文堂・平成六年）

米沢・商法総則　米沢　明・商法総則要論（中央経済社・平成五年）

鈴木・会社法　鈴木竹雄・新版会社法〔全訂第五版〕（弘文堂・平成六年）

西原・商行為法　西原寛一・商行為法〔第三版・増補〕（有斐閣・昭和四八年）

西原・金融法　西原寛一・金融法（有斐閣・昭和四三年）

加藤＝吉原・銀行取引　加藤一郎＝吉原省三編・銀行取引〔第6版〕（有斐閣・一九九一年）

田中誠二・銀行取引　田中誠二・新版銀行取引法〔四全訂版〕（経済法令研究会・平成二年）

川井・民法概論1　川井　健・民法概論1（民法総則）（有斐閣・一

九九五年）
四　　宮　　四宮和夫・民法総則〔第四版補正版〕（弘文堂・昭和六一年〔第四版〕、平成八年〔補正版〕）
星野・民法概論Ⅰ　　星野英一・民法概論Ⅰ（良書普及会・昭和四六年）
舟橋・物権法　　舟橋諄一・物権法（有斐閣・昭和三五年）
我妻・新訂物権法　　我妻栄・新訂物権法（民法講義Ⅱ）（岩波書店・一九八三年）
松坂・債権総論　　松坂佐一・民法提要（債権総論）（第四版）（有斐閣・昭和五七年）
我妻・新訂債権総論　　我妻栄・新訂債権総論（民法講義Ⅳ）（岩波書店・昭和三九年）
松坂・債権各論　　松坂佐一・民法提要（債権各論）〔第四版・増補〕（有斐閣・昭和六〇年）
四宮・事務管理・不当利得　　四宮和夫・事務管理・不当利得（青林書院・昭和五六年）
我妻＝有泉・民法1　　我妻　榮・有泉　亨＝川井　健〔補訂〕・民法1　総則・物権法〔第四版・新版〕（一粒社・一九九二年）
我妻＝有泉・民法2　　我妻　榮・有泉　亨＝水本　浩〔補訂〕・民法2　債権法〔第四版・新版〕（一粒社・一九九二年）
注釈民法(4)　　於保不二雄・中川善之助他編・注釈民法(4)（有斐閣・昭和四二年）
商法の理論と解釈　　竹田　省・商法の理論と解釈（有斐閣・昭和三四年）
現代商法学の課題（中）　　竹内昭夫編・現代商法学の課題（中）（鈴木竹雄先生古稀記念）（有斐閣・昭和五〇年）
会社法・手形法論集　　上柳克郎・会社法・手形法論集（有斐閣・昭和五五年）
教材現代手形法学　　福瀧博之・教材現代手形法学（法律文化社・一九八八年）
商法における表見法理　　菱田政宏編・商法における表見法理（岩本慧先生傘寿記念論文集）（中央経済社・平成八年）
基本コンメンタール新版手形法・小切手法　　服部栄三＝星川長七編・基本コンメンタール新版手形法・小切手法（日本評論社・昭和五七年）
判例手形法・小切手法　　判例手形法・小切手法研究会（代表　坂井芳雄）編集・判例手形法・小切手法（新日本法規出版株式会社・昭和五〇年～）
手形法小切手法講座　　鈴木竹雄＝大隅健一郎・手形法小切手法講座第一巻～第五巻（有斐閣・昭和三九年～昭和四〇年）
現代企業法講座5　　竹内昭夫＝龍田節編・現代企業法講座5巻有価証券（東京大学出版会・一九八五年）
商法演習Ⅱ　　鈴木竹雄＝大隅健一郎編・商法演習Ⅱ（総則、商行為、手形・小切手(1)）（有斐閣・昭和三五年）
商法演習Ⅲ　　鈴木竹雄＝大隅健一郎編・商法演習Ⅱ（会社(2)、手形・小切手(2)等）（有斐閣・昭和三八年〔改訂・昭和四三年〕）
新商法演習3　　鈴木竹雄＝大隅健一郎＝上柳克郎＝鴻　常夫＝竹内昭夫編・新商法演習3 ―― 手形・小切手（有斐閣・昭和四九年）
演習商法（手形小切手）　　鴻常夫＝河本一郎＝北沢正啓＝戸田修三編・演習商法（手形小切手）（青林書院新社・昭和五九年）

商法の争点　北沢正啓編・商法の争点（別冊ジュリスト増刊）（有斐閣・一九七八年）
商法の争点II　北沢正啓・浜田道代編・商法の争点II（別冊ジュリスト増刊）（有斐閣・一九九三年）
別冊法セミ司法試験シリーズ商法II　加美和照編集・別冊法学セミナー司法試験シリーズ商法II〔第三版〕（日本評論社・一九九三年）
商法II（判例と学説）　河本一郎編・商法II（判例と学説）（日本評論社・昭和五二年）
特別講義商法II　竹内昭夫編・特別講義商法II（有斐閣・一九九五年）
商法の判例〔第三版〕　矢沢　惇・鴻　常夫・竹内昭夫編著・商法の判例　第三版（ジュリスト増刊）（有斐閣・一九七七年）
手形百選〔新版・増補〕　鈴木竹雄＝鴻　常夫＝竹内昭夫編・手形小切手判例百選〔新版・増補〕（有斐閣・一九七六年）
手形百選〔第三版〕　鴻　常夫＝竹内昭夫編・手形小切手判例百選〔第三版〕（有斐閣・一九八一年）
手形百選〔第四版〕　鴻　常夫＝竹内昭夫＝江頭憲治郎編・手形小切手判例百選〔第四版〕（有斐閣・一九九〇年）
銀行取引百選〔新版〕　編集代表我妻栄（鈴木竹雄＝竹内昭夫）・銀行取引判例百選〔新版〕（有斐閣・一九七二年）

法　協　法学協会雑誌（東京大学）
論　叢　法学論叢（京都大学）
新　報　法学新報（中央大学）
神　戸　神戸法学雑誌（神戸大学）
北　法　北大法学論集（北海道大学）
法　学　法学（東北大学）
関　法　関西大学法学論集（関西大学）
民　商　民商法雑誌
判　タ　判例タイムズ
判　時　判例時報
ジュリ　ジュリスト
金融法務　金融法務事情
金融商事　金融・商事判例
手　研　手形研究
法　時　法律時報
法　セ　法学セミナー
法　教　法学教室

本書の国語表記　送り仮名の付け方をはじめとする本書の表記は、一般の法律書において行なわれているところと基本的に変わらないが、法律書であることから、初版以来、専門用語に関しては、法律の表現を一の基準として書き表してきた。また、判例や論文などを原文のまま引用するときは、原則として、原文のまま引用してきた。

本書の改訂に当たっても、従来と基本的には同じ表記方法によった。ただ、この間、民法をはじめとする法律のいわゆる現代語化に伴い、法律の条文自体の表記も変わってきている。たとえば、従来、「取消」「手続」「申立」とされていたものが、「取消し」「手続き」「申立て」となったような場合である。なお、本書には、現代語化に伴い、条文の送り仮名の表記などに変更があったので、本書の表記もそれと揃えるべきであるにもかかわらず、初版のままになっている箇所がある（たとえば、「取消」）。手形法・小切手法の書物にあっても、現代語化の影響を受けて、たとえば法律には「振出」とあるのに「振出し」と表記するものも見られることなどからすれば、本書の表記にも検討を加えるべきであるが、それは次の機会に行なうことにした。

手形法の文献　一、近時、わが国の手形法の学説は、百家争鳴ともいうべき状況にある。新たに公刊される手形法の書物の数も決して少なくない。しかし、本書においては、学説の引用は、原則として、どちらかといえば「古典的」な学説・書物に限った。近時の学説を詳細かつ網羅的に引用することも考えられるが、本書の教科書としての性格からするに、それは必ずしも必要ではなく、かえって記述を錯綜させ、理解の妨げになる怖れがあると考えたのである。

もっとも、そのために本書における文献の引用が不充分なものとなっていることは、これを否めない。とりわけ、以下において掲げる田邊光政・最新手形法小切手法（中央経済社・昭和六二年）をはじめとする諸文献のように、すでに定評のある多くの文献をほとんど引用していないことに対しては議論もあるであろう。加えて、高窪利一・現代手形・小切手法〔三訂版〕（経済法令研究会・平成九年）および鴻常夫＝竹内昭夫＝江頭憲治郎＝岩原紳作＝山下友信・手形小切手判例百選〔第五版〕のように、すでに原稿を確定した後に新版・改訂版が出版されたので、本来ならば、これを引用すべきものもある。これらに関しては、後日の再検討または補正を期するものである（なお、手形法の文献の紹介に関しては、たとえば、手塚・後掲書一頁以下参照）。

二、比較的最近、公刊された手形法の文献（体系書・教科書）であって、よく知られているが、本書では必ずしも逐一引用していないものとしては、たとえば、次のようなものがある。もっとも、以下に掲げるところも網羅的ではなく、教科書としての本書の目的からして、いわゆる論文集の類は原則として取り上げていない。また、共著および共編著の書物も割愛した。

田邊光政・最新手形法小切手法（中央経済社・昭和六二年、三訂版・平成七年）
小島康裕・新手形法小切手法読本（同文舘出版株式会社・昭和六二年）
後藤紀一・要論手形小切手法（信山社・一九九二年〔平成四年〕、改訂第2版・一九九三年〔平成五年〕、改訂第3版・一九九八年〔平成一〇年〕）
丸山秀平・手形法小切手法概論（中央経済社・平成七年〔一九九五年〕）
手塚尚男・手形法小切手法1（中央経済社・平成七年〔一九九五年〕）
弥永真生・リーガルマインド　手形法・小切手法（有斐閣・平成七年〔一九九五年〕、補訂版・平成九年〔一九九七年〕）
関　俊彦・金融手形法小切手法（商事法務研究会・平成八年〔一九九六年〕）
川村正幸・手形・小切手法（新世社・一九九六年）
坂井芳雄・手形法小切手法の理解（法曹会・平成八年〔一九九六年〕）
河本一郎＝田邊光政・約束手形法入門〔第五版〕（有斐閣・一九九七年）
高窪利一・現代手形・小切手法〔三訂版〕（経済法令研究会・平成九年〔一九九七年〕）

さらに、学生向けの雑誌「法学教室」に一九九五年一〇月号（一八一号）から連載されている森本滋「手形小切手法の理論と実務」にも随所に注目に値する記述が見られる。

手形法の文献（第二版のために）　一、本書の初版刊行の後に出版された手形法の書物も少なくない。たとえば、次のようなものを挙げることができる（共著・共編著は割愛した）。第二版のまえがきにおいても述べたように、本書においても、これらの書物の説くところと本書の見解の異同に言及し、あるいは、初版に引用した書物の改訂版が出された書物に関しては、改訂版の頁数を引用すべきであるが、それは次の機会に行なうこととした。

服部育生・手形法・小切手法講義（第三版）（泉文堂・二〇〇六年）

大野正道・入門　手形法・小切手法（システムファイブ・二〇〇六年）

川村正幸・手形・小切手法（第三版）（新世社・二〇〇五年〔第二版・二〇〇一年〕）

田辺宏康・手形小切手法講義（成文堂・二〇〇五年）

道端忠孝・手形・小切手法読本〈改訂版〉（尚学社・二〇〇五年〔初版・二〇〇一年〕）

弥永真生・リーガルマインド　手形法・小切手法（第2版補訂版）（有斐閣・二〇〇五年〔第2版・二〇〇一年〕）

大崎晴由・書式　手形・小切手訴訟の実務—基礎知識から訴訟・執行までの書式と理論（全訂新版）（民事法研究会・二〇〇四年）

丸山秀平・事例で学ぶ手形法・小切手法（法学書院・二〇〇四年）

牧瀬義博・新しい手形・小切手法（信山社出版・二〇〇四年）

手塚尚男・世界の最新有価証券法理の研究（悠々社・二〇〇四年）

関　俊彦・金融手形小切手法（新版）（商事法務・二〇〇三年）

土居寛二・手形・小切手の取引実務（かんき出版・二〇〇三年）

淺木慎一・手形法・小切手法入門（中央経済社・二〇〇三年）

三枝一雄・論点整理　手形・小切手法（法律文化社・二〇〇三年）

堀口　亘・演習ノート　手形法・小切手法（改訂第2版）（法学書院・二〇〇三年）

宮島　司・やさしい手形法・小切手法（第二版）（法学書院・二〇〇三年〔初版・一九九八年〕）

丹羽重博・手形・小切手法概論（第二版）（法学書院・二〇〇三年〔初版・一九九七年〕）

山下眞弘・やさしい手形小切手法（税務経理協会・二〇〇三年）

加藤勝郎・図説手形・小切手法教室（最新版）（創成社・二〇〇二年）

田辺宏康・有価証券と権利の結合法理（成文堂・二〇〇二年）

前田　庸・有価証券法入門—対話で学ぶ（有斐閣・二〇〇一年）

末永敏和・手形法・小切手法—基礎と展開（中央経済社・二〇〇一年）

大野正道・手形法・小切手法入門（信山社出版・二〇〇一年）

鴻　常夫・手形法・小切手法の諸問題（有斐閣・二〇〇一年）

丸山秀平・手形法小切手法概論（第二版）（中央経済社・二〇〇一年）

大賀祥充・手形法・小切手法の基礎（中央経済社・二〇〇一年）

丸山秀平・演習講義　手形・小切手法（第二版）（法学書院・二〇〇一年）

稲田俊信・手形法・小切手法講義（新版）（有信堂高文社・二〇〇一年）

河本一郎・有価証券法研究（成文堂・二〇〇〇年）

長谷川雄一・有価証券法通論（成文堂・二〇〇〇年）

田邊光政・最新手形法小切手法（四訂版）（中央経済社・二〇〇〇年）

長谷川雄一・基本商法講義　手形法・小切手法（第三版）（成文堂・二〇〇〇年）

新海兵衛・手形法・小切手法（中央経済社・二〇〇〇年）

増田政章・手形法・小切手法概説（新東洋出版社・一九九九年）

前田　庸・手形法・小切手法（有斐閣・一九九九年）

小島康裕・手形法・小切手法読本（信山社出版・一九九九年）

丸山秀平・基本判例〈8〉手形法・小切手法（法学書院・一九九九

年）
庄子良男・手形抗弁論（信山社出版・一九九八年）
手塚尚男・手形法・小切手法２（中央経済社・一九九八年）
平出慶道＝神崎克郎＝村重慶一編・手形・小切手法（注解法律学全集25）（青林書院・一九九七年）
坂井隆一・手形法・小切手法要論（法律文化社・一九九七年）
納富義光・手形法に於ける基本理論（復刻版）（新青出版・一九九七年）
安達三季生・手形・小切手法の民法的基礎（信山社出版・一九九七年）
大矢息生・有価証券法の基礎（成文堂・一九九七年）

二、この間に、いわゆる判例学習用の教材も新しいものが現われ、あるいは新しい版が出された。次のようなものがあり、学習に便宜である。

鴻常夫＝竹内昭夫＝江頭憲治郎＝岩原紳作＝山下友信編・手形小切手判例百選〔第五版〕（有斐閣・一九九七年）
落合誠一＝神田秀樹編・手形小切手判例百選〔第六版〕（有斐閣・二〇〇四年）
弥永真生・最新重要判例200〔商法〕（第二版）（弘文堂・平成一八年〔初版・平成一六年〕）
山下友信＝神田秀樹編・商法判例集（第２版）（有斐閣・二〇〇六年〔初版・二〇〇四年〕）

第1編　序　論

第1章　有価証券制度

手形は、一定の金額の支払を目的とする有価証券である。われわれの社会生活においては、紙が利用されることが多い。法律生活においても、紙は欠くことのできないものである。法律生活における紙の利用は、契約書から紙幣まで多岐にわたる。手形を始めとする有価証券もまたその一つにほかならない。この章においては、「有価証券とは何か」を有価証券の概念を類似の概念と比較することによって明らかにする。

第1節　有価証券および有価証券と類似の証券

われわれの社会生活においては、紙を利用することが多い。法律生活においても、いろいろな場面において紙が用いられている。法律生活において紙が用いられる目的は、その上に一定の法律関係を文字をもって記載することにあるから、これは文書または書面と呼ばれる。

われわれが法律生活において用いる各種の文書が果たしている役割（機能）は多様であり、そのような文書の有する意味は区々である。たとえば、一枚の紙の上に「一万円」と書いてあるといっても、一万円の紙幣（一万円札）と、一万円の消費貸借の契約書と、そして、金額一万円の手形・小切手とでは、それぞれその法的意味は大いに異なる。

学者は、「(私法上の) 権利についての記載のある書面」を、その有する法的意味によって、証拠証券、免責証券、設権証券、さらには金券などに分類して考察している。有価証券という概念もその一であり、有価証券の意味もこれらの諸概念と対比、区別することによって明らかになるであろう。もっとも、これらの概念は必ずしも排斥しあう関係にはなく、たとえば、手形のような有価証券は、証拠証券としての性質も有するのである（単なる証拠証券が有価証券でないことはいうまでもない）。手形は有価証券であるが、証拠証券および免責証券としての意味をも有する。

①　証拠証券　先ず、その書面が、単に証拠としての役割を有するにすぎないものがある。契約書、借用証書、受取証などであり、証拠証券（証拠証書）と呼ばれている。証拠証券にあっては、実質的な法律関係の有無・内容は、証券（証書）の有無・内容とは関係ない。

②　設権証券　これに対して、単に証拠としての意味をもつだけでなく、実体法上の意味をもつものもある。たとえば、書面（とりわけ要式の書面）が、実体法上、法律関係の成立要件とされる場合がある。定款を書面として作成する場合の会社の定款（たとえば、株式会社についての会社法二六条一項参照）がその一例であり、これを設権証券（設権証書）という。

設権証券と有価証券・証拠証券　設権証券という概念に関しても多少の争いがある。ここでは、本文のように解しておく。ドイツにおいても同様に説明されている。たとえば、*Hueck/Canaris*, Recht der Wertpapiere, 12. Aufl., 1986, S. 26 は、有価証券のうち、証券上の権利の成立に証券の作成 (die Ausstellung des Wertpapiers) が必要とされるものを設権証券 (konstitutive Papiere) と呼んでいる。それによれば、株券は、その証券上の権利である株主権 (das Recht des Aktionärs) ——すなわち、株式——がすでに株券の発行前に存在するものであるから、株券は設権証券たる有価証券ではない（このようなものはドイツでは、deklaratorische Papiere と呼ばれる）。これに対して、手形の場合には、証券（手形）上の権利である手形債権の成立には、手形の振出が必要であるから、手形は設権証券たる有価証券であるというのである。

しかし、本来、設権証券かどうかは、有価証券と証拠証券の区別とは関係ない。証拠証券 (Beweisurkunde) にも設権証券とそうでないものとがある。債務証書 (Schuldschein)（債務者の発行する債務の存在を証明する証書、債権証書ともいう、山田　晟・ドイツ法律用語辞典・改訂増補版〔大学書林・平成五年〕参照）は、消費貸借契約にもとづく債権の成立には必要ではないから、これは設権証券ではない。これに対して、ドイツ法における遺言あるいは土地売買の場合の公正証書 (die notarielle Urkunde beim Grundstückskauf) は（ドイツ民法二二三一条・九二五条、二二三一条・二二三二条参照）、設権証券ではあるが、このようなものは有価証券ではない。Vgl. *Hueck/Canaris*, a. a. O. S. 26.

③　免責証券　次に、債務者が証券の所持人に債務を履行（弁済）すれば、たとい所持人が真の権利者でなかったとしても、その弁済は有効とされ、債務者は免責されるものがある。その例としては、一般に携帯品預証、下足札、銀行・郵便局の預金証書などが挙げられることが多い（伊澤・五三頁、石井＝鴻・一八頁、岩本・五頁、菱田・一〇頁）。これを免責証券（免責証書）という。

この場合にも、証券（証書）は債務者との関係では実体法上の意義を有するものといえるが、しかし、債権者にとっては、これは証拠としての意味を有するにすぎない。債権者は、証券を所持していても、争いがあれば権利者であることを証明して権利を行使しなければならない。

預金証書・預金通帳と預金の払戻　銀行は、受入れた預金を正当な預金者（権利者）に払戻さなければ免責されない。しかし、預金証書・預金通帳には、いわゆる免責約款が記載されている。それによれば、預金者は、払戻を請求するときは、通帳と届出印を押捺した払戻請求書を提出するものとされている。銀行は、払戻請求書の印影と届出の印鑑とを照合して（印鑑照合）相違ないと認めたうえ払戻をしたときは免責されることとされている。このような免責約款の有効性は、古くから判例の認めるところである（大判明治四一・一一・二民録一四輯一〇七九頁）。また、免責約款と同趣旨の商慣習のあることも認められている（銀行は約款に明文の定めがなくとも同様の免責を受けることができる）。

なお、準占有者に対する弁済（民四七八条）および受取証書の持参人への弁済（民四八〇条）と右の免責約款との関係については、たとえば、加藤＝吉原・銀行取引三六頁以下、五九頁以下参照。さらに、最判昭和三七年八月二一日（民集一六巻九号一八〇九頁）参照。平成一六年改正前民法四七八条は、債務者が債権の準占有者に「善意」で行なった弁済を有効としていたが、この判例のように、通説・判例は、同条の適用および類推適用に当たって、「善意・無過失」を要件と解してきた。そこで、平成一六年の民法改正において民法四七八条に無過失要件が付加された。池田真朗編・新しい民法（有斐閣・二〇〇五年）八二頁。

④　金券（金額券）　さらに、郵便切手、収入印紙、紙幣などのように証券自体が法律上一定の価値をもつとされるものもある。金券または金額券という。

金券と紙幣　本文における金券の説明は、たとえば、石井＝鴻・一八頁などにおける定義に倣ったものであり、紙幣も、これを金券に入れる（岩本・五頁）。学説によっては、「郵便切手や収入印紙のように、法律によって特定の用途に金銭の代わりに使用されるものを金額券あるいは金券と呼ぶ」としたうえ、紙幣とは別個に説明を加えるものもある。たとえば、上柳＝北沢＝鴻＝竹内編・商法講義(4)二六頁〔河本一郎執筆〕参照。

⑤　有価証券　これらに対して、証券に記載されている権利の行使に証券の所持・占有を必要とする点において特徴を有する証券もある。有価証券と呼ばれているものである。有価証券としては、たとえば、貨物引換証、倉庫証券（預証券、質入証券または倉荷証券）、株券、社債券、そして手形・小切手などを挙げるのが普通である。

有価証券と流通証券　有価証券制度または有価証券（Wertpapier）という概念は、手形法の研究においては重要な位置を占めている。しかし、これは、ドイツ私法解釈学に由来するものであり、英米法やフランス法には、この概念はないとされる。英米法には、「流通証券（negotiable instrument）」という概念が見られるが、有価証券とは必ずしも同じではない。最近では、わが国の文献においても、英米の手形法に言及するものも少なくないが、このような基本的な相違に注意しなければならない。アメリカ手形法については、福瀧博之訳＝チャールズ・M・ウエーバー著・アメリカ手形法（関西大学出版・広報部・昭和五三年）参照。

アメリカの統一商事法典（Uniform Commercial Code）は、その最初の Official Text である UCC 1952 Official Text 以来、数次にわたって改正されたが、手形法に関する第三編は、その後、アメリカ合衆国のすべての州において採用された。しかし、一九九〇年に至って、第三編も、全面的に改正された。Cf. Uniform Commercial Code, 1990 Official Text. 右のウエーバーの著作は、UCC 1972 Official Text によっており、また、*Richard E. Speidel/Steve H. Nickles*, Negotiable Instruments and Check Collection in a Nutshell, 4th ed.（1993）は、改正後の第三編の概説書である。

なお、統一商事法典第三編（1990 Official Text）の邦訳に関しては、澤田壽夫編修代表・解説国際取引法令集（三省堂・一九九四年）および田島裕訳・UCC 2001―アメリカ統一商事法典の全訳―（商事法務・二〇〇二年）参照。

ドイツにおける有価証券の定義　有価証券の定義をめぐるわが国の学説の争いに関しては、後述するが（第9章第2節1参照）、ここでは、*Hueck/Canaris*, a.a.O. S. 1 ff. の説くところに従って、――わが国の議論に大きな影響を与えている――ドイツにおける有価証券の定義をめぐる議論の一端を見ておきたい。

有価証券（Wertpapier）の定義については、ドイツにおいても、ブルナー（*Heinrich Brunner*）に由来する定義が、争いはあるものの、依然今日でも支配的であるとされる。それによると、有価証券とは、私法上の権利を表わす証券であって、その権利を行使する（Geltendmachung）ためには、証券の所持の必要なものをいう。

このような定義は、いうまでもなく記名証券をも有価証券として捉えるものであるが、これには異論もないわけではない。たとえば、ウルマー（*Ulmer*）は、無記名証券と指図証券だけを有価証券として扱い、記名証券は、「有価証券類似の証券」として区別する。

ところで、この問題についてのドイツの学説の対立を理解するためには、――ドイツの手形法の文献を繙くときにしばしば問題となることであるが、――わが法においては、ほとんど問題とされず、他方、ドイツ法の認めている、いわゆる手形所有権（あるいは、一般的には証券所有権）の概念にまで遡って考える必要がある。

ドイツ法の下では、有価証券であるか、証拠証券であるかを問わず、一般に証券との関係では、二つの権利が問題となる。すなわち、先ず一方では、その証券上に表示されている権利がある。たとえば、一定の金額の金銭債権であり、ドイツ法上、「証券に由来する権利（証券上の権利）（Recht aus dem Papier）」と呼ばれるものである。他方、証券は、物（Sache）であるから、他の物の場合と同様に、証券についても物権、とりわけ証券所有権（Eigentum an der Urkunde）が認められる。これは、「証券に対する権利（Recht am Papier）」と呼ばれる。これら二つの権利は、同一人に帰属することが望ましい。ある者が、ある証券の所有者であるとしても、その者にその証券の上に表示されている権利が帰属していなければ、その証券所有権は経済的にはおよそ無価値である。他方、証券の上に表示されている権利を有する者に証券が帰属していれば、証券上の権利を行使するに当たって、たとえば証拠として利用するなど、証券上の権利を有する者にとって有用である。そこで、ドイツ法は、証券に対する権利と証券に由来する権利が同一人に帰属するように配慮している。

ただ、そのためには、二通りの方法が可能である。すなわち、証券の所有権を取得した者は、そのことによって同時に証券の上に表示されている権利を取得する、と定めることもできれば、逆に証券上の権利を有する者は、同時に証券の所有者となる、と法律で定めることもできる。そして、ドイツ法は、ある場合には前者の方法により、別の場合には後者の方法をとっている。注意すべきは、前者によるときは、これら二つの権利（証券上の権利と証券所有権）の譲渡は、原則として証券所有権の譲渡（Übereignung des Papiers）によって行なわれ、一次的には、物権法の規定によって規制されるのに対して、後者の場合には、当該の証券上の権利の譲渡についての法規定（たとえば、ドイツ民法三九八条）によって規定されるのである。

右のような議論を踏まえて、一部の論者は、右の前者の証券（証券上の権利が証券に対する権利に従う、とされる証券）のみを有価証券とすべきであると説いている。このような証券としては、ドイツ民法七九三条の無記名債権証券（Inhaberschuldverschreibung) のほか、その他の無記名証券および指図証券が挙げられる。このような見解をとるのは、たとえば、ウルマー(*Ulmer*)であり、ライザー(*Raiser*)である。この説では、有価証券を振出すと、権利と証券が結びつけられ、権利(証券上の権利)も物権法の規定のもとにおかれることになる。物の所有権の譲渡は、特に善意取得の保護が認められている点で(ドイツ民法九三二条以下)債権の譲渡とは異なる。無記名証券および指図証券に表示されている権利についても物権法の規定を及ぼすことによって、善意取得の保護がそのような権利にも及ぼされ、その流通性が高められる。証券の記載内容に対する信頼が広範に保護されているのも、同じ目的に役立つものである。有価証券が当該の権利の流通性を高めるために利用されていることは明らかであり、その意味で、無記名証券と指図証券が、特に重要で特徴的な有価証券であることは確かである。このような証券――無記名証券と指図証券――は、「公信力ある有価証券(Wertpapiere öffentlichen Glaubens)」と呼ばれている。

ドイツ法上、証券からの権利と証券についての権利を同一人に帰属させる方法としては、ドイツ民法九五二条が債務証書(Schuldschein)について定めるように、証券上の権利を有する者は、常に証券所有権を有する、とする方法もとられていることは、右に見た通りである。ただ、ドイツ民法九五二条は、有価証券ではなくて、証拠証券にすぎない債務証書(Schuldschein)について定めるものであるから、ドイツ民法九五二条の原則は、証拠証券についてのみ妥当するように考えられるかもしれない。しかし、同条の原則は、ドイツ民法九五二条二項の掲げる抵当証券(Hypothekenbriefe)、土地債務証券(Grundschuldbriefe)、定期土地債務証券(Rentenschuldbriefe)をはじめ、すべてのいわゆる記名証券(Rektapapiere)にも妥当するものとされている。これらの記名証券は、単なる証拠証券ではなく、証券上の権利の行使には証券の所持を必要とするものである。したがって、理論的には、これらの証券を、証拠証券および公信力ある有価証券とならぶ、そして両者の中間に位置する第三のグループをなすものとして体系づけることもできないではない。ただ、そうすると、本来よく似たものである無記名土地債務証書(Inhabergrundschuldbriefe)と抵当証券、指図式の倉庫証券(Orderlagerschein)と記名式の倉庫証券(Rektalagerschein)、通常の手形と裏書禁止手形(Rektawechsel)などを別々に分類することになる。そこで、前述のようにドイツでも通説は、公信力ある有価証券だけではなくて、記名証券をも有価証券に分類するような定義に拠っているのである。

第2節　有価証券の積極的作用と消極的作用

有価証券と呼ばれている証券においては、目に見えない無形の権利の流通の円滑確実を図るために、権利が有形の証券と結びつけられていると考えられている。そして、その結果、証券が盗取された場合のような例外を別にすれば、一般に権利者は証券を所持しており、証券の所持人は権利者であるということになった（権利者と証券の所持人が一致する高度の蓋然性が見られることになった）。そこで、法は、この点に着目して、一方では証券の所持人を一応権利者と認める（いわゆる有価証券の積極的作用）こととし、他方では証券の所持人でない者は権利者と認めない（いわゆる有価証券の消極的作用）ことにした。このような証券が有価証券にほかならない（鈴木＝前田・一〇頁以下参照）。

指図証券・無記名証券と有価証券の基本法理　一定の法律関係（権利関係）のための手段という意味では、有価証券も証拠証券（証拠証書）も異ならない。しかし、経済の発展に伴い、権利をみずから行使しないで他に譲渡することが多くなったので、その譲受人を保護して権利の流通性を高めるために、本来は、手段にすぎない証券に独立の法的意義が認められるようになったといわれている。このように手段にすぎないはずの証券を基準として権利関係を決定するようになったのが有価証券にほかならないということができる。すなわち、一定の法律関係における権利者に証券を交付することとし、そして権利者が権利を譲渡するときには同時に証券を交付するものとしておけば、通常の場合には、権利者は証券の所持人であり、証券の所持人は権利者であるから、このように証券の所持人と権利者とが一致する高度の蓋然性に着目して、証券の所持人を権利者と認める（有価証券の積極的作用）とともに、証券の所持人でない者はこれを権利者と認めない（有価証券の消極的作用）ことにしたのである。証券は権利（Recht）自体ではなく、権利の外観（Rechtsschein）にすぎないが、権利の外観を備えているものは権利自体を有するものと推定し、他方、権利の外観を備えていない者は権利自体を有しないものとしたのである（以上は、基本的に、鈴木＝前田・八頁以下の考え方に倣ったものであるが、なお、ドイツにも同様の見解が見られる。後述、第9章第2節1(2)参照）。

以上のような有価証券の根本法理は、無記名証券には妥当するが、指図証券の場合には、多少修正を要する。指図証券の場合には、証券の単なる所持人が当然に権利者と認められるのではなく、裏書の連続する証券の所持人に認められるのである。有価証券の積極的作用および消極的作用は、裏書の連続する証券の所持人が権利者と認められるのである（鈴木＝前田・一四頁）。また、記名証券の場合には、有価証券の消極的作用は認められているが、有価証券の積極的作用は認められていない（鈴木＝前田・一四頁）。

なお、ここで、①無記名証券、②指図証券、③記名証券の区別に簡単に言及しておきたい。これは、権利者（証券に表章される法律関係の権利者）の指定の方法による証券の区別であり、延いては、権利の主張（行使）方法および権利の譲渡方法にも違いが出てくる。先ず、①無記名証券とは、証券上に権利者の記載のない証券であり、証券を所持する者が権利者としての形式的資格を有する。権利の譲渡は、証券の単なる引渡によって行なわれる。持参人払式の小切手がその例である。次に、②指図証券とは、証券上に特定の者を権利者として掲げるが、同時にその権利者が他人を自己に代わって権利者とする旨を証券上に記載することができる証券である。裏書の連続する証券の所持人が権利者としての形式的資格を有する。権利の譲渡は裏書によって行なわれる。手形（約束手形および為替手形）がその典型例である。さらに、③記名証券とは、証券上に特定人を権利者として指定した証券である。権利を主張するには、自己の権利を証明しなければならず、しかも、権利の行使には証券を必要とする。権利の譲渡は、指名債権の譲渡の方式に従い、かつその効力をもって行なうものとされている。権利の譲渡に証券の引渡を要するかどうかに関しては争いがある（消極に解する小橋・四頁と積極に解する鈴木＝前田・三〇頁、石井＝鴻・二三頁以下参照、なお、右の鈴木＝前田・三〇頁と石井＝鴻・二三頁以下の説明も区々である）。なお、記名証券の例としては、たとえば、指図禁止手形を挙げることができる。

したがって、有価証券の所持人は、（いわゆる有価証券の積極的作用により）実質的権利者であることを一々証明しないでも当然に権利を行使することができ、義務者はそのような所持人に権利の行使を許せば、たとい所持人が無権利者であっても免責される。これによって、証券の譲受人は円滑に権利を行使できる。他方、（いわゆる有価証券の消極的作用によって）権利者であっても証券を所持しない者は直ちに権利を行使することはできず、義務者はこのような者に権利の行使を許しても、証券の所持人から二重に請求されることがある。これによって、証券の譲受人は証券を所持している限り、その地位を確実に保証されることになる（他の者が権利を行使するおそれは原則としてない）。

有価証券においては、証券は権利の行使との関係で以上のような作用を有しているのであり、したがって有価証券の表章する権利の行使は証券をもってなされなければならないとされているのである。ところで、権利の行使に証券の所持・占有が必要とされる以上、権利を譲受ける者は証券を譲受けておかなければならないから、有価証券においては、権利の譲渡もまた証券をもってなさなければならないことになる（前田＝鈴木・二七頁、ただし、竹田・九九頁および一〇〇頁ならびに上柳克郎「有価証券の定義と特徴」会社法・手形法論集三二一頁以下所収、特に三三四頁以下参照）。

手形は、このような意義の有価証券の代表的・典型的なものであり、「有価証券の父」と呼ばれることもある（鈴木＝前田・四一頁）。また、手形は、権利の成立、譲渡および行使のすべてにつき証券を必要とする「完全な有価証券」である（石井＝鴻・一五頁）。

有価証券における権利と証券の結合　鈴木＝前田・一〇頁以下は、有価証券の積極的作用・消極的作用という考え方で有価証券における権利と証券の結合を説明する。本文における叙述も、それに倣ったものである。なお、同様の考え方は、すでに、ドイツのヤコビ（*Ernst Jacobi*）にも見られる。鈴木＝前田・一二頁註（二）参照。

ただし、前田・二頁以下は、これと異なり、有価証券の機能を「権利の流通性を高めるという」点に見て、これをさらに「権利譲渡の手続の簡易化」と「権利譲渡の効力の強化」の二つの面から説明する。鈴木＝前田・八頁註（1）参照。

なお、有価証券における権利と証券の結合に関しては、さらに、福瀧博之「手形における権利と証券の結合について」教材現代手形法学八一頁以下所収参照。

有価証券概念と株券等の振替決済制度　有価証券という制度は、以上のように、目に見えない権利を目に見える証券に表示するものであり、証券（紙）（paper, Papier）の利用と密接に結び付いている。有価証券は、権利を証券に結びつけることによって権利の安全・確実な流通を図ったものとされている。ところが、大量の有価証券を取扱う現代社会においては、このように権利が証券と結合していることが、かえって有価証券の流通を妨げることになる場合のあることが指摘されている。すなわち、有価証券における権利と証券の結びつきが、特に大量証券の分野で必要とされている合理化の妨害、障害となっている。このことは、株券、無記名債権証券あるいは投資証券 (Investmentzertifikate) などの有価証券あるいは広義の投資証券 (Effektenwesen, Kapitalmarktpapiere) について特に問題となる。現在、このような有価証券においては、法制度の発展につれて、権利と証券の結合という要素は、ほとんど完全に後退しており、したがってまた有価証券の機能も失われるに至っている。

昭和五九年に成立、公布された「株券等の保管及び振替に関する法律（昭和五九・五・一五法律三〇号）」は、株券その他の有価証券の保管および受渡の合理化を図ることによって、株券その他の有価証券の流通の円滑化に寄与することを目的とするものであり、株式等を譲渡し、または質権の目的とする場合には、株券等の交付に代えて口座の振替によることなどをその内容とするものである（佐藤修市「株券等の保管及び振替に関する法律の解説」商事法務一〇一〇号二頁以下）。

もっとも、以上のような事情は、投資証券 (Effektenwesen) の特殊性によるものであり、直ちにすべての有価証券に及ぼしうるかどうかは別問題であろう (*Hueck/Canaris*, a.a.O. S. 19)。

ペーパーレスの新振替制度　右に言及した「株券等の保管及び振替に関する法律」による株券保管振替制度は、物理的に株券を発行することを前提とするものであった。株券を前提にして、保管振替機関に寄託された株券に寄託株主が共有持分を持つという仕組みである。しかし、株券保管振替制度のもとでは、株券は寄託されるので、株券を現実に引渡す場合とは違って、株券は、一枚で多数の株券を表わすいわゆる大券（たとえば、一億株券）を利用してもよかった。株券保管振替制度に関しては、たとえば、龍田節・会社法〔第五版〕（有斐閣・一九九五）二〇六頁〔82.45〕参照。

実際に動かさない株券なら作らなくてもよいのではないか。そこで、この株券保管振替制度は、近く、券面を用いない、いわば、ペーパーレスの新振替制度に発展解消することになっている。

券面なしの振替制度は、「短期社債等の振替に関する法律」（平成一三・六・二七法律七五号）により、コマーシャル・ペーパー（CP）から始まった。この法律は、その後、社債その他の債権に適用を拡張するために改正され、題名も「社債等の振替に関する法律」（平成一四・六・一二法律六五号）と改められた。さらに、株式その他の持分証券を含めるために再度改正され、「社債、株式等の振替に関する法律」（平成一六・六・九法律八八号）となった。システムの整備が必要なので、株式の新しい制度への移行には、時間がかかる。右の法律は、改正法の公布日（平成一六年六月九日）から五年以内の政令で定める日に施行され、その施行日に株券保管振替制度は廃止される。

新振替制度においては、振替株式（株券を発行する旨の定めがない会社の株式〔譲渡制限株式を除く〕で振替機関が取り扱うもの）についての権利の帰属は、振替口座簿の記載（記録を含む）によって定まるものとされている（社債、株式等の振替に関する法律一二八条一項）。振替株式を発行すると、会社は株主名や株数などを振替機関に通知する。振替株式の譲渡は、譲渡人の申請に基づいて譲受人の口座に株式増加の記載がされることによって効力を生ずる（同一四〇条）。口座の名義人（加入者）は、そこに記載された振替株式について適法に権利を持つと推定される（同一四三条）。譲受人の口座に株式増加の記載がされることによって、加入者に悪意または重大な過失がなければ、善意取得も認められる（同一四四条）。また、振替株式については、会社が基準日や割当日などを定めたとき、会社からそのことを振替機関に通知し、その日現在の株主名や株数などを振替機関から会社に通知する（総株主通知、同一五一条一項、七項）。会社は、通知された事項を株主名簿に記載し、そうすれば基準日・割当日などに名義書換があったとみなされる（同一五二条）。新振替制度に関しては、龍田節・会社法〔第10版〕（有斐閣・二〇〇五年）二一八頁以下〔72.451a〕〔72.452〕〔72.452a〕参照。

有価証券概念との関係で注目すべきは、券面なしの制度においても、証券が用いられていたときと同様に、従来、証券の存在を前提に構成されていた「権利の推定」とか「善意取得」とかの制度が維持されていることである。証券の交付とか所持に代わって、口座への記載（記録）に一定の機能・効果が認められている。従来の有価証券制度のもとでの考え方が今後も残るのか、それともこれは過渡的な現象なのか、注目に値する。

第2章　手形小切手制度

手形とは、広義には、為替手形、約束手形および小切手をいう。手形は、現代の取引社会で重要な役割を果たしている。手形の利用状況は経済の状態を反映する。たとえば、不景気になると、期日に支払われない手形（いわゆる不渡手形）の多くなることは、よく知られているところである。手形（小切手）は、法的にみて、どのような制度（仕組み）なのか、また、どのような経済的機能を果たしているのか。この章においては、手形および小切手という制度の基本的な仕組みを説明する。

第1節　手形と統一手形用紙制度

1　手形と小切手

手形は一定の金額の支払を目的とする有価証券である（第1章参照）。手形には、最広義においては、約束手形、為替手形および小切手の三種類のものがある。このうち、約束手形と為替手形とをまとめて手形と呼び、これを小切手に対するものとして分類することも多い。

為替手形とは、ある者（振出人）が別の者（支払人）に宛てて、さらに別の者（受取人または受取人から権利を譲受けた者）に対して一定の時、一定の場所で一定の金額の支払をすることを委託（依頼）する証券である（支払委託証券）。

約束手形とは、ある者（振出人）が別の者（受取人または受取人から権利を譲受けた者）に対して一定の時、一定の場所で一定の金額の支払をすることを約束する証券である（支払約束証券）。

小切手とは、ある者（振出人）がその者が当座預金をしている銀行（支払人）に宛てて、別の者（受取人または受取人から権利を譲受けた者）に対して、その銀行において一定の金額の支払をすることを委託（依頼）する証券である（支払委託証券）。小切手の法律的形式は、為替手形と酷似するので、小切手を為替手形の一種とする立法も可能である。たとえば、アメリカの手形法は、基本的には、このような考え方に立つと解される（Vgl. UCC §3-104 (f). なお、アメリカ統一商事法典第3編の条文の訳に関しては、澤田壽夫編修代表・解説国際取引法令集〔三省堂・一九九四年〕二一六頁以下参照）。しかし、小切手は、その沿革および経済的機能において為替手形とは異なるので、小切手を手形（為替手形）とは別個のものとして取扱うことも可能である。わが国においては、手形（為替手形・約束手形）は、その経済的機能を異にする小切手とは区別して取扱われており、法典としても、為替手形および約束手形に関する手形法とは別個に、小切手に関する小切手法が設けられている（第4節参照）。

2　統一手形用紙制度

手形の利用は、銀行取引と結びついている。法律の上では、銀行と関係なく振出され、支払われる手形も可能であるが、現実には、ほとんど考えられない。たとえば、銀行を約束手形の支払場所にすることによって、所持人は銀行に取立をさせることができ、支払をなすべき者は銀行に預金をしておいて決済をさせることができる。

手形用紙（手形の作成に用いる用紙）についても、法律上は別段の制限はないが、現在では銀行の交付した用紙を利用しなければ、支払銀行は支払をしないことになっている。わが国では、広義の手形（約束手形、為替手形および小切手）のうち、小切手については、比較的早くから支払銀行の交付した小切手用紙によらなければ支払わない扱いになっていたが、約束手形および為替手形については、かつては、用紙は市販のものであっても支払をなすべき者（約束手形の振出人または為替手形の引受人）が支払場所（支払担当者）とされた銀行と当座勘定契約を結んでおれば、当該の銀行は支払を行なっていた。しかし、その後、昭和四〇年一二月からは、手形は、全国銀行協会連合会（平成一一年、「全国銀行協会」に改組）の制定した統一された規格の用紙を用いて作成したものでなければ、銀行は支払をしない扱いとすることにした（田中誠二・銀行取引四六四頁、東京銀行協会編・全訂手形交換所規則の解説〔経済法令研究会・一九九三年〕一三頁参照）。したがって、銀行の交付した用紙によらない「銀行を支払人とする小切手」または「銀行を支払場所（支払担当者）とする手形」は、必ず不渡になることになった（当座八条三項参照）。

銀行の交付する手形用紙は、全国銀行協会連合会の制定した統一された規格様式の手形用紙なので、これを統一手形用紙と呼び、このような取扱を統一手形用紙制度と呼んでいる。

統一手形用紙制度とその目的　本文で述べたように、小切手については、その性質上、当座預金を前提とするものなので、比較的早くから支払銀行の交付した用紙が用いられていたが、昭和四三年一一月からは、小切手についても、統一用紙が制定された。

現在では、統一手形用紙以外の用紙を用いた手形は、きわめて稀である。統一手形用紙以外の手形用紙を用いた手形も手形法上は有効な手形であるが、銀行がその支払をしないから実際に流通することは余り考えられない。このように、統一手形用紙制度は、正常な銀行取引にもとづかないで振出された手形の流通を排除することにより、不渡手形の発生を防止し、手形取引の正常化を図る目的に出たものである（大隅・三頁参照）。

3　当座勘定取引契約

(1)　統一手形用紙制度と当座勘定取引契約（当座勘定契約）　統一手形用紙制度の下では、手形を振出そうとすれば、先ず銀行から手形用紙の交付を受けなければならない。手形用紙は当座預金の取引先に限って交付されることになっているから（当座八条四項）、手形を利用するためには、先ずその利用する銀行店舗と当座勘定取引契約を締結し、当座預金口座を開設しなければならない（第21章第2節3参照）。当座預金とは、多くは商人が現金の出納用に利用する預金である。当座預金の預け主（顧客）は、その銀行（店舗）を支払人とする小切手を振出し、またはその銀行（店舗）を支払場所とする為替手形を引受け、もしくは約束手形を振出すことができる（当座七条・八条一項・二項参照）。

(2)　当座勘定取引契約の法的性質　　当座勘定取引契約の法的性質については争いがあるが、一般的には、①当座預金契約（消費寄託の予約）と②支払委託契約（いわゆる小切手契約）を主な内容とする複合的な契約であるとされており、付随して、③当座貸越契約が結ばれることがあるといわれている。また、当座勘定取引契約に④交互計算契約が含まれているかどうかについても争いがある（河本・一八頁以下、詳しくは、田中誠二・銀行取引一五四頁以下および第22章第2節参照）。

①　消費寄託の予約　　当座預金は、法律上は金銭消費寄託（民六六六条）である。しかし、消費寄託は要物契約であり、現実に通貨またはそれに代わるもの（小切手、手形など）の授受のない段階では、その予約があるにすぎない（通説であるが、学説には、小切手資金の払込は、小切手の支払という委任事務の処理費用の前払であるとする説もある）。

②　支払委託契約　　これは、当座預金（および当座貸越契約にもとづく預金）を資金として、顧客が振出す小切手または顧客が振出す（あるいは引受ける）手形について銀行が支払をなすことを約する契約である（当座七条参照）。この契約は、手形の支払という事務処理を目的とする準委任契約（民六五六条）である。委任事務の処理（手形の支払）によって、銀行の顧客に対する費用償還請求権が成立し（民六五〇条一項）、——交互計算を認める見解によれば、——これが当座預金返還請求権と交互計算（商五二九条）によって決済されるというのである。

③　当座貸越契約　　銀行が顧客との当座勘定取引をなす場合に、顧客の当座預金が振出された小切手などの支払に不足するときでも、一定の限度額（貸越極度額）まで小切手などの支払をすることを約する契約のことである。当座勘定契約に付随して当座貸越契約が結ばれることがあるといわれるが、従来、わが国においては、当座貸越契

約の利用は少なかったとのことである。銀行が当座貸越契約を伴う当座預金を好まなかったためである（田中誠二一二一二頁）。なお、近時は、小切手・手形の決済資金と関係なく、極度融資方式の当座貸越が行なわれるようになっており（貸越専用当座貸越）、大いに利用されているとのことである（加藤＝吉原・銀行取引一六三頁）。その法的性質については、学説が分かれている（第21章第2節2⑹参照）。

④　交互計算契約　これは、「一定の期間内の取引から生ずる債権及び債務の総額について相殺をし、その残額の支払をすることを約する」契約であるが（商五二九条）、わが国においては、銀行は手形の支払のたびごとに、その支払額を帳簿上、当座預金残高から落としているので、交互計算契約の存在を否定する見解も有力である。

パーソナルチェック　もっとも、以上のような当座勘定取引契約を結んでいるのは、会社および商人である個人であって、それ以外の個人が当座勘定契約を結ぶことは一般的ではない。ただし、一般のサラリーマンなどでも利用できるパーソナルチェック（個人小切手）の振出を目的とする個人当座勘定契約も行われている。なお、パーソナルチェックは、①サラリーマンなどの個人も利用できるものであること、②署名は記名捺印によらずとも自署だけでよいとされることを別にして、法的には一般の小切手と全く同じものである。なお、パーソナルチェックが家族（とくに配偶者）との共用を認めるものであることに関しては、田中誠二・銀行取引四九八頁以下参照。

㊫手形と手形専用当座勘定・㊫口座　以上のほか、当座勘定または個人当座勘定を持っていない者が、割賦商品（たとえば、乗用自動車）の購入代金の支払などの目的のために銀行を支払場所とする約束手形を振出す必要の生ずることがある。この場合には、手形専用当座勘定（専用約束手形口当座勘定・㊫口当座勘定）といって、専用の約束手形のみを振出すことのできる口座が設けられている。これを㊫口座と表示し、「まるせんこうざ」と呼んでいる。また、その約束手形を㊫手形と称する。なお、この手形は、右のような場合に用いられ、手形用紙の他への流用を防ぐために手形用紙の表面に㊫と表示されてはいるが、法的には一般の約束手形と異なるものではない（㊫手形に関しては、さらに、加藤＝吉原・銀行取引三五頁参照）。

第2節　手形の経済的機能

以上のように、銀行と当座勘定契約を締結して、銀行から手形用紙の交付を受けると、その用紙を利用して手形を振出すことが可能となる。では、手形（小切手）は、どのような場合に用いられるのであろうか。手形（小切手）は、どのような経済的機能を果しているのであろうか。

1　小切手――代金支払の手段（支払証券）

先ず、取引の代金（たとえば、売買代金など）を支払う場合には、小切手を利用することができる。反覆継続して大量の商取引を行なう者が現金で支払をなすのは煩雑であり、通貨の運搬にあたっては、盗難などの危険も伴う。小切手は、英国のいわゆる上流階級の人々が、自己の預金のある銀行に代金の支払を担当させたことに由来するとされているが、それは、現在でも、便利かつ安全に支払を行なう手段として広く用いられている。小切手を振出す者（たとえば、売買契約の買主である債務者）は、銀行から交付された小切手用紙に金額と振出日を記入したうえ、振出人として署名して債権者（たとえば、売買契約の売主）に交付すればよい。小切手を受取った者は、通常この小切手を、その取引銀行を介して支払銀行に呈示する。支払銀行は、支払をなしたうえ、振出人の当座預金からその金額を引落すことになる（当座七条参照）。小切手のこのような機能に着目して一般に「小切手は支払証券である」といわれている。

送金の手段としての小切手　さらに、小切手は、送金にも利用されることがある。この場合、小切手は、その経済的機能から送金小切手と呼ばれる。たとえば、大阪から東京へ送金したい者は、大阪の取引銀行へ現金を払い込んで銀行からその銀行の東京支（本）店払いの小切手を交付してもらい、これを東京の取引先に送ればよい。なお、この小切手の支払人と振出人は同一銀行であるが、このように振出人と支払人が同一の小切手を自己宛小切手と呼ぶ。

送金小切手は、多くは自己宛小切手であるが、他の銀行を支払人とすることもある（大隅・一八八頁）。また、自己宛小切手のうち振出店舗と支払店舗が同一のものを預手という（前田庸「預手（銀行振出自己宛小切手）」加藤一郎＝林良平＝河本一郎編・銀行取引法講座《上巻》（金融財政事情研究会・昭和五一年）一五七頁以下、吉原省三「銀行振出手形・小切手」手形法小切手法講座二巻二一五頁以下参照）。

預手による弁済の提供と民法四九三条　民法の規定によれば、弁済の提供は、債務の本旨に従って現実にしなければならず（民四三九条）、金銭債務の弁済は、通貨をもってするものとされている（民四〇二条）。既存債務の支払のために小切手を提供した場合に、弁済の提供の効力を生ずるか。小切手は通貨と同視できるか。

最判昭和三七年九月二一日（民集一六巻九号二〇四一頁）は、原審によれば、問題となった不動産売買代金の支払のために提供された小切手は、振出人および支払人を同一銀行の同一支店とするものであって、このような小切手は取引界において通常その支払が確実なものとして現金と同様に取扱われているものであると認定されているとしたうえ、そのような場合には、特段の事情の主張立証のない限り、その小切手による提供をもって債務の本旨に従ってなされた履行の提供と認めるべきであると判示している。「支払が確実である銀行に支払責任のある小切手」に関しては、小切手の提供も有効な弁済の提供となると考えてよいであろう（なお、大隅＝河本・四三四頁参照）。

2　約束手形——信用利用の手段（信用証券）

次に約束手形は、次のような場合に用いられている。

(1)　代金の延払の手段　　先ず、今日の商取引においては、一定期間後に代金の支払われる信用取引が多いが、その場合、代金の支払期限を満期とする約束手形が代金の支払（いわゆる延払、信用決済）の方法として用いられている。先に安く買って後で高く売り、この代金（販売代金）をもって先の代金（購入代金）に充てる信用取引は手形を利用することによって円滑に行なわれる。

商品の買主は、銀行から交付された約束手形（用紙）に、支払期限を満期、代金を手形金額とし、売主を受取人として記入し、売主に交付すればよい。この場合、売主が満期よりも早く現金を入手したいときは、手形を他に譲渡して、その対価を得ることができる。これが、いわゆる手形の割引である。

手形割引の法的性質　手形の割引とは、手形金額から満期日までの利息その他の費用（割引料）を差し引いた金額を取得して満期未到来の手形の裏書をすることをいう。手形行為としては、裏書（振出によることもある、鈴木＝前田・二七七頁）として現れる。手形の裏書は、あるいは、売買代金債務とか貸金返還債務といった既存債務の履行の目的をもって行なわれることも少なくないが、しかし、裏書が行なわれるもっとも普通の場合は、手形の割引によるものであるといわれる（大隅・一〇八頁、鈴木＝前田・二七七頁）。以上から明らかなように、手形割引というのは、手形の実質関係に関する用語であり、手形の裏書としては通常の裏書にすぎない。

割引の法的性質をめぐっては議論があるが――手形の売買か、それとも消費貸借か――、手形割引は裏書の当事者間の実質関係をいうものであるから、手形割引が如何なる法的性質を有するか、といった問題は、当事者間の契約によって定まるものであるといってよいであろう（大隅・一〇九頁、石井＝鴻・二二四頁、鈴木＝前田・二七七頁）。

手形割引は、手形所持人と銀行その他の金融業者との間で行なわれるものであり、手形貸付とともに、銀行の主要な業務の一になっている（銀行法一〇条一項二号参照）。銀行取引約定書に手形割引を手形の売買と解する趣旨の規定が置かれていることとも相俟って（銀取六条）、通説は、手形割引を手形の売買と解している。この場合、割引依頼人と割引人（主として銀行）の間には手形上の関係以外には何ら法的関係はないが、手形割引は割引人の与信行為であるから手形の主たる債務者または割引依頼人の信用が悪化した場合には、割引人は手形法の規定（手四三条・七七条）による救済以外にも自衛措置を講ずることができるものとされている（大隅・一〇九頁、石井＝鴻・二二四頁参照）。すなわち、割引依頼人または手形の主たる債務者に支払停止その他一定の信用悪化の事実があるときは当然に、またその他の手形の信用悪化の事実を生じたときは割引人の請求により、割引人に割引手形の買戻請求権が発生する旨の約定がなされているのが普通である（銀取六条一項・二項参照。）

なお、手形割引の法的性質に関しては、最判昭和四八年四月一二日（金融法務六八六号三〇頁）および神田秀樹「判批」手形百選（第四版）一九〇頁参照。

⑵　手形貸付など　次に、銀行から金融を受ける場合に、借用証書の代わりに借主が貸主（銀行）を受取人として約束手形を振出し、それを担保として貸主に交付することも広く行なわれている。これを「手形貸付」と呼ぶ。手形貸付を行なうときには、慣習的に利息の前取りが認められてきたことなどから、わが国の銀行での貸付は多く手形貸付によって行なわれている（加藤＝吉原・銀行取引一四一頁）。

これに対して、同じ貸付でも、借用証書を作成させて行なうものがあり、これを証書貸付という。証書貸付は、相当長期の貸付に多く、住宅ローンなどは、証書貸付によっているとのことである。

手形貸付のうち、商業手形（販売を目的として買入れた商品の代金決済のために振出された手形、これに対して商取引が基礎になく、専ら金融のために振出される手形を融通手形という）を担保とするものを、商業手形担保手形貸付（商担手貸）という（商担手貸については、加藤＝吉原・銀行取引一六〇頁参照）。さらに、将来発生すべき債務（たとえば銀行が取引先の依頼によって保証をするときに、将来、保証債務を履行して求償する場合の債務）の履行を確保するために、手形の振出（金額、満期ともに白地）を受けておくこともある（河本一郎＝田邊光政・約束手形法入門〔第5版〕〔有斐閣・一九九七年〕四二頁、一三六頁参照）。

このように手形が、代金延払の手段として用いられ、また手形割引、手形貸付が行なわれる基礎には、いうまでもなく、振出人や受取人の信用がある。手形は、このように信用利用の手段として用いられているので、小切手が支払証券と呼ばれるのに対して、手形は信用証券と呼ばれている。「手形は信用証券である」。

3　為替手形――信用利用の手段（信用証券）・送金または取立の手段

為替手形は、次のような場合に用いられる。もっとも、為替手形による送金・取立は国内取引では行なわれていないから、国内で現に行なわれている手形は約束手形が圧倒的に多い。

(1)　代金の延払の手段　　為替手形も国内取引においては、約束手形と同じく代金の延払に用いられることがある。たとえば、買主が引受人として署名し、売主を受取人として、これを受取人に交付し、受取人が振出人として署名して手形を完成するのである。この場合、受取人と振出人は同一であり、このような手形を自己指図手形（自己受手形）という（手三条一項参照）。いうまでもなく、この場合には、為替手形も、信用利用の手段として用いられている(ほかに、為替手形が信用利用の手段として用いられるのは、債務者が債権担保のために債権者の振出した手形に引受をする場合などである)。

為替手形の利用　わが国で、為替手形の利用について、右のような慣行が見られるのは、印紙税法(手形には印紙税が課される、印税二条参照)の誤解によるとされている。すなわち、買主は、約束手形の振出に代えて、白地引受のある為替手形を利用することによって、印紙税の負担を免れると考えたためであるといわれている(河本・三四頁、五九頁、なお、印紙税法基本通達に関する大隅＝河本・四頁の説明参照)。印紙税法基本通達、別表第一、第3号文書2によれば、「振出人の署名を欠く白地手形で引受人又はその他の手形当事者の署名のあるものは、当該引受人又はその他の手形当事者が当該手形の作成者となる」ものとされている。

ちなみに、ドイツでは、わが国と異なり、商業手形としては為替手形が多く用いられている。その理由は、必ずしも明らかではなく、むしろ、当然とされているようである(Vgl. *Baumbach/Hefermehl*, Wechselgesetz und Scheckgesetz, 19. Aufl., 1995, S. 51, S. 82)。このことを約束手形の支払約束文句に対する独特の感覚で説明しようとする見解もある。すなわち、「私が払う」というのは、商取引の決済としての代金の支払を表さず、商人の目には、困ったから金を借りたという不名誉なものとして映るので、支払指図文句のベールをかぶせた方が、気持の上で抵抗が少ない、というのである(河本・三五頁)。

(2)　**送金の手段および代金取立の手段**　為替手形は、沿革的には、本来、遠隔地間の送金に利用されたものである。たとえば、遠隔地にある債権者に送金するには、その地において代わって支払をなしてくれる者(取引先、支店など)を支払人とし、債権者を受取人とする為替手形を振出して送付すればよい。しかし、現在では、国内取引においては、送金目的に利用されることは、ほとんどないといわれる。銀行振込、郵便為替、送金小切手などの便利な方法が行なわれているからである。

国際取引(貿易取引、いわゆる外国為替取引)においては、為替手形は、現在でも「送金の手段」として利用されている。たとえば、東京の買主がロンドンの売主に対する売買代金の送金をする場合には、東京の銀行に現金を払込んで、そのロンドンにおける支店または取引銀行を支払人とする為替手形を振出してもらい、これをロンドンの売主に送るのである（送金為替または売為替と呼ばれる）。

為替手形は、売買代金などの「取立の手段」として利用されることもある。右の例で、ロンドンの売主は、東京の買主を支払人とする為替手形を振出し、これをロンドンの銀行で割引いて、その対価によって支払を受けたと同じ効果を収める。右のロンドンの銀行は、その手形を東京の支店または取引銀行に送って東京の買主に支払を請求し、支払を受けることになる（買為替または逆為替と呼ぶ）。この場合において、売主が売買の目的物である商品の運送を委託した運送人から運送品の返還請求権を表章する船荷証券の発行を受け、これを担保として為替手形とともに銀行に交付することがある。このような方法を荷為替といい、このように船荷証券などの運送証券を添付した手形を荷為替手形と呼ぶ（なお、荷為替手形に関しては、大隅・七二頁以下が詳しい）。

第3節　手形の法的構造と手形上の債務者

1　約束手形

(1)　約束手形の法的構造（支払約束証券）　約束手形とは、振出人が手形の取得者（受取人またはその指図人）に対して、一定の金額を一定の日時に一定の場所で、手形と引替えに支払うことを約束する旨の意思を表示した文書である。これを支払約束の法律関係と呼び、このような証券を支払約束証券と称する。したがって、約束手形は、形式上、少なくとも振出人と受取人の二当事者を必要とする。

(2)　約束手形の債務者としての振出人　約束手形の振出人は、手形債務を負担する意思を表示した手形を作成して、これを受取人に交付することによって有効に手形債務を負担するに至る。約束手形の振出人は、意思表示にもとづいて責任を負うのである。

2　為替手形

(1)　為替手形の法的構造（支払委託証券）　為替手形とは、振出人が支払人に宛てて、手形の取得者（受取人またはその指図人）に対して、一定金額を一定の日時に一定の場所で、手形と引替えに支払うことを依頼または委託する旨の意思を表示する文書である。これを支払委託の法律関係と呼び、このような証券を支払委託証券と称する。為替手形には、形式上、少なくとも、振出人、支払人および受取人の三当事者を必要とする。

為替手形の振出の法的性質　為替手形の振出の性質については、争いがある。有力な説は、為替手形の振出の性質は、ドイツ法による支払指図（Anweisung）であり、そしてドイツの通説によれば支払指図は、二重授権（Doppelermächtigung）と解されていると説く（伊澤・六〇頁、竹田・九三頁、大隅・九二頁）。この見解によれば、為替手形の振出により、受取人（手形所持人）は自己の名をもって振出人の計算において手形金額の支払を受ける権限を取得すると同時に、支払人は自己の名をもって振出人の計算においてその支払をなす権限を取得すると説明される。

この説に対しては、このように支払人の支払権限も、受取人の受領権限も、ともに振出人の計算においてなされるものとすることは、実質関係上の問題を手形関係自体のなかに持ち込むおそれが多いとの批判がある。それによれば、支払人の支払権限の問題は、振出人・支払人間の人的関係の問題にすぎないという。また、受取人の支払受領権限についても、これは受取人が振出人のために振出人に代わって支払を求める権限ではなく、受取人が受取人自身のために支払を求めうる権限であるというのである。受取人は、支払人が引受をしない限り、支払人に対して支払を請求しうる権利は有しないが、引受の前後を問わず支払を受ければ、振出人に対する関係では、それを保持することができ、振出人に交付する必要はないのであって、このような支払受領権限は、支払人の権限と違って有価証券である手形に表章され、輾転流通するというのである（鈴木＝前田・三五五頁参照）。

(2)　為替手形の債務者としての引受人と振出人　為替手形の場合、振出人は、支払を依頼したにすぎず、手形の作成、交付により意思表示にもとづく責任を負うものではない。また、支払人も、単にその名称が手形上に表わされているにすぎない。もっとも、所持人による引受のための呈示を受けて、支払人が手形上に引受をなせば（手二五条）、支払人は引受人となり、引受人は意思表示にもとづく責任を負うことになる（手七八条一項参照）。

ところで、手形の所持人は、あるいは引受が得られず（引受拒絶）、あるいは引受は得られても満期に支払が得られない場合（支払拒絶）、さらには引受のための呈示のないまま満期となり支払の拒絶された場合（支払拒絶）には、その手形の支払が得られるものとして、当初、期待していた満足を得られないことになる（特に、引受拒絶の場合、あるいは、引受の呈示のないまま満期となり支払を拒絶された場合には、そもそも意思表示にもとづいて責任を負うべき手形債務者は存在しない）。そこで、法は、このような場合には、振出人に責任を負わせることにした（手九条一項）。これは、振出人と受取人（手形所持人）との間では、満期には支払人が手形金額を支払うとの前提があって手形の授受がなされたはずであり、その前提が、引受拒絶または支払拒絶によって崩れた以上、振出人に意思表示にもとづく責任はないとしても、何らかの責任を負わせるべきであるという考えに由来するものである（坂井・三訂・一七頁、二三頁参照）。振出人の責任は、意思表示にもとづく責任ではなく、法定の責任（法定責任）であると説明されるのは、このような考え方を前提とするものである。

3　小切手

(1)　小切手の法的構造（支払委託証券）　小切手は、為替手形と同様、支払委託証券であり、法的構造は基本的には為替手形と同じである。ただ、前述のように、手形が信用証券であるのに対して、小切手は支払証券であり、このような経済的目的の相違を反映して為替手形とは異なる取扱を受けている。

(2)　小切手の債務者としての振出人　小切手も為替手形と同じく、支払委託証券であるから、小切手の場合にも、為替手形と同様、形式上、少なくとも、振出人、支払人（通常、銀行である）および受取人の三当事者を必要とする。また、小切手の支払拒絶の場合に、振出人が責任を負うこと（小一二条・三九条・四〇条など参照）、この振出人の責任が、意思表示にもとづく責任ではなく、法定の責任（法定責任）であることなども、為替手形の場合と同様である。

(3)　小切手における引受の禁止と支払保証　小切手の支払証券としての最大の特徴は、小切手には為替手形における引受に当たる制度がないことである（小四条、なお、小五三条以下参照）。

小切手は、支払の用具であるから振出後、短時日の間に支払人である銀行に（前述のように、小切手の支払人は、通常、銀行である、銀行を支払人としない小切手に関しては、小三条参照）呈示されることが予想されている。しかし、仮に小切手に引受を認めると、引受のなされた小切手は、銀行が引受けているのであるから支払の確実なものとして、あたかも紙幣のように輾転譲渡され、支払銀行に短時日の間に呈示されなくなるおそれがある。支払の用具である小切手が、信用の用具に変わってしまうことになりかねない。そうなると振出人は、必要以上に長く支払銀行に資金を用意しておかなければならないことになってしまう。この点を考慮して、法は小切手については引受を禁止した（小四条）。

引受の禁止の結果、小切手の受取人は、小切手には誰も債務負担の意思表示をしておらず、債務者が存在しないという不安な状況におかれることになる。そこで、法は一方では引受を禁止しながらも、他方では支払人が小切手上に債務負担の意思表示をすることを認めた。これが支払保証（小五三条以下）である。支払保証は、引受の禁止と調和した効力を有するものとする必要があるから、支払保証人の責任は裏書人などの遡求義務と同様の効力を有するものとされている（小五五条一項二項）。すなわち、小切手が呈示期間内に支払人に呈示されたのに、その支払がなかった場合に、そのことを条件にして支払保証人は債務を負担するのである。

ただし、わが国では、事実上、支払保証は用いられていない。当座勘定規定（ひな型）一三条第一文は、「小切手の支払保証はしません」と定めている。同条第二文によれば、顧客から支払保証を求められたときには、銀行は「自己宛小切手を交付し、その金額を当座勘定から引落」すことにしている。このように支払保証に代えて自己宛小切手が利用されるのは、支払保証をすると、小切手が支払われるまでの間に顧客（依頼人）の信用状態が悪化した場合には、銀行がその危険を負担するおそれがあることに配慮したものである（大隅・一九七頁、なお、前田庸「預手（銀行振出自己宛小切手）」加藤一郎＝林良平＝河本一郎編・銀行取引法講座〈上〉（金融財政事情研究会・昭和五一年）一五七頁以下所収、一六二頁によれば、「かつては支払保証の際に、依頼人の当座勘定から小切手金相当の資金を払い出して銀行がこれを留保しておくこととされたが、それでも依頼人が破産すると、留保した資金について銀行に優先権があるかどうかが疑わしいので、銀行が、支払保証にかえて預手を振り出し、依頼人の当座預金から当該小切手金額を引き落として別段預金に振替えて確定的に資金を受け入れてしまうことが、かなり古くから行なわれていた」とのことである）。

(4)　支払証券たる小切手の小切手要件の特徴　小切手が支払証券であることは、小切手要件にも表われている。同じ支払委託証券である為替手形の必要的記載事項（手形要件）（手一条）と小切手法一条のそれ（小切手要件）を比較するに、小切手については、①満期の記載（手一条四号）も②受取人の記載（手一条六号）も要求されていない。

①手形に満期の記載が要求されるのは、なぜであろうか。代金の延払あるいは手形貸付などに利用される手形は、信用証券であり、したがって本来、将来の一定の日を満期とするものであり、関係者にとっては、いつが満期となるかは重要な事項だからである。これに対して、支払証券である小切手は、現金の代わりとして支払のために用いられるのであるから、その振出を受けた者は、いつでも小切手を支払人に呈示して支払を受けることができなければならない。そこで、小切手は、一覧払（いつでも支払人に呈示できる）のものとされており（小二八条）、満期の表示は要求されておらず、仮に記載しても一覧払以外の表示は記載がないものと看做されるのである（小二八条一項二文）。

また、②手形に受取人の記載が要求されることについては、一般に次のように説明されている。手形は信用証券であり、将来の満期が記載されているから、手形所持人は手形を譲渡（割引）して換金（現金化）する必要がある。その際、譲渡に伴う過誤を少なくするために、譲渡を単に当事者の意思に委ね、あるいは証券の交付を要求するだけに止めないで、裏書が要求されたのである。これに対して、支払証券であり、一覧払のものである小切手については、譲渡（割引）の必要はなく、したがって、このような裏書の必要もなく、受取人の記載を要求する必要もない、というのである（ただし、小切手は、指図式で振出すこともできる、小五条一項参照）。

4　裏書人と保証人

右においては、約束手形、為替手形および小切手の法的構造を説明し、それぞれの基本的な当事者に言及し、そのような当事者が手形債務を負担するかどうか、また、その責任が意思表示にもとづくものであるかどうかを概観した。

手形（小切手）上の債務者としては、さらに裏書人と保証人に言及すべきである。なお、実際に用いられていない参加引受人には、ここでは言及しないことにする（参加引受に関しては、第21章第3節⑹参照）。

⑴　裏書人　手形は、約束手形たると為替手形たるとを問わず、手形特有の裏書の方法で自由に譲渡できる指図証券である（手一一条一項参照）。裏書によって手形を譲渡する者を裏書人といい、裏書によって手形を譲受ける者を被裏書人という。

満期に支払がなく、あるいは為替手形の引受がない場合には、裏書人は、本来支払をなすべき者に代わって支払をなすべきものとされている（手一五条一項・七七条一項一号）。しかし、裏書人は債務負担の意思を表示しているのではない。裏書人が、裏書の文言上表明するのは、「表記金額を下記被裏書人またはその指図人へお支払いください」

という統一手形用紙の文言からも明らかなように、支払をなすべき者に対する依頼または委託にすぎない。もっとも、その前提として、裏書人の権利譲渡の意思表示を窺うことはできるであろう。しかし、いずれにしても債務負担の意思表示は見ることができない。裏書人は、約束手形の振出人のように意思表示にもとづいて債務を負う者ではない。

裏書人と被裏書人との間では、約束手形の振出人や為替手形の支払人が満期に支払をなすことが当然の前提とされている。したがって満期に支払がなく（支払拒絶）、あるいは為替手形の引受がない場合には（引受拒絶）、その前提が崩れるのであるから、裏書人は、本来支払をなすべき者に代わって支払をなすべきである。（手一五条一項）。このように説明すると、裏書人の責任は、前述の為替手形の振出人（または、小切手の振出人）の責任と同様の理由から法の認めた法定責任ということになる。裏書人や、為替手形の振出人（小切手の振出人）の責任は、担保責任と呼ばれる。遡求義務または償還義務という表現も用いられる（裏書人の担保責任に関しては、第16章参照）。

なお、小切手も指図式で振出すことができ（小五条一項）、そのような小切手（指図式小切手）は、当然、裏書によって譲渡されるが、その場合には、小切手の裏書にも、手形の場合と同様に、権利移転的効力、担保的効力および資格授与的効力が認められる（小一七条・一八条・一九条）。なお、裏書は、無記名小切手にも行なうことができる。この場合には、裏書人は担保責任を負うが、無記名小切手に裏書が行なわれても、その小切手が指図式小切手に変わることはない（小二〇条）。無記名小切手（持参人払式小切手）は、単なる引渡によって譲渡することができる。したがって、無記名小切手に裏書をしても、その裏書は、権利移転的効力の点では無意味である。また、裏書により、無記名小切手が指図式小切手に変わるわけではないから、裏書後も小切手は依然として引渡のみによって譲渡され、譲受人も証券の所持のみによって適法な権利者としての推定を受ける。したがって、この場合の裏書には、資格授与的効力はない（大隅＝河本・五〇四頁）。

(2)　保証人　　手形には、保証人という債務者も認められている。ここに保証人とは、手形に署名して手形上の保証をする者である（手三〇条以下、小二五条以下）。保証人は、証券上に債務負担の意思表示をすることによって債務を負担する債務者であるが、その債務の内容は被保証債務の内容にかかっている（手三二条一項、小二七条一項）。

手形（広義）と手形債務者　　右に述べたところを要約すると、広義の手形には三種類のもの（①約束手形、②為替手形および③小切手）があり、また債務者には二種類のものがある。債務者についていえば、(a)満期に所持人が手形を呈示すると否とにかかわらず手形債務を負担する者（たとえば、約束手形の振出人、為替手形の引受人およびこれらの者の保証人であり、いずれも債務負担の意思表示にもとづく責任を負うものである）と、(b)満期に手形を呈示したのに支払がないときなど、いわゆる遡求条件を具備してはじめて手形債務を負担する者（これには手形、小切手の裏書人、為替手形、小切手の振出人、およびこれらの者の保証人ならびに小切手の支払保証人があり、原則として法定責任であるが、支払保証人および保証人の責任は意思表示にもとづくものである）とがある（坂井・三訂三二頁）。ほかに参加引受という制度も手形法上は認められているが、この制度は、ほとんど行なわれていない（第21章第3節(6)参照）。

第4節　手　形　法

1　手形法の沿革

手形法は、かつては、イギリス法系、フランス法系、ドイツ法系の三法系に分かれていたが、国際取引の手段ともいうべき手形についての法が、各国で余りにも区々であるのは不便なので一九世紀後半以来手形法統一の運動が盛んとなった。そして、一九一〇年、および一九一二年の二度にわたって、オランダ政府によりハーグに招請された手形法統一会議において、「為替手形及び約束手形統一規則」と「手形法統一に関する条約」が議決され、三〇か国の代表が署名したが、英米二国は加盟を留保し、わが国も調印しなかった。その後、第一次世界大戦によって手形法統一運動は一次頓挫したが、一九二八年に国際連盟理事会の招集にかかる法律専門委員会により統一手形法の条約案が作成され、一九三〇年にはスイスのジュネーヴにおいて手形法統一会議が開かれ、「為替手形及び約束手形に関し統一法を制定する条約」（各締約国が、第一附属書の定める統一法を各自の領域内に施行することを約したもの）ほか二つの条約が成立し、また小切手に関しても、一九三一年に開かれた統一会議において「小切手に関し統一法を制定する条約」ほか二つの条約が成立した。これらの条約は、日本、ドイツ、イタリア、フランスなどの批准により一九三四年（昭和九年）一月一日からその効力を生じた。ただし、アメリカ、イギリスは、条約に参加する意思がなく、したがって条約に参加したのは、フランス法系およびドイツ法系の諸国のみであった。

わが国の手形法および小切手法は、このジュネーヴ条約にもとづくものである。

2　手形法

手形に関する法規の総体を手形法という。この意味の手形法は、私法法規に限らず、刑法（刑一六二条・一六三条）、行政法規である印紙税法（印税二条、八条、別表第一）、各種の手続法（民訴三五〇条以下、第五編　手形訴訟及び小切手訴訟に関する特則、民訴二五九条二項、民訴四〇三条一項四号・五号など、非訟一五六条以下〔第三編、第二章　有価証券無効宣言公示催告事件〕、民事執行法一三六条・一三八条、破産法六〇条・一六三条）、国際私法（いわゆる国際手形法、手八八条以下）等の広い法領域に及ぶ。

しかし、これらのうち、私法法規たる手形法が中心を占めており、一の体系をなしているので、狭義においては、手形に関する私法法規のみを手形法という。この意味の手形法には、①手形取引に特有なもの（固有の手形法）と、②一般の民商法の規定であって、手形取引にも適用されるもの（民事手形法）とがある。前者（固有の手形法）は、主として、手形法（昭和七・七・一五法律二〇号、昭和九年一月一日施行）および小切手法（昭和八・七・二九法律五七号、昭和九年一月一日施行）という独立の法典として立法されており、これを形式的意義の手形法（または形式的意義の手形法および形式的意義の小切手法）という。

国際為替手形および国際約束手形に関する国際連合条約　現在、世界各国の手形法は、右のジュネーヴ統一法を採用する国と英米法系の諸国とで相当大きく異なっている。そこで、今日でも国際取引の決済手段として手形が利用されることの少なくないことに鑑みて、国際連合国際商取引法委員会（UNCITRAL）は、一九七二年（第四会期）以来、国際取引の決済手段として利用される手形に関してこれを規制する統一法を設けるための条約の作成に努力してきたが、一九八七年（第二〇会期）に最終草案を採択するに至った。最終草案は、国連総会第六委員会作業部会により若干の変更を受けたうえ、国際連合第四三会期において（一九八八年一二月九日）採択され、条約として成立した。

この条約（国際為替手形および国際約束手形に関する国際連合条約）は、各国の手形法の統一を目的とするものではなく、国際取引の決済手段として利用される手形（条約二条にいう「国際手形」）に適用されるものであり、そのような手形を統一的規則の下に置こうとするものにすぎない。また、そのような手形に関しても、条約は強制的に適用されるものではなく、手形を振出す者が手形面上において条約の適用がある旨を明らかにしている場合に限って適用されるものとされている（条約一条一項、二項）。

なお、小切手に関しても、当初は、条約草案を作成すべく作業が進められていたが、一九八四年の国際連合国際商取引法委員会（UNCITRAL）第一七会期において条約草案作成の作業は中断されることとなったので、右の条約は、小切手をその適用の範囲外としている。

この条約の邦訳に関しては、澤田壽夫編修代表・解説国際取引法令集（三省堂・一九九四年）を参照。さらに、この条約の特色、手形・小切手に関する抵触法との関係、この条約の規定の内容などに関して、高桑昭・国際商取引法（有斐閣・二〇〇三年）一六四頁、一六六頁、一六七頁以下参照。

第2編　手形法総論

第3章　手形行為の意義と成立要件

手形債務者には、手形面上になされた債務負担の意思表示だけで手形債務を負担する者と、手形面上になされた債務負担以外の目的でなされた意思表示（債務負担の趣旨でない意思表示）に加えて遡求条件が備わってはじめて手形債務を負担する者とがある。前章において見たとおりである。

しかし、いずれの手形債務者も、手形面上において法律行為をしていることに変わりはない。この手形になされる法律行為を手形行為という。この章においては、手形行為に関する総論的な問題（手形行為の意義とその成立要件）を取り上げる。

第1節　手形行為の意義

1　手形行為の意義

手形という有価証券上に行なわれる法律行為を手形行為という。これは、「手形法律行為」のうち、「法律」の二字を省略して生まれた用語であって、意思表示を要素とする私法上の法律要件である法律行為の一種であるとされている（坂井・四八頁）。

手形法は、約束手形については、振出、裏書、保証の三種類の手形行為、為替手形については、振出、引受、裏書、保証および参加引受の五種類の手形行為を認めている（もっとも、参加引受は、ほとんど用いられていない）。なお、小切手については、振出、裏書、支払保証および保証が認められており、これを小切手行為という。

これらの手形行為は、それぞれ目的を異にする。各種の手形行為の内容についての具体的な説明は、後述するところに譲るが、手形の振出は手形の発行であり、裏書は手形上の権利の移転を、引受、参加引受、保証および小切手の支払保証は手形債務の負担を、それぞれ目的とする法律行為である。しかし、すべての手形行為に共通なことは、その行為の結果として（一定の条件を要するか否かはともかく）手形債務の発生することである。そこで、手形行為とは、「手形上の債務の発生原因である要式の（書面に一定の要件を記載してなす）法律行為」であると定義するのが普通である（坂井・三訂・五一頁）。

しかし、手形行為をこのように説明するときには、無担保裏書（手一五条一項）の裏書人は債務を負わないから、無担保裏書は手形行為ではないことになる。無担保裏書においても、裏書の本質的効力である権利移転的効力は認められるのであって、これをも手形行為ではないとするのは妥当ではないであろう。ここでは、手形債務の成立（発生）に限定しないで、手形行為とは、「手形上の法律関係の発生または変動の原因である法律行為であって、手形上になされる要式の書面行為である」と定義することにする（大隅・二三頁参照）。

手形行為の定義　手形行為が法律行為であることについては争いはないが、手形行為の定義については、学説が対立している。これは、①いずれの手形理論をとるか、②為替手形の振出人や裏書人の償還義務を意思表示の効果と考えるか、それとも手形の流通性を増すために法の課した効果と捉えるか、といった問題に関する見解の対立によって生ずるものといえよう。なお、近時は、異なった目的を有する手形行為を統一的に把握することはできないとして、形式的に「手形行為とは、自署又は記名捺印を要件とする一定の形式を有する書面行為をいう」と定義する見解も少なくない（伊澤・六一頁、石井＝鴻・七六頁参照）。

2　手形行為の特殊性

手形行為も法律行為である以上、一般の法律行為の理論に服することは当然である。ただ、手形行為は、すべて手形書面上に法定の方式をもって（手形面上に、その意思表示の内容を記載して、表意者が署名することによって）なされる法律行為（要式の書面行為）であることから、一般の法律行為に対して特殊性を有している。手形行為は、そのような特殊性を有する限りにおいて、一般の法律行為とは異なる取扱を必要とする。目的を異にする各種の手形行為を手形行為として統一的に考察することの意味の一つは、この点にあるといってよいであろう。

3　基本的手形行為と附属的手形行為

論理的には、手形は先ず振出された後に、裏書などの他の手形行為が行なわれる。そこで、手形行為については、基本的手形行為（振出）と附属的手形行為（基本手形の記載をみずからの要件とする振出以外の手形行為）という分類が行なわれることもある。すなわち、振出は、手形を創造する行為であって、他の手形行為の基礎となるものであるから、これを「基本的手形行為」といい、その他の手形行為は、振出によって作成されたいわゆる基本手形を前提としてなされるものであるから、これを「附属的手形行為」という。

附属的手形行為は基本手形の記載をみずからの要件とするものであるから、基本手形が手形要件（第14章第1節2参照）の欠缺によって無効であるときは、附属的手形行為もまた無効となる。

第2節　手形行為の方式としての署名

1　署名の必要性（要式の書面行為）

(1)　手形書面の作成（手形上の記載）　手形行為はすべて要式の書面行為である。したがって、手形行為の成立には、意思表示など一般の法律行為の成立要件のほか、法定の方式を具備した手形書面の作成（手形上の記載）を欠くことができない。振出、裏書など各手形行為の成立のために必要な記載事項は、各手形行為についてそれぞれ法定されているが、すべての手形行為に共通して必要な要件は、手形行為者の署名である。

法律行為の成立要件　法律行為がその本来の法律効果を完全に生ずるには、種々の要件を備えなければならない。各種の法律行為に通ずる一般的な要件の概略は次の通りである（四宮・一五三頁以下参照）。

①　法律行為の成立要件　法律行為は当事者が法律行為を組成する意思表示をなすことによって成立する（契約の場合には、両当事者の意思表示が機能的に合致してはじめて成立する）。要式行為にあっては、方式を必要とし、要物契約においては、目的物の交付を必要とする。この①は、権利関係の発生を根拠づける積極的要件であるから、法律行為の効果を主張する者のがわで要件の具備を証明しなければならない。

②　有効要件　法律行為を組成する意思表示の一方が無効だったり、取消されたりすると、それによって法律行為の目的を達成することができなくなるかぎり、法律行為そのものも効力を失うことになる。双方の意思表示が無効となる場合は、法律行為も無効となる。さらに、法律行為の内容が、不確定だったり、実現不可能だったり、強行規定や公序良俗に反するものである場合も、その効力は認められない。逆にいえば、以上のような諸事由に該当しないことが、法律行為の有効要件である。この②は、法律効果の発生のために積極的に要求される要件ではなく消極的に効果を否定するための要件である。したがって、無効を主張する者から要件の不存在を主張し、かつ証明しなければならない（右の①の場合とは違うことに注意、なお、次の③および④には、法律行為の効果を主張する者のがわで要件を証明しなければならない場合と、無効を主張する者が要件の不存在を主張し、証明しなければならない場合とがある）。

③　効果帰属要件　法律行為の効果が人に帰属し、また物に及ぶのにも、一定の要件が必要である。たとえば、他人の行なった法律行為の効果が本人に帰属するためには、行為者が本人に対する関係で代理権を有することが必要である。また自己または他人の物についてなされた処分行為の効果がその物ないし他人に及ぶためには、処分者がその物について処分権を有することが必要である。管理権（代理権・処分権など）は効果帰属要件としての機能を営んでいるのである。さらに、法律行為の効果が帰属すべき者の権利能力は、その者に権利義務が帰属するための要件である。また、行為能力も効果帰属要件の一変態であると解されている。

④　効力発生要件　有効に成立した法律行為がその本来の効果を生ずるために法が一定の要件を要求する場合がある。これは法定条件と呼ばれるが、固有の意味の条件ではない。さらに、当事者の意思によって法律行為の効力の発生・消滅ないしその時期

を左右するものに条件と期限がある。

ここで取り上げる手形行為は、要式行為の一であり、その成立には一定の方式を必要とするのである（第4章第1節1参照）。

(2)　署名の必要性　署名がすべての手形行為に共通な要件として要求されているのは、それが手形行為者の同一性の判断に役立つからであり、また手形行為の慎重を期するためである。署名は、極めて個性的なものであり、人が異なれば筆跡が異なるから（署名の個別性）、署名を調べることによって、その署名が、したがって、またその手形行為が真正に行なわれたかどうかを推し量ることができる。署名は、手形行為の成立を推認するための手掛かりを与えるものであり、手形取得者が手形行為者の同一性を確認し、延いては偽造を防止するために必要とされているといってよい（署名が必要とされる客観的理由）。これが署名が必要とされる主たる理由であるが、手形行為によって成立する手形債務は厳格なので、署名は「手形行為者の慎重さを要求する」ためにも必要であるといわれており（署名が必要とされる主観的理由）、この点を強調する学説もある（ただし、伊澤・六六頁は、このような見解を批判する）。

手形行為成立の真正を推認するための手掛かりとしての署名　手形行為によって、手形行為者は債務を負担し、手形取得者は債権を取得する。しかし、手形行為が行なわれていなければ（たとえば、偽造の場合におけるように）、手形取得者といえども手形債権を取得することはない。手形の取得にあたって手形行為が真正に成立しているかどうかを知ることができないと取得者は不測の損害を被ることになる。手形法は、手形行為の成立には必ず署名のあることを要求することによって、手形行為の成立を推認すべき手掛かりを取得者に与えている。署名は、極めて個性的なものであり、人が異なれば筆跡が異なるから（署名の個別性）、署名を調べることによって、延いては手形行為が真正に行なわれたかどうかを推し量ることができるのである（坂井・三訂六三頁以下、六七頁参照）。

これに対して、署名を要求するのは、手形債務者を書面上明らかにするためではないのか、という疑問がわく。確かに、債務者を明らかにしておかなければ、手形債権関係は成り立たない。また、署名者は、おおむね、手形上の債務を負担するものである。しかし、必ずしも、手形行為者（署名者）と手形債務者とは一致しない（たとえば、代理方式の署名の場合）。また、債務者を明らかにするという目的だけなら「署名」でなくても、「名称の記載」で足りるはずである（坂井・三訂六三頁以下）。なお、この関係で注目すべきは、アメリカ手形法における取扱である。アメリカ統一商事法典第三—四〇一条(b)項によれば、「署名は、(1)手書きによって、または機械その他の装置を利用して、かつ、⑵商号もしくは仮設人の名称をふくむ何らかの名称を用いて、または書面を認証する意図をもってある者が作成もしくは容認する文言、記号もしくはシンボルをもって、これを行なうことができる」ものとされているのである（澤田壽夫編修代表・解説国際取引法令集〔三省堂・一九九四年〕参照）。

2　署名の意義と方法（方式）

署名とは、名を署す（しるす）ことであり、本来、行為者（署名者）の名称を表示してなす自署である。行為者の名称を自筆で手書することである（もっとも、このことを直接定める明文の規定はない）。このように自分の名称を自ら手書することを一般に自署と呼んでいる。

署名は、その必要とされる理由（とくに、手形行為成立の真正を推認するための手掛かりを与えること）に適うものでなければならない。具体的には、①署名は署名者の名称を表示して、②原則として自署して行なうものと解されている。

⑴　署名者の名称の表示　　手形取得者が、署名（延いては手形行為の成立）の真正を推認するためには、記載されている名称から「誰が署名者であるか」を確認し、次にその者の真正の署名であるかどうかを知るために筆跡を調べることになる。署名の真正の確認は、「誰の署名であるか」ということを前提にして、始めて問題となる。そこで、署名は、「誰の署名か」を知ることができるように、署名者の名称を表示して行なうものとされている（坂井・三訂六七頁以下参照）。

したがって、手形の署名において表示すべき名称は、手形上の記載によって「誰が署名者か」を知ることのできるものでなければならないが、そのようなものであれば足りることになる。署名に用いられる名称は、「当該手形の利用される取引界において行為者を表示したものと客観的に認められるもの」でなければならないが、そのようなものであれば足りる。すなわち、必ずしも戸籍上の氏名や正式の商号でなくても、通称、芸名、別名のように取引に慣用されており、その者の名称であることが客観的に認められるものであればよい（大判大正一〇・七・一三民録二七輯一三一八頁、大判明治三九・一〇・四民録一二輯一二〇三頁参照）。また、一般取引上の慣用ではなくても、手形取引上の慣用があれば、署名者の名称を表示するものと解してよいであろう（最判昭和四三・一二・一二民集二二巻一三号二九六三頁参照）。

なお、学説には、自己の名称またはその慣用する名称でなくとも、他人または虚無人の名称を自己を表示する名称として用いることもできるとし、手形行為者が自己を表示する名称として使用したものであることを立証すれば、行為者の責任を認めるべきであると説く有力な見解もある（右の通説では、このような場合は、偽造に準じて取扱うことになるであろうか）。しかし、前述の署名の必要とされる客観的理由からすれば、このような見解はとりえない。

署名において表示すべき名称　手形の署名において表示すべき名称は、必ずしも戸籍上の氏名や正式の商号でなくても、通称（判例によれば、通称は、同時に他人の名称であってもよいとされている）、芸名、別名のように取引に慣用されており、その者の名称であることが客観的に認められるものであればよいといわれており、古い判例も、「本人ノ慣用ニ依リ知人又ハ隣佑間、其称呼ナルコトヲ知レル」名称であればよい、としている（大判明治三九・一〇・四民録一二輯一二〇三頁参照）。

これに対して、一般に取引をなすに当たっては、その名称を慣用していないけれども、手形はこれを他人名義や架空人名義で振出すことがよく行なわれている。この場合、署名者の名称を表示しているといえるであろうか。一般取引上の慣用でなくても、手形取引上の慣用があれば足りるとして積極に解すべきであろう。判例も同様の結論を認めている（前掲最判昭和四三・一二・一二）。

他人・虚無人の名称による署名　通説的見解と異なり、署名者は必ずしも自己の名称またはその慣用している名称によらずとも他人・虚無人の名称によってもよいと説く有力な見解がある。「普通の法律行為では、他人又は虚無人の名で行為をしても、それが真実に行為をした者の行為であることには変わりがないと認められているのであり、これを手形行為に及ぼせば、単にそのときにだけ用いられた名称であっても、手形行為者が自己を表示する名称として使用したものであることが立証されれば、その行為者に手形上の責任が認められる」と主張するのである（鈴木竹雄「手形行為の解釈」法協八〇巻二号一頁〔＝鈴木・商法研究Ⅰ二〇三頁以下所収〕参照）。

この考え方では、署名に使われた名称が、慣用された通称であれば、「署名者自身の手形行為と当然みとめられる」のに対して、そうでない場合には、「それを署名者自身の手形というためには、特にその立証が必要になるというだけ」のことである、とされる。このような見解を採用すると、いわゆる「偽造」の取扱はどのようになるのであろうか。いわゆる偽造の署名も、他人の名称による署名であり、そのような手形行為は「偽造者による真正な手形行為」ということになるのであろうか（第8章第1節末尾の註〔偽造者の責任を認めるための法的構成〕参照）。

しかし、他人・虚無人の名称で行為をしても、真実に行為をしたものに法律行為の効果が帰属することから右の有力説の結論が導びかれるかのように解するのは疑問である。手形行為の場合には、前述の署名の必要とされる理由からすれば、署名に使用された「名称は当該手形の利用される取引界において行為者を表示したものと客観的に認められるものであること」を要するのである。右の有力説を批判して、「署名者自身の行為であることはもちろんなわけであって、……問題は、その者の署名（名称）があるといえるかどうかという方式の点だけなのであり、そして、それが署名者の署名（名称）というための立証は、（それが他人の名称であっても、）本人が慣用しているということ以外には立証の仕様がないことになるのではなかろうか」と説く見解があるが（鴻常夫「署名と記名捺印」手形法小切手法講座一巻一二五頁、一三七頁）これを支持すべきであると考える。

名称の慣用　本文において述べたように、署名の必要とされる客観的理由からすれば、署名において表示すべき名称は、当該手形の利用される取引界において行為者を表示したものと客観的に認められる名称でなければならない。取引において慣用されている名称が表示されていれば、行為者を表示したものと客観的に認められることになるであろう。しかし、慣用は、必ずしも過去における使用回数によらず、あるいは過去における使用の有無を問わずに、認められることがあると考えられる。ペンネームや芸名を始めて使用する場合には、過去において現実にその名称を用いたことはなくても、その名称をペンネームや芸名にする趣旨（計画）が立証されれば、行為者の名称と認めてよい（鴻・前掲論文一四一頁、註一六および大塚龍児「判批」手形百選〔第六版〕四頁参照）。このことは会社の商号を初めて取引に使用する場合との対比から考えても当然であろう。

(2)　自署の原則と記名捺印の許容　自署とは、行為者の名称を自筆で手書することである。署名の個別性（筆跡は、人によって区々であり、人が異なれば署名の筆跡が異なること）が署名制度の前提となっていることからすれば、署名は、本来、自署でなければならないはずである。

しかし、わが国では、捺印の習慣があり、署名は、「自署と捺印」または「記名をゴム印に彫ったものと印章の押捺」などの方式で行なわれることが多い。手形法も、署名には記名捺印を含むものとしている（手八二条、小六七条）。わが国のように、記名捺印が広く行なわれており、「印章」は濫りに他人に託さず、保管取扱が慎重に行なわれている社会にあっては、手形上に印章が押捺されておれば、その手形行為は印章所持人の意思にもとづくものであると推認してよいであろう。その限りで、記名捺印制度も手形行為に署名の必要とされる客観的理由、主観的理由に適うものといえる。この点からすれば、記名捺印に用いられる印章は、少なくとも日常、取引等に用いられているものでなければならないはずであるが、判例は、行為者の印章として用いられておれば、いわゆる実印、認印、三文判を問わず、また記名と印影の関連性も不要であり、同姓の知人の印顆（印章）でも、雅号でも古来の成句を彫ったものでもよいとしている（大判昭和八・九・一五民集一二巻二一六八頁、さらに、河本一郎「手形の署名」新商法演習3一頁、四頁以下参照）。

自署と記名捺印

ジュネーヴ条約の留保条項（為替手形及び約束手形に関し統一法を制定する条約第二附属書第二条ならびに小切手に関し統一法を制定する条約第二附属書第二条）にもとづいて、わが手形法および小切手法（手八二条、小六七条）は、署名には記名捺印を含むものとしている。これに対して、「商法中署名スヘキ場合ニ関スル法律」（明治三三・二・二六法律一七号）は、「記名捺印ヲ以テ署名ニ代フルコトヲ得」と規定していたが、この規定は、平成一七年の商法改正に伴い、廃止された（平成一七・七・二六法律八七号）。署名をすべき場合に、記名捺印によりうるとされた理由は、これを日本における捺印の習慣に求めることができる。日本では、ハンコ（印章）の保管取扱は慎重であって、濫りに他人に託さないのが普通である。しかも、手形に用いる印章は、取引銀行に届出ておくものとされている。こういう社会において、手形上に印章が押捺されている場合には、その手形行為は、筆跡を顕出する自署によるものではないが、印章所持人の意思にもとづくものであるとの推認が可能になる。

銀行取引においても、わが国の手形署名は多くの場合には記名捺印の方式によって行なわれている。当座勘定取引の開始に当たって、取引先は、取引に使う印鑑または署名鑑（パーソナルチェックなどの場合）を届出るものとされている（当座一四条参照）。銀行は、この届出印鑑または署名鑑と照合して手形・小切手の支払を行なうのである（加藤＝吉原・銀行取引七頁）。ちなみに、当座勘定取引契約の締結（当座勘定取引の開始）に当たっては、銀行は、取引先に当座勘定規定を渡して、お互いにこれを承認することになっている（加藤＝吉原・銀行取引七頁以下）。すなわち、かつてのような当座勘定約定書の差入は行なわれていない。ただ、銀行は、当座勘定取引の開始に当たって、相手方の身元と法律上の能力を確認するために印鑑証明書（個人の場合）または商業登記簿謄本と代表者の印鑑証明書（法人の場合）の提出を求めている（加藤＝吉原・銀行取引七頁）。

(3)　拇　印　いわゆる拇印（親指の先に墨や朱肉をつけて押す印）を捺印の一場合と認めることができるかどうかについては見解が分れている。（消極、大判昭和七・一一・一九民集一一巻二一二〇頁）。拇印は署名が必要とされる理由にもっともよく適う、などとして、これを捺印の一態様と認める見解も有力である（河本・前掲論文九頁）。しかし、判例は、「其ノ鑑別ニハ肉眼ヲ以テ之ニ当ルコト能ハス、機械ノ力ヲ借ラサルヲ得」ないうえ、「特別ナル技能ヲ有スル者ニアラサレハ之カ鑑別ヲ為シ得サルカ如キ、対比鑑別ノ手続簡易ニアラサル」ことを理由に輾転流通する手形の署名方法としては許容できないとしている。判例の立場を妥当と考える。

(4)　署名の代行　自署は、本人の筆跡を表わすものであり、他人による代書（自署の代行）はありえない（石井＝鴻・一〇四頁）。ただ、「自署の代行」を認める見解も有力である。このような見解は、「自署の代行」を認めても、筆跡によって行為者を識別できる以上、その行為者が権限を与えられているならば、本人の責任を否認する必要はないと説いている（鈴木＝前田・一六九頁）。

これに対して、記名捺印は、本人の意思に基づくものであれば他人によって行なうことができる。これは、他人をいわば「手足」（使者）として使うものであり、このようにして行なわれる手形行為を「機関による手形行為」と呼ぶことがある（第7章第1節2参照）。

注意すべきは、この場合には、手形行為者は、本人であるということである。これに対して代理による手形行為のときは、手形行為者（意思表示を行なっている者）は代理人であり、本人は法律効果の帰属者である（以上の説明は、通説ともいうべき、代理に関するいわゆる「代理人行為説」によるものである、四宮・二二九頁および二三〇頁註2参照）。

(5)　法人の署名　会社その他の法人の手形行為の場合には、手形行為の代理の方式に準じて代表機関がその法人のためにすることを示して、その代表者自身の署名（記名捺印）をすることを要する。したがって、たとえば、会社の代表機関が直接に会社の名称を記載して会社の印章（会社印）を押すことによって行なわれる「甲株式会社（会社印）」という方式では、会社の手形署名の方式としては、不充分である。（裏書署名に関する最判昭和四一・九・一三民集二〇巻七号一三五九頁参照）。およそ法人の行為は、代表機関の行為によってのみ実現されるものであり、書面行為である法人の手形行為にあっては、手形上そのことを明らかにする必要があるからである。ただし、学説には、個人の署名の代行の場合と同様に考えて、代表機関が「会社名」を表示し、会社印を押捺した記載を会社の署名と認める見解も有力である（たとえば、鈴木＝前田・一七〇頁、竹田・一七頁、なお、第7章第1節1(2)参照）。

第3節　手形の交付

手形行為は、要式の書面行為と解されており、したがって、その成立には法定の方式（いずれの手形行為についても署名が要求されている）を具備した証券の作成が必要とされている。

このようにして作成された手形証券は、通常は、署名者（振出なら振出人、裏書なら裏書人）によって相手方（振出なら受取人、裏書なら被裏書人）に交付されることになる。しかし、場合によれば、証券は署名者の意思に反して（たとえば、盗難、紛失などにより――いわゆる盗取手形――、あるいは、割引先の斡旋を依頼して他人に託したところ持ち逃げされて――いわゆるパクリ手形――）流通におかれることもある。このように手形の交付のない場合を交付の欠缺という。

交付欠缺の場合にも、署名者は善意の手形取得者に対しては手形債務を負うとすべきであろうか。これは、手形行為の成立には、法定の方式を具備した手形証券の作成で足りるのか、それとも、そのような証券の作成に加えて、さらに署名者（証券の作成者）の意思にもとづく証券の交付をも要するのか、という問題であり、さらには、そもそも、手形の交付は法的にどのような意味をもつ行為と考えるべきであろうか、という問題である。

この問題は、従来から、いわゆる手形理論（手形学説）の中心的問題の一つとして論じられてきたものである。最近では、一般に、交付欠缺の場合にも善意の手形取得者を保護する必要があると考えられている（交付欠缺の抗弁は人的抗弁にすぎない）。

手形理論の意義（交付の欠缺と手形理論）　手形理論または手形学説は、——ドイツでは、広く有価証券法一般との関係で有価証券理論（Wertpapierrechtstheorie）ともいわれる——手形法学の古典的テーマの一つであり、とくにドイツでは一九世紀以来、実にいろいろな説明が行なわれてきている（*Hueck/Canaris*, Recht der Wertpapiere, 12. Aufl., 1986, S. 28 ff.）。わが国においては、手形理論とは、「手形上の義務（又は権利）は如何にして発生するかの法律構成の理論」をいうものと解されている（竹田・五八頁、小橋・手形行為論一七頁）。手形上の義務（手形債務）をめぐる議論としては、その性質およびその成立に関する議論が考えられるが、手形債務の抽象的性質が承認されてから後は、手形債務の性質論は重要性を失い、手形債務の成立に関する議論が主となったとされている（鈴木＝前田九〇頁）。しかも、一般的には、手形上の権利義務は手形行為によって発生すると考えられているから、「手形理論はすなわち手形行為の本質論にほかならない」とする説明が現在では広く行なわれている（大隅・四五頁）。もっとも、実際に取り上げられる問題は多様である。あるいは、手形行為の法的性質論（契約か単独行為かといった問題）であり、あるいは、手形上の法律関係が手形行為者とその直接の相手方だけではなく、手形行為者と第三取得者との間にも成立することの説明であり、さらには、手形関係において後者が前者より大なる権利を取得すること（手形抗弁の制限など）の説明である（小橋・四九頁）。交付欠缺の問題も各手形理論の特徴を示すものとして好んで議論されている（前田庸「手形理論」商法の争点II三一四頁、蓮井良憲「交付欠缺手形の署名者の責任」商法の争点II三三四頁）。

なお、手形行為といっても多様で一概に論ずることはできない。場合によっては、各手形行為の特徴を強調して、各手形行為ごとに区々の説明が行なわれることも少なくない（たとえば、約束手形の振出は単独行為で説明し、裏書は契約で説明する如きである、伊澤・一一三頁以下参照）。以下においては、判例などで問題とされることの多い約束手形の振出、裏書を念頭において考察を進めることにする。

約束手形の振出または裏書以外の手形行為と手形理論　引受の法的性質に関しては、手形理論に関して交付契約説をとる者も、単独行為と解する者が多いといわれる（第21章第2節1参照）。しかし、引受も所定の事項を記載した手形の授受という方式で行なわれる契約によって成立する手形行為であると考えることができる（小橋・二七〇頁参照）。

ドイツにおいては、交付契約説による以上、引受も――為替手形の振出や裏書と同じく――当然、契約によって成立する手形行為であると考えられているようである。たとえば、*Hueck/Canaris,* a. a. O. S. 31 ff. は、そのような見解と解されるが、そこでは、引受（さらに手形保証および隠れた保証の趣旨の裏書）の場合には、――ドイツ法においては、交付契約（Begebungsvertrag）は、債権法的側面と物権法的側面を有するものであるが（ドイツ法が手形所有権を認めていることに関しては、第1章第1節末尾の註〔ドイツにおける有価証券の定義〕参照）――そこで問題となる交付契約には、物権法的側面が欠けていることが強調されている。引受の場合には、債権者（手形所持人）はすでに引受の行なわれる前から手形の所有者であるから物権法的に手形証券の処分（譲渡・交付契約）を問題にする余地も必要もないというのである。

1　手形理論の対立

手形理論の系譜は、極めて複雑である（小橋・手形行為論参照）。手形理論には、手形行為の成立要件からみると大きく分けて三つの学説がある。

(1)　契約説（Vertragstheorie）　手形行為は手形の授受という方式によってなされる契約であり、その成立には、手形証券の作成のほか、手形行為の相手方（振出なら受取人、裏書なら被裏書人）への手形の交付が必要であると説く（民九七条一項・九八条の二・五二六条二項参照）。

(2)　発行説（修正発行説）（Emissionstheorie）　手形行為を単独行為と解するものであり、手形行為は証券の作成だけでは成立せず、手形行為の成立には手形の交付を必要とするが、この交付は、必ずしも手形行為の相手方への交付である必要はなく、何人か第三者に手形を交付して手形を流通におくことで足りるとする。わが国において発行説と呼ばれるものには、手形行為の成立には手形が相手方に到達することを要するとする説（伊澤・一一五頁）

と、相手方への到達は必要ではなく、署名者が署名者以外の者に交付するためにその意思にもとづいて手形の占有を手放すことで足りるとする説（田中誠二・八五頁）とがある。ここでいう発行説は、右の後者である（修正発行説とも呼ばれる）。

(3)　創造説（二段階行為論）（Kreationstheorie）　手形行為を単独行為と解し、しかも、それは手形証券の作成によって成立するのであって、手形の交付は必要でないとする。なお、ここでは、前述のように約束手形の振出または裏書を手形行為の典型例として考えているが、裏書との関係でいえば、ここで問題としているのは、裏書による「手形債権の成立」の面であり、裏書による「権利の譲渡」に手形証券の交付を要することについては、判例学説上、争いはなく、創造説においても、その点は同じである（平出・一二〇頁参照）。

創造説といっても、この単独行為によって成立した手形上の権利の権利者をどう考えるかによって見解は区々であるが、わが国では、①手形証券の作成によって証券の作成者（署名者）自身を権利者とする手形上の権利（債権）が成立し、それとともにその成立した権利が証券に結合されるとしたうえ（この段階では、署名者自身が債務者であると同時に債権者でもある）、②手形の交付は、証券の作成によって成立するにいたった手形上の権利を署名者から相手方に譲渡する行為にほかならないとする見解（鈴木・一〇七頁、一四三頁、鈴木＝前田・一〇六頁、一四七頁、前田・二六頁、三二頁）が有力であり、単に「創造説」という場合には、このような見解を指すことが多い（純正創造説とか、二段階行為論とも呼ばれる）。

2　証券の作成・交付と手形理論

いずれの手形理論によるかによって、「手形証券の作成」と「交付」の有する法的意義の評価も分かれる（高窪・通論一一三頁参照）。

(1)　証券の作成　契約説および発行説によれば、証券の作成は、独立の手形行為（法律行為）ではなく、その準備段階ないし一要素としての事実行為にすぎない。これに対して創造説（二段階行為論）では、証券の作成は独立の手形行為（債務負担行為）と評価されている。

(2)　証券の交付　契約説によれば、手形行為は手形の授受（交付）という方式で行なわれる契約である。その申込の意思表示の発信および到達は、手形の交付という方法によって行なわれ、相手方が手形を受領するときは承諾の意思表示があったものとされる（民九七条一項・九八条の二・五二六条二項）。この立場では、手形の交付は、いわば意思表示をなす方法であり、意思表示が成立するための要件事実である。発行説の立場でも、手形の交付は、意思表示（単独行為たる手形行為）をなす方法にほかならない。他方、創造説（二段階行為論）の立場では、証券の交付は、証券の作成により成立した権利の譲渡行為（権利移転行為）と考えられている。

3　交付欠缺の態様と手形理論

手形理論によって手形証券の交付の有する法的意義の評価が異なる。したがってまた、交付欠缺の場合の取扱も異なる。

交付の欠缺は、広義においては交付行為が意思表示の瑕疵を理由に無効または取消される場合などをも含むが（今井宏「手形行為と手形の交付」手形法小切手法講座一巻一〇〇頁、一一五頁註一参照）、ここでは、これを除外し、①証券作成（署名）後、金融・保管などの目的で他人（手形行為の直接の相手方でない者）に預けておいたところ、保管者の悪用または盗難・紛失などにより署名者の意思に反して流通におかれる場合（たとえば、割引先の斡旋を依頼された者が手形を持ち逃げする、いわゆるパクリ手形）と、②証券作成（署名）後、署名者が保管していたところ、盗難・紛失などにより署名者の意思に反して流通におかれる場合（いわゆる盗取手形）とに大別することにする（坂井・改訂・八一頁参照)。

契約説によると、右の「パクリ手形」「盗取手形」のいずれの場合においても、手形行為成立の要件である手形の交付が欠けているので手形行為は成立せず、署名者(証券作成者)は手形債務を負担しないことになる(物的抗弁)。これに対して、創造説(二段階行為論)では、いずれの場合にも、すでに債務負担行為たる証券の作成は完了しているから署名者は手形債務を負担することになる。手形を善意で取得した者は、善意取得(手一六条二項)によって保護されるのである。さらに発行説(修正発行説)によれば、「パクリ手形」の事例では、すでに発行説のいう「交付(手形の占有を手放すこと)」は認められるから手形行為は成立することになるが(この場合の権利者をどう考えるかについて、田中誠二・八七頁参照)、「盗取手形」の場合には、発行説のいう「交付」は認められず、手形行為は成立しないことになる。

手形理論と具体的な事案の解決における相違　盗取手形の場合には、契約説、発行説では、手形行為は成立しない。また、パクリ手形の場合にも、契約説では手形行為は成立しない。これに対して、創造説に立てば、いずれの場合であっても、手形行為は成立する。もっとも創造説にあっても、盗んだ者自身は、権利者ではない(したがって、無権利の抗弁の対抗を受ける)。ただし、この場合にも善意取得者に対しては、債務者は支払わざるをえないことになる(いうまでもなく、書面の作成により、手形行為が成立しているからといって、盗んだ者やその者から悪意で取得した者までが保護されるのではない)。ちなみに、割引の斡旋を依頼するに当たっては、受取人欄を白地にすることが多いが、斡旋者を受取人とすることもある。後者の場合には、斡旋者に手形を交付した以上、たとい持ち逃げされても交付の欠缺にはならない。契約説をとっても、受取人に対する手形の交付は認められるからである。

右に見た契約説と創造説を比較すると、契約説は手形署名者にとって有利であり(手形署名者の保護・静的安全)、創造説は善意の第三者にとって有利である(手形取引の保護・動的安全)。いずれによるべきかであるが、手形の第三取得者には、手形交付の有無を知る手掛かりのないことからすれば、創造説にも充分理由はある(ちなみに、同じく手形行為成立の要件である署名の真正については、手形上の印影、筆跡を調べてそれを判断しうる)。他方、契約説をとっても、通常の場合には問題はなく、しかも理論としては、契約説の方が、民法の理論とよりよく調和するオーソドックスなものであることも否定できないであろう(次の4において紹介する創造説に批判的な諸説参照)。

4　現代の手形理論

創造説(二段階行為論)によれば、交付欠缺の場合にも善意の所持人を保護することができる。しかし、同説に対しては、それは、証券作成行為を「自己の自己に対する債権を成立させる法律行為」と解するものであって、権利概念、法律行為概念の外延をその伝統的な定義よりも拡張するものであるとの強い批判(上柳克郎「手形の無因性についての覚書」会社法・手形法論集三八六頁以下所収、三九四頁)もみられる。そこで、現在、学説においては、①一方では、創造説(二段階行為論)が強力に主張されているが、それとともに、②基本的には、契約説または発行説によりながら、交付欠缺の場合には権利外観理論によって善意者を保護する見解も少なくない。③さらに、学説においては、創造説・発行説・契約説といった図式にとらわれない新たな手形理論も有力に主張されている。

(1)　わが国に独自な創造説の展開　　広く創造説というときには、前述のように、手形行為を単独行為と解し、それは手形証券の作成によって成立するのであって、手形の交付は必要でないとする見解をいう。しかし、このようにして成立した手形債権の権利者をどのように考えるかに関しては、創造説をとる学説においても見解が分かれる。たとえば、手形債務の発生には債務者の署名行為と債権者の善意とを要するとする善意取得説(毛戸勝元・手形法論綱(有斐閣書房・明治三四年)など)もあれば、手形債権の成立には債務者の署名と債権者の手形所有権の取得を必要とすると説く所有権説(須賀喜三郎・手形法論(巖松堂書店・大正五年、第七版・大正一二年)など)もある。すでに述べたように(本節1参照)、わが国では、手形証券の作成者自身を権利者とするいわゆる純正創造説が支配的である。

なぜ、わが国においては、善意取得説や所有権説ではなくて、純正創造説が支配的となったのであろうか。わが国の創造説において純正創造説が支配的となった事情を理解するためには、明治時代以来のわが国手形理論の展開を分析しなければならないであろう。しかし、ここでは、一、二の学説を引用して、私の理解するところに従って、純正創造説の登場する理論的な背景を指摘するに止まる（より詳しくは、福瀧博之「手形理論――昭和期の手形理論の潮流と特徴」倉沢康一郎＝奥島孝康編・昭和商法学史〔岩崎稜先生追悼論文集・一九九六年〕七〇一頁以下参照）。

①わが国の判例は、当初、契約説を採用していたとされるが、その後、大判昭和一〇年一二月二四日（民集一四巻二一〇五頁）において、発行説を採用することになったといわれている（本節5参照）。他方、学説においては、その頃までに、わが国においては、手形理論の基本的なカタログは一応出尽くしていたといわれる。すなわち、契約説をとるものには、青木徹二・手形法論（有斐閣書房・明治三八年、改正増補九版・大正四年）（単数契約説のうちの債権譲渡説であり、手形所有権の概念を認める）、松波仁一郎・改正日本手形法（有斐閣書房・大正四年、再版・大正一一年）（複数契約説のうちの対不特定人契約説）があった。また、創造説によるとされるものに、前述の毛戸勝元・手形法論綱（有斐閣書房・明治三四年）および須賀喜三郎・手形法論（巖松堂書店・大正五年、第七版・大正一二年）などがあった。

さらに、岡野敬次郎・日本手形法（中央大学・明治三八年、第六版・明治四三年）は、単独行為説を主張するが、債務者の一方的行為の完成には手形の交付を必要とするから、この見解は発行説の範疇に属するといえる（この見解は、手形債権の発生には債権者が手形所有権を取得することを必要としている）。松本烝治・手形法（巖松堂・大正七年、第二四版・昭和三年）も、岡野説と大体同じ見解と位置付けることができる（岡野説が為替手形の振出人および裏書人が後者に対して負担する担保義務は、法律の規定により当然発生するものとしているのに対して、松本説は、これには賛成できないとしている）。

これらのうち、その後の時代におけるわが国手形理論に与えた影響からみて、注目すべきは、松本説であろう。この説は、前述のように発行説であるが、現在のわが国の学説の多くとは違い、手形所有権という概念を用いて手形上の権利（法律関係）の成立を説明している。すなわち、次のように説いている。

「手形ニ付テハ手形債権行為ト手形物権行為トヲ区別スルコトヲ要ス手形債権行為ハ単独行為ニシテ手形ヲ発行スルニ因リテ完全ニ成立ス然レトモ振出又ハ裏書ノ場合ニ於テハ他人ニ手形所有権ヲ与フルコトヲ要スルヲ以テ手形物権契約ニ因ルカ又ハ商法四百四十一条ノ規定〔善意取得の規定〕依リテ他人カ手形所有権ヲ取得スルマテハ手形行為ノ効力ヲ生セサルモノタリ而シテ手形所有権ノ取得者ハ其取得ニ因リ手形行為者ノ意思ニ基キ各自独立シテ手形上ノ権利ヲ取得スルモノタリ」（松本烝治・手形法（巖松堂・大正七年、二四版・昭和三年）一七七頁以下参照。）

②時期的には、これに続いて現れた、田中耕太郎・手形法小切手法概論（有斐閣・昭和一〇年）の手形理論は、――この見解は、手形理論を手形法学の中心的課題として取り上げることに批判的であったが、――次のような点において特徴的である。先ず、(i)裏書人および振出人の担保責任は、「法の規定に因る」義務であって、裏書および為替手形の振出が債務負担行為であることによるものではないとしている（同、六四一頁以下）。

また、(ii)振出に関しては、「振出は一個の行為ではなくて、手形を作成する行為と作成せられたる手形を譲渡す行為との二つから成り立ってゐる」と説いている。すなわち、「手形は先づ振出人の手に依り一方的に作成せられる。……此の有価証券に化体せる権利の義務者は約束手形に於ては振出人自身、為替手形に於いては仮定的に支払人、小切手に於ては義務者なく之に代るに事実上支払を為すものが定められてゐるに過ぎない」。この有価証券の権利者は「証券面に権利者が予定されてゐると否とを問はず当初に於ては其の作成者たる振出人自身」であるというのである（同、六四二頁以下）。

「振出人は振出行為の第二の段階として自己の作成し且つ所有する手形を受取人其の他の者に譲渡する。是に於て手形は始めて取引に置かれるに至り、手形に付て証券上の義務者に対し手形金額を請求することを得る外部的債権者が生ずる。第四百四十一条（新法十六条二項）に依り手形が取得せらるる場合に於ても同様である。振出人は或は自己の作成に係る手形を其の化体せる権利と共に受取人に譲渡するものである。其の権利は承継取得せらるる。……債権の発生は既に振出人の単独の行為に因るものであり、其の潜勢的に存在する債権が受取人に譲渡せらるるものと認むる。此の故に私は振出人と受取人との間に於ても債権譲渡を認め、振出人が受取人に対して契約に因り債務を負担するものと解しないのである（同、六四五頁以下）。」

さらに、この見解が、(iii)手形の紙片についての所有権と手形上の権利とを分かって考えないで、両者を一体として観念し、したがって、紙片の所有権の取得を手形上の権利の原始取得の要件のように考えないことも（同、六四八頁以下、六五〇頁）、その大きな特徴である。

注目すべきは、この見解は、第三取得者による手形上の権利の取得の説明に当たっては、いわゆる承継説（債権譲渡説）をとるものであって、手形上の権利が――たとえば、手形所有権の取得によって、――原始取得されるとする見解によっていないことである。手形上の権利が第三取得者によって原始的に取得されるとする法律構成をするのは、抗弁の制限または善意取得などの制度を説明するためであると解されるが、そのような法律構成を採用しなくても、こうした制度は、善意者保護のための特別な制度として説明することができるというのである（同、六四八頁）。しかも、この見解は、手形の第三取得者による手形上の権利の取得を債権譲渡と解するだけでなく、右に見たように、振出行為の第二の段階をも債権譲渡（潜勢的に存在する債権の譲渡）として法律構成している。

この見解と同じく、広い意味において発行説を採用する岡野説および松本説が、手形債権の発生には債権者による手形所有権の取得が必要であると説明していたのに対して（松本・前掲書一七七頁以下は、「他人カ手形所有権ヲ取得スルマテハ手形行為ノ効力ヲ生セサルモノタリ」とし、岡野・前掲書九四頁は、「債権ノ発生トハ所有権ノ取得ヲ云フ」とする）、この見解は、手形所有権を否定し、それに代えて、手形債権の発生には「手形の譲渡行為」を要すると説明することになった。そうすると、そのためには手形の譲渡（手形上の権利の譲渡）に先立って手形（手形上の権利）が成立している必要があることになる（田中・前掲書六四五頁参照）。前述のように、この見解は、振出人の単独行為によって発生する「潜勢的に存在する債権」なるものを認めている。その限りでは、この見解は、一種の創造説ともいうべき表現をとっている。しかし、この見解は、いわゆる盗取手形のような場合（交付欠缺の事例）の処理に関しては、手形法一六条二項の善意取得によらないで「表示主義」を理由としてそのような手形を善意で取得した者の保護を図っているのであって（田中・前掲書一四三頁以下参照）、この見解は、その創造説的な表現にもかかわらず、依然として発行説の範疇に属すると解してよいであろう。

③右に取り上げた田中（耕）説を受けて、鈴木竹雄・手形・小切手法（有斐閣・昭和三二年）がわが国独自の創造説を展開することになった。この見解は、証券の作成（附属的手形行為については証券の記載）と証券の交付を契約説のように一体と捉えないで、二段に分けて法律構成する（松本説が、手形債権行為と手形物権行為とを区別し、田中（耕）説が、「手形を作成する行為」と「作成せられた手形を譲渡す行為」とに分けていることとの対比において興味深いものがある）。すなわち、「第一段の証券の作成は署名者の単独行為によって一方的に行われ、これにより署名者が債務を負担するため、この債務に対応する権利が成立し、同時にその権利は証券と結合するにいたる。そしてそのような権利の主体は証券の所持人たる署名者自身であって、彼は他方において義務者でもあるため現実に権利を行使することはできないが、権利者としてその権利を処分することはもちろんできるのである。次に、第二段の証券の交付は、

以上のように証券の作成によって成立するにいたった権利を移転する行為であって、それは振出及び裏書の場合には当事者間の契約と考えられる（鈴木・前掲書一四三頁）」。周知のように、この見解は、交付の欠缺の場合には、善意取得によって善意の第三者を保護するものである（鈴木・前掲書一四三頁）。

この見解が田中（耕）説の影響のもとに成立したことは明らかであろう。すなわち、この見解は、田中（耕）説が「証券の作成により成立する法律関係はまだ潜在的なものにすぎなく、従って、振出人はまだ義務を負担せず、証券の交付によって始めて義務を負担するにいたる」とする点にあきたらず、これを「一歩進め」、証券の作成によって権利が成立するものと認め、「作成者の意思によらないで手形が流通におかれた場合にも、手形法一六条二項によって処理しうる」と考えるべきであるというのである（鈴木・前掲書一四三頁註六）。注目すべきは、この見解もまた、手形所有権という考え方を否定していることである（鈴木・前掲書九八頁、一四四頁註八）。

わが国においては、かつて、手形所有権と結びついた発行説（松本説など）が行なわれていたが、その後現われた田中（耕）説は、所有権概念を認めなかったので、第三取得者による手形上の権利の取得は、債権譲渡によって説明することになった（債権譲渡説）。しかし、そのためには、承継取得すべき権利（債権譲渡によって譲渡すべき債権）が手形行為者のところで――潜在的なものにせよ――成立していなければならないことになったのであり、勢い、手形書面の記載によって債権が成立するとする田中（耕）説またはそれをさらに進めた鈴木説のような見解に赴くことになったと考えられるのである。

(2)　権利外観理論　これは、手形上の権利の存在の外観（債務負担の外観）の発生につき原因を与えた責任のある者は、その外観を信頼して善意で手形を取得した者に対しては、たとい相手方との間に手形の交付が存在しなくても手形上の責任を負担するとするものである。契約説（または発行説）を補充する理論として主張されている（今

井・前掲論文一一四頁、伊澤・一一六頁、木内・五六頁、田邊・一八九頁)。

権利外観理論は、従来の議論と最近の判例の動向を前提にする限り、いわば無理が少なく比較的分かりよい。その意味で、この立場を支持すべきものと考える。もっとも、法律行為によらず、権利外観理論によって手形上の権利が成立するとすることに対しては批判も強く(小橋一郎・有価証券九〇頁)、また権利外観理論を適用するための要件についての批判もある(鈴木＝前田・一四五頁以下)。

権利外観理論によって署名者が責任を負うためには、①署名者にいわゆる帰責原因があり(外観への与因)、②その結果、権利の外観(債務負担の外観)が存在しており(外観の存在)、③それを第三者が信頼したこと(外観への信頼)を要すると解される。

帰責原因については争いがあり、署名者が手形証券を作成しただけでは足りず、さらに手形の流通にも何らかの原因を与えたことを要するとする説(田邊・一九六頁など)も有力であるが、類似の制度である手形法一六条二項(善意取得)の規定などから考えるに、署名者が手形であることを知り、または知りうべくして証券を作成したことをもって足りると考えるべきであろう(今井・前掲論文一一七頁、木内・六五頁)。また、第三者の主観的要件については、手形法一〇条、一六条二項をこの場合にも類推し、善意無重大過失を要求し、またその立証責任は署名者の側にあると解されている(今井・前掲論文一三三頁、木内・六六頁)。

契約・権利外観理論　契約説(あるいは発行説)を手形理論としては採用しながら、それによって第三者の保護が図れない場合については、補充的に別の理論によって第三者を保護しようとする考え方も最近では有力である。これが右に述べたいわゆる権利外観理論である。権利外観理論は、いずれかの手形理論と結びつく必然性はないと考えられるが、ドイツにおいては、本文においても述べたように、契約説を補充する理論として主張されることが多い。契約・権利外観理論(Vertrags- und Rechtsschein-theorie)と呼ばれることもある。

権利外観理論によって、手形上の権利が成立するとすることに対しては、批判も少なくない。制定法上の制度ではないので、適用の要件が必ずしも明確でないといわれる。右においても述べたように、権利外観理論によって署名者が責任を負うためには、①署名者にいわゆる帰責原因があり、②その結果、権利の外観（Rechtsschein）が存在しており、③それを第三者が信頼したことを要すると解されるが、いかなる事情があれば、帰責原因が認められるのか、また、第三者の主観的要件をどう考えるのか、が明確でないというのである。帰責原因については、署名者が手形に署名したことで足りるか、それとも、それとともに手形の流通にも何らかの原因を与えたことをも要するのかについて、学説上争いがある。手形であることを知り、または知りうべくして手形に署名することをもって足りると解すべきであろう。この見解のもとでは、交付前の手形の保管に過失があって手形が紛失した場合は勿論のこと、厳重に保管していた手形が盗取されたような場合にも署名者は責任を負うことになる。

第三者の主観的要件については、手形法一〇条、一六条二項などを、この場合にも類推して、善意無重大過失を要求するものとされている。立証責任は、署名者の側にあるとされている（もっとも、鈴木＝前田一四五頁は、このような理解を批判する）。

権利外観理論にいう「帰責事由」　権利外観理論によって署名者が手形上の責任を負うためには、署名者に帰責事由があり、署名者が有責に権利の外観を惹起したといえなくてはならないと考えられている。右にも述べたようにこのような帰責原因としては、署名者がその意思によって証券を作成したことで足りるのか、それともさらに、証券の流通についても何らかの原因を与えたことを要するか、について争いがある。ドイツでは、一方で、「証券の作成者が（権利外観理論によって責任を負う）法的根拠は、証券の作成によって有責に惹起された有効な交付の存在の外観（Rechtsschein einer gültigen Begebung）にある」とされながらも(*Baumbach/Hefermehl*, Wechselgesetz und Scheckgesetz, 19. Aufl., 1995, S. 17, Vgl. *Ulmer*, Das Recht der Wertpapiere, 1938, S. 234)、一般に帰責原因としては「証券の作成」で足りると解されている（Vgl. *Hueck/Canaris*, a. a. O. S. 33.)。

このような考え方に対しては、「契約説に立ち、……（中略）……交付によってはじめて債務負担の意思表示があるとするのであれば、交付をなしたような外観をつくり出してはじめて債務負担の外観をつくったことになり、したがって交付がなく流通（債務負担の外観作出）におかれたことについても有責的でなければならない」との批判がみられる。菱田政宏「手形の作成・署名と取得」関法三一巻二・三・四号四六三頁、四九九頁註二参照。しかし、この見解には、にわかに与し難い。

交付欠缺の場合にも権利外観理論によれば、有責に手形上の債務が成立したとの外観を作り出した者は責任を負うのであり、そして契約説を前提にする以上、この手形上の債務が成立したとの外観（債務負担の外観）とは、結局、手形の交付があったとの外観にほかならないことは、右の見解のいう通りである。しかし、このことは、必ずしも、手形の交付があったかのような外観を有責に作り出したといえるためには、証券の流通についても原因を与えていなければならない、との結論を導くものではない。そのような証券を作成することによって、手形の交付があったかのような外観を有責に作り出した、と考えることも充分可能である。そして、まさしく右に見たようにドイツでは、そのように考えられているのである（Vgl. *Hueck/Canaris*, a. a. O. S. 32f..）。

なお、現在のドイツの通説とは異なり、創造説的な立場からの見解ではあるが、この問題については、さらに、*Ulmer*, a. a. O. S. 46参照。

ドイツの手形理論の状況　ドイツでは、すでに数十年にわたって、いわゆる契約・権利外観理論（Vertrags- und Rechtsscheintheorie）が、通説として安定した地位を占めているといわれる。「ドイツの有価証券法理論は、過去数十年間いわば一種の静止状態にあり、（中略）Jacobi によって始められた契約・権利外観説が、依然支配的である。」*Ulmer*, Der Einwendungsausschluß im einheitlichen Wechselgesetz, Festschrift für *Ludwig Raiser*, 1974, S. 225, S. 233.

ここに契約・権利外観理論（説）とは、基本的には、交付契約説を採用し、交付の欠ける場合には、有責に手形上の権利が存在するとの外観を惹起した者は、そのことを理由に手形責任を負うとする考え方であり、単に権利外観理論 (Rechtsscheintheorie) と呼ばれ、あるいは契約・権利外観理論 (Vertrags- und Rechtsscheintheorie) と呼ばれる。Vgl. *Baumbach/Hefermehl*, a. a. O. S. 17. わが国でも、少なからぬ学説が、この見解によっていると考えられるが、ドイツにおいては、判例、通説のとる手形理論である。Vgl. *Baumbach/Hefermehl*, a. a. O. S. 17.

(3)　新たな手形理論　従来の議論の枠組にとらわれない新たな手形理論ともいうべき考え方をいくつか見ておこう。先ず、①その一は、小橋一郎「手形理論と手形抗弁」民商法雑誌八三巻一号一頁における手形理論であり、「手形上の法律関係の成立は、手形行為者と直接の相手方との間では民法に服し、したがって手形の交付を欠くときは、両者間に手形上の法律関係は成立しない」が（小橋・前掲論文一五頁）、手形行為者と第三取得者との間の法律関係の成立は、手形法が定めるところであり（小橋・前掲論文一二頁、一四頁参照）、それによれば、「手形行為者が手形に署名した以上、手形の交付がなくても、手形が第三取得者の手に至ったときは、手形行為者と第三取得者との間に手形上の法律関係が成立する」（小橋・前掲論文一五頁）と説くものである。この理論の特徴の一つは、「民法が全面的に適用される手形行為者と直接の相手方との関係と、手形法の特則が適用される手形行為者と第三取得者との関係を区別すること」（小橋・前掲論文一七頁）にある。さらに、この説の特徴として注目すべき点としては、その複数契約説的な考え方を挙げることができる。それによれば、「裏書は手形上の権利の譲渡であるが、手形行為者の意思を中心としてみれば、その意思が裏書を介して第三取得者に達して、手形行為者と第三取得者との間に手形上の法律関係が」成立する、というのである（小橋・前掲論文一五頁、なお、小橋・前掲論文一〇頁以下参照）。

②二つめは、菱田政宏「手形の作成・署名と取得」関西大学法学論集三一巻二・三・四号四六三頁における手形理論である。それによると、手形が作成・署名されると、それによって、有価証券たる手形は成立するが（菱田・前掲論文四七一頁）、その「手形が振出人の手許にあるときには手形上の権利は発生して」おらず、「この権利が発生するのは、この手形という有価証券の正当な取得者が存在するにいたったときである」（菱田・前掲論文四九七頁）。

すなわち、「手形の作成・署名は、手形の正当な取得者に対する債務負担の意思の手形上の表示」なのであり、「通常の形態では、手形上の権利は手形なる証券の作成および交付によって発生するが、この交付は手形署名者の意思表示としての構成要素ではなく、」「受取人側から見た手形の受領ないし取得として、そして債務負担の意思表示の受領として見ることができる」（傍点ママ）というのであり、また、いわゆる「交付欠缺手形については、善意で自らが手形の権利者となる意思で正当にその手形を取得した者のところで権利・義務が発生することになる」とされるのである（菱田・前掲論文四九八頁）。

この理論の特徴の一は、「手形の成立によっては具体的な権利義務の存在は認められないが、証券としての存在はこれを認めることが必要である」（菱田・前掲論文四七二頁）、「証券の作成が権利の発生に時間的には先行する（または同時である）のが設権証券の特徴といえ」る（菱田・前掲論文四七一頁）、として、この理論が、「手形上の権利の成立と手形（有価証券）の成立と」の峻別を強調している点に求めることができる（菱田・前掲論文四七一頁）。

なお、さらに、この説においては、「必要な範囲で」手形所有権が認められていること、および「手形上に表示された署名者の意思が、直接の相手方の裏書を介して第三取得者に達し、署名者と第三取得者との間に手形上の法律関係が成立する」として複数契約説的な考え方が採用されていることが注目される。もっとも、後者との関係では、「(前者である譲渡人のところですでに債務負担の効力が発生している場合には、)取得者(譲受人)のところで意思表示受領による権利義務発生の実効が生じない」とされている(菱田・前掲論文四八四頁、なお、このような手形理論における、手形行為に意思表示の瑕疵がある場合の取扱については、菱田・前掲論文二五七頁参照)。

③その三は、高窪利一「現代手形・小切手法」(経済法令研究会・昭和五四年)の手形理論である(さらに、高窪・法論七五頁以下参照)。

それによれば、「手形署名のみによって手形行為は不特定多数人に対する意思表示として成立し、手形証券が証券の所有権者ないしは担保権者(物権的支配者)によって占有された時に(証券の善意取得の場合を含む)、手形行為の効果が発生して、手形上の権利を生ずる」とされる(傍点引用者付加、高窪・一〇五頁、同旨、高窪・法論七六頁)。

この説は、所有権説と結びついた創造説と解される(高窪・法論七六頁、なお、高窪・一〇二頁、一〇五頁参照)。「〔手形理論としては〕有効な手形署名によって不特定多数人に対する意思が表示され、手形所有権の善意取得者(手一六条二項)が、その意思表示の効果として手形上の権利を取得する、とする伝統的な所有権説によって説明するのが正当であろう」とも説明されている(高窪・法論七六頁以下)。

あるいは、「手形行為の効果としてではなく、手形の作成によって(白地手形の場合をふくめて)制度的に定型化された手形所有権(手形の制度的利用権ないし価値権)が創設され、これが、要書的な手形譲渡契約によって要物的に(証券の占有移転を効力要件として)移転していく」のであり、「手形の譲渡においても、手形割引契約とか担保契約などの要書的な契約によって手形証券の所有者(または担保権者)となったものは、さらに手形を証券の交付によって譲渡して信用利用（財貨交換）を果たしたり、利用権の内容として支払決済をうけたりできるのであるが、満期に不渡りとなるなどして等価交換の歪みを生じた場合に、はじめて、証券上に不特定人に対して表示された署名（手形行為）の効果として、手形債務者の合同責任を問いうる」と説明される（高窪・一六四頁）。もっとも、この部分は、この説がその提唱する手形所有権の説明として述べたものであるが、同時にこの説の手形理論の説明にもなっている。さらに、右の「所有権とは、証書の対世的支配（債権説ではこれを債権の表彰というかたちで説明する）ないし、証書自体のもつ価値権を示す比喩的表現」であるとも説明されている（高窪・法論七七頁）。

この理論の特徴の一は、手形行為の成立がその効果発生とは分離して捉えられていることと、そして、そのことと密接に結びついた形での手形所有権概念が採用されていることとに求めてよいであろう（さらに、高窪・通論一一一頁参照）。

新たな二段階行為論　これらの各手形理論は、それぞれユニークなものであり、その検討は、それ自体、甚だ興味深いところであるが、ここでは、次の点を指摘するだけにしておきたい。すなわち、これらの手形理論によれば、いずれの場合にも、いわゆる盗取手形に代表されるような典型的な交付欠缺の事例は、手形法一六条二項の善意取得の規定で処理されているということである。たとえば、次のように説明されている。

「（約束手形の振出人の下から署名後、交付前に手形が盗取されたような場合、）第三取得者が取得するのは、手形署名者の意思を受領しうべき地位であると考えれば、善意取得を認めることができ」るのであり、「署名者は、第三取得者の手形上の請求に対し、その悪意または重過失を証明してその権利自体を争うこともできるし（手一六条二項・七七条一項一号）、第三取得者の害意を証明して交付欠缺の抗弁をこれに対抗することもできる（手一七条但書・七七条一項一号）。」（小橋・前掲論文一五頁以下）。

「手形法一六条のいう善意取得は、手形（有価証券）の善意取得をいっていると解すべきであ」り、「交付欠缺の手形を善意取得した者に対しても、署名者の債務負担の意思表示は手形の移転により到達し、正当に手形が取得された以上、署名者は手形上の責任を負う。」（菱田・前掲論文四九四頁。）

「交付欠缺の抗弁については、創造説と手形所有権の善意取得（手一六Ⅱ）で解決するのが妥当」である（高窪・二七九頁）。「（所有権説の立場から）第三者が手形を善意取得することにより手形行為が発効して、署名者は手形責任を負うにいたることになる（高

窪・一八一頁、同旨、高窪・通論一一一頁)」。

換言すれば、いずれの理論においても、手形書面の作成のみで、すでに手形法一六条二項の善意取得の対象となるべきものが成立するものとされている。そして、その点においては、これらの諸理論は、手形書面の作成によって債務負担行為としての手形行為は完成し、手形の交付は、その成立した手形上の権利の譲渡行為にほかならないとして、いわゆる交付欠缺の場合を善意取得で説明する手形理論と、すなわち、いわゆる純正創造説ないし二段階行為論と、――たとえば、鈴木＝前田・一四七頁以下、前田・二二頁、三二頁参照、さらに、浜田道代「手形行為論に関する覚え書（一）」名古屋大学法政論集八八号三一八頁、三三八頁以下参照、――その基本的な考え方を同じくするものといえよう。その点に着目して、すなわち、これらの理論が（純正創造説をもふくめて）、いずれも、従来の契約説が一の法律行為の単なる構成要素と考え、それに独立の法的意味を与えていない証券の作成と交付とにそれぞれ独立の法的意味を与え、二段階に分けて説明するものであることを捉えて、これらの理論を便宜上、二段階行為論と総称することは妨げないであろう。なお、このような考え方を、高窪・法論・七三頁および高窪・通論・一〇九頁などは、「二元説」と呼ぶ。ここでは、わが国でかつて行なわれていた類似の考え方（たとえば、松本烝治博士の所説、田中耕太郎博士の所説など）と区別するために、これらの手形理論を新たな二段階行為論と呼ぶことにする（福瀧博之「いわゆる新たな二段階行為論について・序説」教材現代手形法学・一四五頁以下参照）。

ドイツにおける同様の傾向　ところで、ドイツにも右に挙げたいずれの手形理論とも異なるが、やはり同じ方向にある、したがって、右にいう新たな二段階行為論に数え入れてよいと考えられる手形理論が見られる。*Ulrich Huber*, Einwendungen des Bezogenen gegen den Wechsel, Festschrift für *Werner Flume* zum 70. Geburtstag, Band II, 1987, S. 83 ff. である。この *Huber* の手形理論に関しては、福瀧・前掲論文参照。

5　判例の動向

交付欠缺手形を取扱う判例の評価についても、論者の手形理論によって見解は分かれる。一般には次のようにいわれている（手形理論、とくに交付欠缺の抗弁に関する判例については、福瀧博之「交付欠缺の抗弁」（一）（二）民商八二巻三号八〇頁、八二巻四号三九頁参照）。

(1)　発行説（大審院）　①大判昭和一〇年一二月二四日（民集一四巻二一〇五頁）によって、判例は、それ以前の契約説の立場（大判明治四四・一二・二五民録一七輯九〇四頁など）を変更して発行説（修正発行説）をとるようになったとされる。この判決の事案は、約束手形の書替に当たり、裏書人が、他の裏書人の裏書が得られたら、改めて捺印のうえ交付するとの約束で裏書署名をして手形を振出人に交付したところ、不当に流通におかれたというものであった。大審院は、「右ノ署名ハ本来裏書ノ目的ヲ以テ為サレタルモノ」であり、その交付が被裏書人に対してなされたものでないといっても、署名後、保管中に他人によって流通におかれた場合とは異なり、「全然手形ヲ流通ニ置クノ意思ナカリシモノト断シ去ル」べきではなく、「寧ロ一種ノ危険ヲ冒シテ他ニ交付シタル」ものであるから、裏書人は善意の手形所持人に対しては責任を免れないとした。

(2)　最高裁判所による踏襲　　最高裁判所も、右の立場を踏襲したといわれる。たとえば、②最判昭和四〇年六月一日（金融法務四一六号六頁）は、約束手形の振出人がその自由意思により手形を受取人に寄託中、手形が寄託の趣旨に反して流通におかれたという事案において、振出人の責任を認めている。

さらに、③最判昭和四二年二月三日（民集二一巻一号一〇三頁）は、裏書人が白地式裏書を抹消しないまま、すでに用済みの約束手形を振出人に返還したところ、不当に流通におかれたという事案であるが、最高裁判所は、「上告人（裏書人）が本件手形を他に裏書譲渡する意思でこれに署名したのであり、原判決判示の経緯でこれが第三者の入手するところとなったのであるから、本件手形の適法な所持人である第三取得者に対しては、上告人（裏書人）は手形債務を負担する」とした。この判決までは、交付は「譲渡ノ意思（右の①では「流通ニ置クノ意思」）ニ出タルモノ」でなければならないと解されていたが、この③の判決は、その点をとくに問題にしておらず、多少要件を緩和したものと評価されている（坂井・八七頁以下）。

(3)　盗取手形と所持人の保護　　このように判例は発行説によるものと解されてきたが、しかし、事案はいずれも、いわば発行説で賄えるものであり（発行説によるときも、善意者を保護できるものであり）、いわゆる盗取手形のような事案を判例がどう取扱うのかは必ずしも明らかではなかった（下級審判決は分かれていた）。

④最判昭和四六年一一月一六日（民集二五巻八号一一七三頁）は、盗取手形の事例についての最初の最高裁判所の判例である。株式会社の代表取締役が約束手形を作成し、経理係事務員に保管させていたところ、その机上から盗取され、流通におかれたという事案である。最高裁判所は、「手形の流通証券としての特質にかんがみれば、流通におく意思で約束手形に振出人としての署名または記名捺印をした者は、たまたま右手形が盗難・紛失等のため、その者の意思によらずに流通におかれた場合でも、連続した裏書のある右手形の所持人に対しては、悪意または重大な過失によって同人がこれを取得したことを主張・立証しないかぎり、振出人としての手形債務を負うものと解するのが相当である」と判示した。

この判決は、いわゆる盗取手形の場合にも善意の第三取得者を保護しているのであって、単なる発行説によるものでないことは明らかである。しかし、いずれの手形理論によるものであるかについては見解が分かれている（蓮井良憲「判批」手形百選（第三版）三二頁参照）。従来の判例を発行説によるものと解するときには、この判決もまた基本的には発行説に立ちながら盗取手形のような場合にはその修正理論としての権利外観理論を併せて採用するものと解するのが、素直な理解ではないかと考える（この判決が「流通におく意思で手形に署名した」ことを要求していることの意味についても手形理論との絡みで議論が分かれる。蓮井・前掲判批三三頁）。

次に、⑤最判昭和四七年四月六日（民集二六巻三号四五五頁）は、約束手形の振出署名者の得た除権判決の効力等について判示するものであるが、その前提として、右の④の判決を引用して、約束手形の振出人が流通におく意思で手形に署名後、携行中に紛失した場合には、善意の第三取得者に対しては手形上の責任を免れない、としている。ほかに下級審判決にも、右の④の判決に従って署名者の責任を認めたと解されるものが少なくない（その後の下級審判決として、たとえば、東京高判昭和六〇・一・三〇判時一一四六号一四二頁がある）。右の最高裁判所昭和四六年判決それ自体が、一つの理論として用いられるようになっていることが窺える。

白地手形と交付の欠缺　交付の欠缺が問題となる手形（とりわけ盗取手形・紛失手形）には記載の完備していないものが多く、白地手形かどうかが併せて問題とされることも多い（たとえば、最判昭和三一・七・二〇民集一〇巻八号一〇二二頁、大阪地判昭和三九・一二・一〇下民集一五巻一二号二九一八頁、東京地判昭和五二・一一・一二判時八七七号九四頁など）。これは、手形理論と白地手形の本質論の交錯する場合であり、白地手形の成立についての議論と併せて検討する必要がある。

なお、交付の欠缺に関する参考文献は多いが、右において引用したもののほか、たとえば、次のようなものがある。三枝一雄「被盗取手形の振出署名者の責任」商法II（判例と学説）一九一頁、菅原菊志「交付の欠缺」新商法演習３一四頁、吉川義春「交付欠缺の抗弁」判タ二九九号二頁、大塚龍児「盗取された約束手形に振出人として署名していた者の責任」商法の判例（第三版）一四三頁、倉澤康一郎「判批」ジュリ五三五号（昭和四七年度重要判例解説）七九頁、奥島孝康「交付欠缺手形と署名者の責任」奥島孝康＝宮島司編・商法の判例と論理（倉澤康一郎教授還暦記念論文集）（日本評論社・一九九四年）二九三頁などである。

第4章　手形行為の性質

手形行為とは、前述したように、手形上の法律関係の発生または変動の原因である要式の（すなわち、一定の要件を備えた書面をもってする）法律行為である。手形行為は、このように「要式の書面行為」であるから、一般の法律行為に比べて、独特の性質を有すると考えられている。手形行為の性質としては、無因性（抽象性）、文言性、独立性などに言及するのが普通であるが、これらは、いずれも手形行為が「要式の書面行為」とされていることの結果として、これを理解することができる。

第1節　手形行為の性質

1　手形行為の要式性と書面性

(1)　手形行為の書面性　手形は有価証券であり、しかも、「完全な有価証券」である（第1章および第9章第2節参照）。手形行為の成立には、手形という書面が作成され、その書面を通じて意思表示が行なわれなければならない（手形行為の書面性）。手形行為と書面とを分離して考えることはできない。

(2)　手形行為の要式性　手形行為は、法律に定めた一定の方式（手形要件）を備えなければ有効に成立しない。これを手形行為の要式性という。手形行為の書面性から当然出てくる帰結である。

手形行為が書面を通じて行なわれなければならないものである以上、ある書面が手形といえるものであるかどうかも、また、その権利の内容も手形という書面の記載によって定まることになるのである。そもそも、ある法律行為が書面行為であるといい、ある証券が設権証券だといっても、一定の方式を定めておかなければ、どのような記載があれば、その行為の成立が認められるのか、どのような書面を作成すれば権利が成立するのか、どのような記載のある書面が手形なのか分からないであろう。

そこで、法は、ある書面が手形となるために必要とされる最小限度の記載事項（必要的記載事項）を定めている。これが手形要件である。他方、余り細かい内容の記載を認めると、かえって手形取得者は手形の内容を理解できなくなり、流通証券としての機能が害される。手形の記載事項には一定の制限を加える必要もある。そこで、（最小限度だけではなく）最大限の記載事項も法定されている。有益的記載事項である。それを超えると、あるいは記載しても記載の効力が認められず、あるいは手形自体が無効になる。前者を無益的記載事項、後者を有害的記載事項という。

このように手形行為においては、手形に記載すべき事項は厳格に法定されている。手形行為は、必ず、その方式に従って行なわれなければならず、その方式を離れては存在しえない（行為と方式の融合）。なお、各手形行為の具体的な記載事項（手形要件など）に関しては後述する。

手形行為の要式性と手形の変造など　手形行為の要式性は、法律に定めた一定の方式を備えなければ、手形行為は有効に成立しないとするものである。手形行為の成立のためには、法定の記載が手形面上に具備されていなければならないということである。したがって、後に変造され、抹消・毀損されても、いったん有効に成立した手形行為の効力に影響はない（坂井・三訂・五七頁以下参照）。手形所持人の側からいえば、自己の所持する手形の記載が現在どのようになっているか、ということだけで、債務の存否、内容を判断することはできないことになる。記載は、証拠の一つにすぎない。問題は、手形行為者とされている者が、その手形行為をした時に（もちろん、手形行為をしたかどうかも問題である）、手形が要式を具備していたかどうか（手形債務の存否）、およびその内容はどうであったかである（手形の文言性、手六九条参照）。なお、いうまでもなく、白地手形にあっては、白地手形行為者の行為時に必要的記載事項が整備していなくても、その行為は無効にはならない（第15章参照）。

2　手形行為の商行為性

手形行為の性質として、その商行為性に言及されることがある。これは、商法が、「手形その他の商業証券に関する行為」を絶対的商行為としていることとの関係で問題にされるものであり（商五〇一条四号参照）、その他の手形行為の性質とは、いわば問題の次元を異にする。特別法である手形法（小切手法）が商人であるかどうかを問わず適用される今日では、右の規定の意味は、それほど大きくはないといわれる。もっとも、手形行為が商行為（絶対的商行為）とされる以上、商法の商行為に関する通則は、手形行為の性質に反しない限り原則として手形行為にも適用されることになる。とくに、商法五〇四条、五一一条一項などの適用については議論がある（なお、第17章第3節1⑴②の註〔共同保証人の分別の利益〕参照）。

第2節　手形行為の文言性

1　文言性の意義

手形行為の文言性とは、手形行為は手形上の記載をもって意思表示の内容とするものであり、したがって、手形行為により生ずる債務の内容は、手形面の記載（手形行為時の記載）のみによって決定されるということである。文言性は、手形行為が手形上の記載のみによって成立する要式の書面行為であることからすれば当然のことであるとされている。もっとも、手形行為の文言性は、人的抗弁の制限と同意義に用いられることもある（文言性の多義性に関しては、上柳克郎「手形の文言性」会社法・手形法論集三四四頁以下、福瀧博之「手形の文言性と権利外観理論」関法四五巻五号一六頁参照）。

手形行為については、文言性が認められるから、手形の記載事項（手一条・七五条、小一条参照）のうち、実際に行なわれたことの記録のように見える記載事項であっても、実際に行われたところよりも手形上の記載の方が基準となる。したがって、実際と異なる振出日や振出地の記載された手形も有効である。手形行為は、法定の方式を定型的に備えていれば、記載が真実に合致していなくてもその効力を妨げられない（手形外観解釈の原則）。手形上の記載は意思表示の内容をなすものだからである。しかし、これは手形上の記載がなされたことを前提として、その意思表示の内容が手形上の記載によって定まることをいうものであり、その意思表示が何時なされたかという問題は、意思表示がなされた客観的な事実によって決定されることになる。たとえば、振出人の振出日における未成年が争われているときには、基準は、実際に振出された日であり、手形に記載された振出日は一つの証拠になるに止まる（鈴木＝前田・一二〇頁参照）。

手形行為の成立と文言性　右にみたように、手形行為の文言性は、ある者が手形行為を行なった場合には、その手形行為は手形上の記載をもって意思表示の内容とする、ということである。したがって、たとえば、約束手形の振出人として記載された者が手形債務を負担するかどうかは、その者が本当に手形行為をしたかどうかによる。記載は、あくまでも証拠の一つにすぎない。もっとも、振出人が手形行為をしていない（偽造）としても、そのような手形証券も手形法七五条にいう必要的記載事項を具備した、形式上瑕疵のない手形であり、このような手形証券にも裏書人が有効に裏書をすることのできることは言うまでもない（第４節１⑴参照）。

2　文言性と手形行為の解釈

手形行為の文言性（手形行為は手形上の記載をもって意思表示の内容とする）からすれば、当然、手形行為の解釈は、もっぱら手形面の記載（文言）にもとづいて行なうべきである。手形面の記載以外の事実にもとづいて行為者の意思を推測して、記載を補充変更して解釈することは許されない（手形客観解釈の原則（伊澤・八五頁、鈴木＝前田・一二一頁参照）、一部の学者は〔たとえば、大隅・三〇頁〕、これを手形外観解釈の原則と呼ぶこともある）。これは、一般の法律行為の解釈に当たっては、意思表示として表示された文言にとらわれず、すべての事情を総合して当事者の真意を探究すべきであるとされているのと異なる（なお、ここで、手形客観解釈の原則という表現を用いる者は、手形外観解釈の原則ということばは、「手形行為が法定の方式を形式的に具備してさえいれば、それが真実に合致しないでもその効力を害しない原則」として理解している〔伊澤・八五頁、鈴木＝前田・一一九頁参照〕）。

もっとも、手形客観解釈の原則といっても、文字による表現は社会通念を前提にするものであるから、その記載・文言の解釈に当たっては、字句や文言の形式に拘泥する形式主義に堕してはならない（手形厳格解釈の原則はない）。文字による表現は、社会通念を前提にするものであるから、一般の社会通念に従って合理的に解釈すべきである。したがって、誤字、脱字、文法上の誤りなどがあっても、その意味が明らかな限り問題とはならない。判例も、閏年でない年の二月二九日を満期とする手形を暦にない日を満期とした手形として無効としないで、二月末日を満期とする趣旨の手形として有効としている〔最判昭和四四・三・四民集二三巻三号五八六頁、なお、手三一条三項の解釈にあたって、一般取引の慣行に言及されることも、同様に説明できるであろう、第17章第1節末尾の註〔手形保証と類似の概念〕参照、さらに、手形客観解釈の原則と、いわゆる「誤記」の関係について、第20章第2節3②末尾の註〔誤記〕および第14章第1節2⑶末尾の註〔手形金額の差異ある重複記載〕参照）。

手形行為の文言性・手形客観解釈の原則に関する新たな見解　近時、本文において述べたような古典的・伝統的な手形行為の文言性および手形客観解釈の原則の理解（延いては、伝統的・古典的な手形行為の理解）と必ずしも馴染まないような見解がみられる。

先ず、従来から用いられている手形行為の文言性ということばの意味は、手形行為は、証券の記載を内容とする意思表示によって構成される法律行為であり、手形行為の内容はもっぱら証券上の記載を標準として決定されるということである。手形行為は、要式の書面行為であり、書面の記載を通じて行なわれるのである。そして、ここにいう書面への記載は、本文においても述べたように、手形行為の時の記載を意味する。しかし、近時の有力説の一は、「責任が追求される時点」の記載や文言を問題にして、文言性の問題を議論している（前田庸「手形の文言証券性」特別講義商法Ⅱ八六頁以下所収、八八頁参照）。

また、手形行為の文言性ないし手形客観解釈の原則を基本的には善意の第三取得者との関係においてのみ認めるものと考えられる見解も有力に主張されている。すなわち、手形に記載された文言の意味の確定に当たっては、手形外の事実を参酌することを完全に排斥することはできないが、しかし、手形の記載を信頼した手形譲受人を保護する必要があるから、「一般人が知りまたは知りうべかりし事実のみを参酌すること」になるとの前提に立ちながら、しかし、「一般人が知りまたは知りうべかりし事実以外のものでも、手形の文言を変更補充することにならない限り、手形所持人がこれらを立証してそのような事実を参酌した解釈を、その事実の関係者である手形行為者に対して主張することは許される（手形行為者の側から、このような解釈にもとづく主張を善意の手形譲受人に対してすることは許されないが）と解すべきではなかろうか（手形行為者側からも、手形譲受人が悪意であることを立証したうえで、そのような解釈を主張することは許されることになる）」とされるのである（上柳克郎「手形金額の重複記載と手形行為の解釈」金融法務一一九二号一〇頁、一五頁以下）。

このような近時の諸見解と従来からの伝統的な理解との違いは、決して小さくない。この問題を考えるに当たっては、法律行為の理解一般に立ち返った検討を要するであろう。私見は、基本的には、古典的・伝統的な理解が正当であると考えている。しかし、いわゆる「表示の誤りは害しない」の原則などに及ぶような事例（第6章第3節の註〔手形上の表示のいわゆる事実的理解〕参照）をも考え併せるときには、手形行為と民法の意思表示に関する規定の適用の問題に関して、手形行為の直接の当事者間においては民法の意思表示の瑕疵および意思と表示の不一致などに関する規定が適用されるが、第三取得者との関係においては、「第三取得者保護の必要に基礎をおく表示主義」の要請から民法の意思表示の瑕疵などに関する規定は適用を排除されるとする見解に示唆を受けて、これを手形行為の直接の当事者との関係では一部修正して、次のように解することもできるのではないかと考えている。

すなわち、意思表示の効力に関する表示主義は、第三取得者との関係においてのみ妥当するが、その限りにおいて、古典的・伝統的な意味における手形行為の理解（要式の書面行為）も妥当すると考える（この限りにおいて伝統的な見解を修正する）。したがって、手形行為の要式性に根拠を有する手形の文言性（および手形客観解釈の原則）も、第三取得者との関係においてのみ意味を有する（もっとも、手形授受の当事者間においても、表示（意思表示）は必要であり、したがって、手形法一条や七五条の意味における手形行為の要式性や書面性を放棄するものではない）。こう考えれば、いわゆる「表示の誤り」の場合には、手形行為においても（文言性・手形客観解釈の原則にもかかわらず）、当事者間においては、法律行為の主観的意味に従った解釈が可能となり、他方、第三取得者の保護にも欠けることはないのである（したがって、第6章第3節3⑵④⒞の註〔手形上の表示のいわゆる事実的理解〕において示唆したように、権利外観理論の助けを借りる必要もないことになる）。ここでは問題の指摘に止める（福瀧博之「手形行為についての覚書」関法四九巻二＝三号一〇八頁、特に一三八頁参照）。

第3節　手形行為の無因性（抽象性）

1　手形行為の無因性の意義と機能

⑴　無因性の定義（意義）　手形行為は、その原因となっている法律関係（たとえば、売買契約、金銭の消費貸借契約）とは別個の、それから切り離された（抽象された）行為であると考えられている。手形行為は、原因関係とは別個のものであり、原因関係の存否、有効無効の影響を受けない。これを手形行為の無因性（抽象性）という。

もっとも、無因性（抽象性）ということばは、用いられる場面によって、多少意味合いを異にする（無因性の多義性）。先ず、手形上の権利の行使には、原因関係の主張立証を要しないとされているが、このことが無因性で説明される場合には、手形行為（手形関係）は、原因関係とは別個（独自）のものであることが強調される（手形行為の独自性）。これに対して、手形抗弁の制限（手一七条）などの説明に当たって無因性に言及されることがあり、この場合には、手形行為は、原因関係の存否、有効無効の影響を受けないということが強調される（狭義の無因性）。

さらには、このこと（狭義の無因性）によって、いわゆる手形抗弁の制限を説明するとともに、この人的抗弁の制限とほぼ同義において無因性ということばが用いられることもあるようである（この意味の抽象性を自律性と呼ぶ見解がある、もっとも、手形抗弁の制限を無因性だけで説明することには批判的な見解が多い）。

⑵　無因性の法的説明　手形は、前述したような種々の経済目的を果たすために用いられるものである。たとえば、売買代金を支払うために用いられ、あるいは、金銭の消費貸借のために利用されている。いずれにせよ、手形を振出し、譲渡するに当たっては、普通、何らかの原因となる取引があるのであり、手形はそのために利用される手段である。このことからすれば、原因関係と手形関係は、むしろ原因と結果の関係に立つべきはずのものであ

る。それにもかかわらず、手形債権は、原因債権とは別個のものであり、原因債権の存否、有効・無効の影響を受けない、とされているのはなぜであろうか。その経済的・実質的な必要性は、無因性（抽象性）ということばが、どのような場面で使われているか、ということから窺うことができるであろう。右に見た手形行為の独自性、狭義の無因性および自律性という概念は、広義の無因性が用いられるそれぞれの場面に対応するものであった（さらに、後述⑶参照）。

それでは、無因性の法的根拠は、何に求めることができるであろうか。ここにいう独自性の意味における無因性は、手形が設権証券であり、手形行為が書面行為であることから説明できる。

手形行為は、普通、売買その他の原因関係（実質関係）を前提としてなされる。しかし、手形行為は、原因関係とは別個独自の書面行為であり、原因関係とは別個に手形の作成（交付）によって初めて成立する（手形に表章される手形債務は、手形行為が成立しなければ成立しない）。しかも、手形は設権証券であって、証券の作成によって、初めて権利が成立するとされているから、書面行為である手形行為よりも前に、後に手形上に表章される権利が原因関係上成立することもないのである。

以上に対して、いわゆる狭義の無因性は、手形の記載文言と手形行為の文言性から説明できる。手形の記載文言によれば、手形には原因の記載は許されていない（単純な支払の約束・支払の委託、手七五条二号・一条二号）。しかも、手形は文言証券であって、手形行為の内容は、もっぱら手形に記載されているところによって決定されるから、手形行為は原因関係の存否、有効無効の影響を受けないとされるのである。

手形行為の無因性の論拠　手形行為の無因性の論拠（法的根拠）は、これを単純な支払の約束または委託という手形証券の記載（記載によって表示された手形行為者の意思表示）に求める学説が多い。しかし、制度としての無因性の根拠を行為者の意思によって説明することに関しては議論がある（上柳克郎「手形の無因性についての覚書」会社法・手形法論集三八六頁、三九一頁参照）。ある行為を無因行為とするか有因行為とするかは、基本的には法秩序の決定することだからである（小橋・講義九頁）。もっとも、無因性という制度は、当事者の意思という実体を踏まえていると説明することは可能であろう（小橋一郎「手形の無因性」手形法小切手法講座第一巻四一頁、五八頁参照）。なお、上柳・前掲論文三九二頁は、手形の無因性の根拠を単純な支払約束または委託に求める解釈は、①手形に単純な支払約束または委託が記載されているという事実だけをその根拠とすることはできないのであって、これに加えて、さらに、②原因関係について主張立証する責任を負担せずに債権を訴訟によって実現できるようにするという法技術的要請と、③手形抗弁の制限を無理なく説明（法律構成）するという法技術的要請が相俟って初めて成立する解釈であるとしている。学説のなかには、この一を（とくに③を）論駁して、有因的な構成の論拠とする傾向があるが、手形無因論ないし無因性という考え方を否定するためには、このような手形無因論の構造をも否定する必要があるであろう。

(3)　無因性が問題となる手形関係の例（無因性の機能）　右のことを、たとえば、買主Aが売主Bに対して売買代金を支払う目的で約束手形を振出したという場合を例にとって、少し具体的に見てみよう。次のようにいわれている。

①手形行為は無因行為であり、手形上の権利は無因的な権利であるから、BはAに対して手形上の権利を行使する（手形の支払を請求する）には、原因関係（売買契約）を主張立証する必要はない。

②ただし、AB間の売買契約が無効であって、BはAに対して売買代金債権を有していないにもかかわらず、BがAに対して手形の支払を請求することがありうる。このような場合には、Aは売買契約の無効を主張立証して支払を拒むことができる。売買契約が無効でも手形の振出は無効ではなく（手形行為の無因性）、Bは有効な振出にもとづく手形上の権利者ではあるが、AはBの権利の行使に対しては原因関係の瑕疵を抗弁（人的抗弁）として主張して支払を拒むことができると考えるのである。

③やはり、AB間の売買契約が無効であったとする。Bが手形を原因関係の無効について善意のCに裏書譲渡し

ており、CがAに手形の支払を請求する場合には、手形上の権利は無因的な権利であるから、AはCに対しては売買契約の無効を抗弁として主張して支払を拒むことはできない（手一七条、手形抗弁の制限、ただし、手形抗弁の制限に関しては、権利外観理論にその根拠を求める見解が多い。たとえば、大隅・五五頁以下参照）。

もっとも、これらの場合の取扱は、沿革的にはともかく、現在ではいずれも確立された手形上の制度となっている。したがって、見解によっては、無因性を、これらの制度の法的な論拠として捉えるのではなくて、これらの制度から出てくる結果の表現として用いていると解されるものも見られる。

(4)　手形権利移転行為有因論の登場　以上のように、手形行為は無因行為であるとする考え方（手形無因論）が従来の定説であったが、近時、手形権利移転行為有因論（いわゆる有因論・手形行為有因論）と呼ばれる見解も有力である。この見解は、手形行為を債務負担行為と権利移転行為とに分ける手形理論（創造説・二段階行為論）を前提として、前者は無因行為であるが、後者は原因関係の無効、不存在などの事由によって影響を受ける有因行為であるとするものである。（鈴木竹雄・手形法・小切手法〔旧版〕の補遺である〔手形法・小切手法〕補遺（昭和四一・一一・一二）および前田・四六頁以下参照。さらに、平出・一二一頁は、「手形債権移転行為の相対的有因性」なる見解をとられる。有因論に対する批判とそれに関する反論に関しては、上柳・前掲論文三九二頁および前田庸「手形権利移転行為有因論」法教一三五号一〇頁、一七以下参照。）

このような議論は、たとえば、④約束手形がAからBに振出され、BからCに裏書譲渡されたが、BC間の原因関係が弁済などによって消滅し、CはBに手形を返還しなければならないのにこれを返還せず、Aに対して手形の支払を請求するといった場合に関連して行なわれている（第11章第6節参照）。この場合、判例は、手形行為の無因性を前提として、Cが手形上の権利者であることは認めたうえで、AはCの手形金の請求を権利濫用として拒むことができるとしている（最判昭和四三・一二・二五民集二二巻一三号三五四八頁参照）。これに対して、有因論は、この例で、ＢＣ間の原因関係が消滅すれば、ＢＣ間の手形権利移転行為も効力を失い、Ｂに手形上の権利が復帰してＣは無権利者となるので、ＢのみならずＡもその権利行使を拒みうると説いている。

いわゆる手形行為有因論（いわゆる二段階行為論と有因論）　わが国の創造説は、手形行為を証券作成行為と手形の交付という二段階の行為からなるものと考えている（そこで、これを「二段階行為論」と呼び、あるいは、手形行為者の手形行為者自身に対する権利の成立を認める徹底した創造説であるということで「純正創造説」と呼ぶことがある）。この手形理論によれば、証券作成行為は、手形上の債務を負担し、成立した手形上の権利を手形証券に結合することを目的とする行為であり、他方、手形の交付は、手形上の権利の譲渡を目的とする行為であるとされている（第2章第3節1参照）。

本来、二段階行為論のねらいは、交付の欠缺の場合における問題の処理にあるといわれる。なるほど、これによれば権利外観理論のような別の理論の助けを借りないで説得力のある説明をすることが可能である。しかし、反面、このような理論構成（純正創造説）が、自己の自己に対する権利なる概念を認め、また証券の作成という、契約説によればいわば準備段階にすぎないものを法律行為と捉えていることには批判も強い。権利概念、法律行為概念の外延をここまで拡大してよいのか、という批判である（上柳克郎「手形の無因性についての覚書」会社法・手形法論集三八六頁以下）。

最近、わが国では、右の二段階行為論と結びついた有因論が一部の学者によって有力に唱えられている。証券作成行為は無因とするが、手形の交付は有因とする見解である（本文において引用した文献のほか、さらに、前田庸「手形権利移転行為有因論」鈴木竹雄先生古稀記念・現代商法学の課題㈲（有斐閣・昭和五〇年）八九六頁参照）。たとえば、右の④の事例の場合、二段階行為論と結びついた有因論によれば、ＢＣ間の原因関係の消滅により、それを原因としてなされたＢからＣへの手形の裏書譲渡も効力を失い、ＣがＢから裏書により取得していた権利（正確には、ＢがＡに対して有していた債権と、ＢがＢ自身に対して有していた債権）は、Ｂに復帰することになる。Ｃは、無権利者になる。Ａは、Ｃの支払請求に対しては、無権利の抗弁をもって支払を拒みうる（前掲最判昭和四三・一二・二五の事例参照）。

このような二段階行為論と結びついた手形行為有因論（手形の作成行為または手形債務負担行為は無因であるが、手形の交付または手形上の権利を譲渡する行為は有因であるとするので、手形権利移転行為有因論ともいう）は、そもそも手形理論としての創造説を前提とするものであること、この説によれば、従来、人的抗弁とされてきた問題の多くが「無権利の抗弁」とされることなどが注目される。

2　無因性の多義性

(1)　無因性の多義性　手形行為の無因性という問題を取り上げる場合、その前提として、まず言及しておかなければならないのは、無因性ということばの多義性である。わが国における無因性概念をアト・ランダムに例示してみよう。

先ず、①手形行為の無因性、手形債権（手形上の権利）の無因性、手形債務の無因性または手形（手形証券）の無因性などのニュアンスの違う表現が用いられている。これらは、それぞれ異なる視角から問題を捉えるものであるが、ほぼ同義であるとされることが多い。次に②無因性は、前段においてみたように（右の1(3)(4)において取り上げた①から④の各事例参照）手形をめぐる法律関係のいろいろな場面において種々の手形制度との関係においてニュアンスを異にして用いられている。さらに、③無因性は、このように種々の場面において問題とされる場合に、そこで問題となっている手形制度（たとえば、手形抗弁の制限）を理由付ける法的な根拠（論拠）として言及される場合と、手形上の一定の制度（たとえば、手形抗弁の制限）から出てくる結果の表現として用いられている場合とがある。また、右の②において述べたことを概念的に整理し、捉え直したものであるが、④すでに前段においても（本節1(1)参照）指摘したように、無因性は、独自性および狭義の無因性とでも呼ぶべき意味を与えられることがある。独自性、狭義の無因性などは、相互に関連するものではあるが、厳密にいえば分けて考えるべきものであろう（小橋・前掲論文（「手形の無因性」）四二頁以下、四八頁以下は、「手形関係の独自性としての無因性」および「手形関係の内容における無因性」という表現を用いている）。

さらに以上のものとは、やや意味合いを異にするが、⑤無因性、有因性ということばは、証券（手形）に原因に関する記載があるかどうかということと結びつけて用いられることがある。「無因証券は、証券作成の原因関係上すでに存在している権利とは別個の、抽象的な権利を証券に表章するものであり、したがって、証券上にその原因関係は記載されない」のに対して、「要因証券（有因証券）は、証券の原因関係上すでに存在している権利を証券に表章するものであり、したがって、証券上にその原因関係が記載される」というのである（平出慶道「有価証券の機能と本質」現代企業法講座5一頁、一〇頁）。前述のように（本節1⑵参照）、手形の記載（単純な支払約束・委託）を理由に無因性を認める見解が一般的であるが、この説明においては、逆に無因性の結果として手形の記載事項が説明されていることが注目される。

⑵　法律行為の一分類としての無因の出捐行為　さらに、⑥手形行為の無因性という視点からする場合に看過しえないのは、次のような無因性の理解である。これは、民法において財産行為である法律行為のうちいわゆる出捐行為に関して「無因行為、有因行為」が問題とされていること（四宮・一四六頁以下参照）を踏まえたものであり、たとえば、次のように説明されている。

「出捐――給付または債務の設定――を正当づける原因（causa, Rechtsgrund）を含んでいる法律行為、すなわち有因行為（たとえば、売買契約）が、有効な法律行為として法により承認されうることには、問題はない。これに対し、単に当事者の一方が相手方に対してある金額を支払うというだけの約束は、その出捐を正当づける原因を含んでいない」。このような法律行為（無因行為）を「法律行為として承認するかどうか、またどのような無因行為を承認するかは、けっきょく実定法が決定することで」ある。「手形は、一定の金額を支払うべき旨の単純な委託または約束を内容とするから（手一条二号・七五条二号）、出捐を正当づける原因を含んでいない。したがって、このような手形上の法律関係を発生させるべき手形行為は、無因行為である。無因行為である手形行為が、手形法によって、有効な行為として承認されているとみるべきである」（小橋・講義八頁以下）。

もっとも、このように出捐行為をその出捐を正当付ける原因がその行為自体のうちに含まれているかどうかによって、有因行為と無因行為に分ける見解によっても、無因行為には、出捐を正当付ける原因が含まれていないから、無因行為はその原因から切り離されており、原因の不成立や無効の影響を受けないことになる。したがって、この場合にも、無因行為を「原因となっている法律関係の存否・有効無効の影響を受けない法律行為」というように、いわば効果の側から定義する場合とその結果において異なるところはない。ただ、論理的には、この効果は、右の定義そのものには含まれていないことに注意しておきたい。

(3)　無因性の多義性と権利移転行為有因論の是非　右にみたように、無因性ということばは、きわめて多義的に用いられている。ここでは、無因性の多義性そのものにこれ以上立ち入るものではない。無因性ということばが、このように互いに視点を異にする区々の意味で、しかもそれらを組み合わせた形で用いられていることを指摘するに止まる。

また、ここでは、前述の手形権利移転行為有因論（いわゆる有因論）の是非を論ずるものでもないが、無因性の多義性という視点からみると、従来の手形無因論が主として約束手形の振出のような「債権行為」としての手形行為を対象にして議論を展開しており、手形権利移転行為有因論の取り上げる裏書のような「処分行為ないし準物権行為」を対象とするものではなかったことが注目される。もっとも、私見のように「手形債権の無因性」というよりも、「出捐行為である手形行為の無因性」という視点を強調するときには、処分行為である裏書の無因性は、むしろ当然の事理であろう（手形法一二条一項参照）。ちなみに、民法で議論されている物権行為の独自性・無因性は、処分行為に関するものである。

なお、いわゆる有因論の登場する契機の一となったと考えられる前述の裏書の原因関係の瑕疵（無効、消滅など）

の場合に（本節1⑷の④の事例）、いわゆる有因論の主張する結論を認めるのであれば、有因論による構成と、従来からの手形無因論を前提としながら権利濫用の理論によって修正する法的構成（判例）との優劣が議論となるであろう。これは、私見によれば、法律学ではよく見られるところであるが、ある法制度（ここでは、いうまでもなく、手形無因論または手形行為の無因性）において解決できない問題を解決するためにその問題を例外として処理して法制度そのものには修正を加えないか、それとも、その問題の処理のために法制度そのものを組み直し、修正する方向に歩み出すか、という価値判断を伴う問題の一場合ではないかと考えている。

3　手形行為の無因性と手形行為の原因関係

右に見たような無因性概念の多義性は、延いては、手形行為とは別個のものとされ、手形行為（手形関係）には影響を与えないとされる原因関係または原因の意義をも不明確にしているようである。手形無因論をとる場合には、原因関係は、いずれにせよ手形関係には影響を与えないから、それを問題にする必要性は比較的少ないとはいえるであろう。しかし、少なくとも理論的には重要であるうえ、私見では、原因関係をどう理解するかは、手形法上の種々の法制度の理解（法的構成）にとっても看過しえない意味を有することがあると考えている。以下において概観しておこう。

⑴　原因関係の意義　　わが国においては、手形行為の原因関係が問題とされる場合には、その典型例としては、売買契約とか金銭消費貸借契約に言及されることが多い（第一の見解、本書のここまでの説明もこの見解によっている）。また、このように既存債務の弁済に関連して手形が授受される場合には、既存債務そのもの（たとえば、売買契約でなくて売買代金債務そのもの）が原因関係とされることも少なくない（第二の見解、手形債務の無因性という表現は、このような見解によるものであろう）。

しかし、手形が授受されるのは、手形割引や融通手形の交付の場合などの例に明らかなように、既存債務の弁済との関連においてだけではない。そこで、そのような場合をも視野に入れ、原因関係を例示するに当たっても、「債務の弁済・手形上の権利の売買（手形割引の場合）・信用の授与（融通手形）・債務の取立委任・債務の保証または担保等」の例が挙げられることがある（第三の見解、大隅・六六頁）。このような見解によれば、右に手形授受の典型例として挙げた売買代金債務の弁済に関連して手形が授受される場合には、その手形行為（たとえば、約束手形の振出または裏書）の原因関係は、売買契約や売買代金債務ではなくて、「（売買代金）債務の弁済」であるということになる。

このように原因関係の概念も多義的である。私見は、厳密にいえば、右の最後のもの（第三の見解）によるべきではないかと考えている。そのように考える理由は次の通りである。

①先ず、物権行為の独自性、無因性という問題が議論される場合との対比である（法律行為の無因性との関係においては手形行為とともに物権行為に言及されることが多い、川井・民法概論1一四三頁参照）。物権行為の無因性に関して問題となる物権変動の原因としては、「売買または贈与のような債権行為」が典型例として挙げられている（我妻・新訂物権法五四頁参照）。わが国における物権行為の独自性・無因性を認めるかどうかの議論においては、「物権の変動を生ずるためには、常に別個の意思表示（物権行為）の存在すること」が必要なのか、「それとも、売買・贈与などでは、一箇の意思表示から債権の発生と物権の変動が生ずる」と見ることができるのかが争われている（我妻・前掲書五六頁）。ここで、注目すべきは、仮に物権行為の独自性を認めないとしても、「特定物の売買契約等においては右の効果意思には、観念的には、債権を発生させる意思と所有権を移転する意思とが結合して含まれていると認められる場合が多い」などとされていることである（我妻・前掲書五七頁参照）。特定物の売買のような場合には、当事者は、すでにいわゆる債権行為（たとえば、売買契約）において、究極においては、債権の発生だけではなく物権変動

の効果をも意図しているという事実が認められるとされていることである（舟橋・物権法七八頁は、物権行為の独自性が最も問題となるのは、特定物の売買の場合のように、「当事者が、究極においては、債権の発生だけでなく物権変動の効果をも欲しているという事実」の認められる場合であることを指摘されている）。このことは、手形授受の原因関係とされる売買契約には、本来、手形を授受する（手形行為をする）旨の意思は当然には認められないことと顕著な相違を示すものである。売買代金債務の弁済のためには、必ずしも手形が利用されるとは限らない。場合によれば、売買契約に附随する合意として「代金債務の弁済方法として手形を授受する旨」の合意が行なわれることのあることはいうまでもないが、物権行為（物権の変動）とその原因とされる特定物の売買契約との間の関連のような関係は、手形行為（手形の授受）とその原因関係とされる売買契約との間には認められないのである。

売買代金債務の弁済に関連して手形が授受される場合を例にとると、売買契約とその代金債務の支払の方法としての手形の授受（手形行為）との中間に、両者を結びつけるものとして、売買契約に関連して手形を授受する旨、およびその手形の内容に関する合意が当事者間には存在するはずである。売買契約そのものではなく、このようないわば、「手形の授受（交付）に関する合意」こそ、物権行為の独自性、無因性の場合にいう原因としての債権行為（たとえば、特定物の売買契約）に相当するものであろう。

なお、このように約束手形の振出のような場合を典型例とする手形無因論との関係で、物権行為の独自性・無因性との対比を試みることに対しては批判が予想される。しかし、手形に関しても、裏書のような処分行為（準物権行為）が問題となることはあるのであり、その場合には、むしろ同じ処分行為である物権行為の場合の議論を参考にすることには相当の理由があるであろう。また、約束手形の振出のような債務の負担を目的とする手形行為の場合にも、手形授受（手形行為）の論理的な前提としては、「手形の授受（交付）に関する合意」が認められるはずであるから、約束手形の振出のような場合にも、少なくとも、原因関係の意義に関する限りでは裏書の場合と区別しないで同様に考えてよいであろう。

②さらに、右と同じことは、法律行為の有因・無因に関して、有因行為を「出損——給付または債務の設定——を正当づける原因を含んでいる法律行為」とし、無因行為は「その出損を正当づける原因を含んでいない法律行為」として理解する前述のような考え方からもいえるであろう。この見解においては、原因または原因関係に関しては、「出捐を正当づける原因」が問題とされている。ここに、出捐とは、「給付または債務の設定」と説明されているから、手形行為の場合には、手形上の権利の譲渡や手形上の債務の負担を指すことになるであろう。このような出捐（延いては、出捐行為である手形の裏書や約束手形の振出のような手形行為）を正当付ける原因とは、結局のところ、前述の「手形の授受（交付）に関する合意」にほかならないのではなかろうか。

(2)　手形行為の原因関係と「手形の授受（交付）に関する合意」または手形予約　右に「手形の授受（交付）に関する合意」と呼ぶところは、私見によれば、従来から「手形予約」として知られていたものである（第5章第1節参照）。このような「手形の授受（交付）に関する合意」または手形予約は、明示または黙示の意思表示によって行なわれる。この「手形の授受（交付）に関する合意」には、具体的には、いろいろな場合がありうる。たとえば、前述のように債務の弁済、手形上の権利の売買、信用の授与などの種々の目的で手形を授受することが合意されることになるであろう。ただ、いずれの場合にあっても、手形を授受（交付）する旨、およびその手形の内容に関する合意を含むものである点で共通である。

(3)　原因関係としての「手形の授受（交付）に関する合意」と手形無因論　以上のように、手形行為の原因関係を「手形の授受（交付）に関する合意」に求めることは、従来の手形無因論が軽視または無視していた手形予約の重要性を――手形関係と従来の意味における原因関係の中間に位置し、両者を媒介する手形予約の重要性を――強調するものである。手形は「手形予約にもとづいて授受せられる」ものであることを再確認して、それを手形無因論において問題とされる手形行為の原因関係として捉え直そうとするものである。

もっとも、すでにこれと同一方向の主張をするドイツの学説も紹介されているように（菊池和彦「手形の無因性の再検討」岩手県立盛岡短期大学法経論集一一号四九頁参照）、実は、右は必ずしも独自な見解ではなく、従来の通説的な見解とそれほど大きく異なるものではない。たとえば、売買代金債務の弁済に関連して手形が授受される場合の原因関係を売買契約または売買代金債務であると考えても、ここにいう「手形の授受（交付）に関する合意」であると解しても、結論は必ずしも異ならない場合も多いであろう。売買契約が無効であれば、結局、その代金債務の弁済のために手形を交付する旨の合意も無効になるであろうからである。この意味においては、直接の「原因関係（出捐を正当付ける原因）」は、これを「手形の授受（交付）に関する合意」に求めるとしても、間接的には、売買契約（または、売買代金債務）もまた原因関係となっているといってよいであろう。

ところで、わが国の手形抗弁に関する議論は、きわめて錯綜しているが、たとえば、ある見解によれば、人的抗弁とは、「被請求者と請求者の間の人的関係に基づく抗弁」であるとされており、具体的には、「原因関係に基づく抗弁、手形外の特約に基づく抗弁（たとえば支払の猶予、請求しない旨の合意）、手形に記載されていない支払・免除・相殺など」がこれに属すると解されている（小橋・講義八六頁参照）。いわゆる手形予約にもとづく抗弁も、また、手形外の特約にもとづく抗弁の一場合と捉え、人的抗弁と解しておいてよいであろう。

仮にこのように考えてよいとすると、手形債務者は、「手形の授受（交付）に関する合意」に由来する事由を人的抗弁として、手形授受の直接の相手方および悪意の第三取得者に対して主張しうることになる（手一七条）。私見によれば、このことは、従来、「手形の授受（交付）に関する合意」または手形予約を無視または軽視したために説明が困難とされてきたいくつかの手形法上の問題に新たな視角からする説明の途を開くのではないかと考えている。たとえば、融通手形や書替手形をめぐる諸問題の説明に当たって、融通手形または書替手形の授受に関する当事者間の合意に立ち返った説明が容易になるであろう。しかし、これは、ここで直接、取扱うべき問題ではない（第11章第4節2および第18章4節2参照）。

(4)　原因関係にもとづく抗弁が手形授受の直接の当事者間において認められることの論拠　ここでは、手形行為の無因性との関係で問題となる原因関係を「手形の授受（交付）に関する合意」に求め、さらにこの合意に由来し、あるいは関連する事由は（これは一般に「原因関係にもとづく抗弁」と呼ばれているものを含む）、「手形外の特約にもとづく抗弁」として人的抗弁の一場合として取扱いうるとした。しかし、翻って考えるに、従来の通説的な見解のように「手形行為は無因行為であり、原因関係の存否または有効・無効の影響を受けない」とする場合、このような原因関係にもとづく抗弁を手形債務者が主張しうるとすることは（たとい手形行為の効力は否定せず、抗弁の主張を認めるという構成によるものではあっても）、無因性に反するのではないかという疑問がある（もっとも、右の説明においては、原因関係を「手形の授受（交付）に関する合意」と解することによって、「原因関係にもとづく抗弁」は、「手形外の特約にもとづく抗弁」と置き換えられているので、――無因性と手形外の特約にもとづく抗弁とは矛盾しないはずである――形式論理的には、一応矛盾を回避しているといえようか）。これは、従来から無因性にもかかわらず原因関係にもとづく抗弁が認められることの論拠をめぐる問題として論じられてきたところである。

わが国の判例は、原因関係にもとづく抗弁が認められる理由を示しておらず（たとえば、最判昭和三九・一・二三民集一八巻一号三七頁参照）、学説には、前述のいわゆる手形権利移転行為有因論を採用して、無権利の抗弁で説明するものが現れているほか（本節1(4)参照）、従来からの手形無因論を維持する立場には、不当利得の抗弁で説明するもの、権利濫用の理論（一般悪意の抗弁）によるものなどがみられる。見解は区々である（高窪・改訂三六九頁以下参照）。

ドイツ民法においては、不当利得を成立させる法律上の原因を欠く給付のうちには、法律上の原因を欠く無因債務の負担（これには、手形行為も入るとされる）も含まれるものとされている（ドイツ民法八一二条二項、八一二条一項、八二一条）。したがって、この問題は、基本的には、不当利得の抗弁として処理されている（ドイツ法における取扱とその問題点に関しては、上柳克郎「手形の無因性についての覚書」会社法・手形法論集三八六頁、三八九頁参照）。わが民法には、ドイツ民法におけるような無因債務の負担によって成立する不当利得に関する明文の規定はないが、学説には、ドイツ法と同様の解釈を試みる見解もみられる。（四宮和夫・事務管理・不当利得一二四頁および大塚・林・福瀧・商法Ⅲ三一三頁（大塚執筆）。ただし、上柳・前掲三八九頁および上柳克郎「手形債権の無因性」会社法・手形法論集三六三頁、三七四頁註2参照）。

ここで注目すべきは、民法理論に由来すると考えられる前述（本節2(2)）のような無因行為の理解である。それによれば、無因行為は、法律行為のうちの出捐行為に関して問題となるものであり、無因行為とは、その行為自体には、「その出捐を正当づける原因を含んでいない」法律行為をいうものである。このような考え方によれば、無因行為の場合には、原因は、その法律行為そのものには含まれていない。しかし、これは、およそ原因がなくてもよいという意味ではないであろう。原因が欠けているような場合（原因関係が存在せず、無効であるような場合）には、このような法的構成（無因行為という制度）に由来する不公平（不衡平）を是正しなければならないであろう。

仮に、以上のように考えてよいとすると、無因行為のような制度は、当然にドイツにおける不当利得のようなそれと表裏をなす制度を伴うべきものである。何らかの事情でそのような公平（衡平）の達成のための制度の整備されていない場合には、無因行為は、その本来の制度趣旨を害さない限りにおいては是正されてよく、また是正すべきものであろう。手形授受の当事者間においては、原因関係にもとづく抗弁も主張できるとされていることの論拠を権利濫用の抗弁（一般悪意の抗弁）に求める前述の見解も、このような意味において理解することもできるであろう。私見は、前述のように手形行為の原因関係を「手形の授受（交付）に関する合意」に求め、この合意にもとづく抗弁を、人的抗弁である手形外の特約にもとづく抗弁の一場合と捉えるものである。この考え方は、したがって、原因関係にもとづく抗弁の認められることの論拠を、一方では、制度の趣旨に従った公平（衡平）の実現に求めるとともに、他方では、さらに進んで、手形を授受する当事者の意思（合意）に求めるものである。

手形授受の当事者間における原因関係にもとづく抗弁と無因性　右に述べたところを具体的な事例に即して確認しておきたい。次のような場合の取扱が問題となる。たとえば、売買代金の支払のために買主が売主を受取人とする約束手形を振出したが、売主が目的物を約束通り引渡さないので、後にこの売買契約が解除されたような場合を考える。この場合、売主は、売買代金の支払のために受取っていた手形を返却しなければならない。しかし、売主が、手形を返却せず、この手形にもとづいて手形金の支払を求めるとどうなるであろうか。手形授受の当事者間においては、手形債務者は、原因関係にもとづく抗弁（手形抗弁の意義に関しては第11章第1節参照）を主張できると考えられている。振出人は、原因関係消滅の抗弁を主張して支払を拒みうるとされている。

しかし、無因性の考え方からすれば、手形債務は、原因債務の存否、有効・無効の影響を受けず、したがって、依然、受取人は手形上の権利者である。むしろ、受取人の手形金の請求は認められることにならないのであろうか。しかし、手形が本来売買代金の支払のために、その手段として交付されたものであることからすれば、この請求を認めることは不当といわざるをえない。この場合、わが国においては、「手形授受の当事者間では、手形債務者は、原因関係にもとづく抗弁を主張しうる」ことについて争いはない。しかし、無因性を前提にしたうえで、この結論を法的にどう説明すべきかは、困難な問題である。本文において見たように、従来の学説には、前述のいわゆる手形行為有因論による説のほか（1(4)参照）、一般悪意の抗弁で説明する見解、不当利得の抗弁で説明する見解などが見られる。本文において述べたように、私見は、この問題に手形行為の原因関係の分析からするアプローチを試みるものである。

第4節　手形行為の独立性（手形行為独立の原則）

1　手形行為の独立性の意義

(1)　手形行為の独立性の意義　手形行為は、一通の手形上に複数重畳的になされることが多い。しかし、同一手形上になされていても、各手形行為はそれぞれ独立して別個に効力を生ずるものとされている。すなわち、同一手形上の複数の手形行為のうち、論理的前提たる行為（たとえば、裏書にとっては、振出や先行する裏書）が、実質的には無効であっても（たとえば、偽造のために）、法定の方式さえ具備していれば（前提となる行為の方式の瑕疵は、後続する行為自体の方式の瑕疵になると考えられている（手一三条二項、大阪高判昭和二八・三・二三高民集六巻二号七八頁参照））、それを前提とする手形行為は独立してその効力を生じ、前提たる行為の無効の影響を受けないと解されている。これを手形行為の独立性（または手形行為独立の原則）という。

たとえば、振出人Aの偽造署名のある為替手形に支払人Bが引受をすると、この引受は、前提となる振出が偽造であって無効であるにもかかわらず、有効とされるのである。

(2)　手形行為の独立性の理論的根拠　この原則そのものは、法律の定めるところであり（手七条・七七条二項、小一〇条、手形保証との関係では、手三二条二項・七七条三項、小二七条二項参照）、そのような原則を認めること自体については争いはないが、その理論的説明については見解が分かれている。

手形行為独立の原則の理論的根拠についての学説は、次の二つに大別される。①その一は、手形行為の独立性は、法が手形取引の安全ないし流通保護のために政策的に認めた特則であると考える見解であり（大橋・九六頁）、②その二は、手形行為の独立性は、各手形行為が、それぞれ別個独立に手形上の記載に従い手形債務を負担する旨の意思表示によって構成される文言的行為であることにもとづく当然の原則であると解するものである（鈴木＝前田・一二五頁参照）。もっとも、いずれの説も、手形行為の独立性を、機能的には手形取引の安全に役立つ制度として捉えている点では変わりはない。

(3)　手形行為の独立性の問題点　このような手形行為の独立性（手形行為独立の原則）の理論的説明における見解の対立は、手形理論の相違とも相俟って、①裏書にも手形行為の独立性は認められるか、②手形行為の独立性は、手形取得者が前提行為の無効について悪意の場合にも妥当するか、といった問題に関しても結論を区々にするに至っている。

手形行為の独立性の理論的説明の意義　手形行為の独立性の理論的説明における見解の対立は、手形理論の相違とも相俟って、次のような具体的な問題についても結論を区々にするに至っている。①まず、裏書には手形行為独立の原則の適用がないのではないか、という問題がある。裏書を手形債権の譲渡と考えると、裏書によって譲渡すべき債権が存在しなければならず、したがって裏書は当然に論理的前提たる行為の有効なことを前提とするものである、ともいえるからである。②さらに、手形行為独立の原則は、取得者が前提行為の無効について悪意のときには適用されないのではないか、という問題がある。手形行為独立の原則を手形の流通を保護するための手形法上の特則と解する立場からは悪意者までこの原則によって保護する必要はない、ともいえるからである。手形行為独立の原則をこのような視点から分析・検討する研究として、上柳克郎「判批」論叢六五巻五号九三頁参照。

2　裏書と手形行為の独立性

手形行為の独立性（手形行為独立の原則）についての手形法七条は、振出に関する手形法第一章に置かれてはいるが、この原則は振出以外の手形行為についても広く認められると解されている。しかし、手形行為独立の原則は、裏書には適用がないとする説もかつては見られた。この見解は、理論的前提として、一方では、①手形行為の独立性は、各手形行為が独立の債務負担行為であることにもとづく当然の結果であるとし、他方、②裏書の本質は債権譲渡であり、裏書の担保的効力は、(債務を負担する旨の意思表示の効果ではなく)債権譲渡としての裏書が有効なことを前提として生ずる法定の担保責任（法定の効果）であるとするものである（このような分析・検討を試みるのは、上柳克郎「判批」論叢六五巻五号九三頁、九六頁および河本一郎「手形行為独立の原則の妥当領域」法学教室（第二期）八号六八頁、七一頁である)。この立場からは、裏書人が無権利者である場合には、債権譲渡としての裏書は無効となり、したがって、裏書が有効なことを前提として生ずる法定の担保責任は生じえないと考えられる。たとえば、振出人Aの偽造の振出署名のある約束手形の受取人B（これは、譲渡すべき債権を有しない者である）がCに対してなした裏書は、債権譲渡として無効であり、したがって、この裏書人Bは被裏書人Cに対して担保責任も負わない（すなわち、裏書には、手形行為の独立性は認められない）とするのである。

裏書には手形行為独立の原則の適用がないとする説と善意取得による手形所持人の保護　もっとも、右のように裏書には手形行為独立の原則の適用がないとする説も、前の裏書の無効によって後の裏書人は債務を負担しないとは必ずしも考えない。たとえば、ある説は、善意取得（手一六条二項）によって同様の結果を認めようとする（田中耕太郎・手形法小切手法概論一二三頁)。しかし、この説に対しては、善意取得により手形取得者が取得するのは、実質的無効原因のある署名に先行する署名者に対する債権のみであり、それに後続する署名者たる裏書人の担保責任を問うことができるとすれば、それは、少なくとも善意取得の場合には、裏書にも手形行為独立の原則の適用があるからであると考えざるをえない、との批判が加えられている。

これに対して、現在では、多くの学説は、手形行為独立の原則は裏書にも適用があると解している。このような見解は、裏書には手形行為独立の原則の適用はないとする見解（否定説）のとっている手形行為独立の原則の理論的根拠に関する立場か、あるいは裏書の本質についての立場の少なくともいずれか一方を否定するものである。

すなわち、あるいは、①手形行為の独立性は、各手形行為が独立の債務負担行為であることに根拠を有するが、しかし、手形行為の独立性との関係で問題となる裏書人の担保責任は、法定責任ではなく、裏書人の債務負担の意思表示の効果であると考えられるとし（鈴木＝前田・一二五頁、一二七頁）、あるいは、②裏書人の担保責任は、法定責任ではあるが、しかし、手形法七条は、債権譲渡としての裏書が無効であって、本来、裏書人が担保責任を負わない場合に、手形の流通性を高めるために、法が政策的に認めた特則であるとして（裏書人が無権利者であるため、債権譲渡としては裏書が無効であっても、裏書がその形式上完全であれば、法は手形の流通を高めるために、裏書人に担保責任を負わせるのである）、いずれも手形行為の独立性は裏書にも適用があると解している（この問題を以上のような視点から分析する上柳・前掲判批九九頁参照）。

いずれにせよ、このように考えれば、先ほどの例において、Bは、Cに対して担保責任を負うことになる。なお、注意すべきは、ここで問題となっているのは、裏書人が担保責任を負うかどうかである。裏書のいわゆる権利移転的効力との関係では、後の裏書は、当然に前提となる手形行為の有効なことを前提とするものである。

判例と手形行為独立の原則の裏書への適用　判例は、手形行為独立の原則の裏書への適用の可否については、旧法以来終始一貫して積極に解している。たとえば、大正一二年の大審院判決は、旧商法一七六条（平成一七年改正前商法二六五条、会社法三五六条一項二号・三六五条一項に相当）に違反して株式会社が監査役の承認を得ないで、その専務取締役に宛てて振出した約束手形につき、所持人が受取人・裏書人たる専務取締役に対して遡求した事件につき「手形ノ裏書ヲ為スニハ其ノ基本トナル手形ノ存在ヲ要件トスレトモ手形振出ノ行為ハ必スシモ有効ナルコトヲ要セス其ノ振出行為カ形式上存在スルヲ以テ足ル蓋シ商法第四三七条第四三八条及第四九七条等ノ規定ニ徴スレハ手形行為ハ独立性ヲ有シ振出行為ノ効力ノ有無ハ裏書行為ノ効力ニ影響ヲ及ホスコトナケレハナリ」（傍点付加）（大判大正一二・四・五民集二巻二〇六頁）と判示しているが、これは、「商法第一七六条ニ背キ無効ナル手形ハ其ノ受取人……ニ於テ手形権利ヲ取得セス従テ又其ノ裏書譲渡ヲ為ス権利ナキモノニシテ……所持人……ニ於テモ裏書譲渡ニ依リ手形権利ヲ取得スヘキ理ナク……請求ハ不当ナリ」との上告理由に対するものであった。なお、大審院は、すでに、これ以前にも同様の事件につき、同様の判決を繰り返している（大判明治四二・一一・二民録一五輯八四六頁、大判大正五・二・二六民録二二輯四一九頁、さらに、その後のものとしては、たとえば、後掲大判昭和八・六・一参照）。ちなみに、手形行為独立の原則の裏書への適用を否定した判例として引用されることのある大正一二年の大審院判決（大判大正一二・七・一一民集二巻一〇号四七七頁）は、実は、手形行為独立の原則に関するものではなく、旧商法一七六条違反の為替手形の振出・引受は、絶対的に無効であるとするものにすぎない。

もっとも、旧法下では、手形行為独立の原則の説明に当たって、手形の偽造、変造との関係で、この原則を明らかにしたものと考えられる旧商法四三七条が根拠とされることが多かったので、逆に、手形行為独立の原則は、偽造、変造手形についてのみ妥当する例外的原則であるとの解釈が成り立つ余地はあった（大阪控判明治四二・一〇・一五新聞六〇六号九頁）。しかし、これは、大審院の採用するところではなかった（前掲各大審院判決、特に前掲大判大正五・二・二六参照）。

右の大審院の立場は、現行手形法の下、最高裁判所によって受け継がれていると考えられる。すなわち、手形法七条による責任は、取得者の悪意により消長を来たさない旨判示した最高裁判所の昭和三三年の判決（最判昭和三三・三・二〇民集一二巻四号五八三頁）は、裏書につき手形行為独立の原則が問題とされた事例であり、したがって、別段の説明は加えていないけれども、当然、裏書にも手形行為独立の原則の適用があるとの前提に立つものと解される。

3　悪意の手形取得者と手形行為の独立性

旧法の下では、旧商法四三七条三項の解釈として、手形行為独立の原則の適用は、善意・無重大過失の取得者に限るとされていたようである（松本・五二一頁）。しかし、現行手形法の下では、手形行為の独立性は、手形取得者が前提となる行為の無効について善意であると悪意であるとを問わず適用されるとする見解が少なくない。すなわち、右の例の場合（本節2参照）、被裏書人CがAの振出署名の偽造に関して、たとい悪意であっても、Cは裏書人Bに対して担保責任を追求できるとするのである（同旨、最判昭和三三・三・二〇民集一二巻四号五八三頁）。

手形行為の独立性（手形行為独立の原則）は、手形行為が独立の債務負担行為であることにもとづく当然の帰結であるとする立場からは、このような結論は自明とされる（鈴木＝前田・一二七頁）。また、手形行為の独立性は、流通保護のための特則であるとする立場からは、その適用は、むしろ善意者の保護に限るとすべきであろうが、しかし、手形行為の独立性は、手形の信用を増すために善意者保護をさらに数歩進めたものであるとして、その適用を善意取得者に限らないとする見解もある（伊澤・九五頁）。

他方、また、手形行為独立の原則は、手形の善意取得者（手一六条二項）、または、これに準じて取扱うべき所持人（振出無効の手形の受取人・第一裏書人から裏書により手形を善意で取得した所持人）についてのみ認めるべきであるとする見解も有力である（上柳・前掲判批九九頁以下、今井宏「判批」手形百選（第四版）九〇頁、河本・前掲論文六八頁以下、河本一郎「手形行為独立の原則と被裏書人の悪意」商法の争点Ⅱ三三六頁）。

手形行為の独立性によって手形取得者は保護されるが、その反面において、手形行為が無効であるため本来手形の返還を請求できるはずの者が手形の返還請求権を剝奪されることになる。手形の返還を請求できるはずの者にこのような犠牲を負担させて手形取得者を保護するのであるから、取得者の側にも保護に値する理由がなければならないと説くのである。また、こう解することによって、手形法一六条二項但書と手形法七条とが衝突する場合に一六条二項但書が優先するとされることとの説明が可能となり（上柳・前掲判批九九頁以下参照）、しかも、それは、裏書の担保責任は、裏書により被裏書人が取得する手形の第一次的義務者または支払人に対する権利ないし権限を補強するものであることに鑑みても正当であると説く（上柳・前掲判批九九頁以下、河本・前掲論文六八頁以下参照）。この考え方は、もちろん、保証・引受などにも及ぼすことができるとされている。

この考え方によれば、たとえば、Ａ振出の約束手形の受取人Ｂの手もとから、Ｃが手形を盗み出して、ＢからＣへの裏書を偽造したうえ、さらにＤに裏書譲渡する場合、Ｄは被偽造者Ｂに遡求することは原則としてできないが、ＤがＣに遡求できるかどうかは、ＤがＡに対する権利を善意取得しているかどうかによるべきであろう（手形行為独立の原則を各手形行為が独立の債務負担行為であることにもとづく当然の結果であるとする者も、多くは、この結論を認める、北沢正啓「手形行為独立の原則」演習商法（手形小切手）三四頁、三七頁および小橋・三三頁以下参照）。また、Ａの振出署名を偽造して、自己を受取人とする手形を作成したＢが、この手形をＣに裏書譲渡した場合にも、Ｃが善意無重大過失の場合に限って、CはBに遡求できるとすべきことになる。もっとも、この後者の場合には、Cが善意取得すべき権利が存在しないので、所持人Cの善意悪意を問題にすべきでないとする見解も見られる（北沢・前掲論文三七頁）。

判例における悪意の手形取得者と手形行為の独立性　判例は、この問題をどのように処理してきたか。旧法の下の判例は、前に言及した旧商法四三七条第三項が、「偽造者、変造者及ヒ悪意又ハ重大ナル過失ニ因リ偽造又ハ変造シタル手形ヲ取得シタル者ハ手形上ノ権利ヲ有セス」と規定していたことから、その解釈として、悪意または重過失による手形取得者には、手形行為独立の原則の適用はないと解していた。たとえば、昭和八年の大審院判決は、当時の商法一七六条（平成一七年改正前商法二六五条、会社法三五六条一項二号・三六五条一項に相当する規定）に違反して株式会社がその取締役に宛てて振出した約束手形の取得者が、裏書人たるその取締役に遡求した事件につき次のように判示している（別の論点も含むが、叙述の便宜上、それも含めてここに引用する）。

「手形行為ハ互ニ独立セルモノニシテ完全ナル形式ヲ具備セル手形ニ署名シタル者ハ他ノ手形行為ノ効力ノ如何ニ拘ラス自己ノ署名ニ基キ責任ヲ負担スルモノナルコトハ商法第四三七条第一項ノ趣旨ニ徴シテモ明ナリト謂フヘク商法第一七六条ノ規定ニ違背シテ約束手形カ振出サレタル場合ニ於テハ其振出ハ無効ナリト雖該手形ハ其ノ受取人タル取締役カ振出人タル会社ノ代表者タル取締役ト同一人ナルト否トニ拘ラス完全ニ形式的要件ヲ具備スルモノナレハ之ニ裏書ヲ為シタル者ハ同条第三項ノ法意ニ依リ悪意又ハ重大ナル過失ナキ手形所持人ニ対シテハ手形文言ニ従ヒ責任ヲ負担スヘキモノト解スルヲ相当トス……上告人ハ被上告人カ悪意ノ取得者ナリト主張スルモノナルニ原院ハ此点ニ関スル判断ヲ遺脱シタリト論スレトモ……原判文ノ全趣旨ニ依リテ之ヲ観レハ原院ハ被上告人カ悪意又ハ重大ナル過失ナクシテ本件手形ヲ取得シタリト判示シ従テ本件手形振出ニ際シ監査役ノ承認ナカリシコトヲモ知ラサリシコトヲ判断シタルモノト謂フ（ことができる）」（大判昭和八・六・一民集一二巻一四号一四〇一頁。なお、民法一〇八条違反の手形も形式的には完全なものであることにつき、大判昭和三・二・九新聞二八四九号九頁、東京地判昭和二・二・一八新聞二六七〇号一〇頁参照。また、単に、手形の記載上民法一〇八条違反の手形行為と知り得べきものであるというだけでは、ただちに手形取得者が悪意者であるとは言えないとすることにつき、大判昭和七・一二・二四新聞三五一八号一六頁参照）。

ちなみに、手形行為独立の原則は、悪意の取得者についても認められると判示した判決として引用されることのある大正七年の大審院判決（大判大正七・一一・二一民録二四輯三頁）は、実は、主として心裡留保の手形抗弁に関するものであって、ここで論じているような問題との関係で取り上げるのは適当ではない。

なお、前述のように、悪意取得者には手形行為独立の原則の適用はない、とする場合に根拠とされたのは、偽造、変造手形との関係でその趣旨を明らかにしたものと考えられる旧商法四三七条三項であったから、偽造、変造手形と無関係に手形行為独立の原則が問題とされる場合については、手形取得者の善意、悪意は問題とならないと解される余地はあったが（東京地判大正一四・六・一評論一四巻商法二七五頁）、すでに見たように、これは大審院の採用するところではなかった（前掲大判昭和八・六・一参照）。

旧商法四三七条三項に相当する規定を有しない現行手形法の下では、この問題は、大審院とは別異に解されるに至っている。最高裁判所は、前に言及したように、昭和三三年の判決において、手形行為独立の原則による裏書人の手形上の責任は、取得者の悪意により消長を来たさないと判示した。事案は、株式会社を代表する権限のない者が、その会社の代表取締役と相談の上、自己を名義上代表取締役として振出した約束手形の裏書人が、その被裏書人たる手形所持人から遡求されたものである。原審において裏書人は、手形所持人は本件手形が適法な代表者によって振出されたものでないことを知って手形を取得したものであり、裏書人を害することを知って手形を取得した悪意の取得者であるから償還義務を負わないと主張したが、これは、原審の容れるところとならなかった。そこで、裏書人は、「原判決は手形法第七十七条、第十七条の解釈を誤った理由により控訴人の人的抗弁を排斥した違法がある」として上告した（なお、本件の上告理由は当を得ていないと言わざるをえない）。最高裁判所は、簡潔に次のように判示して上告を棄却した。

「原審の認定した事実関係の下においては、上告人は本件手形の真正な裏書人であるというのであるから、被上告人が所論のように本件手形振出人の代表者名義が真実に反することを知っていたとしても、上告人の裏書人としての手形上の責任は何ら消長を来たさないものというべきである」（前掲最判昭和三三・三・二〇、なお、大阪高判昭和三七・二一・六金融法務三〇一号五頁も同旨）。

4　手形行為独立の原則（手形行為の独立性）の機能

このように、手形行為の独立性（手形行為独立の原則）については、判例はともかく、学説においては、現在でも相当激しい理論的対立が見られる。これは、手形理論を区々にする以上、やむをえないことであろうか。

しかし、他方、いずれの説も手形行為独立の原則を、機能的には手形取引の安全に役立つ制度として捉えている点では変わりない。また、いずれの説においても手形行為独立の原則は、前提たる行為が方式の瑕疵のために無効なときには適用されない（大阪高判昭和二八・三・二三高民集六巻二号七八頁、手三二条二項）と解されている。手形行為独立の原則は、当該手形行為が方式上完全であることを前提にすると考えられるが、前提たる行為の方式の瑕疵は、当該後続行為自体の方式の瑕疵を招来すると解されるからである。

裏書の形式的無効と手形行為独立の原則　手形保証との関係において、手形行為独立の原則を定める手形法三二条二項（小二七条二項）は、手形行為独立の原則が認められるためには、前提となる行為（手形行為）が必要な方式を備えていることが必要であるとしている。従来、このことは、保証（手形保証）に限らず、他の手形行為に関しても同じであるとされてきた。したがって、たとえば、「振出の要件が不備ならば、引受（為替手形の場合）・裏書等総ての手形行為は皆その効力を生ぜず、又第一の裏書の方式不備ならば第二以下の裏書もその効力を生〔じない〕」と説かれてきたのである（竹田・一九頁）。

しかし、近時、前提となる第一の裏書に方式の瑕疵がある場合には、それを前提とする第二の裏書も無効であるとすることに関しては、これに疑問を呈する見解も有力である（鈴木＝前田・二二七頁、二五五頁、前田・一九四頁、小橋・三〇頁、平出・一一六頁参照）。「手形債務負担行為としては、先行する裏書は後行の裏書の前提となる行為ではなく、先行裏書の方式の瑕疵は後行裏書の方式の瑕疵とはならない」というのである（平出・一一六頁）。

このような見解には、まだ幾つかの疑問がある。先ず、そもそも、ここに「前提となる（先行する）裏書の方式の瑕疵」としては、どのような例が考えられているのかが必ずしも明らかではない。裏書の方式の瑕疵といっても裏書は、署名のみによる白地式裏書によっても行なうことができるのである（裏書文句、裏書日附などが欠けていても方式に欠けるものではない）。また、他人の名前を一度限り自己の名前として用いるような場合には、署名の方式に欠けるとする本書のような見解をとる場合にも（第3章第2節2⑴）、あるいは、自署の代行を認めない場合にも（第3章第2節2⑷）、そのような署名によっては、――署名の方式に欠けるため――行為者は責任を負わないとはいうものの、それに続く裏書の裏書人が手形行為独立の原則によって責任を負うことを否定するものではない。他人の名前を一度限り自己の名前として用いる裏書または他人による自署の代行による裏書の場合にも、手形行為独立の原則が認められるために必要とされる「先行する裏書としての方式」は備えていると考えるのである。結局、先行する裏書の方式の瑕疵としては、会社名（法人名）と会社の印のみによる裏書署名による裏書のような場合を考えているのであろうか（最判昭和四一・九・一三民集二〇巻七号一三五九頁参照）。

振出人Aが受取人をB株式会社とする約束手形を振出したところ、Bは、第一裏書欄にCを被裏書人として記載し、裏書署名としては、B会社名と会社印のみを記載して、この手形をCに交付した。さらに、Cがこの手形をDに裏書譲渡したという場合を想定してみよう。この手形の第一裏書の署名は、会社名と会社印のみによるものであるから、この裏書は、判例（前掲最判昭和四一・九・一三）によれば、裏書としての効力を生じない。Dが満期にAから手形金の支払を得られなかった場合、Dは、Bに対して遡求することはできない。問題は、Cに対して遡求できるかどうかである。手形行為独立の原則は、前提たる行為が方式の瑕疵のために無効なときには適用されないとする見解をとるのであれば、この場合には、手形行為独立の原則によって、Cの担保責任の成立を理由付けることはできないことになる。

下級審判例にも、会社（株式会社甲）名を記載し、その名下に社長の印章（株式会社甲社長之印と刻したもの）が押捺せられているだけで、その代表者の署名もまたその記名捺印もなかったという事案に関して、そのような手形は振出人の署名を欠く不適法のものであつて、その手形の振出行為は無効であり、手形の振出行為がその形式的要件を欠くため無効な場合には、手形行為独立の原則の適用はなく、その手形上になされたすべての手形行為は無効となるとして、受取人がした裏書行為も無効であり、裏書人（受取人）は担保責任を負わないと判示したものがある（前掲大阪高判昭和二八・三・二三）。

しかし、「手形債務負担行為としては、先行する裏書は後行の裏書の前提となる行為ではない」とする見解は、先行する裏書署名が方式の瑕疵により無効な場合は、振出が方式の瑕疵により無効な場合とは違う取扱をすべきであると説いているのである。

右のような近時の有力説は、あるいは、①手形行為独立の原則の根拠に関して、それを「手形債務負担行為がそれぞれ独立に債務を負担する意思でなされる行為である」ということに求める立場を前提とし（前田・一九四頁）、あるいは、②裏書の断絶後も裏書を行なうことができるとする立場を前提とするものであるが（鈴木＝前田・二五五頁参照）、①には与しえない（第4章1⑵）。②に関しても、裏書の断絶に関する架橋説との関係、裏書の担保的効力の本質論との関係で問題が残っていると言わざるをえない（架橋説の理論的根拠に疑問があることについては、第10章第1節2⑴参照、また、裏書の担保的効力の法的性質については、第16章第3節2参照）。

前述のように、私見は、裏書の担保責任を法定責任と解するとともに、前提となる行為（たとえば振出）が無効であるときは、裏書人が無権利者であるため、裏書は債権譲渡としては無効になるが、裏書人が無権利者であることを除いて、裏書の有効要件が備わっておれば、法は手形の流通性を高めるために裏書人に担保責任を負担させることにしている（手形行為独立の原則）、と考えている。このような理解からは、前提となる裏書が方式の瑕疵により無効な場合には、手形行為独立の原則の適用はなく（そのような手形の流通性を高める必要はない）、上記の例におけるDは、Cに対して遡求することはできないことになる。しかも、私見は、前提となる行為の無効について悪意の手形取得者には手形行為独立の原則の適用はないと考えている。前提となる裏書が方式の瑕疵により無効であれば、当然、そのような手形の取得者は悪意であると考えてよいであろう。

したがって、私見は、手形行為独立の原則は、前提となる裏書が方式の瑕疵のために無効なときは適用されないと解する。

なお、次の点を付言しておかなければならない。先に見たように、手形行為独立の原則は、かつては、いわゆる利益相反取引に関する商法二六五条（旧商一七六条）違反の手形行為との関係で問題となることが多かった。しかし、その後、最高裁判所は、商法二六五条違反の手形行為の無効につき、いわゆる相対的無効論を採り、「株式会社は、同条に違反して、振り出した約束手形を裏書によって取得した第三者に対しては、当該手形が会社からその取締役に宛てて振り出されたものであり、かつ、その振出につき取締役会の承認がなかったことについて当該第三者が悪意であったことを主張、立証しない限り、その振出の無効を主張して手形上の責任を免れない」旨判示した（最判昭和四六・一〇・一三民集二五巻七号九〇〇頁、なお、前掲大判大正一二・七・一一頁参照）。したがって、善意の手形取得者との関係では、商法二六五条違反の手形行為は有効なものとして取扱われることになったのであり、少なくともその限りでは、手形行為独立の原則を適用する余地はなくなった。なお、最高裁判所は、民法一〇八条違反の手形行為についても相対的無効論を採るに至っており、右と同様に言うことができる（最判昭和四七・四・四民集二六巻三号三七三頁）。

利益相反取引と会社法　本文で述べたように、かつては商法の定める承認を受けないで行われた利益相反取引に当たる手形行為（約束手形の振出）が無効であることを前提にして、この手形に裏書をした者の責任との関係で、手形行為独立の原則が問題とされることが少なくなかった。しかし、最判昭和四六年一〇月一三日（民集二五巻七号九〇〇頁）は、平成一七年改正前商法二六五条一項の定める取締役会の承認を受けていない手形行為の無効に関して相対的無効論をとるに至ったので、その後は、本文において見たように、利益相反取引として行なわれた手形行為との関係で手形行為独立の原則を問題にする必要はほとんどなくなった。

ところで、平成一七年改正前商法二六五条一項に対応するのは、会社法三五六条一項二号および三号である。同項は、取締役会不設置会社に関する規定であるから、承認機関は、取締役会ではなく、株主総会とされている。しかし、取締役会設置会社については、会社法三六五条一項によって承認機関は取締役会とするものとされている。また、商法二六五条三項・二六四条二項に規定されていた取引をした取締役の取締役会への報告義務も、取締役会設置会社に関して、会社法三六五条二項において規定されている。これを要するに、会社法のもとでも、取締役会設置会社に関しては、利益相反取引の取扱に実質的な改正はなく、本文において引用した前掲最判昭和四六年一〇月一三日は、判例としての意義を維持していると考えられる。したがって、利益相反取引の規定に違反した手形行為と手形行為独立の原則の関係に関して本文に述べたことも引き続き妥当する。

5　手形保証の独立性

手形行為独立の原則は、保証についても妥当する（手三二条二項、小二七条二項）。手形保証とは、他の手形債務を担保する目的をもって、これと同一内容の手形債務を負担する手形行為である（手三〇条一項・三二条一項）。手形債務の保証は、民法上の保証としてもなしうるが、これは手形証券上に手形行為としてなす保証である。被保証人になれるのは、すでに手形上に手形債務者として表示された者であり、保証人には、被保証人以外の者であれば、すでに手形債務者として署名した者もなれる（ただし、小切手は支払証券であって、信用証券ではないから、支払人は保証人になりえない、小二五条二項）。保証の方式については、手形法三一条一項（手七七条三項、小二六条一項）以下の規定による。一部保証（手三〇条一項、小二五条一項）もできる。

手形保証に関しても、このように手形行為独立の原則が妥当すると解されているが、他方、一般に保証債務は附従性を有するものであり、しかも、このことは、手形保証にも妥当すると解されている（手三二条一項）。ここに附従性とは、主たる債務（被保証債務）がなければ保証債務は成立できず、主たる債務が消滅すれば保証債務もまた消滅するということであるが、手形保証もまた保証であることからすれば、附従性を有することになるというのである。このようにわが国では、手形保証の効果としては、一般に、その独立性（手形保証も手形行為であり、手形行為独立の原則が妥当する）とともに附従性（保証債務の附従性）にも言及されているので、両者の関係の理解をめぐっては議論があるが、その詳細は後述するところに譲る（第17章第3節2参照）。

第5章　手形行為と原因関係

手形関係以外の法律関係であって、手形関係と密接な関連のあるものを手形の実質関係という。手形の実質関係には、原因関係、資金関係および手形予約がある。

法は、手形の流通証券としての機能を考慮して、手形関係を原因関係から分離し、手形関係は原因関係の存否、有効無効の影響を受けないものとしたが(無因性)、他方、手形は、その原因関係の手段にすぎないという側面もあるので、手形関係と原因関係の間には一定の牽連関係が認められる。この章においては、とくに手形が既存債務の履行に関連して授受される場合に手形関係が原因関係に対してどのような影響を及ぼすか、という問題を取上げる。

第1節　手形の実質関係

手形関係以外の法律関係であって、手形関係と密接な関連のあるものを手形の実質関係という。手形の実質関係には、原因関係、資金関係および手形予約がある（大隅・六五頁参照）。

(1)　手形予約　手形を授受する当事者の間においては、手形の授受に先立って、手形を授受すること、および授受する手形の内容などについての合意があるはずである。このような手形関係の設定を準備する契約を手形予約という。手形予約は、次に述べる原因関係と手形関係の中間にあって両者を媒介するものであるといえるが、実際には、原因関係に従属するものとして原因関係たる契約においてなされるのが普通であるといわれている。

(2)　原因関係　振出または裏書による手形の授受は、当事者の間の実質的関係を前提として行なわれている。この手形授受の原因となっている法律関係（手形行為がそのためになされる手形授受の当事者間における実質的な法律関係）を「原因関係」という。手形の授受には反対給付（対価）の授受があるのが通常であるから、対価関係ともいう（大隅・六六頁、鈴木＝前田・二三二頁）。

なお、手形の原因関係に関しては、手形行為の無因性との関係においてすでに述べたように（第4章第3節3参照）、議論があり、見解が分かれている。原因または原因関係といわれるものが多様かつ区々であり、列挙し尽くすことが難しいこととも関連して、厳密にいえば、その意義に関しても理解が分かれる。よく言及され、また実際にも重要な原因関係の例としては、たとえば、売買や金銭消費貸借の関係を挙げることができるが、その場合にも、一方では、売買契約または金銭の消費貸借契約が原因（または原因関係）であるとされ、他方では、売買契約から生ずる売買代金債務または金銭消費貸借契約から生ずる返還義務が原因であるとされることもある。さらには、「（売買代金債務などの既存）債務の弁済・手形上の権利の売買（手形割引の場合）・信用の授受（融通手形）・債務の取立委任・債務の保証または担保等」を原因関係の例として掲げる見解もある（大隅・六六頁参照）。すでに説明したとおりである（第4章第3節3参照）。

ただし、この章においては（第2節参照）、原因関係は、先にそれが議論の対象とされた場合とは、多少異なる視点から取り上げることになる。手形の授受は、原因関係に対してどのような影響を及ぼすか、という問題であり、とくに手形が既存債務の履行に関連して授受される場合に手形の授受が既存債務にどのような影響を与えるか、という問題である。したがって、ここでは、原因関係も既存債務との関係にウエイトをおいて理解することになる。

(3)　資金関係　為替手形の支払人と振出人（資金義務者）との間の実質関係を資金関係という。資金関係の態様は多様であるが、振出人が支払人に対して手形の支払を委託し、予め資金を交付しておくことが多い。支払人が支払をした後で、振出人に補償を求める場合（補償関係）もある。なお、引受人と支払担当者、約束手形の振出人と支払担当者などの間にも資金関係と類似の関係が存在する。これを準資金関係という。

第2節　手形の原因関係に及ぼす影響

1　手形の授受（手形関係）の原因関係に及ぼす影響

手形法は、手形の流通証券としての機能を考慮して、手形関係を原因関係から分離し、手形関係は原因関係の存否、有効無効の影響を受けないものとしているが（無因性）、他方、手形は、その原因関係の手段にすぎないという側面もあるので、手形関係と原因関係の間には一定の牽連関係が認められる。

もっとも、手形関係が原因関係に対して及ぼす影響は、原因関係において、手形がどのような目的を達成するために授受されたかに従って（原因関係における手形授受の目的に従って）異なるべきものである（大隅・六七頁、竹田・五四頁）。以下においては、通常、問題とされることの多い既存債務の履行に関連して手形が授受される場合に手形の授受が原因関係にどのような影響を与えるかという問題を取上げる。

(1)　手形授受の類型　　売買代金債務など既存債務の支払に関連して手形が授受されると、それによって既存の原因関係上の債務は、どのような影響を受けるか。これは、一般に手形授受の当事者の意思によって決まると解されている。そのような当事者の意思の態様は、一般に次のように類型化して考えられている（上柳克郎「判批」手形百選（新版・増補）一〇二頁以下参照）。

①　手形が既存債務の「支払に代えて」授受される場合　　手形の授受と同時に原則として原因債権は消滅し、

したがって債権者はもはや原因債権を行使しえない。この場合の法律関係を更改（民五一三条）と解すべきか代物弁済（民四八二条）と見るべきかについては争いがあったが、学説の多数は、手形行為の無因性を理由に代物弁済と解してきた。

既存債務の支払に代えてする手形の交付と代物弁済・更改　代物弁済も更改も、ともに債権の本来の内容の実現によらないで、他の対価によって債務を消滅させる制度である。代物弁済にあっては、他の対価の授受が現実に行なわれるのに対して（たとえば、一〇〇〇万円の債務の代わりに自動車一台を給付して債務を免れるような場合である）、更改においては、他の対価を授受しようとする新債権が成立するにすぎない（たとえば、一〇〇〇万円の債務を自動車一台を給付するという債務に改める場合である）。

手形が既存債務の支払に代えて交付される場合には、既存債務は消滅するが、これは代物弁済か更改か。手形の表章する権利は、金銭債権にすぎないから、その点を強調すれば、更改と見るべきであろうが、通説は、代物弁済であると解している。手形は一の有価物であるからその交付は対価の現実の給付に当たるとする見解もあるが、むしろ、次のような理由による。すなわち、更改においては、旧債務の消滅と新債務の発生は一個の契約によって行なわれ（民五一三条一項）、旧債務が存在しないときは新債務も成立しないという関係に立つと考えられている。旧債務の消滅と新債務の成立とは互いに原因・結果となっており、旧債務が存在しなかったり、取消されたりすれば新債務は成立せず、また、新債務が成立しなかったり、取消されたりすれば、旧債務は消滅しないのである（民五一七条参照）。しかし、手形行為者が手形上の債務を負担するのは、手形行為を行なったからであって、更改契約という別個の行為の効果としてではないはずである。また、旧債務の存在しない場合に、新債務である手形債務の成立をも否定することは、手形行為が既存債務の無効・不存在・消滅などの影響を受けないとする考え方（手形行為の無因性）に反することになるであろう。そこで、通説は、平成一六年改正前の民法五一三条二項後段の規定（一項が「債務ノ要素ヲ変更スル契約ヲ為シタルトキハ其債務ハ更改ニ因リテ消滅ス」と定め、二項前段が条件附債務を無条件債務とし、無条件債務に条件を附し、または条件を変更するのは「債務ノ要素ヲ変更スルモノト看做ス」と定めていたのを受けて、二項後段は、「債務ノ履行ニ代ヘテ為替手形ヲ発行スル」ことも同様である、すなわち、債務の要素を変更したものである旨を規定していた）にもかかわらず、手形が既存債務の支払に代えて交付される場合には、代物弁済（民四八二条）によって既存債務は消滅すると解していたのである（我妻＝有泉・民法2一七六頁以下および松坂・債権総論二八九頁以下参照）。なお、平成一六年の民法改正によって、旧民法五一三条二項後段の規定は削除されている。

② 手形が既存債務の「支払のために」授受される場合（「支払の確保のために」とも呼ばれる）　手形の授受が

あっても原因債権は当然に消滅するものではなく、原因債務（原因債権）と手形債務（手形上の権利）とは併存する。そして、この場合は、併存する両債権の行使順位によって、さらに次の二つの場合に分かれる。

(a)　手形が既存債務の「支払の方法として」授受される場合（「支払のために」ともいわれる）　債権者は、併存する両債権のうち、先ず手形債権を行使すべきであり、支払(引受)が拒絶された後に始めて原因債権を行使できる。

(b)　手形が既存債務の「担保のために」授受される場合　債権者は、併存する両債権のうち、そのいずれでも任意に選択行使できる。債務者は、手形上の権利の先行使を求めることはできない。なお、原因債務の弁済期が到来すれば、手形の支払呈示がなくとも原因債務の履行遅滞となる(民四一二条一項、なお、後述、2(1)参照)。ただし、原因債務履行の場所は手形債務履行の場所と同一であると理解すべきであろう（鈴木＝前田・二三五頁註三、大隅＝河本・四三九頁、四四九頁、および大判昭和一三・一一・一九新聞四三四九号一〇頁参照、なお、前田・一〇六頁参照）。

(2)　当事者の意思の不明な場合と原因債権の消滅　当事者の意思の不明な場合に、仮にその手形は「支払に代えて」授受されたものであり、原因債権は消滅すると解してよいとすると、これは債権者にとって不利益となる。原因債権が消滅すれば、それに伴って原因債権についての担保も消滅すると考えられるうえ、取得した手形も支払われるとは限らないからである。判例・通説は、「当事者ノ意思不明ナルトキハ既存債務ノ弁済ヲ確保スル為メ（支払のために）」手形の授受があったと認めるべきものであるとしている（大判大正七・一〇・二九民録二四輯二〇七九頁、大判大正九・一・二九民録二六輯九四頁）。小切手が既存債務の支払に関連して授受された場合にも、右と同様に考えてよいであろう（大判昭和三・二・一五新聞二八三六号一〇頁）。

(3)　当事者の意思の不明な場合と原因債権の先行使の可否　手形が原因債権の「支払のために」授受されたとされ、原因債権と手形債権が併存する場合において、債権者が先ず原因債権を行使できるのはどのようなときか。

判例・通説は、当事者の意思の不明な場合、「債務者自身が手形上の唯一の義務者であって他に手形上の義務者がない場合」には、担保のための授受と認めてよく、債務者は手形上の権利の先行使を求めることはできないと解している（最判昭和二三・一〇・一四民集二巻一一号三七六頁参照、事案は、貸金債務の支払確保のために借主が支払場所を借主宅とする約束手形を振出したというものであった）。この場合には、手形債権または原因債権のいずれを先に行使されても債務者の利害には関係がないからである。具体的には、原因関係上の債務者が債権者に約束手形（または自己宛為替手形）を振出す場合、債権者振出の自己受為替手形に債務者が引受をなす場合などがこれに当たる。

これに対して、債務者が第三者振出の約束手形を債権者に裏書譲渡する場合、債務者が債権者に対して第三者を支払人とする為替手形（あるいは小切手）を振出す場合（後者の場合、債務者は、唯一の義務者であるが、支払人に支払資金を供給している）などは、「支払の方法として」授受されたものと解される。この場合には、債務者は手形債務の先行使を求める利益を有する。

次に、原因関係上の債務者が手形上の唯一の義務者となってはいるが、手形に支払場所（支払担当者）の記載のある場合はどうか。この場合、債務者は支払担当者に資金を供給しているのであり、債権者が先ず手形で支払担当者に請求することを期待していると考えられる。これもまた「支払の方法として」授受されたものと解してよい。ただ、判例によれば、支払呈示期間経過後は支払場所（支払担当者）の記載は効力を失い、それ以後の支払請求は「支払地内における手形の主たる債務者の営業所または住所」においてなすものとされているから（最判昭和四二・一一・八民集二一巻九号二三〇〇頁）、支払呈示期間経過後は、債務者には手形債権の先行使を求める利益はなくなるであろう（小橋・一五五頁）。なお、小切手の場合には、支払呈示期間経過後でも支払委託の取消がない限り支払人は支払権限を有するから（小三二条二項）、債権者は呈示期間経過後も小切手債権を先ず行使しなければならない。

2　原因債権の行使と手形の返還

⑴　原因債権の行使と手形の返還　手形（小切手）が①原因債務の「担保のために」授受された場合、および②「支払の方法として」授受されたが、手形の支払拒絶（引受拒絶）のあった場合には、債権者は、手形債権を行使せず、原因債権を行使することもできる。この場合、その原因債権の行使に手形の返還を要するかどうかが問題となる。債務者は、手形の返還を受けておかないと、①原因債権と手形債権の二重払の危険におかれるおそれがあり、また、②債務者に手形上の前者がある場合、前者に対する手形上の権利を行使できなくなるという不利益を被むることになる。

この問題については見解が分かれるが、①債務者は原因債務弁済後に手形の返還を求めうるとする考え方では、債務者の保護として不充分であり、②債権者に原因債権の行使に当たっても手形の呈示を要求するのでは、債権者に原因債権の行使を認める意味がほとんどない。そこで、判例・通説は、③債務者に手形と引換にのみ支払うという一種の同時履行の抗弁権を認め（ただし、これは、民法五三三条の直接規定する場合ではない）、この抗弁権を債務者が行使した場合には、裁判所は手形と引換に支払うべき旨の交換的給付の判決（引換給付の判決）をすべきであるとしている（貸金債務の支払確保のために交付された小切手についての最判昭和三三・六・三民集一二巻九号一二八七頁）。ここで、債務者に一種の同時履行の抗弁権を認める実定法上の根拠は、これを「民法五三三条の基礎にある信義衡平の原則」に求めることができるといわれている。したがって、債務者は、手形の返還と引換に原因債務を支払うべき旨の抗弁をなしうる場合であって、手形の返還を受けていないときにも、原因債務について履行期を徒過していれば、履行遅滞の責任を負うことになる（最判昭和四〇・八・二四民集一九巻六号一四三五頁参照）。

手形の返還と原因債務の履行遅滞　判例によれば、原因債務（既存債務）の履行とその原因債務の支払確保のために（支払のために）振出された約束手形の返還とは、引換給付（同時履行）の関係にあると解されている。

他方、民法五三三条の同時履行の抗弁権のあるときは、契約の当事者の一方が弁済期において契約を履行しなくても、特別の事情（相手方から適法な弁済の提供のあるときなど）のない限り履行遅滞の責任を負わないとされている。すなわち、通説・判例によれば、相手方が自己の債務の履行をしない限り、債務者は履行期に履行をしなくとも、これを正当付ける法律上の理由を有するから履行遅滞の責を負わない（松坂・債権各論四二頁）。そうすると、原因債務（既存債務）の履行と手形の返還の関係を民法五三三条の同時履行の抗弁権の場合と同様に考えるならば、原因関係について履行期が来ても、原因債務の支払のために振出された手形の返還がない以上、債務者は履行遅滞の責任を負わないことになりそうである。これに対して、前掲最判昭和四〇年八月二四日は、「右金員の支払請求権（原因債権）と本件各手形の返還請求権との関係は、民法五三三条に定める対価関係に立つ双務契約上の対立した債権関係またはこれに類似する関係にあるものということはできず、ただ単に、債務者に対し、無条件に原因関係である債務の履行をさせるときには、債務者をして、二重払の危険に陥らしめる可能性があるから、これを避けるために、とくに、本件各手形と引換えに右金員の支払を命じたにすぎないもの」であるとしたうえ、「したがって、〔民法五三三条の定める場合とは違って〕このような関係があるにすぎない場合には、債務者において原因関係の債務についてその履行期を徒過している以上、債権者から本件各手形の交付を受けなくても、債務者において履行遅滞の責に任じなければならない」と判示したのである。

なお、争いはあるが、原因債権が手形の支払拒絶証書作成期間経過後（期限後）に行使される場合についても、手形上の権利が有効に存在する限り、右の理論は妥当すると考えてよいであろう（反対、高窪・法論・三一五頁、なお、銀取八条一項参照）。

(2)　手形上の権利の時効による消滅の場合の取扱　　手形（小切手）上の権利が時効または手続の欠缺により消滅している場合にも、原因債権の行使には手形の返還を要するか。①原因債権の債権者が債務者から約束手形の振出を受け、その手もとで手形を時効にかけたような場合には、債権者は手形と引換でなくても直ちに原因債権を行使できるであろう（大判昭和一〇・六・二二新聞三八六九号一一頁参照）。債務者には、二重払の危険も、前者に対して遡求する利益を失うおそれもないからである（大隅＝河本・四四三頁以下、なお、手形と引換に支払を受ける必要はないとの例外的事情の主張、立証は、債権者がなすべきである、上柳克郎「判批」民商四〇巻一号七五頁、七九頁参照）。②問題は、原因関係上の債務者が第三者振出の約束手形を債権者に裏書譲渡しているような場合である。このような場合には、原因関係上の債権者は、債務者に健全な手形を返還することができない（大隅・六九頁参照）。これについては見解が分かれるが、(a)債務者は、損害賠償請求権との相殺（上柳・前掲判批〔民商四〇巻一号〕八〇頁、大塚龍児「手形・小切手とその原因関係」新商法演習3七七頁、八八頁）あるいは利得償還請求権の譲渡請求（高窪・二三五頁、三四二頁）の抗弁を提出できるとの考え方、(b)債権者は、手形と引換でなくても債務者に不利益、損害を与えることがないことを立証すれば、手形なしでも原因債権の行使ができるとする見解（大隅・六九頁、鴻常夫「判批」法協七九巻四号一四六頁、一五二頁、米津昭子「判批」手形百選〔第三版〕二〇八頁、二〇九頁）などが見られる。利得償還請求権の理解とも絡む困難な問題であるが（第13章参照）、このような場合に債権者が手形を無効にしたときは、原因債権も消滅し、債権者は原因債権を行使しえないと考えるべきであろう（利得償還請求権を行使できることはある）。

この場合、原因債権の消滅はどう説明すべきであろうか。このような場合には「原因債権も消滅するとの当事者の意思を擬制するか、あるいは手形金額相当の損害が発生したと擬制して、それと原因債権を相殺する」と説明する見解に従っておきたい（大隅＝河本・四四五頁、なお、早川徹「手形の授受と原因債権(一)」民商九一巻一号六三頁、八三頁は、民法五四八条の類推により原則として原因債権の行使は禁じられるとされる）。

なお、時効などにより手形上の権利の消滅したこと（手形の健全性の害されたこと）は、債務者が主張、立証すべきであり（上柳・前掲判批〔民商四〇巻一号〕七九頁参照）、その立証のない限り、債権者はとにかくその手形を返還すれば足りることになる（土井王明・最高裁判所判例解説民事篇昭和三三年度一三七頁、一四〇頁）。

3　手形金請求訴訟と原因債権の時効

手形債権と原因債権が併存する場合、当事者の間では原因債権の時効消滅は、手形債権の行使に対する人的抗弁事由となる（最判昭和四三・一二・一二判時五四五号七八頁）。そうすると、原因債権の消滅時効期間が手形債権のそれよりも短い場合が少なくないので（手七〇条、民一七〇条〜一七四条参照）、債権者が手形金請求訴訟を提起するなど手形債権を行使している間に原因債権の消滅時効が完成し、結局、債権者は手形金の請求も認められなくなるおそれがある。このような結果は不合理であり、債権者に酷であるから、従来から、下級審の判例には、「手形は原因債務の支払手段にすぎず、手形金請求訴訟を提起することは原因債務の支払を請求していることにほかならない」などとして手形債権の行使による原因債務の時効の中断を認めるものがあったが（大阪高判昭和五〇・三・一九判時七八八号五五頁参照）、その後、最高裁判所も、「債務の支払のために手形が授受された当事者間において債権者のする手形金請求の訴の提起は、原因債務の消滅時効を中断する効力を有する」と判示するに至った（最判昭和六二・一〇・一六民集四一巻七号一四九七頁）。

４　手形債権の消滅時効期間の民法一七四条の二による延長と原因債権の時効消滅

手形債権の行使により、原因債権の時効が中断するとして、手形上の権利が確定判決（または裁判上の和解などそれと同一の効力を有するもの）によって確定され、確定の時から一〇年の消滅時効にかかるものとされる場合（民一七四条の二）、中断後の原因債権の時効期間はどうなるであろうか。原因債権にも民法一七四条の二は及ぶであろうか。

最高裁判所は、手形債権について仮執行宣言付支払命令が確定した後に原因債権の消滅時効の完成を援用して請求異議をなしうるかが争われた事案において、「手形債権の消滅時効期間が支払命令の確定の時から一〇年に延長せられるときは、これに応じて原因債権の消滅時効期間も同じくその時から一〇年に変ずるものと解するのが相当である」として、支払命令確定後における原因債権本来の消滅時効期間（事案の場合は、民一七三条の短期時効期間）徒過による原因債権の時効消滅は請求異議の理由とはなりえない旨判示している（最判昭和五三・一・二三民集三二巻一号一頁)。

第6章　手形行為と民商法の適用

手形行為も法律行為の一種ではあるが、輾転流通する手形上になされる書面行為であり、しかも直接の相手方だけでなく、その後の手形取得者をも考慮に入れる必要があるので、民法の規定の手形行為への適用に当たっては注意すべきことが多い。民法の法律行為に関する規定の手形行為への適用に当たり、解釈上問題となることはないであろうか。また、商法の規定にも手形行為に適用するに当たって注意しなければならないものがある。

この章においては、そのような問題のうち、とくに手形能力、公序良俗違反の手形行為の効力、手形行為と意思表示の瑕疵、株式会社取締役間の手形行為および双方代理などに言及することにする。

第1節　手形能力

1　手形権利能力

手形権利能力（手形上の権利義務の主体となる能力）については、手形法上別段の規定はないから、民法の一般原則に従う。民法の規定により権利能力を有する自然人は、すべて当然に手形権利能力を有する。手形を利用できるのは商人に限らない（鈴木＝前田・一三五頁、石井＝鴻・八六頁参照）。

従来の通説によれば、会社その他の法人の権利能力は、民法四三条の適用または類推適用によって「定款又は寄附行為で定められた目的の範囲内」に制限されているが、このような考え方による場合、会社の手形行為（たとえば、手形の振出、裏書など）は、「定款所定の目的（定款で定められた目的）の範囲内の行為」といえるであろうか。

ここに、①「定款所定の目的」とは、記載された文字に拘泥することなく、その記載から推理演繹できる一切の事項を含めて解すべきであり、また、②目的の「範囲内」の行為とは、目的自体に属する行為だけでなく、「目的の達成（遂行）に必要または有益な行為」を含むのであり、さらに、③目的の範囲内の行為かどうかの判断は、会社の代表者の実際の意図にかかわらず、もっぱら「行為の客観的・抽象的性質」から見て会社の目的を達するために必要または有益な行為と認められるかどうかによってなすべきであるとされている（大判大正一・一二・二五民録一八輯一〇七八頁、最判昭和二七・二・一五民集六巻二号七七頁、最判昭和四五・六・二四民集二四巻六号六二五頁参照）。そうであるならば、金銭の受払を必要とする会社が手形行為（手形の授受）をすることは、「会社の定款所定の目的達成（遂行）に必要な行為」として当然に定款所定の目的の範囲内に入ると解される。もっとも、手形授受の原因関係となっている取引が会社の定款所定の目的の範囲内に入らないことは考えられるが、これは、原因行為の無効として人的抗弁の問題となるにすぎない。

非営利法人などの手形権利能力　このように、手形行為が定款所定の目的の範囲内の行為であるか否かは、手形行為自体について客観的、抽象的に考察して判断すべきであるが、このことは、非営利法人（たとえば、公益法人）に関しても同様に妥当する。非営利法人といっても多様なものがあるが（公益法人（公益社団法人及び公益財団法人の認定等に関する法律参照）・学校法人・宗教法人・労働組合・協同組合・信用金庫・相互保険会社など、さらに、一般社団法人及び一般財団法人に関する法律参照）、非営利法人の種類によって区別する必要はないであろう（大隅＝河本・四一頁参照）。なお、農業協同組合に関する最判昭和四四・四・三民集二三巻四号七三七頁、中小企業協同組合法の信用協同組合に関する最判昭和四五・七・二民集二四巻七号七三一頁参照。

この関係において言及すべきは、権利能力なき社団および民法上の組合の手形行為である（石井＝鴻・八八頁以下参照）。権利能力なき社団および民法上の組合が手形行為を行なう場合にも、社員または組合員を具体的に表示する必要はない。代表者である旨の表示とその者の署名（記名捺印）をもって足りる。この場合、権利能力なき社団にあっては、社団の財産をもって責任を負うのが原則であり（石井＝鴻・八一頁、八九頁以下）、組合の場合には、組合員が合同して責任を負うことになる（石井＝鴻・八一頁、

九〇頁、最判昭和三六・七・三一民集一五巻七号一九八二頁、最判昭和四八・一〇・九民集二七巻九号一一二九頁および森本滋「判批」手形百選（第四版）一四頁参照）。

民法四三条の改正　一般社団法人及び一般財団法人に関する法律（平成一八・六・二法律第四八号）等の施行に伴う関係法律の整備等に関する法律（平成一八・六・二法律第五〇号）の制定によって、民法が改正され、民法第一編第三章の公益法人の設立などに関する規定が削除された。それに伴い、右の本文において取り上げた民法四三条の規定（法人の能力）も削除されたが、法人の能力に関しては、新たに、民法三四条が設けられ、次のように規定している。

「民法三四条（法人の能力）　法人は、法令の規定に従い、定款その他の基本約款で定められた目的の範囲内において、権利を有し、義務を負う。」

この規定は、従来の民法四三条と同趣旨と解されるが、一般社団法人及び一般財団法人に関する法律の施行日から有効となる。それまでは、改正前の民法四三条が引き続き効力を有する。一般社団法人及び一般財団法人に関する法律の附則によれば、同法は、「公布の日から起算して二年六月を超えない範囲内において政令で定める日から施行する」ものとされている。

2　手形行為能力

(1)　意思能力および手形行為能力　　権利能力の認められる者であっても、行為の結果を弁識するだけの精神能力——正常な判断能力（意思能力）、法律行為によって異なるが、大体、七〜一〇歳の子供の精神能力とされる（四宮・四四頁）——を欠く者（または欠く状態の者）の行為は法的に効力を生じない（無効）とされている。意思無能力者の手形行為は当然に無効である（大判明治三八・五・一一民録一一輯七〇六頁参照）。民法は、意思無能力者の保護を確実にし、同時に取引の相手方に不測の損害を与えないようにするために、正常な判断能力に欠けると解される者を定型化して、制限行為能力者の制度を設け、未成年者、成年被後見人、被保佐人および民法一七条一項の審判を受けた（特定の法律行為をするには補助人の同意を得ることを要する）被補助人を制限行為能力者とするとともに（民二〇条一項参照）、制限行為能力者が単独で行なった行為は取消すことができるものとするとともに（民五条二項・九条・一三条四項・一七条四項）、制限行為能力者以外の者は、単独で法律行為をすることのできる能力（行為能力）を有するものとしている。行為能力というのは、右の形式的標準からみた能力のことである。

意思能力・制限行為能力・行為能力　法律行為が効力を生ずるためには、したがって、行為者は意思能力と行為能力を備えていなければならない。行為者は、個々の行為について実質的に意思能力を有することを要するとともに、形式的に民法の定める制限行為能力者でないことをも要する。意思能力を欠く者の行為は無効であり、制限行為能力者の行為は取消すことができる。

仮に、意思能力の制度はあるが、制限行為能力者（行為能力）という制度のない場合を想定すると、意思能力のない者（幼年者のほか、泥酔などにより一時的に精神障碍を生じた者を含む）は、行為の当時に意思能力を欠いていたことを証明して、その行為の無効を主張することはできるが、①このような証明は困難なことが少なくない。また、②これが証明されると、意思能力があると考えて、この者と取引をした相手方は不測の損害を被ることになる。これに対して、行為能力または制限行為能力者の制度があれば、①制限行為能力者は、行為の当時に意思能力が欠けていたことを一々証明する必要はなく、自己が制限行為能力者であることを理由にその行為を取消すことができるから、本人の保護が充分となる。しかも、②制限行為能力者を知りうる手だてを講じておけば、相手方もあらかじめ警戒することができる。これが制限行為能力者（行為能力）の制度が設けられた趣旨である（我妻＝有泉・民法1三六頁参照）。かつて民法典は、現在、制限行為能力者と呼ばれている者に相当するものを「無能力者」といっていた。これは単独で法律行為をすることができる能力（行為能力）に欠ける者を指すものであった。しかし、その後、無能力という表現は適当ではない、とされ、無能力者に相当する用語として「制限能力者」という表現が用いられていた。そして、それが単独で法律行為をすることができる能力を表すものであることを強調するために、さらに、その後、「制限行為能力者」という表現に改められたのである。

手形行為能力（自己の行為により手形上の権利者または義務者となりうる能力）については、手形法上、別段の規定はないから民法の一般原則に従って判断することになる（民四条～二一条、約束手形の振出が平成一一年改正前民法一二条の規定（現一三条一項二号に相当）にいう借財に当たるとする大判明治三四・六・八民録七輯六巻一七頁、大判明治三九・五・一七民録一二輯七五八頁なども、このことを前提とするものである）。

(2)　制限行為能力者の手形行為　制限行為能力者（未成年者、成年被後見人、被保佐人および民法一七条一項の審判を受けた（特定の法律行為をするには補助人の同意を得ることを要する）被補助人）の手形行為が取消されると、手形行為は初めに遡って無効なものとみなされ（民一二一条）、手形行為自体が否定される。このような手形行為者は、善意の第三取得者に対しても手形債務を負担することはありえない（物的抗弁）。手形上の記載からは制限行為能力者かどうかは不明なのに、このような取扱をするのは、結局、手形取得者の保護よりも手形債務者の保護を優先するものにほかならない（制限行為能力者による手形の譲渡〔裏書〕と善意取得との関係については、後述、第10章第2節2の註〔制限行為能力者・無権代理人等と善意取得〕参照）。

被保佐人の手形行為　被保佐人は民法一三条一項列挙の行為を保佐人の同意なくしてなせば、取消すことができる（民一三条四項）。手形行為が同条所定のいずれの行為に入るかは、問題であるが、手形行為により手形上の債務を負担するときは、「借財又は保証をすること」（民一三条一項二号）に当たり、無担保裏書のように手形上の債務を負担しないときは、「重要な財産に関する権利の得喪を目的とする行為をすること」（民一三条一項三号）に当たると解すべきであろう（大隅・三五頁参照）。もっとも、手形行為の手段的・抽象的性質を理由に、民法一三条一項は原因関係にのみ適用されるにすぎず、手形行為には適用がないとする見解もある（四宮・五六頁参照）。

制限行為能力者の手形行為であることを理由に手形行為を取消したとの抗弁の効力　意思無能力者の手形行為の場合、および制限行為能力者（未成年者、成年被後見人、被保佐人および民法一七条一項の審判を受けた〔特定の法律行為をするには補助人の同意を得ることを要する〕被補助人）の手形行為であるとして取消の意思表示がなされた場合には、手形行為の効力自体が否定される。このような手形行為者は、善意の第三取得者に対しても手形債務を負担することはありえない。手形上の記載からは制限行為能力者かどうかは不明なのに、このような取扱をするのは、結局、手形取得者の保護よりも手形債務者の保護を優先する必要があると考えられていることに他ならない。ちなみに、手形金の請求を受けた者が請求者に主張できる一切の事由を手形抗弁というが、制限行為能力者の手形行為であるとして手形行為を取消したという抗弁は、第三取得者が善意であるかどうかを問わず、すべての手形取得者に対抗しうることになる。このような抗弁を物的抗弁という（詳しくは、第11章第1節2(1)参照）。なお、ある手形行為（たとえば約束手形の振出）が無効であり、あるいは取消された場合にも、その手形に署名した他の者の手形行為は、それによって効力を妨げられないことはすでに手形行為独立の原則として述べたとおりである（第4章第4節1参照）。

(3)　取消すことができる手形行為の取消および追認　取消すことができる手形行為の「取消および追認」についても民法の規定（民一二〇条以下）による。取消または追認の相手方については議論がある。判例は、手形行為は、民法一二三条にいう「取り消すことができる行為の相手方が確定している場合」であるとして、取消の意思表示は直接の相手方に対してなさなければならないとしている（大判大正一一・九・二九民集一巻五六四頁）。これは、交付契約説を前提とするものであろう。

もっとも追認については、判例は、無権代理の手形行為の追認の事案についてではあるが、現在の手形所持人に対してもなしうるとしている（大判昭和七・七・九民集一一巻一六〇四頁）。取消は相手方に不利益を及ぼすのに対して、追認は相手方にとって利益となるということで区別したものであろう。民法一二三条は、相手方の保護と意思表示をなす者の便宜を考慮した規定と解されるが、取消、追認によって生ずる効果に対して直接の利害関係を有するのは、むしろ現在の所持人であるともいえるから、輾転流通する手形の性質を考えると、手形行為の取消、追認の意思表示は手形授受の直接の相手方に対しても、現在の所持人に対してもなしうると解すべきである（鈴木＝前田・一三八頁参照）。

第2節　公序良俗違反の手形行為

手形行為には民法九〇条の適用はあるか。そもそも、民法九〇条違反の手形行為というものはあるのか。賭博の負けを約束手形を振出して支払う場合はどうか。手形は、金銭支払の手段として利用される倫理的に無色のものであり、手形行為の公序良俗違反ということはないと考えることもできる（大隅・三一頁以下）。もっとも、手形振出の原因である賭金債務は、公序良俗に反するものとして無効である。しかし、これはいわゆる原因関係上の抗弁（原因関係にもとづく抗弁）である。原因関係上の抗弁は、人的抗弁であって、その手形が直接の当事者の手中にある間は、これを主張して支払を拒みうるが、手形が善意の第三者の手中に入った時には、債務者（手形行為者）は、もはやこの抗弁を主張しえず、支払を拒みえないとされている（大判大正九・三・一〇民録二六輯三〇一頁参照）。なお、これと異なる構成も考えられる。たとえば、このような場合には原因行為のみならず、手形行為も民法九〇条により無効であると解したうえ（大判大正一一・一二・二八新聞二〇八四号二一頁）、善意の手形譲受人の保護は、表見理論（権利外観理論）によって実現するという構成である（ドイツにおいては、このような理論構成をする者が多いとされている、上柳克郎「手形の無因性についての覚書」会社法・手形法論集三八六頁以下、三八九頁参照）。

賭金の小切手による支払　賭博に負けてその賭金を第三者振出の小切手で支払ったという場合に関する判決がある。Aは、Xとの賭博によって負うことになった金銭給付義務の履行のために、Yから小切手を振出してもらって、これをXに交付した。その後、XがAから交付を受けたY振出にかかる本件小切手金の支払に関して裁判外の和解契約が成立し、Yは、Xに対して金五五万円を支払う旨を約した。最高裁の判決は、この場合、「本来、XがYに対して右小切手金の支払を求めることは、公序良俗に違反するものとして許されないところというべく、右和解上の金銭支払の約束も、実質上、その金額の限度でXをして賭博による金銭給付を得させることを目的とするものであることが明らかであるから、同じく、公序良俗違反の故をもつて、無効とされなければならない」と判示している（最判昭和四六・四・九民集二五巻三号二六四頁）。小切手の譲渡は有効であるが、振出人は原因関係の不法を直接の抗弁として主張できるとしたものであるといわれている（横山長・最高裁判所判例解説昭和四六年度四三七頁、四四〇頁参照）。

第3節　意思表示の瑕疵

1　意思表示の瑕疵に関する民法の規定と手形行為

手形行為には、民法九三条以下のいわゆる意思表示の瑕疵についての規定の適用はあるであろうか。民法九三条以下の意思表示成立上の瑕疵に関する規定（意思の欠缺または意思の不存在といわれる心裡留保、虚偽表示、錯誤に関する規定、および瑕疵ある意思表示といわれる詐欺、強迫に関する規定）が手形行為に適用されるかどうかについては争いがある。手形行為は、不特定多数人の間を輾転流通すべき手形という証券の上になされる行為であり、手形所持人を保護する必要があるが、固定的な特定の当事者間の法律関係を予想した民法の規定では、その点必ずしも充分ではないと解されるのである。

たとえば、民法九六条によれば詐欺または強迫による法律行為は取消すことができる(民九六条一項)。詐欺による意思表示の取消の効果は、これを善意の第三者に対抗することはできない(民九六条三項)。しかし、強迫による意思表示が取消された場合には、その取消は、善意の第三者にも対抗できると解されている(民九六条三項の反対解釈)。これは、強迫による意思表示者を詐欺による意思表示者よりも厚く保護する趣旨と解される(四宮・一八九頁)。しかし、外観を信頼した者の保護を重視する手形法においては、強迫による意思表示の取消も、善意の第三者には対抗しえないものとすべきであろう。多くの説は、そのような結論を得ようと努めている。

さらにまた、錯誤についての民法九五条も、手形行為にそのまま適用するとすれば、問題があるといわれている。たとえば、Yが、Xに対する貸金債務は、一〇〇万円であると考えて、額面一〇〇万円の約束手形を振出交付したが、実は利息制限法の適用があり、適法な貸金債務の元利合計は五〇万円にすぎなかったとする。錯誤がなかったら、そのような意思表示はしなかったであろう。この手形行為が要素の錯誤によるものだとすると、Yの手形振出行為は民法九五条により無効となり、振出行為をしなかった場合と同じく、いかなる第三者に対しても手形債務を負担しないことになるのではないか。しかし、このような結論は、一般に、第三取得者の保護を重視する手形法と調和しないと考えられている。

これに対して、心裡留保(民九三条、なお九四条二項を類推)、通謀虚偽表示(民九四条二項)、詐欺による意思表示(九六条三項)などの場合には、民法の規定をそのまま手形行為に適用しても、一応、第三取得者の保護に欠けるところはないとされている。

いずれにせよ、手形法学は、特に強迫や錯誤の場合に手形の第三取得者の保護をどのような理論で行なうか、について腐心している（福瀧博之「判批」手形百選〔第三版〕三〇頁参照）。

2　手形行為における意思表示の瑕疵に関する学説

(1)　修正適用説　最近では、手形の流通性を確保するために民法の規定を修正して適用すべきであるとする説（修正適用説）が広く行なわれている。すなわち、民法の意思表示の瑕疵に関する規定のうち、善意の第三者保護についての規定のある心裡留保、虚偽表示、詐欺の場合には、手形行為にも民法を適用するが、そうでない錯誤、強迫については、あるいは民法の規定の適用を排除し（田中耕太郎・手形法小切手法概論一四五頁以下）、あるいは錯誤、強迫についても民法の規定の適用を認めつつ、その無効、取消は当事者間における人的抗弁にすぎないとして（伊澤・一二七頁以下、大隅・三二頁、大森・四六頁）、善意の第三者を保護するのである。その根拠は、あるいは、手形流通の保護の要請や外観信頼の保護の必要に求められており（伊澤・一三四頁、大隅・三二頁、大森・四六頁）、あるいは、手形行為における表示主義の優越が強調されている（田中耕太郎・前掲書一四六頁）。

修正適用説と権利外観理論　修正適用説といっても多様なものがある。民法の意思表示の規定の適用を原則として認め、都合の悪い場合には適用を排除するとしても、その理論的な説明が問題である。原則として民法の規定の適用がある、とするのであれば、むしろ、一応、手形行為に錯誤がある場合には手形行為は無効であり、強迫がある場合には、その取消は善意の第三者にも対抗できることを認めたうえ、善意の第三者の保護は、権利外観理論によって図るべきであると考える。この考え方は、さらに民法に第三取得者を保護する規定があるかどうかを問わず、第三取得者の保護はすべて権利外観理論によるとの見解につながるであろう（福瀧博之「手形理論と手形意思表示論に関する覚書」関法四三巻四号一頁、一〇頁参照）。

(2)　適用排除説　民法の適用を全面的に排除して、手形行為が有効に成立するためには、手形であることを認識し、または認識すべくして署名すれば足りるとする説（適用排除説）も有力である（鈴木＝前田・一四二頁、石井＝

鴻・九五頁）。この説によれば、右の修正適用説では錯誤、強迫などになるとされるような場合にも、手形行為者は手形債務を免れることはできないが、これを知っていた相手方に対しては、――あるいは、①一般悪意の抗弁により（鈴木＝前田・一四二頁）、あるいは、②意思の欠缺（意思の不存在）または瑕疵を人的抗弁事由とすることにより（石井＝鴻・九五頁）、または、③創造説（純正創造説）に立ち、手形権利移転行為には民法の規定の適用を認め、民法を適用すれば意思表示の瑕疵になるとされるような場合は権利移転行為の瑕疵に当たるとして（無権利の抗弁、前田・六二頁以下参照）――その権利行使を拒むことができるとされている。

創造説による見解とその問題点　交付契約説は、手形行為は、手形に署名して行なういわゆる書面作成（準備行為）と交付（手形の授受）とからなる一の法律行為であると考えているが、（純正）創造説では、手形行為は、書面作成によって完成し、交付行為は、手形作成者が自ら最初の権利者としてする最初の権利移転行為であるとされる（第3章第3節1(3)参照）。

創造説は、意思表示の瑕疵についての民法の規定が、強迫や錯誤の規定を含めて、権利移転行為に適用されることについては特に問題はないとする。仮に、その行為が、たとえば強迫により取消されて初めから無効とされるとしても、善意の第三者の保護は善意取得によって図られるからである。

しかし、手形行為の瑕疵が問題とされる場合には、交付行為だけではなくて、書面作成行為も問題になるのではないか。書面作成行為が詐欺や錯誤や強迫によってなされることはないのか。なるほど、創造説は、手形行為を自分自身を相手方として債務を負担する行為と考えるから、心裡留保や虚偽表示は考えられず、詐欺や強迫、錯誤も考えにくいことは確かである。とはいえ、詐欺、強迫あるいは錯誤によって書面が作成されることは充分考えられるはずである。しかし、こうした論者は、手形行為（したがってまた手形債務）成立の要件である書面（作成）行為について、「手形行為が成立するためには、それが手形であることを認識しまたは認識すべくしてその上に署名したことで足りる」としている。手形であることを認識している以上、詐欺、強迫も錯誤も問題にならない、というのである。一体なぜ、書面作成行為の成立には、行為者がそれが手形であることを認識し認識すべくしてその上に署名すれば足りるのか、詐欺、強迫、錯誤が問題にならないのかの説明はない。詐欺、強迫、錯誤は問題にしない、と言っているにすぎないのではないであろうか。手形であることを認識し認識すべくして書面作成行為が行なわれれば足りるものとする、ということであろうか。そのような前提を立てた以上、詐欺、強迫、錯誤が問題にならないことは自明である。右において（第3節(1)）錯誤の例になるのではないかとして挙げた場合においても、少なくとも手形であることは認識して署名している。このような説においては、手形行為の成立が問題となるのは、白紙に借用書のつもりで署名したところ、他人がそれを利用して手形を作成した場合とか、暴力をもって押さえつけて署名させられたとき（抗拒不能の強迫・絶対的強迫）などの場合だけである。

ただ、このような説においても、手形行為者に錯誤、強迫などにより具体的な債務負担の意思がなかったり、その意思に瑕疵のある場合に、このことを知っている相手方との関係では、相手方は、もはや保護に価しないとされている。この場合、手形行為者は、右の本文において述べたように、たとえば、「一般悪意の抗弁」により手形債務の支払を拒みうるというのである（鈴木＝前田・一四二頁参照）。

3　手形行為における意思表示の瑕疵に関する判例

(1)　判例の見解（修正適用説）　判例の動向はどうであろうか。判例は、従来、一方で手形行為も法律行為であるから意思表示に関する民法の規定の適用がある（虚偽表示についての大判昭和一〇・三・三〇新聞三八三三号七頁）としながら、他方、詐欺、強迫による手形行為取消の抗弁などは、「人的抗弁として、善意の手形所持人には対抗できない」としてきたので（強迫について最判昭和二六・一〇・一九民集五巻一一号六一二頁、詐欺について最判昭和二五・二・一〇民集四巻二号二三頁、錯誤について最判昭和二九・三・九判タ四〇号一五頁）、右の修正適用説によっていると解されてきた。

なお、右の昭和二六年の最高裁判決（前掲最判昭和二六・一〇・一九）などが、手形行為の取消・無効の抗弁を「人的抗弁」としていることの意味は必ずしも明確ではないが（判決理由は、条文を引用していない）、おそらくは、手形法一七条の人的抗弁を考えていると解しておいてよいであろう。しかも、判例は、民法の規定の適用によっても第三取得者の保護が一応実現できると考えられる詐欺、心裡留保などとの関係でも手形法一七条によっているのではないかと考えられている（前掲最判昭和二五・二・一〇〔詐欺〕、最判昭和四四・四・三民集二三巻四号七三七頁〔代理権の濫用に民法九三条但書を類推適用した事案〕参照、ただし、大判昭和八・一二・一九民集一二巻二八八二頁は、通謀虚偽表示による手形行為に民法九四条二項を適用している〔ただし、手形に特有な譲渡方法により手形を取得した第三取得者との関係が問題となった事案ではない）」）。そうであるとすれば、結局、判例は、「手形行為の直接の当事者の間では民法の適用があるが、第三取得者との関係では民法の適用はなく、直接の当事者の間における意思表示の無効・取消は第三取得者との関係では手形法一七条の問題となる」としてきたことになる。

もっとも、錯誤については、従来、判例は、錯誤に関する規定が手形行為に適用があるとしながらも、①具体的事案においては縁由（動機）の錯誤と認定することによって、その適用される場合を限定してきたこと（たとえば、最判昭和二九・一一・一八民集八巻一一号二〇五二頁）、および、②比較的近時、最高裁判所が、手形金額に錯誤ある裏書の事案において、傍論としてではあるが、「手形の裏書は手形であることを認識して署名した以上、有効に成立する」として、あるいは適用排除説によったとも解される判示をしていること（最判昭和五四・九・六民集三三巻五号六三〇頁）が注目される（この判決に関しては、後述⑵④参照）。

⑵　意思表示の瑕疵に関する判例　判例の一般的な動向は、右に見たとおりであるが、各意思表示の瑕疵との関係において整理すると次のようになる。なお、前述のように、比較的最近の判例である最判昭和五四年九月六日（民集三三巻五号六三〇頁）が、あるいは、判例の立場に変更があったのではないかとも解される判示をしているので、ここでは、右の判例にも言及する。

①　心裡留保・通謀虚偽表示の場合　判例には、通謀虚偽表示の場合に民法の規定を適用するものがある（民法九四条二項の適用例、大判昭和八・一二・一九民集一二巻二八八二頁、前掲大判昭和一〇・三・三〇）。ただし、前掲大判昭和八年一二月一九日は、手形に特有な譲渡方法によって手形を取得した第三取得者との関係が問題になった事案ではない。また、心裡留保との関係では、代理権の濫用に民法九三条但書を類推適用した事案において、手形法一七条の規定により（「手形法一七条但書の規定に則り」）処理すべきものとされている（前掲最判昭和四四・四・三）。

②　詐欺による意思表示の取消　最判昭和二五年二月一〇日は、「（手形を詐欺された事実があっても）そのような事由は悪意の手形取得者に対する人的抗弁事由となるに止まり、善意の手形取得者に対しては、……手形上の義務を免れることはできない」とする。事案は、「見せ手形として使いたいから一週間ほど貸してもらいたい」と言われて、約束手形を振出した事案であった（最判昭和二五・二・一〇民集四巻二号二三頁）。なお、この判決は、詐欺による取消を「人的抗弁」として処理していることは明白であるが、いかなる理論によるのかは必ずしも明瞭でないといわれている。

見せ手形の抗弁　ここで「見せ手形」の抗弁と呼ばれる問題に言及しておく。見せ手形とは、資力のない者が資力を仮装する目的で（たとえば、自己の債権者に資力があるように見せかけるために）、手形振出人に対して、「当該の手形は、自己の債権者に見せるだけであって、これを（融通手形として使用するなど）第三者に譲渡することは決してしない、用済後は直ちに返却する」旨を約束して、振出を受けた手形をいう。これは、法律に規定のある用語ではないので、右のような事情をどのような抗弁として構成するかが問題となる。「不譲渡特約の抗弁」「通謀虚偽表示の抗弁」「錯誤の抗弁」「詐欺による取消の抗弁」などと構成することの可否が論ぜられる。見せ手形の抗弁に関しては、坂井・三訂一一二頁および西島梅治「手形行為の成否」商法の判例（第三版）一三九頁参照。

③　強迫による取消　最判昭和二六年一〇月一九日（民集五巻一一号六一二頁）は、「強迫による手形行為取消の抗弁は、手形法上いわゆる人的抗弁」とされると判示しているが、とくにその理由は示していない。

絶対的強迫　強迫というときには、狭義の強迫（民九六条一項）のほか、広義には、いわゆる絶対的強迫（vis absoluta）をも含む。手形行為との関係でいえば、他人が手を押さえて署名をさせたような場合である。これは、精神喪失中に署名した場合と同じく、手形上の意思表示をなす自覚をもたないで署名をしたものであると解されている（竹田省「意思表示の瑕疵と手形抗弁」商法の理論と解釈六五一頁以下、六五三頁、六六六頁）。絶対的強迫は、行為の自覚、すなわち行為意思（Handlungswille）を欠くものであるから、手形意思表示の外形はあるが、実は、意思表示の不成立の場合であり、署名者は絶対に手形上の義務を負わないというのである（さらに、四宮・一八九頁参照）。

④　錯　誤　(a)　判例は、従来、錯誤に関する規定が手形行為に適用あるとしつつも、適用される場合を限定して、手形取引の安全を図ろうとしてきた。

大判昭和七年六月二二日は、書替手形と誤信して新手形に裏書したという事案について、「縁由（動機）の錯誤」であって「要素の錯誤」ではないとした（大判昭和七・六・二二民集一一巻一二一八頁）。最判昭和二九年一一月一八日も手形の書替にあたり、手形は他に譲渡されず、旧手形が返還されるものと誤信して新手形を振出した事案について、同じく「縁由の錯誤」であると判示した（最判昭和二九・一一・一八民集八巻一一号二〇五二頁）。

錯誤は、表示から推断される意思（表示上の効果意思）と真意（内心的効果意思）とが一致しない意思表示であって、その一致しないことを表意者が知らないもの（心裡留保および虚偽表示とは、この点で異なる）について認められる。さらに、表示と内心の効果意思との不一致はないが、表意者の意思の形成に際して錯誤を生じており、やはり表示に対する真意に欠ける場合がある（動機の錯誤）。これについては議論があるが（次の註参照）、右の判例の事案は、いずれもその錯誤がなければ意思表示をしなかったと思われる場合であり、民法上は要素の錯誤とされる可能性が充分あったものであることが注目される。しかし、手形行為についても、そのように解することが妥当かどうかは疑問である。「手形行為は無因行為であるから、その之を為すに至った原因関係に就いての錯誤は、それが動機にすぎざる場合たると要素に関する場合たるとを問わず、手形行為自体の無効を来すものではない」と説かれることもあるからである（伊澤・一三二頁）。もっとも、判例は、少なくとも錯誤の規定が手形行為に適用されることは認めるから、従来の判例の見解は、結局、「書面行為たる手形行為そのものに関する錯誤（誤記など）は、物的抗弁になる」とするものであると解されていた。

民法九五条の錯誤　民法九五条の錯誤の規定を手形行為に適用するに当たっては次のような点に注意すべきである（四宮・

一七三頁以下）。

①　錯誤の定義　　意思表示の生成過程に表意者の主観（認識や判断）と現実との間のくいちがい（錯誤）があるため、表意者の意識しない、表示（表示上の効果意思・表示のもつ意味内容）と真意の不一致を生じている意思表示を錯誤による意思表示という（四宮・一七三頁参照）。

従来、意思表示は意思主義の立場から（ここに意思主義とは表示上の効果意思と表意者の真意との間にくいちがいのある場合には、意思表示を無効とする立場をいうが、これは、表示主義、すなわち、表意者を表示上の効果意思に拘束する立場に対するものである）心理学的に分析され、ある「動機（お金が欲しくてカメラを売る場合を例にとると、金が欲しいというのが動機ということになる）」に導かれ、「効果意思（カメラを売ろうと決意するのが効果意思に当たる）」「表示意思（「売る」と言おうと決意する――あるいは、「売る」と言おうとしていると意識する――のが表示意思に当たる）」「表示行為（「売る」と相手方に言うことが表示行為である）」の三段階を経て成立するものとされてきた（四宮・一五六頁以下参照）。

民法は、(a)表示と内心の効果意思との不一致の場合（意思の欠缺または意思の不存在の場合）と、(b)動機（意思決定）に他人の違法行為が作用した場合（瑕疵ある意思表示）とを区別して、前者については無効となる可能性を認め（民九三条～九五条）、後者は単に取消すことができる行為としている（九六条）。「意思なければ行為なし」の原則を動機には及ぼさないのである（ただし、後述する動機の錯誤参照）。

②　錯誤の態様と動機の錯誤（上記の判例との関係）　　意思表示の錯誤は、意思表示のどの生成過程に錯誤が存するかによって、次のような態様に分かれる（四宮・一七五頁以下）。

(a)動機の錯誤　表意者の意思の形成に際して生じた錯誤であり、表示と内心の効果意思の不一致は存しない。これは、意思表示にとって間接的な意味しか有しない。特約その他、特別な事情がなければ法律行為の効力に影響を与えない。

(イ)狭義の動機の錯誤　意思表示の間接的な目的・理由に関する錯誤であり、たとえば、時計を紛失したものと誤信して時計を買う場合である。

(ロ)属性の錯誤　意思表示の対象である人や物の属性・性状・価値などに関する錯誤であり、たとえば、模造品を本物の真珠と誤信する場合である。

この場合、当事者が動機に属する事由を明示的・黙示的に意思表示の内容としており、そしてそれが「要素」に関するときは、意思表示は無効になるとされてきた（大判大正六・二・二四民録二三輯二八四頁など）。しかし、錯誤の大多数は、動機の錯誤であり、動機の錯誤も表示に対する真意を欠く点では、他の錯誤（意思の欠缺または意思の不存在の場合）と同じである。錯誤は、その性質上、それを表示するということとは相容れない。取引の安全との調和は、「要素」の解釈、または無効を主張するには相手方の悪意または過失を要するとすることによって図るべきである（最近の学説について、四宮・一七六頁参照）。

(b)表示行為の錯誤　意思を決定してから表示行為に至る過程で生ずる錯誤であり、表示と内心の効果意思の不一致がみられる。

(イ)内容の錯誤（表示行為の意味に関する錯誤）　表意者は、相手方または一般人が受取るのと違う意味を自分の表示行為に結びつける。ドルとユーロは同価値だと誤信して、一〇ユーロのつもりで一〇ドルと書く場合のように表示行為の意義を誤るものであり、内心の効果意思に与えている意味が表示上の効果意思と異なるのである。

(ロ)表示上の錯誤（表示行為そのものに関する錯誤）　いわゆる誤記、誤談の類、誤って別の契約書に署名する場合などであり、効果意思に欠ける。

③　錯誤による意思表示の効力（四宮・一七七頁以下）

(a)錯誤によって無効とされるための要件

(イ)「法律行為の要素」に錯誤のあること、法律行為の内容の主要な部分に錯誤があること、すなわち、この点について錯誤がなかったら表意者は意思表示をしなかったであろうし、また、意思表示をしないことが一般取引の通念に照らして至当と認められる場合をいう。

(ロ)相手方の事情（善意無過失）の顧慮（＝相手方の悪意・過失）　近時の学説は、動機の錯誤を一般の錯誤と同じように取扱おうとする反面、相手方が善意無過失の場合には表意者に錯誤の主張を許すべきでないとする。取引の安全を図るためである。共通の錯誤の場合には、相手方の悪意・過失の要件は常に充たされることになる（ただし、川井・民法概論１二〇四頁参照）。

(ハ)表意者に重過失の存しないこと　「重大な過失」のあるときは、表意者は自らその無効を主張することができない。この場合には、表意者を保護する必要はなく、取引の安全のために意思表示は有効とみなされる。重過失のあることの証明責任は、相手方にある。また、相手方が悪意である場合または相手方の詐欺によって錯誤に陥った場合には、九五条但書は適用すべきでない。

(b)錯誤による無効　錯誤による無効は、表意者を保護するためであるから、相手方や第三者が表意者の意思に反して無効を主張することは原則として許されない（最判昭和四〇・六・四民集一九巻四号九二四頁など）、その結果は、取消に近いが、時効ないし除斥期間によって消滅することはない（民一二六条参照）。

(b)　比較的最近、まさに、手形行為そのものに関する錯誤についての最高裁判所の判例が現われるに至った。最判昭和五四年九月六日（民集三三巻五号六三〇頁）である（この最高裁判決については、たとえば、太田豊「判批」ジュリ七〇七号、大山俊彦「判批」金融商事五九五号、菊地雄介「判批」新報八七巻七・八号、小橋一郎「判批」民商八二巻三号、服部栄三「判批」判例評論二五六号、前田庸「判批」判タ四一一号など参照）。

この判決の事実と判旨は次のとおりである。

最判昭和五四年九月六日（民集三三巻五号六三〇頁）

A株式会社は、雑貨品買受代金一五〇万円の支払のために、売主Yを受取人とする約束手形一通を振出した。ところが、チェックライターで打たれたこの手形の金額の記載は、￥1,500,000とすべきところ、￥1,5000,000となっており、記載全体からすれば、金一五〇〇万円の表示とみられるものであったが、受取人Yは、本件の手形の振出された事情およびコンマの位置などからして本件手形は、「金額一五〇万円の手形であると誤信して」Bに裏書譲渡した。Bも、一五〇万円の手形であると誤信して本件手形を受け取った。しかし、Bはその後、手形金額が一五〇万円ではなくて、一五〇〇万円と表示されていることに気付きながら、この手形をYの裏書が錯誤にもとづくものであることにつき悪意のXに裏書譲渡した。Xは、取立委任裏書をしたC銀行を介してこの手形を満期に支払場所に呈示したが、支払を得られなかったので、裏書人Yに対して右手形金一五〇〇万円およびこれに対する呈示の翌日から支払ずみまでの遅延損害金の支払を求めた。

Yは、金額の表示が一五〇〇万円となっていることに気付かないで、一五〇万円と考えて裏書したものであって、これは錯誤にもとづく裏書であり、Xも本件手形が一五〇〇万円の手形としては通用しないことを知りながらBから裏書を受けたものであって責任を負わないと主張した。

一審請求棄却、原審（大阪高判昭和五三・七・二〇金融商事五五七号一九頁）控訴棄却。

最高裁判所は、Yが錯誤を理由に手形金の償還請求を拒むことができるのは、一五〇万円を超える部分についてであるとして、右部分につき原判決を破棄し、さらに審理を尽くさせるため原審に差戻した。判旨は次の通りである。

「手形の裏書は、裏書人が手形であることを認識してその裏書人欄に署名又は記名捺印した以上、裏書としては有効に成立するのであって、裏書人は、錯誤その他の事情によって手形債務負担の具体的な意思がなかった場合でも、手形の記載内容に応じた償還義務の負担を免れることはできないが、右手形債務負担の意思がないことを知って手形を取得した悪意の取得者に対する関係においては、裏書人は人的抗弁として償還義務の履行を拒むことができるものと解するのが相当であり、被上告人Yの……主張も、右のような趣旨に帰着するものと解される。そこで、Yは、錯誤によって手形債務負担の意思がなかったことを理由にして本件手形金全部の償還義務の履行を拒むことができるかどうかであるが、前記のように、Yが金額一五〇〇万円の本件手形を金額一五〇万円の手形と誤信して裏書したものであるとすれば、Yには、本件手形金のうち一五〇万円を超える部分については手形債務負担の意思がなかったとしても、一五〇万円以下の部分については必ずしも手形債務負担の意思がなかったとはいえず、しかも、本来金銭債務はその性質上可分なものであるから、少なくとも裏書に伴う債務負担に関する限り、本件手形の裏書についてのYの錯誤は、本件手形金のうち一五〇万円を超える部分についてのみ存し、その余の部分については錯誤はなかったものと解する余地があり、そうとすれば、特段の事情のない限り、Yが悪意の取得者に対する関係で錯誤を理由にして本件手形金の償還義務の履行を拒むことができるのは、本件手形金のうち一五〇万円を超える部分についてだけであって、その全部についてではないものといわなければならない（手形の一部裏書を禁止した手形法一二条二項の規定は、上記の解釈を妨げるものではない。）。しかるに、原審は、前記のように、Yは金額一五〇〇万円の本件手形を金額一五〇万円の手形と誤信して裏書をしたもので、Xは右裏書が錯誤に基づくことを知って更に裏書を受けた悪意の取得者である、との事実を認定したのみで、直ちに、Yは、本件手形の裏書全部が錯誤によって無効であることをXに対して主張し、本件手形金の全部について償還義務の履行を拒むことができるものと判断しているのであって、右判断には、手形行為の錯誤に関する法律の解釈適用を誤り、ひいて審理不尽、理由不備の違法がある……。」

この最高裁判所の判決の評価は分かれるが、多くの見解は、同判決は、手形理論について創造説をとり、手形行為には民法の意思表示の瑕疵についての規定の適用はないとの見解（いわゆる適用排除説）に立って、錯誤を人的抗弁としたものであり、そして手形金額の一部について錯誤による無効を認めたものであると解しているようである（服部・前掲判批三五頁、前田・前掲判批二二三頁・二二五頁、小橋・前掲判批一一〇頁、一一六頁参照、この判決の評価に関しては、さらに、福瀧博之「手形理論と手形意思表示論に関する覚書」関法四三巻四号一頁参照）。

この判決については、次のような問題点を挙げることができる。すなわち、

(i)手形行為の成否といわゆる意思表示の瑕疵についての一般理論、(ii)いわゆる錯誤による手形行為のある場合に善意者を保護するための理論、および(iii)意思表示の一部について錯誤による無効を認めることの是非とその理論である。

(c)　前述したように、多くの見解は、右の判決は、手形理論について創造説をとり、手形行為には民法の意思表示の瑕疵についての規定の適用はないとの見解（いわゆる適用排除説）に立って、錯誤を人的抗弁としたものであり、そして手形金額の一部について錯誤による無効を認めたものであると解しているようである。もっとも、この最高裁判決が、一般に理解されているように創造説をとり、錯誤の一部無効を認めたものであるかどうかについては疑問の余地がある。

なるほど、「手形であることを認識して署名した以上、裏書としては有効に成立する」と判示している部分は、一般にいわゆる創造説の説くところではある。しかし、そうであれば、ことばの厳密な意味でいわゆる意思表示の瑕疵としての錯誤はもはや問題にならず、そして、およそ錯誤が問題にならない以上、「錯誤による裏書の一部の無効」も問題にならないはずである。もっとも、このような見解においても、有効な手形行為の成立を妨げるものとしてではないが、署名者に「具体的な債務負担の意思」がないことはありうる。そのような見解からすれば、最高裁判決が手形金額の一部についてのみ錯誤があったとする場合、その「錯誤」ということばは、「手形債務を負担する具体的な意思の欠缺」というほどの意味に解すべきではないであろうか。

最高裁判決の趣旨は、手形債務負担の具体的意思の有無にかかわらず、手形行為は有効に成立するが、悪意者にまで手形金の請求を認めるのは不当であるから、悪意者との関係では、債務者は一般悪意の抗弁で支払を拒みうるとするものであると解することもできよう。判決自体は「人的抗弁」という表現を用いているが、これを「相対的効力を有する抗弁」の意と解すれば、一般悪意の抗弁も人的抗弁にほかならないから、このような理解も判決の表現と矛盾するものではない。また、一般悪意の抗弁であれば、署名者の具体的意思をも考慮に入れて、署名者に債務負担の具体的意思のあった限度では、悪意者との関係でも署名者に責任を認めるのに理論的な困難はないと考えられる（菊地・前掲判批九七頁、一三四頁は、すでにこのことを指摘している）。そうすると最高裁判決は、錯誤について一部無効を認めたものではなく、創造説と一般悪意の抗弁という構成（鈴木＝前田・一四二頁）によったものということになる。

しかし、手形行為については表示主義が徹底されていることを強調して、手形理論の相違とは関係なく、「手形であることを認識しつつ署名する意思をもって手形に署名した以上、……意思の欠缺または瑕疵は、人的抗弁事由であるにとどまり、手形行為そのものは常に有効に成立する」とする見解もある（石井＝鴻・九五頁）。右の最高裁判決の判例研究の多くは、最高裁判決と同旨を説くものとして、創造説とともにこの見解にも言及している。最高裁判決は、むしろこの立場によるものと考えることもできる（さらに、手形行為については、民法の意思表示の瑕疵についての規定が適用されるとしつつ、裏書の担保責任は法定責任であるから特に裏書の担保責任についてのみは、民法の意思表示の瑕疵の規定の適用がないとしたものと解する余地の有無についても検討する必要がある）。

学説のなかには、手形行為には民法の意思表示の瑕疵についての規定の適用はないとしたうえ、右の最高裁判決の事案を「原因関係の一部不存在という人的抗弁の対抗の問題」として処理する可能性を説くもの（服部・前掲判批三七頁、三八頁）、あるいは手形行為の直接の当事者間における手形上の表示のいわゆる事実的理解を当事者間の人的関係（人的抗弁）として処理する可能性を示唆するもの（小橋・前掲判批一一七頁参照）も見られる。

手形上の表示のいわゆる事実的理解　これは、「表示の誤まりは害しない」の原則ともいわれる問題である（*falsa demonstratio non nocet*; eine unrichtige Erklärung schadet nicht. Sinngemäß bedeutet dieser Grundsatz, daß ein Fehlgreifen des Erklärenden in der Ausdrucksweise ihm nicht nachteilig ist, wenn der wahre Sinn der Erklärung erkennbar oder unzweideutig feststellbar ist. Das gilt insbesondere bei Abschluß eines Vertrags (z. B. bei irrtümlicher Angabe eines falschen Kennzeichens im Kaufvertrag über einen gebrauchten Pkw). Vgl. *Rechtswörterbuch* / begr. von *Carl Creifelds*. Hrsg. von *Hans Kauffmann*. Bearb.: *Dieter Guntz* ... — 11., neubearb. Aufl., 1992, S. 398.)。

法律行為の解釈に当たっては、先ず、当事者の付与した共通の意味（主観的意味）を確定しなければならない。これは、表示が多義的・不正確であっても、表意者と相手方とが同じ意味に理解しているなら「意思表示（法律行為）」の意味内容は、両者の関係に関する限り、その当事者の間で合致した了解によるほかないからである（「表示の誤まりは害しない」の原則）。以上の説明は、四宮・一四八頁による。

また、四宮・一四八頁註(2)においては、ここで取り上げた最判昭和五四年九月六日の判例の事例を引用して、「この事案に関しては、『表示の誤まりは害しない』の原則の精神によって、AB間では（註、「錯誤」により一五〇〇万円と表示した者とその相手方との間においては）一五〇万円の手形……〔行為が〕なされた、と解釈すべきだった（結果は異ならないが）といえよう」と説明されている。この見解による場合には、善意の第三取得者の保護は、たとえば、権利外観理論によって図ることになるであろうか（これと異なり、第三取得者との関係においては、手形客観解釈の原則・文言性が妥当すると考えることによって同じ結論を導くこともできるであろう、福瀧博之「手形行為についての覚書」関法四九巻二＝三号一〇八頁、一三八頁参照）。

これに対して、右の本文において述べたように、小橋・前掲判批一一七頁は、「手形行為にあっては、その直接の当事者間においても、手形上の表記を誤記したような場合に、当事者の事実的理解の意味に解釈することはできないであろう」としたうえ、「しかし手形行為の直接の当事者間における手形上の表示の事実的理解を、この当事者間の人的関係と考えることはできる」と説いておられる。ここで取り上げた最判昭和五四年九月六日の事案の場合には、「BからYに対し手形金一五〇〇万円を請求しても、YはBに対し、右の事実を主張・立証して、一五〇万円を超える部分については支払を拒みうる人的抗弁を有する」と考えるのである。

(d)　ちなみに、一般に、一部無効については、「(法律行為の)一部が無効となることを当事者が知っていたならばその法律行為をしなかったであろうと認められる場合」には全部無効となり、一部が無効でも法律行為をしたと考えられる場合には一部無効となる（星野英一・民法概論I二三四頁参照）などといわれており、また、法律行為の一部に無効原因がある場合にはじめて一部無効か全部無効かの問題が出てくるのであるから、いわゆる一部無効については、①法律行為の一部とは何か、②どういう場合に無効原因が法律行為の一部にあるといえるのか、③無効原因が法律原因の一部にある場合に、一部無効となり、全部無効となる基準は何か、といったことが問題になるとされている（奥田昌道・注釈民法(4)二二九頁以下参照）。

右のような説明を前提にする場合、手形行為について一部無効を認めることは困難と思われる。けだし、手形行為について一部無効を認める説は、おそらくは、「手形行為の一部とは、その手形金額の一部である」とするものと解されるが、このような理解には疑問なしとしないからである。なるほど、一般に一部無効が問題になる場合の例として「法律行為の内容が可分なる場合」が挙げられてはいる（奥田・前掲書二三〇頁）。また、金銭債務は可分ではある。しかし、ここでいう「法律行為の内容」とは、手形上の金銭債務のことであろうか。ちなみに、ドイツ法においては、一部無効についてのドイツ民法一三九条の解釈に関連して同条において「法律行為の一部無効」という場合、そこにいう「法律行為」とは、それは「経済的かつ事実的に一体的な行為を意味し、この一体的行為の個々の部分が法律学的意義での種々の典型的な合意（契約）たりうるもの」であるとか、「法律学的意義での最小単位の法律行為の複合体」であるなどと説かれているとのことである。その分割可能な一部が脱落しても残部が、なお一個の独立の法律行為として存立しうるものでなければならず、そうでなければ、はじめから法律行為の一部無効の問題を生じないというのである（奥田昌道・前掲書二二四頁参照）。

これは、前述の最高裁判決についての判例研究におけるある有力な見解の述べるところに通ずるものがある。すなわち、この見解は、最高裁判決が手形金額の一部については錯誤がなかったとするのに対して、手形金額の一部について債務負担の意思があったとしても、それに相応する表示がなければ法律効果は成立しないことを指摘したうえ、「たしかに金銭債務は可分であるけれども、一定金額についての債務負担の表示は可分ではない」として最高裁判決を批判するのである（小橋・前掲判批一四一頁以下）。法律行為の一部無効についての以上のような見解が、かなり説得力のあるものであることは否定できない。特に手形行為との関係ではそうである。しかも、一部無効・一部有効という問題を「法律行為」の一部についての問題として把握されている点では、この見解は、右のドイツの議論とも相通ずるものがある。

第4節　双方代理および株式会社と取締役との間の手形行為

1　双方代理と手形行為

民法一〇八条の規定は手形行為にも適用されるであろうか。最高裁判所は、先ず、これと類似の問題である株式会社と取締役の取引（いわゆる自己取引）の制限（平成一七年改正前商二六五条、会社三五六条一項一号・三六五条一項参照）についての判決において、いわゆる相対的無効説を採用した（最判昭和四六・一〇・一三民集二五巻七号九〇〇頁）のに続き、民法一〇八条の双方代理の禁止に違反した手形行為の効果についても、やはり相対的無効説をとり、双方代理による手形行為の本人は、民法一〇八条により、その行為の相手方に対しては手形行為の無効を主張できるが、手形の裏書譲渡を受けた第三者に対しては、双方代理行為による手形行為であることについての第三者の悪意を主張、立証しない限り、手形上の責任を免れないと判示した（最判昭和四七・四・四民集二六巻三号三七三頁、事案は、Aが、Y会社の支配人たる地位において（平成一七年改正前商三八条一項、会社一一条一項参照）、会社を代理して、みずから代表者の地位にあるA会社に対し手形を振出したというものであった）。

2　株式会社と取締役との間の手形行為

平成一七年改正前商法二六五条が、会社と取締役間になされる手形行為に適用されるかどうかをめぐっては、従来から議論がある。平成一七年改正前商法二六五条（会社三五六条一項一号）の立法趣旨は、会社と会社の業務執行を担当する取締役とが取引することは、会社に不利益を及ぼすおそれがあるので、これを取締役会の監督に服せしめようとするものである。したがって、ここにいう取引とは、会社に不利で取締役に有利に決定される可能性のある利益相反関係にある性質のものをいう。学説の中には、手形行為は、本来手段的性質のものであって、手形行為自体については利益相反関係ということはありえないとする説もみられた（この見解も、原因関係については利益の相反がありうるとする）。しかし、手形行為による債務負担は、人的抗弁の制限などを生ずる厳格な債務であって、単なる債務の履行以上のものであり、やはり会社取締役間の利益相反行為に当たるとすべきであろう。しかし、この場合、従来の判例のように、平成一七年改正前商法二六五条（会社三五六条一項一号）違反の行為は無効であるとすると善意の第三取得者の保護に欠けるおそれがあった。

この点につき、平成一七年改正前商法二六五条は効力規定ではなく取締役の職務規範であるとして、同条違反の行為も有効とする説もみられた。また、創造説に立ち、そもそも、手形債務負担行為（書面の作成行為）は、単独行為であるから取引ではなく、その限りでは商法二六五条の適用はないとする説もみられた。（もっとも、権利移転行為には、商法二六五条の適用があるとするが、善意者の保護は善意取得によって図られるとする。）

最高裁判所は、昭和四六年一〇月一三日（民集二五巻七号九〇〇頁）の判決において、いわゆる相対的無効説によって、この問題を解決した。「商法二六五条違反の取引の効力を相対的に解して、手形の善意の第三取得者に対してはその無効を主張し得ない」とするのである。この判決には、手形行為は商法二六五条の取引に当たらないとする意見と、創造説により処理するものとする意見が付されているが、その結論においては一致している（最判昭和四六・一〇・一三民集二五巻七号九〇〇頁）。

なお、会社法の制定（商法の改正）の結果、平成一七年改正前の商法二六五条に対応する会社法三五六条一項二号三号においては、利益相反取引は、取締役会ではなく、株主総会の承認を受けなければならないものとされた。しかし、これは会社法三五六条一項が取締役会不設置会社に関する規定であるためであり、取締役会設置会社に関しては、会社法三六五条一項によって、取締役会が承認機関とされている（なお、取引をした取締役の取締役会への報告義務（平成一七年改正前商法二六五条三項・二六四条二項）も、会社法においては、取締役会設置会社に関して規定されている（会社法三六五条二項））。要するに、取締役会設置会社に関しては、会社法の制定（商法の改正）による実質的な変更はなかったのであり、前掲最判昭和四六年一〇月一三日は、改正法の下でも判例としての意義を失っていないといわれている。

第５節　名板貸と手形行為

平成一七年改正前商法二三条によれば、自己の氏・氏名または商号を使用して営業をなすことを他人に許諾した者は、自己を営業主と誤認して取引をなした者に対し、その取引によって生じた債務につき、その他人と連帯して弁済の責に任じなければならない。このように、他人に対して自己の氏・氏名または商号を使用して営業をなすことを許諾することを名板貸（ないたがし）という。

平成一七年改正前商法二三条は、名板貸の場合における名板貸人（名義貸与者）の責任を定めたものであり（大隅・商法総則二〇四頁）、同条によれば、名板貸人の責任を生ずるためには、名板貸人の氏名または商号の使用許諾は営業に向けられていなければならない（平成一七年改正前商法二三条には、「営業ヲ為スコトヲ他人ニ許諾シタル者ハ」とある）。そこで、手形行為に名板貸の規定（平成一七年改正前商二三条）の規定の適用があるかどうかをめぐって議論がある（たとえば、脇阪明紀「手形行為についての名義使用の許諾」商法における表見法理二八一頁参照）。すなわち、Aがその名称を用いて営業をすることをBに許諾し、BがAの名称（氏名または商号）を用いて行なう営業活動の一環としてAの名称を用いて手形を振出した場合には、Aを営業主と誤信した手形所持人に対して、Aがその手形債務につき連帯責任を負うことに争いはない。問題は、手形行為をするためにのみ、AがBに自己の名称を使用することを許諾した場合にも、平成一七年改正前商法二三条の適用があるかどうかである（小橋・三六頁）。

単に手形行為について自己の氏名または商号を使用することを許諾した者も、平成一七年改正前商法二三条の類推適用によって連帯責任を負うとする見解も有力であるが（大隅・三三頁、大隅・商法総則二〇七頁）、この場合には、平成一七年改正前商法二三条の規定の適用はなく、一般の表見法理（権利外観理論）による手形上の責任が問題となるにすぎないとする見解も少なくない（鴻・商法総則一九七頁、なお、さらに、小橋・三六頁参照）。最判昭和四二年六月六日（判時四八七号五六頁）は、「商法二三条にいう営業とは、事業を営むことをいい、単に手形行為をすることはこれに含まれない」として消極に解している（なお、最判昭和五五・七・一五判時九八二号一四四頁は、営業のために名称使用を許諾したが、名義借用者はその名称を営業上は使用せず、手形行為にのみ用いたという場合に、平成一七年改正前商法二三条の規定の類推適用により名義使用許諾者は連帯して手形金の支払義務を負うとしている）。

右の最高裁判決は、平成一七年改正前商法二三条に関するものであるが、同条に対応する商法一四条および会社法九条は、いずれも「自己の商号を使用して営業又は事業を行うことを他人に許諾した」商人または会社（名義貸与者・名板貸人）は、自己が「当該営業を行うものと誤認して」当該他人（名義借用者・名板借人）と取引をした者に対して、当該他人と連帯して当該取引によって生じた債務を弁済する責任を負うと規定している。名義貸与者（名板貸人）の商号の使用許諾が営業に向けられていなければならないという点においては、平成一七年改正前商法二三条と異ならない。したがって、右の最高裁判決をめぐる議論は改正商法（会社法）のもとでも妥当すると解される。

右の最判昭和四二年六月六日は、右の理由のほか、平成一七年改正前商法二三条は名板借人（営業主）（右の例のB）が第三者との取引において債務を負担した場合に、名板貸人（右のA）に対しても営業主（B）の右債務につき連帯責任を負担させることを定めたものであるとしたうえ、「手形行為の本質にかんがみれば、ある者（B）が氏名、商号等の使用を許諾した者（A）の名義で手形上に記名捺印しても、その者（B）自身としての手形行為が成立する余地はなく、したがって、その者は手形上の債務を負担することはなく、その名義人がその者と連帯して手形上の債務を負担することもありえない」という理由を挙げているが、この点は疑問である。このような場合には、手形署名におけるAの名称はBを表示するものとして用いられているのであり、Bが手形上の責任を負うのはむしろ当然である（大隅・商法総則二〇八頁註七）。なお、「手形行為につき商法二三条の適用または類推適用により名板貸人（名義貸与者）の手形行為者としての責任を認めることはできるが、証券行為たる性質上、名板貸人（名義貸与者）名義の一個の署名（記名捺印）から同時に名板借人（名義借用者）が手形行為者と解釈される余地はない」として、平成一七年改正前商法二三条にいう名板貸人と名板借人との「手形上における連帯責任は無理」であると説く見解がある（米沢・商法総則一二四頁）。しかし、右に述べたように手形上の署名は、名板借人の署名であり、名板借人を手形行為者とすることに問題はないであろう。また名板貸人には、みずからの手形行為は存在しないが、名板貸人は、商法二三条によって、それが存在するのと同様の責任を法上負うことになるのである（大隅＝河本・一一〇頁参照、なお、大隅＝河本・一〇九頁および一一一頁は、名板貸人の商法二三条にもとづく責任と名板借人の手形行為にもとづく責任の関係は合同責任〔手四七条〕であると解する）。

第7章　他人による手形行為

手形行為は代理人によってなすことができる。また、他人を機関として用いて記名捺印を代行させて行なうこともできる。これは、いずれも代理人または機関としての他人を用いて手形行為を行なう場合であるので、両者を総称して「他人による手形行為」と呼ぶことがある。

手形行為の代理については、手形法には無権代理人の責任についての規定（手八条、小一一条）を有するのみであり、その方式、効力などについては民法の一般原則によることになる。そこで、本章では、手形行為の代理、無権代理および表見代理の問題を機関による手形行為の場合をも視野に入れながら取り上げることにする。

第1節　他人による手形行為

手形行為は、代理人により、または他人に記名捺印を代行させて行うことができる。これは、いずれも代理人または機関としての他人を用いて手形行為を行なう場合である。そこで、両者を総称して「他人による手形行為」と呼ぶことがある（鈴木＝前田・一五三頁）。

1　手形行為の代理

手形行為の代理（代理方式の手形行為）については、手形法は無権代理人の責任に関する規定（手八条・七七条二項、小一一条）を有するのみであり、その方式、効力などについては一般原則によることになる。

(1)　代理の方式　手形行為を代理人によってなす場合には、「A代理人B（Bの署名）」という方式で代理人が署名しなければならない。

すなわち、①本人の表示（代理の顕名主義の要請、効果は本人であるAに帰属させる趣旨であり、手形債務者の表示ともいえる）、②代理関係の表示（A代理人B、Aを代理してB、A支配人B、A支店長B、A営業部長B、A後見人Bなど代理人としての資格で手形行為をなしたものと認めるに足る記載を要する、大判明治四〇・三・二七民録一三輯三五九頁参照）、③代理人の署名（代理人Bが意思表示者であるから、手形行為の書面性から当然B自身の署名を要する）を必要とする。代理人が代理の方式によらず、単に自己の署名のみを行なった場合には、代理人自身が手形上の責任を負うことになる。手形上は、代理人自身の手形行為が認められるだけだからである。ただし、最近、このような場合にも、代理権があれば、本人が責任を負うとする見解もある（前田　庸「手形の文言証券性」特別講義商法II八六頁以下所収参照）。

(2)　法人（会社）の代表の方式とその解釈　法人（たとえば会社）が手形行為をするときの署名の方式は、代理と同様であり、たとえば、「株式会社A　代表取締役B（Bの署名）」というように法人（会社）名を表示し、代表関係を表示して、代表者が署名しなければならない（第2章第2節2(5)参照）。

したがって、たとえば、会社の代表機関が直接会社の名称を記載して会社の印章（会社印）を押すことによって行なう「甲株式会社（会社印）」という方式では、会社の手形署名の方式としては不充分である（裏書署名についての最判昭和四一・九・一三民集二〇巻七号一三五九頁参照）。およそ法人の行為は、代表機関の行為によってのみ実現されるものであり、書面行為である法人の手形行為にあっては、手形上そのことを明らかにする必要があるからである。

代理と代表　法人と代表者の関係は、代理関係ではなくて機関関係である（代理と代表の異同に関しては、四宮・七七頁註2および鈴木・会社法一九二頁註4参照）。

しかし、法人が手形行為をするときの方式は、右に述べたように代理の場合と同様である。けだし、署名は、手形行為が真正に成立したかどうかを推認する手がかりを与えるものでなければならず、そのためには、署名者の筆跡（または印影）を照合して、署名者とされている者が真実署名したかどうかを（さらにその者にその権限があったかどうかを）確かめることができなければならないが、この点では、代表であっても代理であっても同じだからである。したがって、法人の署名方法は、代理と同じく、「株式会社A　代表取締役B（Bの署名）」という方式で行なうべきである。代表関係を示すべき表示としては、社長、頭取、専務取締役、取締役会長なども考えられる。なお、本文において見たように、自然人の場合の記名捺印の代行に相当する「甲株式会社（会社印）」という方式では、法人の手形行為の方式としては不充分であるとされている。そのような署名で手形を振出すとすると、振出署名を欠き、結局手形そのものが無効となる（前掲最判昭和四一・九・一三参照）。

代表関係の表示を欠く、「A株式会社　B（Bの署名）」という署名の場合はどうであろうか。このような署名は方式に従ったものではないから無効であるとすることも考えられるが、わが国では一般に多義的な署名（会社のためになされたものか、代表者個人のためになされたものか不明な署名）と解されている。

およそ、手形行為の文言性・手形客観解釈の原則からすれば、手形行為の内容は、手形上の記載から決定しなければならないが、その結果、解釈資料不足のために断定的な解釈をなしえない場合も少なくない。右のような事例も解釈資料不足で断定的な解釈をなしえない場合の一といえる。判例は、このような場合には、「手形所持人は、法人および代表者個人のいずれに対しても手形金の請求をすることができ、請求を受けた者は、その振出が真実いずれの趣旨でなされたかを知っていた直接の相手方に対しては、その旨の人的抗弁を主張しうる」と判示している（最判昭和四七・二・一〇日民集二六巻一号一七頁）。

署名が法人のために行なわれたかどうか不明な場合の取扱　判例において問題とされたのは、次のような場合であった。約束手形の振出欄に「合資会社安心荘　斉藤シズエ」なるゴム印による表示があり、斉藤の印章が押捺してあるという事案である（安心荘の三字が大きかった）。一般化すれば、「A株式会社　B（Bの署名）」とある場合である（前掲最判昭和四七・二・一〇）。

2　機関による手形行為

他人（たとえば、家族、従業員など）を機関として用いて記名捺印を代行させることによって手形行為が行なわれることがある。法的には、本人自身の手形行為があると考えられる場合であり、これを「機関による手形行為（機関方式の手形行為）」と呼んでいる。このような場合には、①他人が本人の指図に従って機械的に手形書面を作成する場合と、②一定の権限を与えられた代理人（たとえば一定の範囲の取引をなす権限とそのために手形行為をなす権限を与えられた商業使用人）が自己の判断にもとづいて、しかし代理の方式によらないで、直接、本人の記名捺印を行なって手形行為を行なう場合とがありうる。②は、実質的には代理であるともいえるが、代理関係の表示も意思表示者（代理人）の署名も手形上に表れていないから、手形行為の書面性からいっても、これを手形行為の代理の方式と解することはできない（ただ、本人と代行者との関係は事実上代理と異ならないから、必要に応じて代理の規定を類推適用してよいであろう、なお、最判昭和三七・七・六民集一六巻七号一四九一頁参照）。

なお、機関による手形行為は、記名捺印が他人によって代行できるものであることを当然の前提にしている。他方、自署は、本人の筆跡を表わすものであるから他人による代行（代書）はありえない（このことは、すでに、第3章第2節2(4)において前述した。ただし、このように自署の代行による署名のある手形も基本手形としての方式は備えているといえる）。判例は、自署の代行を含めて「署名の代理」を認めているとされることがあるが、判例の事案は、実は多くは記名捺印の代行についてのものであると指摘されている（鴻常夫「署名と記名捺印」手形法小切手法講座一巻一二五頁、一四三頁参照）。

署名の代理　記名捺印の代行は認められるが、自署の代行は認められないことは右のとおりである。なお、記名捺印の代行が「署名の代理」と呼ばれることがあるが（伊澤・一四〇頁は、代理方式の一として代理人が直接本人の名義〔署名または記名捺印〕

をもって手形行為をすることを署名の代理と呼んでいる)、これは、ことばの使い方としては妥当でない。代理というのは、法律行為についての用語であり、署名は、手形行為(法律行為)の一構成要素たる事実行為にすぎない。「署名の代理」という表現で考えられているのは、「手形行為の代理」か「署名の代行」のいずれかであろう。しかし、記名捺印の代行をもって手形行為の代理の方式と捉えることには無理がある。けだし、これを代理と考えると、代理関係の表示も意思表示者(手形行為者)の署名も手形上に表われない手形行為を認めることになり、手形行為の書面性に反するからである。しかし、学説のなかには、右と異なり、自署の代行を認め、これを「署名の代理」と呼ぶ者もある(この問題に関しては、坂井・三訂七五頁以下参照)。

自署の代行を認める説　自署の代行を認める説は、その理由として次のように説く。

①先ず、通説が、署名は個性的な行為であって他人に代行させえないものであることを強調するのに対して、「他人が書いたものであっても、筆蹟によって行為者を識別できる以上、その行為者が権限を与えられているならば、本人の責任を否認する必要はない」とする(鈴木＝前田・一六九頁)。

②また、通説が、記名捺印と自署の区別を強調し、自署の代行を認める見解は署名(自署)と記名捺印の区別を無視するものであると批判するのに対して(石井＝鴻・一〇四頁)、このように解しても「記名は、何人がいかなる方法で名前を表示したものでもよいため、捺印を加える必要があるのに対し、署名は本人又は権限を与えられた者が手書したものでなければならないから、記名捺印と署名の区別が、全然なくなるわけではない」とする(鈴木＝前田・一六九頁)。

③さらには、「ドイツでは、認められている」ことに言及するものもある(河本・九二頁)。

しかし、このような考え方には、にわかに与しがたい。このような考え方は、先ず、前述の署名の必要とされる主観的理由・客観的理由(第3章第2節1参照)を無視するものである。また、権利の行使に当たって所持人に要求される立証の相違に記名捺印と自署との区別を見出すものである。記名捺印の代行であれば、印章が本人の印章であることを証明すれば一応責任を問いうると解されるのに対して、自署の代行の場合には、これを認めるとしても、代行者の手書によるものであることと、その代行権限とを証明しなければならないというのである。しかし、このような考え方は、結局のところ、記名捺印というわが国に特有な署名の方式の法理をもって、自署という一般的な署名の方式を律しようとするものにほかならない。記名捺印の代行は可能だから署名(自署)の代行もありうるとする本末顚倒の議論であると指摘されている(鴻・前掲論文一四四頁頁参照)。

第2節　手形行為と無権代理

代理方式の手形行為があっても、手形上に本人として表示されている者が本人としての責任を負うには、代理人として署名した者が代理権を有しており、しかもその代理権の範囲内で行為していたことを要する。このような代理権が認められなければ、無権代理であり、代理権の範囲を超えて代理行為が行なわれていれば超権代理（越権代理）である。

1　無権代理

(1)　本人とされた者の責任　　無権代理の本人は、原則として手形上の責任を負わない。ただし、次の場合には、例外的に本人が責任を負う。

①本人が追認をすると初めに遡って本人に対して効力を生ずる（民一一三条一項・一一六条）。追認は、前述のように、直接相手方または所持人に対してなしうるが、無権代理人に対してもなしうると解される（民一一三条二項参照）。また、②本人は、表見代理（民一〇九条・一一〇条・一一二条）の成立する場合にも、手形上の責任を負うことになる（後述の第３節参照）。

(2)　無権代理人の責任　　代理権を有しないのに代理人として署名した者は、証券（手形）上自己の名において手形行為をした者ではないから、手形行為にもとづく手形上の責任を負う理由はない。しかし、法は、善意の第三者を保護するために無権代理人に手形上の責任を負わせている（手八条・七七条二項、小一一条）。この手形法八条の責任は、無権代理人が本人を法律効果の帰属者として表示したことに対する「一種の担保責任」であるといわれている。

無権代理人の責任は、代理権の欠缺があれば、法律上当然に認められ、本人に追認を求めることを要しないで直ちにこれを追求することができるが（民一一七条一項参照）、本人の追認によって消滅する。手形所持人は、先ず、本人に対して請求することを要するが、それが拒絶されれば、代理人の責任を問うことができる。代理人は、代理権の存在を立証しなければ、無権代理人としての責任を免れない（鈴木＝前田・一六二頁、大隅・四〇頁）。ただし、手形法八条の無権代理人の責任は、善意の第三者を保護するためのものであるから、無権代理人は、所持人の悪意を抗弁として主張することができると解される。なお、無権代理行為自体に瑕疵があり、または無権代理人が行為能力を欠く場合には無権代理人は責任を負わない。

手形法八条による無権代理人の責任は、手形法に特有な法的責任であり、民法一一七条の適用を排除すると解される。これに対して、無権代理人の手形法八条による責任と、表見代理による本人の責任とは、責任の根拠を異にするので、互いに排斥するものではない。表見代理が成立すると認められる場合であっても、手形所持人はこれを主張しないで、無権代理人の手形法八条の責任を問うこともできる（最判昭和三三・六・一七民集一二巻一〇号一五三二頁）。

また、本人が権利能力または行為能力を欠き、あるいは実在しない場合にも手形法八条を類推適用すべきであろう（実在しない法人の代表者名義で手形を振出した者に手形法八条を類推適用した最判昭和三八・一一・一九民集一七巻一一号一四〇一頁参照）。

2　越権代理（超権代理）

越権代理（超権代理）の場合にも、代理人には無権代理の場合と同様の責任が認められている（手八条）。すなわち、越権代理の場合、本人は越権部分については責任を負わず、代理人が全額について手形上の責任を負う。たとえば、一〇〇〇万円までの手形行為の代理権限の与えられている代理人が、一五〇〇万円の手形を代理の方式で振出すと、本人は代理権を与えている一〇〇〇万円について責任を負い、代理人は手形金額の全額（一五〇〇万円）について責任を負う（大隅・四〇頁、鈴木＝前田一六三頁、手八条三文・七七条二項参照）。

越権代理人の責任に関する見解　右と異なり、「本人は代理権の範囲に於て、又越権代理人はその越権部分につき各々その責任を負担する」と説く有力な見解もある（竹田・三〇頁、小橋・八三頁）。右の例では、本人は一〇〇〇万円につき責任を負い、代理人は五〇〇万円につき責任を負うことになる。本文に述べたように、代理人が全額の責任を負うとする見解を「全額責任説」と呼び、右の有力説を「越権部分説」と呼ぶことがある（服部栄三「手形行為の代理」手形法小切手法講座第一巻一五五頁、一八二頁参照）。ジュネーヴの統一法会議においては、これら両説のほか、さらに本人は全然責任を負わず、代理人が全額につき責任を負うとする説（本人無責任説）も主張されていたが（服部・前掲論文一八三頁註二、小橋・八三頁参照）、結局、学説に任されたものであるといわれている（竹田・三〇頁）。手形取得者の利益保護を考えると本文に述べた全額責任説によるべきであろう。

なお、越権代理人が、たとえば、支払地とか支払担当者を変更し、または呈示期間を変更したという場合には、越権部分説の説くように越権の範囲において責任を負うということは意味をなさない。そこで、「手形法第八条は手形金額に関するものと解するのが正当ではあるまいか」とする見解がある（竹田・三一頁）。

3　無権代理人および越権代理人の地位

手形法八条により責任を負う無権代理人および越権代理人は、①代理権があったとすれば、本人が負担したであろうのと同じ責任を負うが（手形債務者として、本人が主張できたはずの抗弁をもって対抗できるとともに、無権代理人自身の責任であるから、無権代理人自身の抗弁も主張できる）、他方、②その支払をしたときは、本人と同一の権利を取得する（手八条二文・三文・七七条二項）。したがって、たとえば無権代理人が裏書署名をした場合には、本人が負担したであろうのと同一の遡求義務を負うが、その支払をすれば、本人と同一の手形上の権利を取得することになる。無権代理人は、本人と同一の権利を取得するのであるから、手形上の権利者として自己に対する人的抗弁のほか本人に対する人的抗弁の対抗をも受けることになる。

もっとも、このような無権代理人の多くは、無権限で手形を処分してその対価を着服した者であろう。この場合、本人は、無権代理人が取立てるのを待って手形金額を不当利得として返還請求することは当然できるが、手形そのものの返還請求もできると考えてよいであろう（この問題に関しては、平出・一九七頁、伊澤・一五六頁、前田・九三頁など参照)。

責任を履行した無権代理人の地位　無権代理裏書（無機代理人の行なった裏書）の被裏書人から善意で手形を取得した者は、手形を善意取得する。善意取得が成立すれば、その反射効として、本人は手形上の権利を失なう。そうすると、無権代理人が手形を受け戻しても、本人がそれによって手形上の権利を回復する理由はない。すなわち、善意取得が成立している場合に、本人の無権代理人に対する手形返還請求権を肯定するときは、その理由付けが問題となる。

手形を受け戻した無権代理人は、手形法八条二文にもとづく権利を有する。本人には、それに優先する手形返還請求権があるといえるであろうか。善意取得の結果、本人には、もはや手形上の権利にもとづく返還請求権（たとえば、手形を盗取された者が盗取者に対して有するであろうような返還請求権、手形の所有権を認める立場であれば、所有権にもとづく返還請求権）は認められないといわざるをえない。本人に手形返還請求権が認められるとすれば、それは本人と無権代理人との間の関係にもとづく返還請求権（これは手形の所有権を認める立場からいっても、債権的な返還請求権であり、不法行為にもとづく所有権移転請求権）であろう（服部・前掲論文一八〇頁註四参照）。

本文の叙述は、右のようないわば債権的な返還請求権が手形法八条二文の権利に優先するとする見解によっている。これに対して、このような見解は、本文に掲げた例のように無権代理人が無権代理裏書によって取得した対価を着服しているような場合には、妥当な結論に導くことになるが、無権代理人が代理権があると信じて無権代理裏書をして対価を本人に手渡しているような場合には必ずしも妥当な結論とはいえないとの批判が加えられている（服部・前掲論文一八〇頁註四）。そこで、善意取得が成立している場合には、——手形所持人が悪意であって善意取得の成立していない場合には、無権代理人の義務が成立せず、したがって、手形法八条二文は問題とならない——本人の手形返還請求権を否定し、本人と無権代理人との関係は手形外において不法行為・不当利得などの一般法によって処理すべきであると説く有力な見解もみられる（服部・前掲論文一八〇頁註四）。

4　無権代理と代理権の濫用

代理人（代表者）が代理権（代表権）を濫用して、その個人的利益（自己または第三者の利益）を図るために手形行為を行なうことがある。この場合、本人（会社）は、善意の手形所持人に対しては手形上の責任を免れないはずである。無権代理でも超権代理でもないからである。

ただし、一般に相手方が悪意の場合には、本人は責任を免れると解されている。もっとも、これをどのように理由付けるかについては議論がある。判例は、①民法九三条但書を類推適用して、本人において相手方（直接の相手方）の悪意または過失を立証したときには、その権限濫用行為は無効になり、本人は相手方に対しては責任を免れるが、手形を裏書譲渡によって取得した第三者に対しては、手形法一七条但書の規定に則り、手形所持人の悪意を立証して責任を免れうるとしている（包括的代理権を有する農業協同組合の参事の代理権濫用による手形の振出についての最判昭和四四・四・三民集二三巻四号七三七頁、なお、最判昭和四四・一一・一四民集二三巻一一号二〇二三頁参照）。

これに対して、②本人は、権限濫用の事情を知っている直接の相手方に対しては、権利濫用または信義則違反を理由に履行を拒むことができるが、このことは当事者間の人的関係にもとづく抗弁であって善意の第三取得者には対抗できない、と説く有力な見解も見られる（前掲最判昭和四四・四・三における大隅裁判官の意見）。

代理権濫用の手形行為　通説的見解によれば、代理行為は、代理権濫用を相手方が知り、また知ることを得べかりし場合には、本人について効果を生ずることはないと解されている。ただ、その法律構成に関する見解は分かれている。右に掲げたように、主要な見解としては、①本人が民法九三条但書を類推適用して代理行為の効力を否認できるとする見解、②悪意の相手方が本人に対してその権利を行使することは、権利濫用または信義則違反の行為として許されないとする見解、さらには、③代理権濫用の行為を無権代理と解して、相手方は表見代理の規定（民一一〇条）で保護されるとする見解などがある。

しかし、代理権の濫用の問題は、「代理人が代理権の範囲内で行為をしており、その点で越権代理とはちがう、というところからスタートしたもの」だったはずであるから（倉澤康一郎・手形判例の基礎〔日本評論社・平成二年〕六一頁）、③説は採用できないと考える。②説が論理構成上はもっとも明快であろうが、他方、実務においては、代理権の濫用（代表権の濫用）は民法九三条但書の類推適用によって処理するという判例理論が確立していることも無視できないであろう。

民法九三条但書を類推適用するといっても、代理権の濫用の場合には、意思表示には瑕疵（意思と表示の不一致）は認められない。①説は、民法九三条但書を類推適用するというよりも、むしろ代理権濫用という問題を技巧的に「意思表示の効力に関する一般規定に仮託」して解決するものであるといってよいであろう（稲本洋之助「代理権の濫用」奥田昌道ほか編・民法学１《総論の重要問題》〔有斐閣・昭和五一年〕一二七頁、一三四頁および於保不二雄「判批」民商五〇巻四号五六頁参照）。

代理権濫用の手形行為と第三取得者の保護　代理権濫用の手形行為の直接の相手方が悪意であって、したがって、代理行為が本人に関して効果を生じない場合であっても、善意の第三取得者は保護されるべきである。このことに関しては争いはないであろうが、その法律構成に関しては、「代理権を濫用して行なわれた法律行為の効果」に関して見解が分かれていることもあって、やはり見解が分かれている。民法九三条但書の類推適用によって代理権の濫用による手形行為の効果を考える判例理論の見解を前提にする場合には、代理権濫用による手形行為の本人と第三取得者との関係は、「意思表示の瑕疵に関する民法の規定(民九三条～九六条)の手形行為への適用」の問題の一場合と位置付けることができるであろう(第6章第3節参照)。

第3節　手形行為と表見代理

手形行為についても民法の表見代理の規定(民一〇九条・一一〇条・一一二条)の適用が問題となる。ただ、手形行為は、輾転流通する手形上になされる書面行為であること、わが国では機関方式でなされる手形行為の多いことなどにより(本章第1節2参照)、民法の表見代理規定の手形行為への適用に当たっては、特有の問題を生ずることになる(ここでは、表見代理の制度そのものの理解には立ち入るを得ない、また、代理の制度の法的構成の問題にも立ち入らない、これらに関しては、たとえば、広渡清吾「表見代理の法的構成」民法の争点Ⅰ(有斐閣・昭和六〇年)六二頁参照)。

1　機関方式の手形行為と表見代理規定の適用

手形行為は、いわゆる機関方式(代行方式)で行なわれることが少なくない。記名捺印を代行した者にその権限がない場合は、偽造に当たると解すべきであるが(第8章第1節1参照)、かつての判例は、無権限の機関方式の手形行為にも無権代理と解すべき場合があるとしていた。いずれと解するにせよ、無権限の機関方式の手形行為に表見代理の規定を適用または類推適用するためには(最判昭和四三・一二・二四民集二三巻一三号三三八二頁は、偽造の場合に表見代理の規定(民一一〇条)を類推適用している)、民法の定める表見代理規定の適用要件が備わっていなければならないが、機関方式の手形行為の場合には、すでにその点に問題がある。すなわち、表見代理が成立するためには、無権代理行為の相手方に、その手形行為は代理人によって行なわれたとの認識があり、そして、その代理人が代理権を有していると信じていたことが必要である。しかし、機関方式の手形行為の場合には、相手方には、むしろ、このような認識も信頼もないことが多いであろう。考えられるのは、記名捺印は誰がしたか知らないが、とにかく真正であろう、と信じたということである（本人が真正に手形行為をしたという信頼）。

右の問題に関して、民法一一〇条についての最高裁判所の判例は、機関方式の手形行為の事案の場合にも相手方に本人が真正に手形行為をしたものと信ずべき正当の事由のあるときは（「相手方が、本人が真正にこれを振り出したものと信ずるにつき正当の事由があるときは」）、民法一一〇条を類推適用するものとしている（最判昭和三九・九・一五民集一八巻七号一四三五頁）。いずれにせよ、交付契約説の立場では、表見代理の成否は交付の段階を捉えて考えればよいであろう。形式の整った手形を権限のある者が交付すれば足りるのであり、交付権限の瑕疵は表見代理の規定によって救済されうると考えるのである。

機関方式の手形行為と表見代理・権利外観理論　右に見たように、無権限者がいわゆる機関方式で手形を振出して本人名義の手形を偽造した場合にも表見代理の規定の類推適用を認めるのが最近の判例である（最判昭和四三・一二・二四民集二二巻一三号三三八二頁）。しかし、このように機関方式で行なわれた手形行為について表見代理規定の類推適用を認めるとしても、表見代理が成立するためには、無権代理行為の相手方に、その手形行為は代理人によって行なわれたとの認識があり、そして、その代理人が代理権を有していると信じていたことが必要である。ところが、記名捺印が代行方式で行なわれている場合には（機関方式の手形行為）、相手方には、このような認識も信頼もないのが普通である。そこで、下級審の判例の中には、このような場合には、たとえば民法一一〇条の適用はないとするものもある（大阪地判昭和三五・八・三一判時二三八号二八頁、大阪高判昭和三七・一・三一判時二九四号五二頁）。しかし、最高裁判所の判例は、右のような事案についても民法一一〇条を類推適用するものとしている（最判昭和三九・九・一五民集一八巻七号一四三五頁）。本文において見たとおりである。学説は、このような場合には、もはや表見代理に関する民法の規定の（類推）適用によることは無理であり、より一般的ないわゆる権利外観理論によるほかないとする説（大森忠夫「判批」手形百選（新版・増補）五一頁）と、この場合にも、民法の規定の適用があるとする説（河本・九五頁）とに分かれる。後説によれば、交付契約説の立場では、表見代理の成否は交付の段階を捉えて考えればよいとされる。記名捺印は誰がなそうと問題ではなく、形式の整った手形を本人または権限のある者が交付すればよいのであり、権限のない者が交付した場合には、その瑕疵は、交付すべき権限ありと信ずべき正当な理由の存在によって治癒される、というのである（河本一郎「判批」判例評論七七号〔判時三九八号〕二六頁）。

2　手形行為の表見代理と第三者

右は、もっぱら機関方式の手形行為と表見代理規定の適用の問題であるが、これに対して、機関方式の手形行為だけでなく、代理方式の手形行為の場合にも問題となるのは、表見代理の各規定にいう「第三者」の範囲である。表見代理規定にいわゆる「第三者」とは、無権代理行為の直接の相手方に限り、その後の手形取得者（第三取得者）は、これに当たらないとするのが大審院以来の判例の立場である（たとえば、大判大正一二・六・三〇民集二巻九号四三二頁、大判大正一四・三・一二民集四巻三号一二〇頁、最判昭和三六・一二・一二民集一五巻一一号二七五六頁、最判昭和五二・一二・九判時八七九号一三五頁）。これは、たとえば、民法一一〇条の「正当の理由」のような事情は、手形授受の際の具体的事情をいうのであり、そのような事情は、原則として直接の相手方以外の第三取得者には認められないからであると説明されている（坂井芳雄・最高裁判所判例解説民事篇昭和三六年度四二三頁、なお、民法一一二条につき、大判昭和八・一一・二二民集一二巻二七五六頁を参照）。ただ、「第三者」かどうかは、手形上の形式的記載からではなく、実質的に判断すべきものとされている（最判昭和四五・三・二六判時五八七号七五頁、前掲最判昭三九・九・一五参照）。

これに対して、多数の学説は、手形流通の保護の必要を強調して「第三者」には、直接の相手方以外の第三者をも含むと説いている。しかし、仮に、このように第三者の範囲を広く解しても、そのような第三取得者について右にいう表見代理規定の適用要件が充足されることは必ずしも多くないであろう。とくに、機関方式の手形行為の場合に第三取得者が表見代理の要件を充足することは困難である。そこで、第三者には第三取得者も入るとする下級審の判決には、たとえば民法一一〇条の「正当の理由」を「手形が権限ある者により真正に振り出されたものと信じ、かく信ずるについて正当の理由を有していた」との意味に解するものもみられる（大阪地判昭和三四・三・一〇下民集一〇巻三号四五五頁）。

なお、このように第三取得者を表見代理の規定によって保護することは多くの場合には困難なので、学説には権利外観理論によって第三取得者の保護を図ろうとする見解も少なくない。ただ、判例の立場に立っても、直接の相手方について表見代理が成立するときは、その後の手形取得者はその善意悪意を問わず当然保護されることになる。第三取得者は、前者の権利を承継するからである（大判大正一二・六・三〇民集二巻四三二頁、最判昭和三五・一二・二七民集一四巻一四号三二三四頁）。

表見代理と第三者　右に見たように、民法一一〇条などの表見代理規定にいわゆる「第三者」とは、手形行為の場合には、無権代理手形行為の直接の相手方に限り、その後の手形取得者（いわゆる第三取得者）は、これに当たらないとするのが大審院以来の判例の立場である。学説で同様に解するのは、小橋・手形行為論三三二頁、服部栄三・手形・小切手法綱要（商事法務研究会・昭和五三年）九一頁などである。

これに対して多数の学説は、「第三者」には、直接の相手方以外の第三者をも含むと解している（鈴木＝前田・一六六頁、石井＝鴻・一〇二頁、大隅・三八頁）。判例にも、この立場に立つものがみられる（東京高判昭和三一・三・七下民集七巻三号五四二頁、大阪地判昭和三四・三・一〇下民集一〇巻三号四五五頁参照）。その理由は、手形の流通保護の要請に求められている。

もっとも、このように「第三者」の範囲を広く解しても、いわゆる第三取得者について表見代理規定の要件が充足されることは、必ずしも多くないであろう。本文に見たとおりである。

直接の相手方から手形を裏書によって譲受けた第三取得者　判例のように表見代理の規定によって保護される「第三者」は、当該手形行為（無権代理行為）の直接の相手方に限るとする見解を採用するとしても、直接の相手方について表見代理が成立するときは、その後の手形取得者は当然保護される。直接の相手方から手形を裏書によって譲受けた第三取得者は、前者の権利を承継することになるからである。したがって、本人は、第三取得者が、手形の取得にあたり、無権代理につき悪意であったとしても、その責任を免れない（大判大正一二・六・三〇民集二巻四三二頁、最判昭和三五・一二・二七民集一四巻一四号三二三四頁）。

なお、この点については、いわゆる「第三者」を直接の相手方に限らない学説も、多くは同様の見解をとる（鈴木＝前田・一六五頁、石井＝鴻・一〇二頁）。これに対しては、首尾一貫しないとの批判もあるが（なお、田中耕太郎「判批」判例民事法大正一四年度七八頁参照）、裏書を債権譲渡と解する以上、判例のように、悪意の取得者による権利の承継取得を認めるべきであろう。

3　民法七一五条による手形所持人の保護

無権代理や偽造は、本人や被偽造者の使用人によって行なわれることが多いので、判例は、本人または被偽造者に民法七一五条の使用者責任（不法行為責任）を負わせることによって、そのような第三取得者の保護を図ることも少なくない。

民法七一五条の適用に当たっては、同条にいわゆる「事業の執行について」の解釈が争われており、判例は、いわゆる外形理論（外観標準説）をとっている。すなわち、「事業の執行について」とは、被用者の職務の執行行為そのものには属しないが、その行為の外形から観察して、あたかも被用者の職務の範囲内の行為に属すると見られる場合をも包含するものであるとする（最判昭和三六・六・九民集一五巻六号一五四六頁、協同組合の理事長の記名印、印鑑等を保管していた者が、それを使用して権限なくして手形を振出した事例）。このような判例の見解によれば、被用者がその地位を濫用した場合はもちろん、多かれ少なかれ手形の作成事務に関与する地位にいた場合には、その者が無権限で手形行為をしたときは、使用者は、民法七一五条による責任を負わされることになる（被用者による偽造の事例である。最判昭和四〇・一一・三〇民集一九巻八号二〇四九頁〔かつて手形作成準備事務を担当していた係員が手形を偽造した事例〕および最判昭和四三・四・一二民集二二巻四号八八九頁参照）。

民法七一五条による救済に対する批判　このような場合に民法七一五条を用いて救済を図ることに対して批判的な見解もある。本文において述べたように、判例の見解によれば、被用者がその地位を濫用した場合はもちろん、多かれ少なかれ手形の作成事務に関与する地位にいた場合には、その者が無権限で手形行為をしたときは、使用者は、民法七一五条による責任を負わされることになる（前掲最判昭和四〇・一一・三〇、前掲最判昭和四三・四・一二、河本一郎「手形行為と表見代理」商法II（判例と学説）二〇〇頁参照）。しかし、このような場合に外形理論によることに対しては、手形の第三取得者は「実際に記名捺印や交付をしたのが誰であるかを知らずに手形を取得するのが通常であるのに、偽造者の職務の範囲内の行為であることについての信頼の保護を問題にすることが妥当であろうか」（上柳克郎「手形被偽造者の使用者責任」会社法・手形法論集四四七頁以下、四五五頁）といった問いかけがなされている（小橋一郎「判批」手形百選〔新版・増補〕六七頁参照）。

また、そもそも、手形の第三取得者の救済のために民法七一五条によること自体についても疑問があるとされる。それによれば過失相殺などによって、かえって妥当な結論に到達できるとしても、このような方法は、権利外観理論または表見理論が未発達であるための欠陥を補うために便宜的に利用されているにすぎないのではないか、との疑問（上柳・前掲論文四六三頁）を払拭し難いというのである。

第8章　手形の偽造、変造、抹消・毀損および喪失

手形の偽造および変造は、いずれも、手形行為の主体あるいは内容を偽って他人に責任を負わせようとする行為である。この章においては、偽造、変造が外見上の手形行為者または既存の手形行為者の責任にどのような影響を及ぼすか、といった問題を取り上げる。なお、手形の抹消・毀損、喪失の場合にも変造とほぼ同様の考え方が妥当するので、その意味において偽造、変造に続けて手形の抹消・毀損および喪失にも言及することにする。

第1節　手形の偽造

1　偽造の意義

(1)　偽造の意義　手形の偽造とは、権限なくして他人名義の署名をもって（他人の名義を偽って・冒用して）手形の記載をなし、手形行為を行なうことをいう。手形行為の主体を偽るものであり、手形行為の内容を偽る変造と区別される。振出人の署名を偽って手形を振出す場合をはじめ、他人の名義を偽って裏書、引受、保証などの手形行為をするのは、いずれも偽造である。仮設人の署名（手七条・七七条二項）も偽造の一場合である。偽造の印章または盗取した印章などを用いて他人名義の記名捺印をするのが一般的な偽造の方法であるが、他人の署名のある書面を無権限で手形署名に利用するのも偽造である。

(2)　偽造と無権代理の区別　他人による手形行為を形式のうえから、代理方式の手形行為と機関方式の手形行

為に分ける前述のような考え方を前提として（第7章第1節参照）、①無権限者が代理方式による手形行為をした場合が無権代理であり、②無権限者が機関方式による手形行為をした場合が偽造であるとする見解が学説においては有力である（鈴木＝前田・一七二頁註八参照）。これに対して、かつての判例は、記名捺印の代行をも有効な代理の方式と認め、無権限者が記名捺印を代行して手形行為をなした場合には、署名をした者に「本人のためにする意思」があれば無権代理であり、「本人のためにする意思」のない場合には偽造であると解していたといわれる（大判昭和八・九・二八民集一二巻二三六二頁および大判昭和八・九・二八新聞三六二〇号七頁参照、なお、古瀬村邦夫「手形の偽造と表見代理」商法の判例〔第三版〕一五三頁、一五六頁における「本人のためにする意思」の理解参照）。もっとも、その後、最高裁判所は、偽造と無権代理の区別についての従来の判例の考え方を改め、学説のそれに従ったのではないかとも解される表現を用いるに至っている（手形の偽造の場合にも民法一一〇条の類推適用があるとした最判昭和四三・一二・二四民集二二巻一三号三三八二頁参照）。

偽造概念と自署の代行　無権限者が機関方式による手形行為をした場合が偽造であるとする右に述べたような見解による場合、これは、いわゆる署名の代理または自署の代行（第7章第1節2の註（署名の代理）および（自署の代行を認める説）参照）との関係で次のような問題を生ずる。

偽造をこのように無権限者の機関方式による手形行為と定義する場合、偽造とは、仮にその無権限者に署名を代行する権限があれば、その手形行為が本人の手形行為（機関方式の手形行為）として有効に成立するであろうような場合をいうものである。しかし、そうすると、他人が権限なくして本人の署名を手書で代行する場合（権限なくして行なわれる自署の代行）の取扱が問題となる。前述のように自署の代行は署名の性質上およそありえないと解する以上（第7章第1節2および第3章第2節2(4)参照）、仮に、本人がその代行者に自署の代行権限を与えていたとしても（およそ自署の代行は認められないとしながら、その権限の有無を問題にすることにも疑問はあるが、仮にこのような想定が許されるとしても）、自署の代行によって本人が責任を負うことはないはずである。

これを要するに、代行権限の有無を問わず（仮に代行権限が与えられていたとしても）、自署の代行による署名をもって行なわれた手形行為は無効であり（ただし、そのような署名のある手形も基本手形としての方式は備えているといえよう、第7章第1節2および手七条参照）、無権限の署名の代行という意味の偽造は（権限が与えられれば、有効な手形行為が成立するものとしては）、手書の署名（自署）の場合には観念できないということになる。

しかし、このように他人が権限なくして本人の署名を手書で行なう場合には、その手形行為は無効ではあるが、それは手形の偽造には当たらないとすることは、偽造ということばの日常的な理解と余りにもかけ離れていると言わざるをえない。むしろ、偽造とは「真実義務者でないもの（実在の人に限らない）に債務者のような外観をつくりだす一切の場合」であるといった定義によって（石井＝鴻・一〇六頁参照、ただし、無権限で行なわれた代理方式の手形行為は、純粋の無権代理であるとして偽造とは区別する）、このような無権限の自署の代行の場合をも偽造の一場合として位置付けることもできるのではなかろうか（なお、自己の名前によらず、他人の名称を使用して手形行為が行なわれた手形行為の効力に関する第3章第2節2(1)の説明を参照）。

学説においても、通説的な自署の代行を認めない立場を前提としながらも（たとえば、「署名は行為者の自署であるから、他人による代署または自署の模写は署名ではない」としながらも、大隅・二五頁）、権限なくして「本人の署名または記名捺印を代行する方式により手形行為をするときは、手形の偽造と認められる」（大隅・四二頁）というような説明が行なわれるが、これは、無権限の他人の署名の代署（無権限の署名の代理・代行）をも手形の偽造と解するものであろう（伊澤・一五八頁は、「無権限にて他人の署名を代署して手形行為をした場合……は、手形の偽造である」とする）。

なお、自署の代行を認めない見解による場合、それによって、代理または機関方式の手形行為が有効に成立することはないが、代行された自署を名義人が自ら自署したものであると信頼して手形を取得した者の保護が問題となる。その意味において、権限のある者が自署を代行した場合の取扱が（およそ自署の代行は認められないとしながら、その権限の有無を問題にすることに疑問のあることは前述のとおりであるが、仮にこのような想定が許されるとすると）、さらに問題になりうる。伊澤・一五八頁註三は、「有権限の自署の代理……は、権限授与者に於て恰も自署したるかの如き外観を作出するに就き同意を与へたものであるから、その外観信頼者に対しては、手形上の責任を免れ得ない。かかる意味に於て、この種の署名の代理も亦偽造とはならぬ」としている。

2　偽造者および被偽造者の責任

(1)　手形の被偽造者の責任　　被偽造者は、手形行為を行なっていないのであるから、手形行為にもとづく責任は負わない。ただし、①追認、②表見代理（民一〇九条以下）、③使用者責任（民七一五条）などにより責任を負うことはありうる。かつては、無権代理と偽造の相違として、被偽造者には、民法の表見代理の規定の適用はなく、また、その追認は、遡及効のある民法一一三条の追認ではなくて民法一一九条の追認であると理解されていたようであるが、その後、判例は偽造の場合にも民法の表見代理の規定の類推適用を認め（前掲最判昭四三・一二・二四）、また遡及効のある追認を認めるに至っている（最判昭和四一・七・一判時四五九号七四頁、無権限で記名捺印の行なわれた事例、ただし、大隅＝河本・六〇頁参照）。その限りでは、偽造と無権代理を区別する意味は従来ほど大きくないといってよいであろう。

偽造と無権代理　被偽造者にも民法の表見代理人の規定の類推適用を認める最近の判例、学説の検討にあたっては、次の点に注意しなければならない。なるほど、従来の判例は、手形偽造の場合には、代理法理の適用はなく、したがって表見代理の規定の適用は問題にならないとしていた。これに対して、学説には、早くから、偽造の場合にも代理法理の類推適用のあることを認めるものも少なくなかったことは確かである。ただ、そのように説く場合に無視しえないのは、「何が偽造で、何が無権代理か」について、従来、判例と学説の考え方が、分かれていたということである。

すなわち、学説の多くは、他人による手形行為の方式を、手形上に代理関係の表示される代理と、手形上に直接本人の名義の表示される機関による手形行為（記名捺印の代行の場合）とに分けたうえ、無権限者が代理方式による手形行為をなした場合が無権代理であり、無権限者が機関方式による手形行為をなした場合が偽造であると解している。これに対して、かつての判例は、手形行為の代理の方式について、いわゆる代理方式による手形行為だけでなく、権限ある者による記名捺印の代行をも有効な代理の方式であると認めていたから、無権限者が記名捺印を代行して手形行為をなした場合の取扱が問題となった。無権限者が他人の名義で手形行為をしたのであるから偽造になるのか。それとも、権限があれば代理になるというのであるから無権代理になるのか。

しかも、従来の判例の立場では、そのいずれであるかによって、民法の表見代理の規定などの適用の有無も判断されたのである。判例は、無権限者が記名捺印を代行して手形行為をなした場合には、署名をした者に「本人のためにする意思」があれば無権代理であり、「本人のためにする意思」のない場合には偽造であると解していた（古瀬村・前掲論文一五四頁以下参照）。

このような判例の理論に対しては批判が強かったが、いずれにせよ、判例が、このように学説よりも無権代理となるべき場合を広く捉え、これによって、事実上、学説によれば偽造になるとされる場合にもある程度、代理法理の適用（類推適用）を認めていたとされることは注目に価する。

その後、最高裁判所は、従来の判例の理論によれば、偽造と解すべき事案において、「機関方式による手形振出は、その形式においては、いわゆる代理方式による手形振出とは異なるけれども、いずれも無権限者による本人名義の手形振出である点において差異はないから、第三者の信頼を保護しようとする表見代理制度の趣旨から実質的に考察すれば、無権限者が機関方式により手形を振出して本人名義の手形を偽造した場合においても、表見代理に関する規定を類推適用するのが相当である」旨を判示して、民法一一〇条を類推適用して、被偽造者の責任を肯定するに至った（前掲最判昭和四三・一二・二四）。また、この判例は、偽造と無権代理の区別についての従来の判例の考え方を改めて、学説のそれに従ったものではないかともいわれている（神崎克郎「判批」手形百選（第三版）五四頁以下参照）。

(2)　手形偽造者の責任　権限なく他人名義（または仮設人名義）で手形行為をした者は、手形所持人に対して手形上の責任は負わないとするのが、従来の判例（大判大正一二・三・一四民集二巻一〇三頁）、通説の考え方であった（大隅・四二頁参照）。手形上、偽造者の署名はなく、偽造者の手形行為はないからである。不法行為責任は別として、本人としての責任はもちろん、手形法八条の責任も負わないと解されていた。

これに対しては、手形法八条の場合との対比において、手形法八条の無権代理人の責任は、名義人本人が手形上の責任を負うかのように表示したことに対する「一種の担保責任」であるが、偽造者も無権代理人も、他人が手形行為の主体であるかのような表示を無権限で行なっている点では全く同じであり、それにもかかわらず偽造の場合に偽造者は手形上の責任を負わないとすることは、無権代理の場合と比べ均衡を失するとして、偽造者に責任を認める見解がかねてから有力であった。最高裁判所も、その後、偽造者は手形法八条の類推適用により手形上の責任を負うとするに至った（最判昭和四九・六・二八民集二八巻五号六五五頁）。

なお、一部の有力な学説は、偽造者は他人または仮設人の名を「自己を表示する名称」として用いたのであり、したがって自ら手形行為をした「本人」として責任を負うべきであると主張している（いわゆる偽造者行為説、大隅健一郎「手形偽造と手形法八条の類推適用」民商七二巻五号一二四頁、鈴木竹雄「手形の偽造・変造」商法研究Ⅰ三三五頁参照）。このような見解は、署名において表示すべき名称は署名者の名称（またはその慣用する名称）でなくてもよいとする立場を前提とするものであり、いわゆる手形署名の必要とされる客観的理由（第3章第2節1参照）を無視するものであると言わざるをえない。しかも、偽造者には、通常、手形上自己を表示する意図は認められないであろうから、このような見解は、あまりにも偽造者の主観的意図とかけ離れた理論構成であると言わざるをえない。

偽造者の責任を認めるための法的構成　上述のように、最高裁判所の判決は、比較的最近になって、偽造者は手形法八条の類推適用により手形上の責任を負うとするに至った（前掲最判昭和四九・六・二八）。この判決に関連して、手形法八条の適用は、手形の文言性からすれば、無権代理人の名前が手形面上に記載されている場合に限られるとの批判がありうるが、手形の文言性は手形債務の内容の問題であって、ここでの問題は手形面上特定された債務を負うのは誰かというものであるから文言性とは直接関係ないと主張する有力な見解がある（竹内昭夫「判批」手形百選（第四版）三八頁以下）。

手形債務を負うのは誰かという問題は文言性には直接関係ないとする所説には賛成できないが、手形行為の文言性を前述のように理解するとともに（第4章第2節参照）、手形法八条の責任を判例のように「一種の担保責任」と捉える場合には、手形法八条の責任は、――手形法八条の責任は手形上の意思表示にもとづくものではないから――本来の文言性の問題とは直接関係ないということもできるであろう。

さらに、本文においても言及したように、一部の有力な学説は、偽造者は他人または仮設人の名を自己を表示する名称として用いたのであり、したがって自ら手形行為をした本人として責任を負うべきである、と主張している（大隅・前掲論文参照）。この考え方は、手形の署名に当たって表示すべき名称について、それは戸籍上の氏名、正式の商号あるいは通称、別名でなく、そのとき限りに使われた名称であっても、手形行為者が自己を表示する名称として使用したものであることが立証されれば、その行為者に手形上の責任が認められるとする見解と基本的な構想を同じくするものであろう。このような見解は、また、これは、いかなる名義を用いようと自ら行為した者が行為者としての責任を負うという法の一般原則（たとえば、平成一七年改正前商二〇一条参照）とも合致すると主張している。しかし、手形の偽造の場合には、偽造者には、手形上に自己を表示する意図はないのであり、このような理論構成は、あまりにも偽造者の主観的意図とかけ離れていると言わざるを得ない。

第2節　手形の変造

1　変造の意義

手形の変造とは、既存手形の記載内容を権限なくして変更することをいう（最判昭和四一・一一・一〇民集二〇巻九号一六九七頁参照）。偽造が手形行為の主体を偽るのに対して、変造は手形行為の内容を偽るものである。変造の対象は、手形要件に限らず、手形債務の内容をなす一切の事項である。方法は、訂正、付加、抹消など、これを問わない。したがって、たとえば、為替手形の振出人の記載した裏書禁止文言（手一一条二項）を受取人が権限なく抹消する場合、約束手形振出人の署名の上頭に保証と記入する場合、手形金額、支払期日などが権限なく変更される場合など、いずれも変造である。

これに対して、権限にもとづく記載（たとえば手二七条、なお、大隅＝河本・四〇四頁参照）は変造ではなく、全手形関係者の同意のある変更も変造ではない。一部の手形関係者の同意を欠く場合にも同意した者との関係では変造ではない（大判昭和一二・一一・二四民集一六巻一六五二頁）。さらに、白地手形の不当補充も既存の記載の変更とはいえないから、変造には当たらない。

2　変造の効果

(1)　手形法六九条（変造の効果）　手形法六九条（小五〇条）によれば、変造後の署名者は変造された文言に従って責任を負い、変造前の署名者は原文言に従って責任を負うものとされている。たとえば、満期の変造前に署名した遡求義務者は、変造前の満期を基準とする遡求権保全手続を条件として責任を負い（最判昭和五〇・八・二九判時七九三号九頁）、変造後の署名者は、変更された満期を基準とする保全手続を条件に責任を負うことになる。もっとも、手形法六九条は、「手形行為者の責任は、手形行為時の手形の記載内容に従う」という、いわゆる手形の文言性から当然のことを変造との関係で規定するものにすぎないといわれている（坂井・三訂一三三頁以下参照）。なお、手形行為をしていない変造者は、刑事責任や不法行為の責任は別にして、手形上の責任は負わないとするのが通説である。

(2)　受取人欄の記載の変更　受取人欄の記載の変更も変造になるとするのが判例であるが（前掲最判昭和四一・一一・一〇）。しかし、多くの説は、その場合にも裏書の形式で判定すべき手形法一六条一項にいう裏書の連続は認められるものと解している（最判昭和四九・一二・二四民集二八巻一〇号二一四〇頁、なお、最判昭和四五・六・二四民集二四巻六号七一二頁および第16章第3節3(1)参照、もっとも、このような理解に批判的な見解もある、小橋・一一〇頁、小橋・講義七六頁以下参照）。

(3)　変造と立証責任　手形所持人が、訴訟において手形上の権利の請求をするときには、請求原因として被告の手形行為の内容を主張、立証しなければならない。このことは変造のある手形についても同じである。その意味において、手形変造のある場合にも、手形債務者が手形行為をした時の文言の立証責任（証明責任）は、原告である所持人の側にあるということになる（最判昭和四二・三・一四民集二一巻二号三四九頁）。いずれにせよ、変造は、権利関係の得喪変更を生ずる要件事実ではなく、したがって、それについて厳密な意味で立証責任を考えることはできない（坂井・三訂一三七頁、坂井・裁判手形法一八一頁以下参照）。

3　署名者に原因のある変造

鉛筆で手形要件を記載するなど（前掲最判昭和四二・三・一四参照）、署名者によって変造されやすい不用意な記載がなされた場合の取扱が問題となる。

たとえば、鉛筆による記載の場合には、いまだ確定的な記載がないとして白地補充権の授与の一場合と構成するのも一つの解決方法ではある（たとえば、福岡高判昭和五五・一二・二三判時一〇一四号一三〇頁参照）。しかし、右の例に限らず、およそ一般に変造されやすい不用意な方法で手形に記載を行なったため手形の変造を容易ならしめた者は、変造の事実を知りえないで変造後の文言に信頼した手形取得者に対しては、権利外観理論によって変造後の文言による責任を免れないと説く者も最近では少なくない（鈴木竹雄「手形の変造」新商法演習3六九頁、七五頁参照）。

第3節　手形の抹消・毀損および喪失

手形記載事項の抹消・毀損は、変造の一方法でもあるが（抹消とは、塗抹、削除、貼付などの方法により手形の記載事項を除去することであり、毀損とは、切断、磨滅などによる手形証券の物質的破損である、伊澤・二二八頁、小橋・一三二頁）、しかし、その結果手形要件を欠くことになる場合は「手形の抹消・毀損」である。抹消・毀損の程度がはなはだしく、手形の同一性が認識できなくなれば、「手形の喪失」である。

記載事項の抹消または毀損前の署名者が、当然に責任を免れるものでないことは、変造の場合と同じである。手形署名者は、手形行為の時の手形の記載内容に従って責任を負うのである。また、手形は、右にいう手形の同一性を害するような抹消・毀損の場合のみならず、焼失などの物質的滅失、さらには紛失・盗難などによっても喪失するが、喪失の場合にも、抹消・毀損の場合と同様に、手形権利者は、当然に手形上の権利を失うものではない。ただ、抹消・毀損の場合とは違って、権利者は、手形の喪失によって権利行使の手段を失うことになるので（紛失・盗難などの場合には、さらに手形が善意者によって取得されるという危険を伴う）、この問題に対処するために、公示催告手続による除権決定の制度が認められている（第9章第3節参照）。なお、手形権利者が、権利放棄の意思をもって故意に抹消・毀損した場合に手形上の権利が消滅することはいうまでもない（菱田政宏「手形の変造・抹消」手形法小切手法講座一巻二五九頁以下参照）。

第9章　手形上の権利

手形行為により成立する手形金額の支払を目的とする権利を手形上の権利という。手形上の権利は、いずれも原則として手形行為によって成立するという共通性を有しており、統一的な考察に服するので、その成立および得喪変更に関する諸問題をまとめて取り上げるのが一般的である。この章においては、手形上の権利と手形（証券）との関係、公示催告による除権決定の制度、手形上の権利の取得、手形上の権利の行使などに関して概観することにする。

第1節　手形上の権利の意義

1　手形上の権利の意義

(1)　手形上の権利　　手形上の権利とは、手形行為によって生じ、したがって手形によらなければ行使できない権利である。実質的にいえば、一定の金額の支払という手形の目的を直接達成するために与えられた権利である（大隅・四八頁）。具体的には、約束手形の振出人または為替手形の引受人に対する手形金額支払請求権（手二八条一項・七八条一項）、前者に対する償還請求権（遡求権）（手四七条・七七条一項）、手形保証人に対する権利（手三二条一項・七七条三項）、債務を履行した保証人が主たる債務者およびその前者に対して有する権利（手三二条三項・七七条三項）、参加引受人に対する支払請求権（手五八条一項）、参加支払人が引受人または約束手形の振出人および被参加人もしくはその前者に対して有する権利（手六三条一項・七七条一項）である。

手形上の権利は、手形法においては、「手形より生ずる権利」（手一四条一項・六三条一項）とか、「手形上の請求権」（手七〇条一項）などと呼ばれている。

手形上の権利とは、手形行為によって成立する手形債務を権利者の側から表現するものともいえる。手形上の権利に対応する義務は、「手形債務」（手七条）とか「手形上の債務（者）」（手三二条三項・六三条一項）と呼ばれている。

(2)　手形法上の権利　これに対して、手形の悪意取得者に対する手形の返還請求権（手一六条二項但書・七七条一項一号）、遡求通知懈怠による損害賠償請求権（手四五条六項但書・七七条一項）、複本交付請求権（手六四条三項）、利得償還請求権（手八五条）などのように、手形法上認められた権利ではあるが、手形上の権利とはいえないものを手形法上の権利という。これらは、手形法が、手形関係の円満な進展のために種々の補助的目的を達成すべく認めたものである（石井＝鴻・一一四頁、大隅・四九頁）。

2　手形上の権利の得喪変更

手形上の権利は、いずれも手形行為によって成立するという共通性を有しており、統一的な考察に服するので（小橋・一一二頁）、その成立および得喪変更に関する諸問題をまとめて取り上げるのが一般的である。手形上の権利と手形（証券）との関係、手形上の権利の取得、手形上の権利の行使および手形上の権利の消滅といった問題である。

(1)　手形上の権利と手形（証券）との関係　前述のように（第1章第2節末尾）、手形は「完全有価証券」である。手形上の権利の発生・移転・行使のいずれに関しても手形という証券を要する。

そこで、次の節においては、「手形上の権利と手形（証券）との関係」に関して、有価証券一般における「権利と証券の関係（結合）」にまで立ち返って詳論する。有価証券法およびその典型例とされる手形法の基本的な構造を理解するためである。

(2)　手形上の権利の取得　手形上の権利の取得には、原始取得と承継取得とがある。従来から、手形上の権利の取得という見出しの下に、とくに原始取得のうちの善意取得を取り上げるのが一般的であるが（小橋・一一三頁参照）、本書では、これを独立の章に譲ることにする（第10章参照）。

(3)　手形上の権利の行使　手形上の権利の行使に関しても、手形が有価証券であり、その権利の行使には手形証券を要するとされていることに関係する諸問題がある。従来の体系書では、「手形上の権利の行使」との関係において「手形抗弁の制限」を取り上げるのが一般的であるが、本書では、これは独立の章において説明する（第11章参照）。

(4)　手形上の権利の消滅　手形上の権利の消滅との関係では、支払をはじめとする一般的債務消滅原因、時効、権利保全手続の欠缺（手五三条・七七条一項四号）などを取り上げ、さらには一定の事由により手形上の権利が消滅した場合に認められる利得償還請求権に言及するのが一般的であるが、これらは、いずれも後述するところに譲り、本章では取り上げない（第12章、第18章、第19章および第13章参照）。

第2節　手形上の権利と手形（証券）との関係（手形における権利と証券の結合）

手形における権利と証券の結合については、わが国では、いわゆる有価証券（Wertpapier）概念の問題として、よく論じられてきた。わが国やドイツでは、手形は、有価証券の一として、しかも代表的な有価証券として体系化されるのが普通である。したがって、手形における権利と証券の結合についても、先ず有価証券一般についてのそれから説き起こすのが通例である。

権利を表章する証書（die die Rechte verbriefenden Urkunden）一般のうち、有価証券と呼ばれるものは、その独特な権利と証券の結合によって他の証書と区別されている。有価証券における権利と証券の結合は、いわゆる有価証券の定義に反映されている。

1　有価証券の定義

有価証券については、すでにそのごく大要を前述したが（第2章参照）、本章との関係でより詳しく考察しておきたい。

(1)　有価証券の定義をめぐる争い　有価証券の定義をめぐっては、周知のように、学説は、「有価証券とは、私権に関する証券であって、その利用が証券の所持によって私法上条件付けられているものである」とするブルナー（*Brunner*）の定義に一応、従いながらも、そこにいう「利用」とは、権利の行使なのか、譲渡なのか、それとも行使および譲渡なのか、あるいは行使または譲渡なのか、について相当激しく争われてきた。この争いは、誤解を恐れず約言すれば、有価証券の定義に当たって、「有価証券の経済的特徴としての流通性を、そのまま有価証券の法的特徴として捉える」か、それとも経済的特徴としての流通性は、それはそれとして認識しながらも、有価証券の法的特徴としては、むしろ「（権利の流通のために）眼に見えない権利が眼に見える紙に表わされていることから、有価証券の場合に、一般の債権法の諸原則とは、どのように異なった法的効果が生ずるかを追求して行く」か、そのいずれの立場に立つかの争いであるといえよう（このような考え方については、河本一郎「有価証券制度」矢沢惇編・現代法と企業（岩波講座現代法9）（岩波書店・一九六六年）二一二頁、二一九頁参照）。

有価証券制度の目的を権利の証券化による権利の流通性の促進に見て、有価証券とは、その権利の譲渡に証券の引渡を要するものである、とする見解は、右に述べたような意味において、それなりに評価すべきではあるが、しかし、有価証券の定義が、有価証券についての法律問題を体系的に説明するために充分有効なものであるためには、単に有価証券におけるいわゆる権利と証券の結合に着目するだけに止まらず、「有価証券という形で証券と権利が結びつくことによって、なぜ権利の譲渡が容易になり、権利の流通性が促進されるのか」ということも併せて説明されなければならないであろう。「権利と証券の結合の意味（根拠）」の問題であり、表現を変えれば、「証券が有価証券制度において果たす機能」の問題である。

(2)　ヤコビ（*Jacobi*）における有価証券の法的機能　ところで、有価証券制度において証券が果たす機能をどう考えるかについては、われわれは、すでにヤコビ（*Jacobi*）の所説を知っている (Vgl. *Jacobi*, Die Wertpapiere, 1917, S. 236)。

ヤコビ（*Jacobi*）によれば、権利と証券の結合の根拠あるいは有価証券における証券の機能は、証券が権利の外観 (Rechtsschein) または資格 (Legitimation) として作用する点に見いだされている。したがって、ヤコビは、有価証券とは、次のような効果を有するものであると定義している。すなわち、有価証券においては、①債務者は、債権者とのすべての取引に当たって証券に則ることができる、したがって、証券によって証明している者と債務者とのすべての取引は、真の権利者に対しても効力を有する、②債権者は証券による資格の行使（証券の呈示）なくしては、債務者に対して証券にもとづく給付を請求することはできない、と。

これは、わが国で、有価証券の積極的作用、消極的作用と称されているところにほぼ相応するのではなかろうか（このような考え方を提唱されるのは、鈴木＝前田・一〇頁以下であり、本書でもそのような考え方に従っている、第**1**章第**2**節参照）。厳密にいえば、右のことと、わが国において有価証券の積極的作用、消極的作用といわれている問題との関係には、なお検討すべきものが残されていると考えるが、相当程度、両者が重なる問題であることは明らかであろう。

いずれにせよ、有価証券の定義が有価証券についての諸問題を体系的に理解するのに有用なものであるためには、有価証券において証券の果たしている機能を考慮したうえで定義がなされていなければならないとするときには、右に見たような有価証券の機能を無視しえないことになる。

われわれも、また、有価証券における権利と証券の結合の根拠をこのように「証券の占有は、権利者の資格として役立っている」ということに求めることにする。

有価証券の特質を権利の証券化による流通に認める見解　このヤコビ（*Jacobi*）のような理解に対しては、「有価証券の特質を権利の証券化による流通に認める見解」からの相当激しい反論が予想される。ヤコビのような見解は、「証券が権利の証明手段である点をとり上げたにすぎず、このような機能は必ずしも有価証券に特有なものとはいえない」とされるのであり（小橋一郎・全訂手形法小切手法講義〔有信堂・昭和四八年、全訂八刷〕一四頁）、また、「債権のごとき権利が物権のように流通することに、……有価証券の本質がある。有価証券における紙の本質的機能が求められるならば、権利の譲渡が物権法則に従いうるようにこれを有体化するという点においてのみ、これをみることができるのである。証券占有が権利者たることの証明手段として働く機能は、有価証券のかかる本質から派生した各関係における種々の問題の解決に資すためのものにすぎない」と説かれるのである（小橋・手形行為論二一四頁）。もっとも、小橋一郎・法セ二四巻一号（一九八〇年一月）六七頁、七〇頁は、この点に関する見解を改められたようである（後註〔有価証券に関する二研究〕および小橋・講義八頁、小橋・八頁参照）。

これもまた、説得力のある所説である。ただ、有価証券に「流通性」を付与するためには、その譲渡方法の簡易化のみならず、取得者の地位の保護も重要であり（我妻栄・近代法における債権の優越的地位〔有斐閣・昭和二八年〕三二一頁参照）、その点についても、証券が役立っているとすれば、それは、やはり、証券の権利の外観としての機能においてではなかろうか、という疑問は残るのである。

(3)　有価証券の定義　　以上において述べたところを、従来の有価証券についての定義の争いの文脈に置き換えると、ここでいう有価証券における証券の機能は、いずれも、権利の行使の場面において問題となるものである。そうであるとすれば、有価証券の定義としては、むしろ、「有価証券とは、その権利の行使に証券を必要とするものをいう」との定義を採用すべきことになるのではなかろうか。もっともこのような見解に対しては、「ヤコビ

(*Jacobi*)は、有価証券として欠くべからざる権利と証券の結合は、権利の行使における結合であるとしているのであって、そのような論者の説に従って有価証券における証券の機能をみた以上、当然、行使に傾いた定義になる」との反論が予想される。しかし、果たしてそうであろうか。有価証券における権利と証券の結合の根拠を求めるならば、たとい有価証券とはその権利の譲渡に証券の引渡を必要とするものである、との説に立つ論者も、ヤコビ(*Jacobi*)と同様に考えざるをえないのではなかろうか。右に指摘したように、少なくとも、そのような「権利の流通を重視する見解」も証券のもつ意味をいわゆる権利外観・資格に見ても説明できることだけは間違いない。果たしてそうであれば、有価証券の法的定義としては、権利の行使における権利と証券の結合にこそ着目した定義によるべきものと考える。ただし、このように権利の行使に証券が必要であるとすると、その前提として譲受人としては権利の譲受に当たって証券の引渡を受けておかなければならず、結局のところ、有価証券の定義としては、権利の譲渡および行使に証券の必要なものをいう、との定義を採用することになる(もっとも、手形は、完全有価証券であるから、いずれにせよ有価証券であることに変わりない)。

株券と有価証券　このように権利の行使にウエイトを置いた有価証券の定義に対しては、それでは、代表的な有価証券である株券(記名株券)が、定義に当てはまらなくなるとする反論がある。すなわち、株主が株主としての権利を行使するに当たっては、一々、株券を呈示する必要はないのであって、実際には株主名簿の記載に従って処理されているから(平成一七年改正前商法二〇六条一項参照、この規定は会社法一三〇条二項に当たる)、株券の場合には、その権利の行使に証券を必要とするとはいえない、との指摘がなされるのである。これに対しては、これは、株主関係における権利の行使が反覆的かつ集団的であって、しかも変動する株主によって行使されるので、それに応ずるための技術的制度として、株主名簿の制度が採用されたことに伴う株券の特殊性にもとづくものであって、株主名簿の名義書換には、やはり証券(株券)を呈示することを要するのであって、その意味では間接的ではあるものの、やはり、株主の権利行使にも株券を必要とするといえる、とする所説があり、説得力に富む(鈴木・会社法一〇二頁註1参照)。

もっとも、このような主張に対しては、さらに、「原始株主の権利行使に株券を必要としない点を説明することができない」との批判がある。「原始株主の株主名簿への登載には記名株券の呈示を要求されていない」「しかも爾後の権利行使にも株券の占有を必要とされていない」というのである。そして、この説は、自説に対しては、「会社と原始株主とが直接の契約当事者であることに記名株券の権利行使に証券の呈示を不要とする理由を求めるとする」反論が予想されるが、「その点は手形その他の有価証券の場合も同じで、しかも手形の場合、直接の相手方が権利行使をするにあたっても、やはり証券の呈示を要求される訳であるから、記名株券の場合にのみ例外を認めるのは正しくない」とされる（小室金之助・会員証券法論〔成文堂・一九七九年〕三二頁）。

株券は、株式を表章する有価証券である。したがって、論理的には、他の有価証券（非設権証券たる有価証券）におけると同様に、いわば実質的権利としての株式が先ずあり、次にその資格としての株券が存在するといえる。そして、記名株券の場合には、さらに、この株券に代わるものとして株主名簿が採用されている。その結果、右に見たように権利の行使には、株券を必要としないのではないか、との指摘がなされ、あるいは、株主名簿の名義書換には株券の呈示が必要であるから、その限りでは、やはり権利の行使に株券を要するものであるとされている。問題は、原始株主の権利行使には株券を必要としない、ということの説明である。なるほど、原始株主の株主名簿への登載には株券の呈示は要求されない。株券の発行を受けた原始株主が株券を呈示して株主名簿への登載を請求するのではない。しかし、これについては、株主名簿への登載に必要とされる呈示は、これを株券の効力発生時（いわゆる交付時説ならたとえば会社の送付した株券が原始株主に到達したとき）において擬制してよいのではなかろうか。もっとも、株券発行前に株券不所持の申出がなされ、株券の発行されない場合（平成一七年改正前商二二六条ノ二、この規定は会社法二一七条に当たる）には、このような擬制もできない。しかし、これは、次のように説明できるであろう。すなわち、本来は、株券に代わるものとして株主名簿は予定されているから、株主名簿への登載には株券を必要とするのであるが（原始株主の場合も、株券を発行する以上、一応同様に解しうることは右に述べたところである）、株券は設権証券ではないから、株式の成立と株券の発行とは分離させて考えることができるのであり、しかも株券に代わる制度として株主名簿があるから、記名株券の不発行の制度が可能になるのである（いずれにせよ、この場合には、株券は存在しない）。これに対して、手形のような設権証券の場合、または株主名簿のような、いわば証券に代わる資格の制度を有しない有価証券の場合には、このようなことは考えられない。

いずれにせよ、株主名簿の記載が資格としての働きをしている点に目を奪われ、株券（記名株券）は、その権利の行使に証券を必要としないものであると解し、しかも、株券を有価証券に含めるために有価証券の定義に修正変更を加えるような見解は、株式制度において株券の果たしている機能と有価証券において証券の果たしている機能を正しく理解するものとはいえないであろう。

株券においても、他の有価証券におけると同様に、証券は権利の資格であり、権利の行使には証券を要するのである。ただ、株券は、①設権証券ではなく、しかも、②その表章する権利は反覆的、集団的に行使されるなどの特徴を有するので、株主名簿が採用されており、そのために場合によっては、証券よりも株主名簿が前面に出ているだけなのである（なお、後註〔有価証券に関する二研究〕において引用する上柳克郎「有価証券の定義と特徴」論叢一〇六巻二号一頁、一〇頁以下参照）。

権利の譲渡に証券を必要とするということの意義　次に、「有価証券とは、権利の譲渡および行使に証券を必要とするものである」とする説が、権利の行使に証券が必要とされることと譲渡に証券が必要とされることとは不可分の関係にあるとして、「権利の移転に証券を要するのは、権利の行使に証券が必要とされるためであ」ると主張していること（鈴木＝前田・二七頁）を批判して、「しかし権利の行使に〔証券が〕必要だからといって、権利の移転に証券の交付が伴わなければならない必要性はなく、権利が移転してから、譲受人から証券の引渡を請求してもよいはずである。むしろ権利の移転に証券が必要であるというのは、善意取得の法則のような流通法則が適用されるためには証券による移転が必要であることの表現であるべきではないかと思う」とする説がある（小橋一郎「判批」ジュリ六六六号一一六頁、一一八頁）。極めて説得力のある主張ではあるが、しかし、そのような「善意取得の法則のような流通法則」は少なくともわが法体系においては、ほかならぬ証券の資格としての機能によって可能ならしめられているのである。ここに資格としての機能とは、証券を所持し、形式的資格を備える者は実質的権利者と推定される、ということを指すものである。これは、いわゆる有価証券の積極的作用にほかならない。要するに、権利の譲渡に証券を要することを「善意取得のような流通法則」との関係で説明するとしても、その前提としては、やはり、権利の行使の場面における有価証券の機能にも言及せざるをえないのである。

有価証券に関する二研究　右のおいて述べたところとの関係において注目すべきは、①法学セミナーに、一九七九年一一月号から連載された小橋一郎「有価証券の基本問題」と、②上柳克郎「有価証券の定義と特徴」論叢一〇六巻二号一頁（＝会社法・手形法論集三二一頁以下）である。次のような点が注目される。

小橋一郎「有価証券の基本問題・有価証券の概念と本質（その二）」法セ二四巻一号（一九八〇年一月）六七頁、七〇頁は、「有価証券を権利の行使に証券が必要なものとする通説に従い、その中で証券特有の流通性を明確にしておくのが適当であろう」として、「権利の行使に証券の必要なもの」を有価証券とするドイツの通説に従うことを明らかにされている。その際、有価証券の本質を流通性に見る立場では有価証券とは「権利の移転に証券の引渡が必要なもの」であるとされることに言及して、「証券特有の流通性を『権利の移転に証券が必要』ということばで表現すること」には多少無理があることを指摘されていることも注目される（なお、小橋・八頁参照）。

また、上柳論文は、記名株券の有価証券性について、「記名株式の株券においては、会社が誰を株主として取扱えばよいかについて株主名簿という株券の所持に代る判定手段が存在する結果、会社の保護のためには、株券の呈示はあるいは全く必要でなく（原始株主の場合）、あるいは、間接的一時的にのみ必要である（株式譲受人の場合）とすれば足りることになる」（一〇頁）とされ、「記名株式の株券を含む有価証券の定義として、権利の行使に証券が必要なものということは正当ではない。しかし、厳密な意味での定義としてではなくて、有価証券として典型的なもの……がそなえている特徴として、権利の行使に証券が必要であることを指摘しようとするのであれば、それは、それなりに有意義な主張である」「記名株式の株券は、……典型的なものからは若干ずれた証券というべきである」（九頁、一一頁）とされている。これは、「有価証券という同じことばが用いられている以上、何か共通のメルクマールがあるはずである」という前提に立った従来の有価証券の定義方法に対する鋭い問いかけと言えよう。なお、上柳論文が、ドイツにおけるのと異なり、わが国では有価証券における権利の譲渡と証券の結びつきが強調され、権利の譲渡には（指名債権譲渡の方法で譲渡する場合においても）証券の引渡が必要とされていることにつき、その理由を民法の指名債権譲渡の取扱の相違に求めている（一三頁以下）ことも注目される。

株式・株券と有価証券概念　従来のわが国の有価証券概念をめぐる議論は、記名株式の株券を念頭において展開されることが少なくなかった。しかし、近時は、振替決済制度の発展などにより、株券においては、権利（株式）と証券（株券）の結合という要素は大きく後退しており、有価証券概念に関する議論において株券を取り上げる意味も、かつてに比べれば小さくなっているといえよう。

平成一七年にあらたに制定された会社法（平成一七・七・二六法律八六号）においては、いわゆるペーパーレスの振替制度を前提にして、会社法自体が、株券の不発行を原則とするに至っている（会社二一四条参照、さらには、第1章第2節末尾の註〔ペーパーレスの新振替制度〕参照）。

紙を用いない、ペーパーレスの有価証券は、法制度としてどのように位置付けるべきであろうか。証券の交付、所持に代えて、「口座への記載」といった概念に、従来、証券が担ってきた一定の法的機能を認めるのが、このようなペーパーレスの有価証券制度の取扱におけるひとつの方向であるといってよいであろう。しかし、このような形で、従来の有価証券制度のもとにおける考え方が今後も残るのか、それとも、これは過渡的な現象にすぎないのか（第1章第2節末尾の註〔有価証券概念と株券等の振替決済制度〕および〔ペーパーレスの新振替制度〕参照）。

なお、このような問題意識からは、現在、計画されている、いわゆる「電子登録債権法」の仕組みは、その経済的機能の問題としてだけでなく、その法律構成の問題としても、大いに注目に値する（電子登録債権法制については、金融法務一七八一号八頁以下掲載の金融法学会第二三大会資料参照）。

2　資格としての証券と手形法

有価証券における権利と証券の結合の根拠を、このように「証券の占有は、権利者の資格として役立っている」ということに見る場合、このことは、具体的な、とりわけ重要な手形制度の中にどのように反映されているであろうか。手形における権利とその資格ないし外観としての証券の結合は、手形制度においてどのような機能を果たしているであろうか。

手形制度の目的は、主として、いわゆる支払の用具、信用の用具としての機能を果たすことにある（伊澤・四一頁、田中誠二・二〇頁）。そして、手形が、そのような機能を果たすためには、いわゆる支払の確実性の保障と手形流通性の保護強化とが図られなければならないと考えられている。一般に手形法の任務と称されているところである（伊澤・四二頁）。この手形法の任務との関係で、すなわち支払の確実性と流通性の保護強化を図るために設けられた制度として特に挙げるべきは、①善意取得の保護、②抗弁の制限（遮断）、③債務者の善意弁済の保護であるとされる。これらは、したがって、その意味において極めて重要な手形制度と言える。

手形法の任務および手形法の任務遂行のための諸制度　右にいう「手形法の任務」は、場合によっては、「手形法の理念」（大森・二七頁、田中誠二・二〇頁）とか、「手形関係の目的」（鈴木＝前田・九九頁）ともいわれる。ちなみに、伊澤・四三頁以下は、「手形法の任務」遂行のための諸制度として、①手形債権の不要因性、②手形債権の定型性、③手形債権の明瞭性、④手形債権の確定性、⑤善意の保護、⑥手形債権の実現を確保する制度、⑦手形流通助長の制度を掲げられる。そして、「之を要するに、手形法上の重要なる施設は、殆ど全部手形の支払と流通の確保を目的とするものである」とされる（伊澤・四六頁）。ここで取り上げたのは、そのうち⑤善意の保護のみである。けだし、右に手形法の任務に資するものとして挙げられているところは、必ずしも、ここで問題とする権利と証券の結合に直接関係あるものばかりともいえないのであり、ここで是非取り上げるべきは、この⑤善意の保護（ただし、手形法二九条二項の問題は別）であると考えたからである。

以下においては、右の各制度において、手形における権利と証券の結合が、どのような機能を果たしているかを概観することにする。

(1)　善意取得の保護　　およそ一般に債権の譲渡が容易たらしめられているかどうかは、特に経済的視点からは、譲受人の地位が保障されているかどうかによって窺いうるといわれる。手形の流通の保護という場合にも、この理は基本的には異ならないであろう。そして、この手形の譲受人・取得者の地位の保障の最たるものの一として、善意取得の制度（手一六条二項）を挙げることができる。その際、権利と証券の結合は、どのような意味を持っているであろうか。

手形の善意取得の制度（手一六条二項・七七条一項一号）は、手形（証券）が権利の外観であることを認め、それによって、無権利者が裏書の連続のある手形を占有している場合に、無権利者を権利者であると信じて無権利者から手形を取得した者を保護しようとしたものにほかならないと考えられる。これが、善意取得の規定の基本的な趣旨である。これを要するに、手形法一六条二項は、権利外観理論（権利外観法理）にもとづくものであると考えられるが、そのことを可能ならしめているのが、ほかならぬ手形における権利と証券の結合なのである。手形法一六条二項は、手形という「証券の占有・所持（裏書の連続する手形証券の占有）が権利者の資格として役立っている」ということ（すなわち、裏書の連続の資格授与的効力、手一六条一項）を前提とするものである。したがって、善意取得を、権利と証券の結合にまで立ち返って説明すると、次のようになる（鈴木＝前田・二四九頁、二五三頁）。すなわち、裏書の連続した手形の占有者・所持人は、多くの場合には真の権利者でもあるが、この権利と権利の外観の一致する蓋然性に着目して、これを法的制度にまで高めて、本来ならば権利者につき認められる効果を裏書の連続する所持人に一応認めることにしたのが、いわゆる裏書の資格授与的効力であり（裏書の連続する手形の所持人は、これを一応、権利者として取扱う、手一六条一項）、その一つの現われが、善意取得の制度なのである。

(2)　手形抗弁の制限　　手形抗弁の制限（手一七条・七七条一項一号）も、善意取得の制度と同様に手形取得者を保護し、それによって手形の流通を保護しようとするものである。

手形抗弁の制限をいかなる法原理にもとづくものと考えるべきかについては学説の対立のみられるところであるが、近時は、いわゆる権利外観理論で説明する立場が有力になっているようである。しかし、この立場は、手形（有価証券）における権利と証券の結合の意味について、証券は権利の外観である（証券の占有は、権利者の資格として役立っている）とすることから直ちに出てくるものではない。これは、いわば「債権者は誰であるかについての証券の資格力（die Legitimationskraft des Papiers hinsichtlich der Person des Gläubigers）」に関わる問題、いわゆる権利の所属の問題であり、他方、手形抗弁の制限は、いわば「権利についての権利外観」に関わる問題、いわゆる権利の存在（内容）についての問題なのである。

しかし、いずれにせよ、手形法は、手形抗弁の制限を規定している。証券の存在・内容から、その証券記載通りの内容の手形上の権利があるとの外観が認められる。手形記載通りの内容の権利が存在すると信頼した取得者のもとでは、本来ならば承継されるべき抗弁は遮断されるのである。その限りでは、手形（証券）は、権利の所属のみならず、権利の内容、存在との関係でも権利外観となっていると考えられる。「権利についての権利外観」が認められていることになる。その意味で、手形抗弁の制限も権利と証券の結合の問題として理解できるであろう。

(3)　債務者の善意弁済の保護　これは、手形法四〇条三項（手七七条一項三号）の規定するところであり、債務者は、裏書の連続した手形の所持人に支払えば、その者が真の権利者でない場合等にも免責を受けうるとされている。これによって、債務者は安んじて支払をなすことができ、延いては、手形の支払の確実性が確保されると考えられている。

換言するならば、「証券の占有は、権利者の資格として役立っている」のであり、この資格ないしは外観を信頼した第三取得者を保護するのが善意取得の制度であり、その外観に信頼した債務者を保護しようとするのが、この善意弁済の保護という手形制度なのである。やはり、権利と証券の結合の一つの現われである。

右には、手形における権利と証券の結合が重要な手形制度に対してどのような意味をもっているのかを、文字通り概観した。以上のほか、いわゆる債務負担の意思表示の瑕疵や交付欠缺の問題（これらは、わが国では、必ずしも手形法一七条の問題と解されていない）についてもいわゆる権利外観理論によって処理する所説のあることが注目される（第6章第3節2(1)および第3章第3節4(1)参照）。このような見解の成り立つ基礎には、権利と証券の結合があることは確かである。

第３節　手形と公示催告による除権決定の制度

権利と証券の結合の根拠が、証券（手形）が権利外観ないし資格であるということに求められている以上、証券（手形）は、あくまでも目的のための手段であり、手段にすぎない。しかし、証券がなければ権利の行使はできない（有価証券の消極的作用）。そこで、証券という資格が失われた場合には、別の資格をもって代えることが認められている。公示催告による除権決定の制度がこれである。

1　公示催告・除権決定の制度

(1)　公示催告・除権決定の制度の趣旨　有価証券の所持人は、実質的権利者であることを一々証明しないでも当然に権利を行使することができ、義務者は、そのような所持人に権利の行使を許せば、たとい無権利者であっても免責されるから証券の譲受人は円滑に権利を行使しうる。それと共に、他方、権利者であっても所持人でない者は権利を行使することはできず、義務者は、二重に請求される危険なくしては証券を所持しない者に権利の行使を許すことはできないから、証券の譲受人は、証券を所持している限り、その地位を確実に保障されることになる（譲受人のための安全機能・確保的機能）。そして、有価証券においては、証券が、権利の行使との関係でこのような作用を有しているからこそ、有価証券の表章する権利の行使は証券をもってなされなければならないとされているのであり、他方、そのためには権利の譲受人は、その権利の譲受に当たって証券を取得しておかなければならないから、権利の譲渡もまた証券をもってなされなければならないとされているのである（鈴木竹雄「除権判決」民事訴訟法講座第五巻一四六七頁、一四六九頁以下参照）。

ところで、有価証券の所持人は権利と証券の結合の結果、右に述べたような権利行使の円滑確実という利益を享受するのであるが、その反面、証券を喪失した権利者は、極めて不利な立場になる。たとい権利者であっても、証券を占有していなければ、実際には権利を行使できないことになるであろう。しかし、証券は権利そのものではなくて、権利を円滑確実に流通させるために採用された手段であることからすれば、手段である証券を失った権利者から場合によれば権利をも奪うに等しい、このような結果は回避されなければならない。そこで法は、有価証券の無効宣言のための公示催告手続の制度を設けている。裁判所は、有価証券を喪失した所持人の公示催告の申立てにもとづいて、その有価証券を所持する者に対して、一定期間内に権利を争う旨の申述をし、かつ有価証券を提出すべき旨を催告する。その期間内に適法な権利を争う旨の申述がない場合には、その有価証券を無効と宣言する除権決定をして証券と権利の結合を解くのであり（いわゆる除権決定の消極的効力、非訟一六〇条一項）、申立人は、除権決定により、有価証券により義務を負担する者に対して権利を行使することができる（除権決定の積極的効力、非訟一六〇条二項）ものとされているのである（鈴木・前掲論文一四九〇頁以下参照）。

公示催告手続の改正　公示催告手続は、手形等を喪失した場合等に利用される手続として、従来は、「公示催告手続ニ関スル法律」（明治二三・四・二一法律二九号）において規定されていた。しかし、平成一六年一一月二六日に成立した「民事関係手続の改善のための民事訴訟法等の一部を改正する法律」（平成一六・一二・三法律一五二号、平成一七年四月一日施行）によって、その規定は、現代語化され、非訟事件手続法に編入されるとともに、その内容も現在の社会情勢に合わせるべく合理化が図られた。

公示催告手続は、もともと明治二三年に制定された民事訴訟法において、強制執行手続、保全処分手続および仲裁手続とともに規定されていたものである。しかし、周知のように、その後、これらの手続が次々と単行法として独立した結果、かつての民事訴訟法は、その最後の一編である公示催告手続に関する部分のみが残され、その名称も、「公示催告手続ニ関スル法律」と改められていた。そして、右の平成一六年の改正により、非訟事件手続法に公示催告手続に関する規定が設けられることになったものである。改正のポイントは、現代語化に加えて、次のような点にあるといわれている（島田充子「公示催告手続の改正後の運用について」判タ一一六九号二六頁以下、小野瀬厚＝原司＝寺岡洋和＝荒川方彰「民事関係手続の改善のための民事訴訟法等の一部を改正する法律の概要について（２）」ＮＢＬ八〇四号四七頁以下参照。なお、本段における「公示催告手続の改正」の説明は、これらの文献に負うところが大きい）。

①　非訟事件手続法への編入　これまで公示催告手続は、民事訴訟手続の一として扱われていたが、当事者の実体的な権利義務関係を確定するものではなく、非訟事件手続としての性質を有するものである。そこで、改正法は、「公示催告手続ニ関スル法律」を廃止し、非訟事件手続の基本的な法律である非訟事件手続法に第四編を新設して、公示催告手続に関する規定を設けることになった。

②　公示催告手続の一元化および除権の裁判の決定手続化　改正前の公示催告手続は、公示催告の申立てによる公示催告決定の手続および除権判決の申立てによる除権判決の手続に二分されており、除権判決の手続は、判決手続で行なわれていたため、必ず口頭弁論である公示催告期日が開かれ、申立人が出頭する必要があった（公催七六五条三項第四・七七一条参照）。しかし、これに対しては、手続が必要以上に重く手続の迅速性を害するとして、あえて必要的口頭弁論にもとづく判決手続による必要はないとされた。そこで、改正法においては、除権の裁判の形式は「判決」から「決定」に改められ（非訟一四八条一項）、公示催告期日が廃止された（除権の裁判の決定手続化）。

また、改正法においては、公示催告の申立てにより公示催告手続開始の決定がなされることで手続全体が開始するとされ、公示催告の申立てとは別に公示催告期日に除権の裁判の申立てをすることなく除権決定をすることができることにしている（非訟一四三条一項、公示催告手続の一元化）。

また、法改正前は、公示催告実施後、公示催告期間中に申立てが不適法であること、または申立ての理由がないことが明らかになった場合の処理手続が明らかでなく、申立人が申立てを取り下げないときは、公示催告の申立てを却下するとする見解、公示催告期日において除権判決の申立てがされるのをまって、これを却下するとする見解などがあった。しかし、今回の改正により、公示催告手続が一元化されたことに伴い、公示催告手続開始の決定がされた後は、除権決定がされるまでの間に、公示催告の申立てが不適法であることまたは理由がないことが明らかになったときは、公示催告手続終了の決定により手続全体を終了させることができることを明文の規定で定めた（非訟一四六条一項）。

さらに、公示催告手続の決定手続化に伴い、除権決定に対する不服申立ても合理化された。改正前は、除権判決に対する不服申立ては、地方裁判所に不服の訴えを提起して行なうこととされていたが、改正法は、除権決定に対する不服申立手続を除権決定の取消しの申立による決定手続とし、またその管轄裁判所を簡易裁判所とすることとしている（非訟一五〇条・一五一条および一五三条）。

③　公示催告期間の短縮および公告方法の合理化　従来、手形等の有価証券の無効宣言をするための公示催告手続においては、公示催告を官報に掲載した日と公示催告期日との間に少なくとも六か月の公示催告期間を要するものとされていた（公催七八三条）。これは、一般の公示催告手続における公示催告期間の下限が二か月とされていた（公催七六七条）のに対して、その特則をなすものであり、失権の対象となる有価証券所持人の利益を保護するためであると解されてきた。しかし、代表的な有価証券である約束手形は、振出日から満期までの期間が三か月程度のものが多く、催告期間の下限が六か月では、その喪失者の迅速かつ実効的な救済が図られないとの指摘があった。そこで、公示催告期間として法定するのは、その下限であり、裁判所は、公示催告の内容を勘案して適宜の公示催告期間を指定することが可能であることなどをも考慮して、改正法においては、有価証券の無効宣言のための公示催告手続における催告期間の下限も、これを六か月から二か月に短縮し、一般の公示催告手続の場合と同様に扱われることになった（非訟一四五条・一五九条二項、有価証券の無効宣言のためにする公示催告手続における公示催告期間に関する特則の廃止）。

改正前は、有価証券の無効宣言をするための公示催告は、裁判所の掲示板に掲示し、かつ官報または公報に掲載するほか、新聞紙への掲載をしなければならないものとされていた（公催七八二条一項、なお、同条二項および七六六条一項および二項参照）。しかし、改正法は従前から行なわれていなかった新聞紙への掲載の義務付けを止め、一般の公示催告の場合と同じく任意のものとするとともに、公報への掲載による公告をも廃止した（非訟一四四条一項および二項）。

(2)　公示催告・除権決定の対象となる証券　以上のように解してよいとすれば、公示催告・除権決定の制度は、有価証券の制度にとって不可欠なものであり、有価証券制度と公示催告・除権決定の制度とは表裏をなしているといえる。その限りでは、原則として、有価証券はすべて公示催告・除権決定の対象となるといえよう。

しかし、この点についての実定法の規定は、必ずしも明確ではない。平成一六年改正前の「公示催告手続ニ関スル法律」（明治二三・四・二一法律二九号）七七七条の規定によると、証書の無効宣言のための公示催告手続についての規定は、「手形其他商法ニ無効ト為シ得ヘキコトヲ定メタル証書」についてのものであり（公催七七七条一項）、また、「法律上公示催告手続ヲ許ス他ノ証書」についても、その法律に特則のない限り、その適用があるものとされていた（同条二項）。したがって、どのような証券につき除権判決（証書の無効宣言）のための公示催告が認められるのかは、商法その他の実体法において規定され、「公示催告手続ニ関スル法律」は公示催告の手続面を規定するにすぎないと考えられていた。そして、公示催告・除権判決についての実体法規定としては、一般に次のようなものが挙げられてきた。すなわち、株券について公示催告・除権判決を認める旧商法二三〇条、指図証券、無記名証券および民法四七一条の証券について公示催告・除権判決を認めた民法施行法五七条、抵当証券について民法施行法五七条を準用する抵当証券法四〇条などである。

これに対して、非訟事件手続法一五六条は、「法令の規定により無効とすることができる」「有価証券」が、公示催告手続の対象となる有価証券であることを前提とする規定である。すなわち、平成一六年の法改正により、用語は、「証書」から「有価証券」に改められたが（公催七七七条および非訟一五六条参照）、その内容は、従前通りであると解されている（島田充子・前掲二七頁）。すなわち、公示催告手続の対象となる有価証券は、法律によって公示催告手続により無効とすることができると定められている有価証券である（非訟一五六条）。公示催告・除権決定についての実体法規定としては、具体的には次のようなものが挙げられている。指図証券、無記名証券および民法四七一条の証券について公示催告・除権決定を認めた民法施行法五七条、抵当証券について民法施行法五七条を準用する抵当証券法四〇条などである。株券に関しては、以前は、公示催告手続の対象とされていたが（公催七七七条参照）、商法が改正され（平成一四・五・二九法律四四号）、公示催告手続に代わる株券失効制度として株券喪失登録制度が創設されたため（平成一四年改正商二三〇条〜二三〇条ノ九参照）、株券は、公示催告手続の対象から除外された（平成一四年改正商二三〇条ノ九ノ二）。株券喪失登録制度は、会社法にも受け継がれており（会社二二一条〜二三二条）、株券には、非訟事件手続法第三編の公示催告手続の規定は適用がないものとされている（会社二三三条）。なお、会社法のもとでも、新株予約権証券および社債券には、公示催告手続の規定の適用があり、したがって非訟事件手続法の定める公示催告手続によって無効とすることができるものとされている（会社二九一条・六九九条参照）。

民法施行法五七条の位置付けをめぐる議論と裏書禁止手形　従来、「公示催告手続ニ関スル法律」のもとにおいて、公示催告・除権判決の対象となる証券に関する議論において、民法施行法五七条の意義に関して、この規定は、「公示催告手続ニ関スル法律」七七七条一項にいう「商法」に当たるとする興味深い見解があった。すなわち、「公示催告手続ニ関スル法律」七七七条一項にいう「商法」とは、民事訴訟法施行当時の明治二三年の旧商法をいい、その旧商法は四〇三条において指図証券について、また、七一一条において手形小切手について、いずれも公示催告・除権判決の対象となる旨規定していたが、その後、それらの規定に代って、民法施行法五七条が設けられたのであり、民法施行法五七条は、同法七七七条との関係では、同条一項にいう「商法」に当たるというのである。この見解は説得力に富む。そうであるならば、結局、抵当証券のように特別法に規定のあるものを別にすれば（これは、「公示催告手続ニ関スル法律」七七七条二項に該当することになる）、一般原則としては、株券と民法施行法五七条の規定する証券のみが実体法上は、公示催告・除権判決を許されることになるというのである（なお、平成一七年改正前商法三一八条三項参照）。このように解するときには、手形についても、それが公示催告・除権判決（除権決定）の対象となる根拠は、民法施行法五七条に求めることになる。しかし、民法施行法は、右に言及した旧商法四〇三条にのみ代わるものであって、指図証券・無記名証券でない手形については現在では実体法には何ら明文の規定がない。そこで、「公示催告手続ニ関スル法律」七七七条一項には、「手形其他商法ニ無効ト為シ得ヘキコトヲ定メタル証書」とあったので、この規定は、手形については、それが公示催告・除権判決の対象となることを定めた規定でもあるとする見解もあった。民法施行法五七条が記名証券を掲げていないため、裏書禁止手形について公示催告・除権判決を許すべきかどうか、という問題との関係でかねてから争いのあったところである。

　現行法のもとでは、裏書禁止手形が公示催告手続の対象となるかどうかという問題は、どのように考えるべきであろうか。非訟事件手続法一五六条には、従来の規定（公催七七七条一項）とは違い、「手形」という文言はみられない。他方、裏書禁止手形のような記名証券は、民法施行法五七条の明文で掲げるところではないのである。しかし、記名証券も、前述の、いわゆる有価証券の消極的作用を有するのであり、権利者といえども証券を呈示しなければ権利を行使できないのであるから、これについても公示催告手続により無効とする必要のあることは明らかである。あるいは、公示催告・除権決定の認められる証券は実体法たる法律が具体的に掲げるものに限ると主張されることがあり、非訟事件手続法一五〇条一号（公催七七四条二項第一）などの規定も、そのことを窺わせるが、しかし、公示催告・除権決定の対象たる証券について定める実体法たる民法施行法五七条の規定は、そもそも、有価証券に公示催告・除権決定を許すことを目的とする規定であるから、そこに明文で掲げるもののほか裏書禁止手形などの記名証券も条理上、当然包摂されていると解してよいのではなかろうか。公示催告・除権決定は、実体法の規定が明文で規定していなくても、公示催告・除権決定制度の趣旨から考えて、公示催告・除権決定を認めて然るべき証券についても許されると解すべきである。

なお、右に述べたところとは反対に、民法施行法五七条に規定する証券であっても、公示催告・除権決定制度の趣旨あるいは公示催告・除権決定に伴う技術的制約のために公示催告・除権決定の対象とすることの許されていない証券もある。たとえば、乗車券や勝馬投票券のように各証券の同一性の識別が困難なものは、たとい、それらが有価証券（無記名証券）であるとしても、これを公示催告の対象とすることはできない。また、権利の価値よりも公示催告の費用の方が大きい証券、権利行使の時期が決まっていて、長期間を要する公示催告を行なっても意味のない証券などについても、公示催告・除権決定は許されないと解すべきである（河本一郎「除権判決の対象となる証券」民商四三巻二号四一頁参照）。

(3)　公示催告・除権決定の手続

①　公示催告手続　法律により無効宣言の許されている有価証券（具体的には手形、小切手――指図禁止の手形を含めて――のほか社債券（会社六九九条）、指図証券・無記名証券・選択無記名証券（民法施行法五七条）、および抵当証券（抵当証券法四〇条）など）については、盗取、紛失または滅失により証券を喪失した場合には（非訟一五六条）、そのような事実がなかったならば権利を行使することのできた者は（非訟一五六条一号および二号参照）、当該有価証券の謄本を提出し、または当該有価証券を特定するために必要な事項を明らかにして、かつ、非訟事件手続法一五六条の定める申立権者であることおよび盗難、紛失または滅失の事実を疎明して（非訟一五八条）、簡易裁判所（非訟一五七条一項参照）に公示催告の申立てをすることができる。公示催告の申立ては、書面または口頭ですることができる（非訟八条一項）。なお、有価証券の盗難、紛失または滅失の事実の疎明は、申立人または証券保管者作成の陳述書または上申書（有価証券の取得および保管の状況、喪失およびその認知や探索の経過等を記載したもの）、申立人作成の盗難（遺失）届出証明願兼警察署長作成の届出受理証明書（これは届出のあったことを証明するものであり、喪失自体を証明するものではないから、これだけでは疎明十分とはいえない）、消防署作成の罹災証明書

および詳細な事情を記載した陳述書等を提出して行なう。

申立ての受付は、公示催告事件簿に登載して受け付ける。公示催告手続開始前に、申立ての形式的要件および実質的要件が欠けていることが明らかになったときは（たとえば、証券が公示催告手続の対象とならないものである場合、証券の喪失に当たらない場合、法律上申立人になれる地位にない者の申立て、申立てに必要な証拠の具備がない場合などである）、決定で申立却下の決定をする。この申立却下の決定に対しては即時抗告をすることができる（非訟一四三条二項）。

公示催告の申立てが適法であり、かつ理由があると認められるときは、裁判所は、公示催告手続開始の決定をするとともに、公示催告をする旨の決定（公示催告決定）をする（非訟法一四三条一項・一五九条、決定の申立人への告知に関しては、非訟一八条参照）。

有価証券無効宣言のための公示催告の内容は次のとおりである（非訟一五九条一項）。一、申立人の表示、二、権利を争う旨の申述の終期の指定（法改正前は、公示催告期日が権利の届出の終期としての機能を有していたが、公示催告期日が廃止されたので、権利を争う旨の申述の終期を指定することになったものである。公示催告の期間として、公示催告を官報に掲載した日から権利を争う旨の申述の終期までの間に少なくとも二か月の期間をおかなければならないが（非訟一四五条および一五九条二項）、官報公告依頼から官報に掲載されるまでに要する日数などを考慮して、権利を争う旨の申述の終期を指定する必要がある）、三、権利を争う旨の申述の終期までに権利を争う旨の申述をし、かつ有価証券を提出すべき旨の有価証券の所持人に対する催告、および、四、催告に応じて権利を争う旨の申述をしないことにより有価証券を無効とする旨を宣言する旨の表示。

公示催告決定後、書記官は、直ちに公告手続をとる。公示催告の公告は、右の公示催告の内容を裁判所の掲示場に掲示し、かつ官報に掲載する方法で行なう（非訟一四四条一項）。

公示催告手続開始の決定の後、除権決定までの間に、申立てが不適法であること、または理由がないことが明らかになったときは（たとえば、申述人から有価証券が提出され、証拠上、申立てにかかる証券との同一性が認められる場合など）、裁判所は、公示催告手続終了の決定をしなければならない（非訟一四六条一項）。この決定により公示催告手続を終了させる場合には、公示催告の期間経過を待つ必要はなく、また審問期日を経ることも要しないと解されている。なお、公示催告手続終了の決定に対しては、即時抗告をすることができる（非訟一四六条二項）。

②　権利を争う旨の申述、除権決定、公示催告手続中止決定および留保決定　権利を争う旨の申述は、書面または口頭で行なう。この申述とともに、所持している有価証券の原本を提出しなければならない。権利を争う旨の申述をするには、自らが権利者であること、その他の申立人が申立ての理由として主張した権利を争う理由を明らかにしなければならない（非訟一四七条四項）。しかし、申述人が真の権利者であることまで証明する必要はない（権利の帰属の問題は、公示催告手続ではなく、通常の訴訟手続において審理すべきである）。権利を争う旨の申述は、本来、公示催告決定において定められた申述の終期までにされるべきである。しかし、審理終結日が定められた場合には、審理終結日までですることができる（非訟一四七条三項）。

申述があれば、担当裁判官が有価証券の原本を閲覧、検分して申立ての対象である有価証券との同一性を調べる。また書記官は、申立人に対して、申述書の副本および申述にかかる証券の写しを送付する。その際、申立人が証券の同一性を認めるかどうか、申立てを維持するか取り下げるかなどの事項を記載した照会書も送付する（権利を争う旨の申述の処理に関する本段の記述は、東京簡易裁判所公示催告係における公示催告手続の運用を前提にした島田充子・前掲三〇頁における説明に依拠するものである）。

権利を争う旨の申述があり、有価証券が提出された場合、申立てにかかる証券と申述にかかる証券が同一であるかどうかが審理の中心となる。申立人が、申立てにかかる証券と申述にかかる証券との同一性を認めた場合には、有価証券の喪失による所在不明という要件が欠けることになるので、裁判官は、申立人に公示催告申立ての取下げを促し、申立人がこれに応じなければ、公示催告手続終了の決定をすることになる（非訟一四六条）。他方、申立人が、申立てにかかる証券と申述にかかる証券との同一性を認めない場合には、書面審尋や当事者審問等の審理によって、裁判官がその同一性を判断する。裁判官が同一性を認めたときには、公示催告手続終了の決定をする。他方、同一性が認められない場合には、そのような証券の提出による申述は、適法な権利を争う旨の申述とはいえないから除権決定が行なわれることになる。同一性の有無の判断が困難なときは、公示催告手続の中止決定をするか、または除権決定とともに留保決定をすることになる。

公示催告の期間終了前（公示催告手続開始決定がされてから権利を争う旨の申述の終期まで）に権利を争う旨の申述がされた場合には、申立人と申述人に攻撃防御を尽くさせる必要があるので、裁判所は、双方が立ち会うことのできる審問期日を指定するとともに、攻撃防御の方法の提出期限の終期を定めるために審理終結日を定めなければならない（非訟一四七条二項）。審理終結日自体は、権利を争う旨の申述の終期以降の日になるものと考えられる（非訟法一四七条三項参照）。実際には、申述がされた後、申立人に証券の同一性を認めるか否かの照会をしたうえで、申立人がこれを争うことが判明した段階で、審問期日および審理終結日の指定がなされることになるといわれる（島田充子・前掲三〇頁参照）。

公示催告の形式的要件および実質的要件が認められ、公示催告の公告が適法に行なわれ、また申述の終期（審理終結日が定められたときは、審理終結日）までに適法な権利を争う旨の申述がない場合には、裁判所は、決定で、当該公示催告の申立てにかかる有価証券の無効を宣言する裁判（除権決定）をする（非訟一四八条一項・一五九条二項・一六〇条一項）。除権決定に対しては、除権決定の取消しの申立てによる場合のほかは、不服を申立てることはできない（非訟一四八条五項）。

除権決定は、決定告知と同時に形式的に確定し、すべての利害関係人との間で決定に従った形成力が生じる。すなわち、除権決定により、その時からその証券は、単なる紙片となり（非訟一六〇条一項、除権決定の消極的効力）、また申立人は、爾後、権利は証券との結びつきを解除されたものとして、証券なくして権利の行使ができるようになる（非訟一六〇条二項、除権決定の積極的効力）。換言すれば、除権決定によって、手形所持人は権利者と推定されることがなくなり、申立人は現に証券を所持しているのと同様の権利行使の形式的資格を認められるのである。

権利を争う旨の申述がされた場合において、提出された証券と公示催告の対象となっている証券との同一性が裁判所に明らかでないとき、または適法な権利を争う旨の申述がされたものの、申述人も証券を喪失したため証券を提出できないときなどには、申立人と申述人との間の証券上の権利に関する訴訟（証書真否確認の訴え、申述人が証券上の権利者でないことの確認の訴え等）の判決が確定するまで公示催告手続を中止する旨の決定をすることができる（非訟一四八条三項・一五九条二項）。公示催告手続中止決定に対する不服申立はできない（非訟一四八条六項参照）公示催告手続中止決定の後、申立人と申述人との間の通常訴訟において、申立人勝訴の判決が確定したときは、除権決定をすることになる。他方、申立人敗訴の判決が確定したときは、公示催告手続終了決定をすることになる。

なお、公示催告手続中止決定は、申立人と申述人との間の訴訟の結果によって、申立人に対する除権決定の要否が決まる場合に、その訴訟の結果を待つためにするものである。申立人が申述人に対して証券の引渡請求をするような場合には、申立人自身が証券の同一性を前提としているのであるから既に公示催告の申立てに理由がないことは明らかである。このような場合には、公示催告手続中止決定をする理由はなく、公示催告手続終了の決定をすることになる（島田充子・前掲三二一頁参照）。

右の公示催告手続中止決定をすべき事情があるときには、申述人の権利との関係では証券の失効を留保し、かつ申立人が証券上の権利に関する訴訟において敗訴したときは、他の者との関係でもその効力が失われる旨の定め（留保決定）をして除権決定をすることができる（非訟一四八条三項・一五九条二項）。これは、申述人以外の者との間において証券の無効の効力を生じさせて、あるいは善意取得を防止し、あるいは無権利者に対する弁済によって債務者が免責されたとの主張を封じるためのものである。留保決定に対しては即時抗告をすることができる（非訟一四八条六項）。

留保決定の後、申立人と申述人との間の通常訴訟において、申立人勝訴の判決が確定した場合には、申述人は自ら権利を主張することができないことが確定するので、留保部分が無意味となった無留保の除権決定として扱われる。他方、申立人敗訴の判決が確定した場合は、解除条件が成就することになり、除権決定は失効する。

以上の除権決定、公示催告手続中止決定および留保決定の申立人（および申述があるときは申述人）に対しては、適宜の方法で告知することになる（非訟一八条二項参照）。必要に応じて決定書を送達する取扱が考えられる（島田充子・前掲三二一頁参照）。除権決定および留保決定は、官報に掲載して公告しなければならない（非訟一四九条）。

③　除権決定に対する不服申立て　　前述したように、除権の裁判に対する不服申立てに関しては、法改正によって、地方裁判所への不服の訴えによる判決手続から、除権決定をした簡易裁判所への取消しの申立てによる決定手続に改められた（非訟一五〇条・一五一条・一五三条）。

除権決定取消しの申立ての申立権者は、除権決定の効力により権利、利益を害される利害関係人であり、申立ての相手方は、公示催告の申立人である。除権決定取消しの申立ては、当該除権決定をした簡易裁判所が管轄する（非訟一五一条）。また、除権決定取消しの申立ては、申立人が除権決定を知った日（非訟一五〇条四号または六号に掲げる事由を不服の理由とする場合であって、その日に申立人がその事由があることを知らなかったときは、その事由があることを知った日）から三〇日の不変期間内にしなければならない（非訟一五二条一項）。ただし、除権決定が告知された日から五年を経過したときは、除権決定取消しの申立てをすることはできない（非訟一五二条二項）。

除権決定取消しの申立ての不服の理由は、非訟事件手続法一五〇条一号乃至六号に掲げる理由に限定される。除権決定の安定を図るためである。

除権決定取消しの申立てがあったときは、裁判所は、申立人および相手方の双方が立ち会うことができる審問期日を指定するとともに、審理終結日を定めなければならない（非訟一五三条一項）。審理の結果、不服の理由があるときは、裁判所は、除権決定を取り消す決定をしなければならない（非訟一五三条二項）。不服の理由がないときは、裁判所は、申立却下の決定をする。これらの決定に対しては、即時抗告をすることができる（非訟一五三条三項）。なお、除権決定を取り消す決定が確定したときは、官報に掲載してその主文を公告しなければならない（非訟一五三条四項）。

さらに付言するに、公示催告から除権決定までには少なくとも二か月以上を要するので（非訟一四五条、一五九条二項、さらに改正前公催七八三条参照）、その間に債務者の資産状態の悪化や目的物の滅失変質のおそれがある。そこで、商法では、金銭その他の物または有価証券の給付を目的とする有価証券を喪失した者が、公示催告の申立をしたときには、除権決定前でも債務者にその債務の目的物を供託させ、または相当の担保を供してその有価証券の趣旨どおり履行させることができるものとされている（商五一八条、なお、倉庫証券に関する商六〇五条・六二七条二項参照）。

2　手形の善意取得と除権決定

手形喪失の場合にも、その除権決定の手続は、右に述べた非訟事件手続法の規定に従って行なわれる。ところで、その際、除権決定前に手形を善意取得していた者が、除権決定によって、その権利を失うかどうかが問題になる。これは、従来から、「除権判決前に手形を善意取得していた者が、除権判決によって、その権利を失うかどうか」という問題として、学説において争われ、また下級審の判例が分かれていた問題である。従前の下級審判例の多くは、株券や適法に振出された手形について、善意取得者は権利を失わないとしてきた。

最高裁判所の判例は、最近までなかったが、他方、最高裁は、署名後交付前に喪失した手形を除権判決の確定前に悪意または重大な過失なくして取得し、その振出署名者に対して振出人としての責任を追求しえた者は、除権判決によって、その権利を失うものではないと判示していた（最判昭和四七・四・六民集二六巻三号四五五頁）。この場合には、「適法に振り出された手形の所持人がその手形を喪失して公示催告の申立をした場合のように、除権判決の確定前に当該手形の善意取得者が現われて権利行使の資格の競合状態を生ずるおそれはないから、除権判決前の権利取得者の権利を否定する必要はない」というのである。

近時、最高裁判所は、適法に振出された手形に関して、「手形について除権判決の言渡しがあったとしても、これよりも前に当該手形を善意取得した者は、当該手形に表章された手形上の権利を失わない」と判示して、多数の下級審と同様の立場をとることを明らかにした（最判平成一三・一・二五日民集五五巻一号一頁）。この最高裁判決によれば、手形に関する除権判決の効果は、当該手形を無効とし、除権判決申立人に当該手形を所持するのと同一の地位を回復させるにとどまるものであって、申立人が実質上手形権利者であることを確定するものではなく、手形が善意取得されたときは、当該手形の従前の所持人は、その時点で手形上の権利を喪失するから、その後に除権判決の言渡しを受けても、当該手形を所持するのと同一の地位を回復するにとどまり、手形上の権利までをも回復するものではない、したがって、手形上の権利は善意取得者に帰属する、というのである。また、最高裁は、この理由に加えて、手形に関する除権判決の前提となる公示催告手続における公告の現状からすれば、手形の公示催告手続において善意取得者が除権判決の言渡しまでに裁判所に対して権利の届出および当該手形の提出をすることは実際上困難な場合が多いことを指摘し、除権判決の言渡しによって善意取得者が手形上の権利を失うとするのは手形の流通保護の要請を損なうおそれがあると説いている。

これを要するに、判例は、適法に振出された手形を善意取得した者との関係でも、署名後交付前に喪失した手形を悪意または重大な過失なく取得した者との関係でも、手形について除権の裁判があっても権利取得者は手形上の権利を失わない、とする見解を採用しているのである。

除権決定より前に手形を善意取得した者の手形上の権利　手形は有価証券であり、所持人が手形を喪失したときは、権利行使の手段を失い、その権利を行使することができない（呈示証券・受戻証券）。法は、手形に代わる権利行使の手段として、従前から公示催告による除権判決の制度を認めており（公示催告手続ニ関スル法律〔右の最判平成一三・一・二五日民集五五巻一号一頁の当時は、公示催告手続及ビ仲裁手続ニ関スル法律〕七六四条以下）、現行法（非訟一四一条以下参照）においては公示催告手続による除権決定の制度が認められている。①除権の裁判（かつては除権判決、現行法では、除権決定、以下、従前の判例や学説に言及するときは、必ずしも一々それが現行法の「除権決定」に当たることを断らないで、当時の制度に従い、「除権判決」とするが、いうまでもなく、それは現行法のもとでは、「除権決定」に当たる）においては、有価証券（手形）が無効であると宣言され（非訟一六〇条一項）（除権決定の消極的効力）、他方、②除権の裁判があれば、申立人は、有価証券により義務を負担する者（手形債務者）に対して当該有価証券による権利を主張できるものとされている（非訟一六〇条二項）（除権決定の積極的効力）。

ところで、右の最判平成一三年一月二五日も引用する最判昭和二九年二月一九日（民集八巻二号五二三頁）は、「喪失株券に関する除権判決の効果は、右判決以後当該株券を無効とし、申立人に株券を所持すると同一の地位を回復させるに止まるものであって、公示催告申立の時に遡って右株券を無効とするものではなくまた申立人が実質上株主たることを確定するものでもない」としているが、このように、除権判決の消極的効力が遡及しないとする以上、除権判決までに善意取得する者がありうる。他方、除権判決の積極的効力が形式的資格に関するものであって、実質上権利者かどうかを確定するものでないとすれば、除権判決を得た者も当然に権利を取得するとはいえない。そこで、従来から、除権判決の言渡しより前に証券（特に、株券または手形）を善意取得した者の法的地位をめぐって争いがあり、①善意取得者ができた場合には、証券を喪失した本来の権利者はそれによって、その有する権利を失うから、除権判決を得ても一たん失った権利を回復することはできない、と解するか（善意取得者は権利を喪失しない、善意取得優先説）、それとも、②そのような者（申立人）も、本来からの無権利者ではなく、除権判決を得れば、権利を行使することができ、善意取得者の権利は否定されるに至る、とするか（善意取得者は権利を喪失する、除権判決優先説）、が激しく争われてきた（古典的な文献として、鈴木竹雄「除権判決」民事訴訟法講座第五巻一四六七頁および河本一郎「株券の除権判決」株式会社法講座第二巻七七七頁参照、近時の文献に関しては、たとえば、前掲最判平成一三年一月二五日に関する志田原信三・最高裁判所判例解説民事篇平成一三年度(上)一頁、一八頁以下の注5乃至注10に引用されている諸文献参照）。

学説の説くところを概観するに、近時多数とされる善意取得優先説は、除権判決は申立人に形式的資格を回復させるだけであって申立人が権利者であることを確定するものではなく、したがって無権利者（たとえば、すでに他人に証券を譲渡した者）が除権判決を得ても権利者となることはないが、そうであるならば、除権判決前の善意取得によって権利を失った証券喪失者（申立人）も除権判決によって権利を回復することはない、と説くとともに（河本一郎・新版注釈会社法（4）一七〇頁参照）、公示催告が周知方法として極めて不十分であることを指摘し、有価証券の流通の保護の必要性をも併せて強調している（竹内昭夫・会社法講義(上)一八九頁参照）。

他方、除権判決優先説は、善意取得優先説のように解すると、有価証券喪失者が時間と費用をかけて除権判決を得ても徒労となり、公示催告による除権判決の制度を認めた趣旨が失われる（申立人はせっかく除権判決をえても結局何にもならないことになるのに引きかえ、善意取得者は期日までに権利の届出をしないでも結局損をしないですむことになる〔鈴木竹雄〔前田庸補訂〕・手形法・小切手法〔新版〕三四六頁註一七〕）として、除権判決があれば申立人は権利を回復し、その結果、善意取得者は権利を失うと説いている（鈴木・前掲論文一四六九頁および竹田省「喪失せられたる手形の除権判決」商法の理論と解釈六七七頁、六九七頁参照）。要するに、除権判決優先説は、公示催告・除権判決制度の趣旨を強調し、善意取得優先説は、それよりも証券の流通の保護を優先すべきことを説くものである。

本文でも言及したように、この問題に関する下級審の判例は分かれていた（善意取得優先説によったとされる判例には株券に関するものが少なくないが、手形に関しては、名古屋高判昭和三五・九・二二高民集一三巻七号六四二頁、東京高判平成二・四・二四金融商事八六二号二七頁などがあり、他方、除権判決優先説によると見られるものに、東京高判昭和四九・七・一九判時七五六号一〇二頁、名古屋地判昭和五〇・三・二七判時七二九号七〇頁、東京地判昭和五三・五・二九判時九二三号一一五頁〔株券〕がある）。株券に関する前掲最判昭和二九年二月一九日も、この点の判断は留保していた。他方、約束手形の振出署名者が得た除権判決の効力に関して、最判昭和四七年四月六日（民集二六巻三号四五五頁）は、「除権判決前に手形を悪意または重大な過失なく取得し、振出署名者に対して振出人としての責任を追及しえた者の有する実質的権利までも消滅させる効力を有するものではない」として、その限りでは、ここにいう善意取得優先説の結論を採用している。そこで、最判平成一三年一月二五日（民集五五巻一号一頁）のように適法に振出された手形の所持人がその手形を喪失して公示催告の申立をしたが、除権判決の確定前に善意取得者が現れたという場合にも、そのような考え方を及ぼすことができるかどうか、が争われることになった（上告受理申立て理由は、これを否定し、前掲最判平成一三年一月二五日ならびにその原審判決は、逆にこれを積極に解している）。前掲最判平成一三年一月二五日は、手形に関して、この問題に、最高裁として初めて正面から判断を示し、善意取得優先説をとることを明らかにしたものである（なお、株券に関しては、平成一四年商法改正により、株券失効の制度（株券喪失登録制度）が設けられ、公示催告手続に関する規定は適用されないことになった〔商二三〇条以下、商二三〇条ノ九ノ二および会社二二一条以下、会社二三三条参照〕）。

なお、善意取得優先説を取る場合には、その権利行使の方法が、手形の呈示証券性および受戻証券性との関係で問題となるが、前掲最判平成一三年一月二五日は、善意取得者の権利行使の方法について明示的な判断を加えていない。ここでは、この問題には立ち入らないが、最判平成一三年一月二五日は、その結論を導く前提として、「善意取得者は、除権判決の言渡しよりも前に手形を善意取得したことを証明して、手形上の権利を行使することができる」とする立場によっているのではないかと考える（志田原・前掲一七頁、さらに、松本博之「本件判批」金融法務一六二〇号一一頁、一三頁以下および松本博之「除権判決と善意取得・下」法時五九巻七号七五頁、七八頁参照）。

前掲最判平成一三年一月二五日の判旨は、先ず、その見解を理由付けるために、株券に関する前掲最判昭和二九年二月一九日を引用して、「手形に関する除権判決の効果は、当該手形を無効とし、除権判決申立人に当該手形を所持するのと同一の地位を回復させるにとどまるものであって、上記申立人が実質上手形権利者であることを確定するものではない」と述べている。これは、いわゆる除権判決の消極的効力と積極的効力の説明と同趣旨を説くものであり、その限りでは問題はない。しかし、それに続けて、「手形が善意取得されたときは、当該手形の従前の所持人は、その時点で手形上の権利を喪失するから、その後に除権判決の言渡しを受けても、当該手形を所持するのと同一の地位を回復するにとどまり、手形上の権利までをも回復するものではなく、手形上の権利は善意取得者に帰属すると解するのが相当である」とする部分は、善意取得優先説の主張として広く知られているところではあるが、それが「理由」といえるかどうか疑問なしとしない。いわゆる除権判決優先説の論者も、除権判決の消極的効力、積極的効力はこれを認めながらも、判旨とは結論を異にするのである。

先ず、①「善意取得の要件としての裏書の連続ある手形による権利の証明は、権利主張の段階において必要であり、除権判決により手形が無効とされた以上は、判決確定前には善意取得を主張しえた者も、もはやその要件を欠くに至る」と説く見解がある（小橋一郎「判批」判例評論一六三号一三五頁、一三八頁、小橋一郎「本件判批」私法判例リマークス二〇〇二㊤一〇五頁、一〇七頁）。「除権判決〔の消極的効力〕によりその手形が無効となったときは、善意取得の要件を欠き、善意取得者は手形上の権利を失わざるをえず、その結果反射的に、除権判決を得た申立人の手形上の権利が認められることになる」というのである（小橋・前掲〔私法判例リマークス〕一〇七頁）。次に、②除権判決の消極的効力ではなくて、積極的効力に注目する見解もある。「除権判決によって『手形は無効になる』という効果によっては、除権判決前の善意取得者ないしその後の権利者の権利は当然に消滅するものではない。しかし、除権判決のもう一つの効果である『手形喪失者に手形を所持するのと同様の形式的資格を与える』ということによって、申立人に除権判決を得るについて（すなわち形式的資格を取得するについて）悪意または重大な過失がなければ、喪失前の権利者であった申立人は実質的権利をも取得し、その反射効として除権判決当時の権利者（除権判決前の善意取得者ないしその後の取得者）は実質的権利を失うものと考えることができる」というのである（菱田・手形小切手法三一〇頁）。

また、③除権判決を証券の返還と同視して、善意取得者の権利の取得を否定する見解もある。すなわち、実定法は、「善意取得者は本来の権利者に対して証券の返還を要しない旨を規定し、その結果として権利を取得したことになるという特殊の構成をとっている」。「従って、形式的にみれば、本来の権利者が証券の返還を受けうるならば、善意取得者の権利取得が否定されるにいたるわけであって、この場合にも、除権判決によりあたかも現在の所持人から証券の所持を回復したのと同様の効果が認められる以上、それによって善意取得者は証券を返還したのと同様となり、その結果権利の取得も否定されることとなる」とする見解である（鈴木・前掲論文一四九六頁）。

さらには、④「除権判決が常に一般に申立人の実質的権利者たることを確定する積極的効果をもつ」ものではないことを強調しながらも、除権判決は、「事実上証券が存在していてもその証券の効力を将来にわたって失わしめることを主眼とするが、実は証券そのものの効力だけでなく、それと同時に、申立人の証券喪失後に証券の存在ないし占有取得がなければ生じえなかったような諸効果をも将来に向かって失わしめるという意味をもつ」と解する見解もある。「申立人の証券喪失後における善意取得者の権利取得は、正に証券の存在ないし占有がなければ生じえなかった効果にほかならない」「従って、右の主張を容認する除権判決があったときは、善意取得者は一旦取得した権利を将来に向かって失うこととなり、その権利は、申立人の証券喪失当時における権利者に帰することとなる」とされるのである（大森忠夫「判批」民商三一巻一号一〇〇頁、一一一頁）。

私見は、必ずしも、これらの見解が正当であるとまでいうものではない。右の諸説がそれぞれ批判されていることも事実である（志田原・前掲七五六頁以下参照）。しかし、除権判決の消極的効力および積極的効力を等しく認めても、諸見解がこのように区々であることは注目に値する。このことからすると、右の前掲最判平成一三年一月二五日の判旨の理由付けには、ことば足りないものを感じる。とくに、上告受理申立て理由が、③および④に言及しているだけに説明不足の感は否めない。

前掲最判平成一三年一月二五日（民集五五巻一号一頁）は、右に続けて、いわば補強的に、「除権判決の前提となる公示催告手続における公告の現状からすれば、手形の公示催告手続において善意取得者が除権判決の言渡しまでに裁判所に対して権利の届出及び当該手形の提出をすることは実際上困難な場合が多く、除権判決の言渡しによって善意取得者が手形上の権利を失うとするのは手形の流通保護の要請を損なうおそれがある」と述べている。これも、善意取得優先説の論者の広く主張するところではあるが、反対論がないわけではない。先ず、判旨が「公示の不備」を根拠としていることを批判して、「民事手続上公示を送達・公告等の次善の方法として採用し、その公示によって権利の確定・失権を伴うとする多くの制度が設けられていることからして、〔判旨には、〕にわかに賛成することができない」と説く見解がみられる（塩崎勤「判批」民事法情報一七七号八六頁、八七頁参照）。

さらに、善意取得優先説が本件判旨のように「公示の不備」を指摘し、「手形の流通保護の要請」を強調することに対しては、すでに法解釈方法論のレベルにおいて批判的な見解もある。そのような「事実上の事情」を法解釈の根拠とすることに反対し、あるいは利益衡量による解決に疑問を呈して、「手形の流通がどこまで保護されるかは、法の定めるところであり、法規そのものの解釈によるほかない」とする見解である（小橋・前掲〔私法判例リマークス〕一〇七頁以下）。これは、一般論としては、傾聴すべき主張であると考えるが、問題を「法規そのものの解釈」から解決する試みが具体的に何を意味するかも、また一の問題である。たとえば、株券に関するものであるが、森本滋「判批」判例評論二五五号四五頁、四八頁は、善意取得優先説の理由付けに当たって、「有価証券法の下における体系的地位として、除権判決制度は善意取得制度に劣後すべきである」と説いている。私見によれば、これは、法規ないし法制度そのものよりする解釈であり、このようにいえるのであれば、善意取得優先説を支持すべきことになる。なお検討を要すると考えるが、ここでは、問題を指摘するに止まる。

以上のように見てくると、結局、「それぞれの立場を分かつものは、利益衡量についての見解の相違」である（河本・新版注釈会社法（4）一七二頁）という印象が強いが（前掲最判平成一三・一・二五日民集五五巻一号一頁の判例批評の見解も分かれている、志田原・前掲二二頁、後注2引用の各判例批評参照）、しかし、他方、前述のように、このことを指摘するだけでは問題は片付かない。学説は、善意取得優先説に立つ見解が多いようであるが、私見は、なお、除権判決優先説によるべきものと考えている。なぜならば、先ず、前述したように、私見によれば、手形に関する除権判決に消極的効力・積極的効力を認めるとしても、そのことから、当然に、善意取得優先説が導かれるものではないと考えるからである。また現行の法制度として、公示催告・除権判決（除権決定）の制度が存在する以上、法解釈論としては、公示催告による除権判決（除権決定）の制度の趣旨を無意味にするような解釈には躊躇があるのである。

なお、従来の判例によれば、白地手形についても除権判決を得ることはできるが、除権判決を得ても申立人は権利の行使はできず（最判昭和四三・四・一二民集二二巻四号九一一頁）、手形債務者に対する手形の再発行請求も認められていない（最判昭和五一・四・八民集三〇巻三号一八三頁、なお、第15章第5節1の註〔白地手形と除権決定〕参照）。除権の裁判の形式が判決ではなくて、決定となった現行法のもとでも、従来の判例の見解は維持されていると解される。

第4節　手形上の権利の取得

(1) 手形上の権利の取得　手形上の権利の取得には、原始取得と承継取得とがある。原始取得には、手形行為によって新たに手形上の権利が成立する場合と善意取得の場合とがある。手形行為の成立一般に関しては、すでに述べた（第3章参照）。また、各手形行為に関しては後述する。善意取得に関しては、従来の体系書には、この項で取り上げるものが多いが、本書では、独立の章を設けた（第10章参照）。

承継取得は、手形の流通によって生ずる。これに関しては、主として裏書との関係において取り上げる（第16章参照）。なお、承継取得は、裏書のほか、単なる手形の交付（白地式裏書の後の手形または無記名小切手の場合）によっても行なうことができる。遡求義務者や保証人などが手形と引換に支払を行なった場合にも手形上の権利を承継取得することになる（手四七条三項・三二条三項・六三条一項）。また、相続、合併による場合もあり、転付命令、競売によることも認められている。さらには、通常の債権譲渡の方法（民四六七条）による譲渡も認められている（最判昭和四九・二・二八民集二八巻一号一二一頁および第16章第1節1(3)参照）。

(2) 手形上の権利の取得と手形所有権　前述のように（第1章第1節末尾の註〔ドイツにおける有価証券の定義〕参照）、ドイツにおいては、手形法の諸問題を考察するに当たって「手形所有権（手形証券に対する所有権）」という概念を用いる。これに対して、近時のわが国の学説においては、手形所有権という概念は、むしろ否定的に理解されている（たとえば、「手形上の権利から切り離された手形所有権なるものは全く観念的なものにすぎな」いとされる。鈴木＝前田・一四九頁参照）。

したがって、手形法において、前述のように「権利と証券の結合」を強調するのも、証券の所有権を問題にする趣旨ではない。「証券は権利表章の手段にすぎず、権利と証券との有価証券的結合には証券の所持があれば足り」るのである。証券は、その所持に意味がある。手形上の権利取得には、権利と証券との密接な結合から、「証券の所持」の取得を必要とするだけであると解すべきである（石井＝鴻・一一五頁）。

第５節　手形上の権利の行使

手形上の権利の行使に関しても、手形が有価証券であり、その権利の行使には手形証券を要するとされていることに関係する諸問題がある。

⑴　呈示証券・受戻証券　手形は完全有価証券である。手形所持人が手形上の権利を行使するには、手形を呈示しなければならず（呈示証券性）、また債務者は手形と引換でなければ支払をする必要はない（受戻証券性）。手形は無因証券であるから、権利の行使には、その原因関係を証明する必要はない。手形法は、手形上の権利の行使に関しては、「支払」に関する規定をおいているが、これに関しては後に別個に取扱う（第18章参照）。

⑵　手形厳正　前述のように、手形制度の目的は、主として、いわゆる支払の用具、信用の用具としての機能を果たすことにある。そして、手形が、そのような機能を果たすためには、いわゆる支払の確実性の保障と手形流通性の保護強化とが図られなければならない（手形法の任務）。

そのために手形上の義務はとくに厳格なものとされているとして、とくにこれを「手形厳正」と呼んで強調することがある。手形厳正は、形式的手形厳正と実質的手形厳正とに分けられる。形式的手形厳正とは、手形に特有な簡易で迅速な手形訴訟を指す〔民訴第五編〔第三五〇条以下〕・旧民訴第五編ノ二〔第四四四条以下〕参照〕。また、実質的手形厳正とは、手形債務者の地位が一般の債務者のそれに比して不利益なこと（またはそのような性質のうちとくに手形債務の抽象性〔無因性〕もしくは手形抗弁の制限）を指すものとされる（大隅・五二頁以下）。従来の体系書では、「手形上の権利の行使」との関係において「手形抗弁の制限」を取り上げるのが一般的であるが、前述のように、本書では、独立の章において説明する（第11章参照）。

手形厳正　手形厳正という概念は、わが国においては、最近では余り重要視されていないようであるが、右に述べたように、①形式的手形厳正と②実質的手形厳正に分け、それぞれ①手形訴訟と②手形債務の抽象性または手形抗弁の制限を対応させるのが一般的である（たとえば、伊澤・四八頁、二〇〇頁および二〇〇頁註一参照）。これに対して、近時のドイツの学説は、やや趣の異なる説明をする。

たとえば、*Baumbach/Hefermehl*, Wechselgesetz und Scheckgesetz, 17. Aufl., 1990, S. 49 ff., S. 51 は、手形の性質（Natur des Wechsels）として、①有価証券であること、②法律上の指図証券（ein gesetzliches Orderpapier）であること、③独自・無因の債権（eine selbständige Forderung）を表章するものであること、④文言証券（ein schriftgemäßes Papier）であること、⑤手形厳正が認められていること、および⑥取引の保護（Schutz des Verkehrs）が図られていることを挙げているが、そこに見られる手形厳正（Wechselstrenge）の説明は、大略次のようなものである。

①　手形は厳格に形式的な有価証券（ein streng förmliches Wertpapier）である。手形がその経済的な目的をよく果たすことができるのは、この形式性に基づいている。手形の形式的な性格（die förmliche Natur des Wechsels）を根拠付けている諸規定は、手形厳正（Wechselstrenge）という概念のもとに総括されている。

(a)形式的な厳正に属するのは、次のものである。すなわち、手形の振出に当たって遵守すべき手形要件（Art. 1, 2 WG）（手形取引の安全はこの手形要件に依拠している）、および厳格な期間および法的な行為の要求（その遵守に遡求は依拠している）である。また、手形債権者は、その手形上の請求権（Ansprüche aus dem Wechsel）を手形訴訟（Wechselprozeß）という迅速な手続において実行することもできる。

(b)実質的な厳正に属するのは、手形債務（の内容）は手形証券（の記載）に従って決まるということである。証券の外部にあり、証券からは認識できないような事情または事実による補充は許されない。また、債務者は、手形債務に対する抗弁は、限られた限度においてのみ主張することができる。このことは、手形法一七条により第三者に対して妥当するだけではなくて、しばしば直接の受取人に対しても妥当する。さらに、手形債務者は合同責任を負う（Art. 47 WG)。

②　手形にその法的な特徴を与えている手形厳正は、自己目的ではない。それは、手形が短期の流通証券としてのその課題を果たすために必要な前提条件なのである。立法者ではなくて経済自体が、数世紀にわたる発展にもとづいてこの証券を作りだしたのである。手形厳正の短所と見えることも、実はその長所である。手形厳正がなければ、秩序ある手形取引はありえないであろう。手形から手形厳正を奪うものは、手形を経済的に意味のないものにするであろう。しかし、手形取引が必要としない形式性の誇張は避けなければならない。手形厳正の遵守が実質的な法の犠牲において自己目的となってはならない。手形の性格に適した限界を見いだすことが必要である。手形の変造の取扱に関しては、法律自体が過度の形式性をとらないことを示している（Art. 69 WG)。

第10章　手形の善意取得

裏書は、手形に特有な債権の譲渡方法である。しかし、裏書人が無権利者であれば、手形債権が裏書人に帰属することを前提とし、それを譲渡することを目的とする裏書は無効となり、被裏書人は裏書によって手形上の権利を取得することはできない。

そこで、手形法は、手形の流通性を確保するために、裏書の連続のある手形の所持人（裏書人）から裏書によって手形を取得した場合には、たとい裏書人が無権利者であっても、その被裏書人は権利を取得することができるものとした。これが、手形の善意取得（手一六条二項・七七条一項一号）の制度である。

第1節　善意取得の意義と要件

1　善意取得の意義

裏書は、手形に特有な債権の譲渡方法である。裏書の連続のある手形の適法な所持人（権利者）から裏書によって手形を譲受けた被裏書人は、それによって手形上の権利を取得する。しかし、裏書人が無権利者であれば、手形債権が裏書人に帰属することを前提とし、それを譲渡することを目的とする裏書は無効となり、被裏書人は裏書によって手形上の権利を取得することはできない。手形の裏書を受ける者にとっては、裏書人が権利者であるかどうかを知ることは必ずしも容易ではないから、これは手形を譲受ける者に不利益を強いることになる。そこで法は、手形の流通性を確保するために、裏書の連続のある手形の所持人（裏書人）から裏書によって手形を取得した場合には、たとい裏書人が無権利者であっても、その被裏書人は権利を取得することができるものとした。これが、手形の善意取得（手一六条二項・七七条一項一号）の制度である（鈴木＝前田・二六七頁、大隅・五〇頁参照）。

善意取得の法的根拠　裏書の連続のある手形の所持人は、手形法一六条一項（手七七条一項一号）によって権利者と推定されている（資格授与的効力）。そこで、裏書の連続のある手形の所持人から、その者を権利者であると信じて手形を裏書によって取得した者は、裏書人が無権利者であっても権利を取得することができることにした。これが善意取得の制度にほかならない。善意取得は、このように、いわゆる権利外観理論で説明するのが普通である。

なお、すでに述べたように（第9章第2節2）、善意取得は、有価証券のいわゆる資格としての機能に基礎を有する制度である。ここに、権利外観理論に法的根拠のある制度であるというのも、ほぼ同じことをいうものである。

2　善意取得の要件

(1)　裏書の連続　　手形法一六条二項（手七七条一項一号）は、善意取得の要件として「所持人ガ前項ノ規定ニ依リ其ノ権利ヲ証明スル」ことを要求する。善意取得の利益を受ける所持人につき、手形法一六条一項（手七七条一項一号）にいう裏書の連続のあることが必要とされている。これは、所持人が、①裏書の連続のある手形所持人から、②裏書によって、手形を取得した者であることを要求するものにほかならない。

①において譲渡人（裏書人）について裏書の連続のあることを要求しているのは、この場合にのみ譲渡人は権利者としての外観を備えるのであり、このような譲渡人から取得した者だけを保護すれば、それで手形の流通性の確保という制度の目的にとっては充分だからである（大隅・五一頁参照）。

裏書の連続に欠缺のある場合　この「譲渡人について裏書の連続のあること」という要件との関係で、裏書の連続を欠く場合の取扱が問題となる。裏書の連続の中断部分につき実質的関係の証明があれば、これによって中断されている裏書の連続は架橋される（架橋説）として、善意取得を認める見解が有力である。しかし、架橋説は、形式的に判断すべき裏書の連続について、その欠缺を実質的関係で補充（架橋）しようとするものであって、その説明は矛盾しているとの異論も有力である（坂井芳雄「架橋説批判」坂井・裁判手形法九一頁以下所収、九八頁以下参照）。なお、裏書の連続については、第16章第3節3(2)参照。裏書の連続と架橋説の関係については、第16章第3節3(3)参照。

次に、②においては、所持人への譲渡が裏書によるものでなければならないとされている。善意取得は手形の流通性を確保するための制度であるから、裏書という手形に特有な譲渡方法で権利を取得した者だけが保護されるのである。手形に特有な譲渡方法としては、裏書のほか、白地式裏書後の手形の所持人が単なる交付によって行なう譲渡も認められているから（手一四条二項三号・七七条一項一号）、この方法による取得者も善意取得の保護を受ける（手一六条一項・七七条一項一号）。しかし、相続や指名債権譲渡などの方法による場合には善意取得は認められない（大隅・五一頁参照）。

善意取得と各種の裏書　善意取得は、裏書という手形に特有な譲渡方法で権利を譲受けた者について認められる。しかし、広く裏書というときには、一般の譲渡裏書（手一三条・一四条参照）のほかに、裏書の効力の一部を排除した裏書および手形上の権利を譲渡することを目的としない裏書などもある（第16章第4節参照）。また、譲渡裏書が法の予定した目的以外のために利用されることもある。これら各種の裏書に善意取得が認められるかどうかも問題になる。

善意取得は、一般の譲渡裏書の場合のほか、質入裏書についても認められ、質入裏書の裏書人が無権利者であって、質権設定の権限がない者であっても、善意で質入裏書を受けた被裏書人は質権を取得する。取立委任裏書の場合には、被裏書人を善意取得によって保護する必要はないから善意取得は認められない。また、隠れた取立委任裏書の場合には、形式上は普通の譲渡裏書であるが、当事者間では取立委任の目的でなされるものであるから、やはり善意取得は認められない。特殊な譲渡裏書のうち、期限後裏書には指名債権譲渡の効力しかなく（手二〇条・七七条一項一号）、善意取得をはじめとする手形の流通保護のための手形法の規定の適用はないとされている（呈示期間経過後の小切手譲渡に小切手法二一条の適用がないとする最判昭和三八・八・二三民集一七巻六号八五一頁参照）。

(2)　善意・無重過失　善意取得は、手形の流通保護のための制度であるから、悪意・重過失のある取得者には、善意取得による保護は与えられない（手一六条二項但書・七七条一項一号）。善意取得の名称の由来するところである。

悪意とは、譲渡人が無権利者であることを知っていることであり、その有無は手形取得の時を標準として決める。また、悪意・重過失の主張立証責任は、善意取得の成立を主張する取得者ではなくて、これを否定する者（通常は手形債務者）が負う。

手形の取得における重過失　重過失とは、譲渡人が無権利者であることを知らないことにつき取引上必要な注意を著しく欠くことである。判例によれば、譲渡人が「手形を所持することにつき疑念を懐いて然るべき事情」が認められるのに、所持人の権利取得の事情を何ら調査しないで手形を取得することである（最判昭和五二・六・二〇判時八七三号九七頁参照）。悪意・重過失の有無は具体的事案における事実認定の問題であるが、判例は、たとえば盗難小切手を交付した前歴のある譲渡人から、その小切手の代替物として小切手の振出人を代表取締役とする法人振出名義の約束手形を漫然と（「手形振出名義人又は支払担当銀行に照会するなど」何らかの方法で手形振出の真否につき調査することなく）譲受けた者には、重過失があったとしている（前掲最判昭和五二・六・二〇）。また、従来から継続的な取引のあった譲渡人から手形を取得するに当たって、手形入手の事情を聴取し、振出人の信用も調査したが、譲渡人が手形を所持することにつき特に疑念を懐かせるような別段の事情は認められなかったという場合について、金融機関たる譲受人が振出人および従前の裏書人に照会しないで取得していても、重過失は認められないとしている（最判昭和四七・一一・一〇判時六八九号一〇三頁）。

第２節　善意取得の効果

１　善意取得の効果

手形法一六条二項（手七七条一項一号）は、善意取得の効果として、「手形ヲ返還スル義務ヲ負フコトナシ」と定める。これは、善意取得の保護を受ける所持人は手形上の権利を原始取得し、その結果、所持人は手形を返還する義務を負わず、また旧所持人は権利を失うに至るという意味である（鈴木＝前田・二六七頁）。

これによって、裏書の連続のある手形所持人から裏書によって手形を取得する者は、たとい譲渡人が盗取者、拾得者などの無権利者であって手形上の権利を承継取得（手一四条一項）しえない場合にも、手形上の権利を原始取得できることになる。なお、善意取得者も手形上の権利の権利者であるから、善意取得者から手形を譲受ける者は、手形上の権利を承継取得することになる。したがって、善意取得者の前者が無権利者であることにつき悪意・重過失があっても権利の取得を妨げられることはない。

付言するに、善意取得は、いわゆる権利の所在（権利者は誰か）についての制度である。無権利者が介在し、偽造の裏書があっても、裏書の連続があれば、善意取得によって取得者は保護されうるが、このことは、手形上にその氏名が表示されている者が手形債務を負担することを必ずしも意味しない。被偽造者は、原則として手形上の責任を負担しない。

善意取得と除権決定　手形を喪失した者も、公示催告を申し立て、除権決定を得て手形上の権利を行使することができる。しかし、除権決定より前に手形が第三者によって善意取得される可能性もある。善意取得者が公示催告期間終了前（公示催告手続開始決定がされてから権利を争う旨の申述の終期まで）に、適法な権利を争う旨の申述をしなかった場合、除権決定により、除権決定までに証券上の権利を善意取得していた者は、その権利を失うと解すべきかどうかについては説が分かれている。除権決定は申立人に手形を所持するのと同一の地位を回復させるものであって、申立人が権利者であることを確定するものでも、実質上の権利者から権利を奪うものでもないから、善意取得者は除権決定によって権利を失わず、申立人は権利を回復できないとする説がある（平出・七七頁、石井＝鴻・五五頁、前田・二五七頁）。そうでなければ、公示催告の公告の公知性は不完全であるから善意取得者の保護に欠けることになり、手形の流通性が害されるというのである。これに対して、それでは申立人は時間と費用をかけて除権判決を得てもこの関係では徒労だったことになるから、公示催告・除権決定制度の趣旨から考えても、権利の届出をしなかった善意取得者は権利を失い、除権決定を得た者は権利を回復すると解すべきであるとする説も有力である（鈴木＝前田・三四六頁註一七、小橋・一三七頁、菱田・三〇九頁以下）。下級審の判例の多くは、善意取得者は権利を失わないとしている。すでに述べたように（第9章第3節2参照）、かねてより、最高裁判所は、署名後交付前に紛失した手形を悪意・重過失なく取得した者については、除権判決によって、その権利を失うものではないと判示していたが（最判昭和四七・四・六民集二六巻三号四五五頁）、近時、最判平成一三年一月二五日（民集五五巻一号一頁）は、「除権判決の言渡しがあったとしても、これよりも前に当該手形を善意取得した者は、当該手形に表章された手形上の権利を失わない」と判示するに至った。

2　善意取得の適用範囲

善意取得は、譲渡人が無権利者の場合に限って譲受人を保護する制度なのか、それとも広く裏書が譲渡人側の事情によって無効な場合の被裏書人にも適用されるのかについては議論がある。善意取得は、裏書の連続のある手形の所持人が権利者と推定されること（裏書の資格授与的効力）を前提にする制度である（第1節2参照）。このことからすれば、善意取得は、譲渡人が無権利者である場合の譲受人救済の制度ということになる。善意取得による保護は、譲渡人が無権利者である場合に限られ、譲渡行為の瑕疵（制限行為能力者、無権代理人による譲渡、瑕疵ある意思表示など）にまで及ぶものではないのであり、また、そうでなければ、制限行為能力者・無権代理行為の本人などの保護を目的とする法の趣旨は没却されるというのである（大隅・五一頁以下）。この点では、動産の善意取得（即時取得）と同じであり、ただ動産の善意取得の場合よりも要件は緩和され（民一九二条参照）、効果は強化されている（民一九三条・一九四条参照）。

以上のような考え方に対して、最近では、善意取得は、譲渡人が無権利者であった場合に限らず、さらに手形の譲渡が譲渡人側の事情によって無効または取消しうる場合にも、それにつき悪意・重過失のない譲受人を保護する制度であるとの見解も有力である。すなわち、裏書人が制限行為能力者であること、裏書人の意思の欠缺（意思の不存在）または瑕疵、代理人の代理権の欠缺、人違い（手形に記載された被裏書人と譲渡人とが同一人でない場合）などのいわゆる取得行為（譲渡行為）の瑕疵によって裏書が無効であるか、または取消すことができるものである場合にも善意取得の成立を認めるのである。善意取得制度が前提としている裏書（裏書の連続）の資格授与的効力は、これらの事項に及ぶものではないが、手形の流通強化のために一歩進めて善意取得の保護を広く認めるべきであると説くのである（鈴木＝前田・二六九頁、小橋・一一五頁）。

制限行為能力者・無権代理人等と善意取得　制限行為能力者・無権代理人による裏書など取得行為の瑕疵の場合にも善意取得を認める説をとると、手形の流通性は増すが、その反面、制限行為能力者や無権代理の本人などは善意取得によって手形上の権利を失うことになる。これは、民法の制限行為能力者保護や無権代理における本人保護などの要請に反するとの批判もある（大隅・五一頁参照）。もっとも、取得行為の瑕疵の場合に善意取得を認めても、このことは制限行為能力者や無権代理における本人などに裏書の担保責任を負わせることにはならないのであって、その限りでは民法の制限行為能力者保護などの要請と手形の流通保護の要請との調和が図られているということもできる（小橋・一一七頁参照）。最高裁判所の判例には、無権代理裏書によって取得したとの原審の事実認定にもとづいて、無権代理の場合に善意取得を認めたと解されるものがある（最判昭和三五・一・一二民集一四巻一号一頁、なお、最判昭和四一・六・二一民集二〇巻五号一〇八四頁参照）。

善意取得と原因関係の瑕疵　制限行為能力者や無権代理人から手形を譲受けた場合にも善意取得は認められるとの立場に立ち、併せて手形権利移転行為有因論（手形行為を債務負担行為と権利移転行為に分け、前者を無因行為、後者を有因行為とする見解）をとる場合、次のことが問題になる。すなわち、制限行為能力者が単独でした手形行為であったという瑕疵も善意取得によって治癒されると解するとしても、そのような瑕疵は、裏書のみならず、その原因行為についてもある場合が多いと考えられる。この場合、たとえば制限行為能力者からの手形取得者について善意取得を認めても、制限行為能力者が原因行為をもそのことを理由に取消せば、それによって手形上の権利移転行為も無効となり、手形上の権利は制限行為能力者に復することになるはずである。そうであるとすれば、このような瑕疵が裏書にのみあって、その原因行為には瑕疵は存在しないという場合を除けば、善意取得によって治癒されるのは前者の無権利という瑕疵だけであるとする説と実際の結論を異にしないことになる。手形行為無因論をとる場合にも類似の問題がありうる。たとえば、制限行為能力者からの手形取得者について善意取得を認めても、制限行為能力者である譲渡人が原因行為をも制限行為能力者が単独でした行為であったことを理由に取消せば、それによって手形取得者が手形を善意取得したことが当該の譲渡人と手形取得者の間では取得者の不当利得になり、譲渡人は不当利得を理由に手形の返還を請求できるとも考えられるからである。この問題に関しては、上柳克郎「手形行為の取消」新商法演習3四七頁、五二頁参照。

手形の有償取得が証明されない場合と善意取得の成否　傍論と解すべきものではあるが、東京高判平成一二年八月一七日（金融商事一一〇九号五一頁）は、盗難手形の所持人が手形を取得するについて経済的な出捐をした事実を証明できない場合には、手形法の趣旨からして、当該所持人は、善意取得の制度によって保護される資格を欠くものであると判示している（なお、福瀧博之「判批」私法判例リマークス二〇〇二(下)八頁以下参照）。

しかし、善意取得の要件としては、学説においても、①手形法の現定する流通方法による取得であること、②無権利者からの取得であること（この要件に関しては右に見たように争いがある、鈴木＝前田・二六八頁参照）、③取得者に悪意または重大な過失がないことが挙げられているのであって（大隅・五一頁、伊澤・一八一頁）、有償取得は要件とは解されていない。ただ、右の③との関係において、「悪意か否かを認定すべき実際的標準は、多くの場合に於いては、手形取得者が其の取得に際し相当の対価を支払ひたるや否やにある」「苟も相当なる対価を支払って手形を取得した以上、過失の存否は別として、一応善意取得者と推定せられてよい」と説く見解のあることはよく知られている（伊澤・一八四頁、石井＝鴻・五一頁）。

これに対して、手形の無償取得の場合の問題を、ドイツの学説（たとえば、*Staub/Stranz*, Kommentar zum Wechselgesetz, 13. Aufl., 1934, S.220）や動産の即時取得の場合の議論（無権利者乙から動産を譲受け、即時取得の規定によって権利を取得した丙は、原権利者甲に対して、不当利得返還義務を負うであろうか、という問題である、我妻栄・新訂物権法〔民法講義Ⅱ〕二二六頁以下、さらに、谷口知平＝甲斐道太郎編・新版注釈民法⒅四一七頁〔田中整爾執筆〕参照）と同様に善意取得の効果の問題として取り上げる立場がある（平出慶道＝神崎克郎＝村重慶一編・手形・小切手法二六九頁〔林竧執筆〕）。この見解は、ドイツでは、手形の無償取得の場合に、不当利得の規定（ドイツ民法八一六条一項二文および *Baumbach/Hefermehl*, Wechselgesetz und Scheckgesetz, 21. Aufl., 1999, S.201 参照）にもとづいて、無償の善意取得者に手形返還義務が課されていることを紹介したうえ、「善意取得によって権利を失った権利者が、手形を処分した無権利者に対して法律上の権利を有しない場合があるという結論が不当であるとすれば、真の権利者の保護を、手形取得のために対価を支払っていない取得者の保護に優先させる（不当利得返還請求の肯定、民七〇三条）という解釈は不可能ではない」と説くのである（平出＝神崎＝村重編・前掲書二六九頁〔林竧執筆〕）。

わが国で広く行われている無因行為・有因行為という法律行為の分類と、有償行為・無償行為という分類とは次元を異にする。いずれも出捐行為（自己の財産を減少して他人の財産を増加させる効果を生ずる行為）に関していわれるものであるが、出捐行為は、これを分類して、自己の出捐に対して相手方からもまたそれに対応する出捐を受けることを目的とするもの（有償行為、自己の出捐と相手方の出捐が対価的関係に立つ）と、相手方からは出捐を受けないもの（無償行為）とがあるとされるとともに、さらに別の視点から、出捐行為のうち、その原因関係〔原因〕が出捐行為の条件または内容とされているか（有因行為）、否か（無因行為）によって区別されているのである（於保不二雄・民法総則講義一六六頁）。

手形行為は無因行為であると解されているが（判例・通説）、手形行為に関してその有償・無償を問題にするのであれば、それは、原因関係に関していうことになるであろう。手形の原因関係の理解は分かれるが（福瀧博之「手形行為とその原因関係」竹内昭夫編・特別講義商法Ⅱ一七頁以下、一二四頁以下参照）、原因関係の例として「債務の弁済、手形上の権利の売買（手形割引の場合）・信用の授受（融通手形）・債務の取立委任・債務の保証または担保等」を挙げうるとする場合（大隅・前掲書六六頁）、手形行為の原因関係が、たとえば、手形上の権利の売買（手形割引の場合）であれば有償行為であり、贈与であれば無償行為であるということになるのであろう。

わが手形法の善意取得の制度は、手形行為（手形取得）が以上の意味で有償であったか無償であったかによって区別をしていないのであって、――あるいは、手形取得者の悪意の判断に当たって、あるいは手形行為との関係において法人格否認の法理のような一般原則を適用するに当たって、当該の手形行為が無償であったことを具体的な判断の一助とすることは（前掲東京高判平七・九・二八、伊澤・前掲書一八四頁参照）、別として、――有償取得でなければ、「手形法の趣旨からして、手形所持人は、善意取得の制度によって保護される資格を欠く」とすることには、賛成できない。

ただ、右のように解する場合にも、無償取得した手形取得者と真の権利者のいずれを保護すべきか、という価値判断の問題はまだ残っている。わが国でも、ドイツ法のもとにおけるように無償の善意取得者が不当利得返還義務を負うと解すべきかどうかの問題である。この問題は、結局のところ、「取引の安全の要請と真の権利者の犠牲との均衡」をどこに求めるかの問題に帰着するということになるであろう（谷口＝甲斐編・前掲書四一八頁〔田中整爾執筆〕参照）。ここではこの問題にはこれ以上立ち入るを得ないが、基本的には民法の即時取得の場合の議論と統一的に理解すべきものであろう。

第11章　手形抗弁の制限

手形抗弁とは、手形によって請求を受けた者が請求者に対して主張することのできる一切の事由をいう。

債権譲渡の一般原則によれば、譲受人は譲渡人の有する権利を取得するのであるから、債務者が譲渡人に対して対抗することのできたすべての抗弁の対抗を受けることになる（民四六八条参照）。そうすると、手形の裏書が度重なり手形が流通するにつれて抗弁が累積し、手形所持人は多くの抗弁の対抗を受けることになる。しかし、これでは、手形を譲受ける者の地位は不安定なものとなり、手形の流通性が害される。そこで、手形法は、ある種の抗弁（人的抗弁）は手形取得者に対抗できないものとした。これを抗弁の制限（抗弁の切断・抗弁の遮断）という。

人的抗弁の制限については手形法一七条（手七七条一項一号）に明文の規定がある。しかし、手形法一七条によって、すべての人的抗弁の制限が規定し尽くされているかどうかに関しては、手形抗弁の意義をどう解するかということとも絡んで議論がある。

第1節　手形抗弁とその制限

1　手形抗弁とその制限

(1)　手形抗弁の制限の制度　　債権譲渡の一般原則によれば、譲受人は譲渡人の有する権利を取得するのであるから、債務者が譲渡人に対して対抗することのできたすべての抗弁の対抗を受けることになる（民四六八条参照）。手形の場合にこの原則を貫くと、裏書が度重なり手形が流通するにつれて抗弁が累積し、手形所持人は多くの抗弁の対抗を受けることになる。これでは、手形を譲受ける者の地位は不安定なものとなり、手形の流通性が害される。そこで法は、ある種の抗弁は手形取得者に対抗できないものとした（手一七条・七七条一項一号）。これを抗弁の制限（抗弁の切断・抗弁の遮断）という（竹田・四一頁、鈴木＝前田・二五七頁以下）。

(2)　手形抗弁の意義　手形法で手形抗弁という場合には、手形によって請求を受けた者が請求を拒むために請求者に対して主張することのできる一切の事由をいう。これは、訴訟法でいう抗弁とは必ずしも一致せず、訴訟法上は否認に当たるものなども含まれる。手形抗弁は、抗弁の制限との関係で人的抗弁と物的抗弁に二分される。手形法一七条の適用を受け、手形により請求を受ける者が特定の請求者（所持人）には対抗できるが、それ以外の者には対抗できなくなる抗弁を人的抗弁という。これに対して、手形により請求を受ける者がすべての請求者（手形所持人）に対して対抗しうる抗弁を物的抗弁と呼ぶ（大隅・五三頁、鈴木＝前田・二五八頁）。

手形抗弁の制限の法的根拠　手形抗弁の制限（手一七条）をいかなる法原理にもとづくものと考えるかについては争いがある。手形行為の無因性から説明する見解もあるが（鈴木＝前田・四七頁参照）、最近では、善意取得と同じく権利外観理論で説明する立場が有力である。ただ、善意取得で問題となるのは、証券の所持人が権利者としての外観を備えていることであるのに対して、抗弁の制限で問題となるのは、証券の存在・内容が、権利の存在・内容の外観を与えていることである。手形記載通りの内容の権利が存在すると信頼した取得者のもとでは、本来ならば承継されるべき抗弁が遮断される。これが抗弁の遮断（切断・制限）である（大隅・五六頁参照）。

2　人的抗弁と物的抗弁

(1)　物的抗弁　①　各種の物的抗弁　具体的にどのような抗弁が人的抗弁で、何が物的抗弁になるのかについては、法定されておらず、理論によって決するほかない。一般に物的抗弁とされている抗弁には、たとえば、次のようなものがある。制限行為能力者による取消の抗弁、無権代理の抗弁、偽造の抗弁、変造の抗弁、支払済の記載のある場合の債務消滅の抗弁、供託の抗弁、除権決定による手形失効の抗弁、手形要件を欠くとの抗弁、満期未到来の抗弁、満期の記載から分かる手形債務時効消滅の抗弁などである。

物的抗弁とは、手形により請求を受けた者が「すべての請求者（手形所持人）に対して対抗しうる抗弁」である。多くの物的抗弁は、「手形により請求を受ける特定の者」がすべての請求者（手形所持人）に対して対抗しうる抗弁であるが、物的抗弁には、「手形の記載から明らかな物的抗弁」のように、「手形により請求を受けるすべての者」がすべての請求者（手形所持人）に対して対抗しうる抗弁もある。

物的抗弁の分類　ある抗弁が物的抗弁とされる理由も区々である。物的抗弁は、その理由または根拠を基準に、たとえば、一応、次のように分類することもできるであろう。①手形の外見上明らかな事項（このような事項は、これを物的抗弁としてすべての所持人に対して対抗できるものとしても手形の流通性は阻害されない、たとえば、支払済の記載〔手三九条一項〕のある場合の債務消滅の抗弁、満期の記載から分かる手形債務時効消滅の抗弁など）、②制度の本質上物的抗弁とすべきもの（たとえば、除権決定によって手形が無効になったこと、手形金額を供託したこと〔手四二条・七七条一項三号〕は、除権決定、弁済供託という制度の本質上、すべての手形所持人に対して対抗できるものとされる）、③取得者の保護よりも手形債務者の保護を優先する必要があるために物的抗弁とされるもの（たとえば、制限行為能力者が単独でした手形行為の取消など）、④手形債務者（被告）の主張立証すべき抗弁ではないが、原告の主張立証すべき事実に対する反対事実であって、訴訟法上は原告主張事実の否認に当たるもの（たとえば、手形要件の不備〔手七六条一項〕、署名の方式の不備、満期の未到来、偽造、無権代理、変造〔手形行為の内容の一部の否認〕など）。もっとも、これは、一般にいわれている基準にもとづいた一応の分類にすぎず、各基準の関係も考えてみる必要があるであろう。

②　物的抗弁とされる根拠　約束手形の振出人や裏書人のような手形行為者が手形上の責任を負うのは、手形行為をしたからである。手形により請求を受ける者の側からいえば、手形行為が成立していないために手形上の権

利が成立していない場合、あるいは一度成立した手形上の権利が消滅した場合、すなわち、手形の記載通りの権利が存在しない場合には、手形により請求を受ければ、そのことを物的抗弁として主張して支払を拒みうるはずである。本来、そのような手形上の義務は負担していないからである（なお、民四七二条および我妻・新訂債権総論五一六頁、鈴木＝前田・二六二頁註一七参照）。

このような手形上の権利の成立・存在に関する抗弁のうち、「手形の記載から明らかな抗弁」を物的抗弁とすることについては争いはない。このような抗弁を物的抗弁としても、手形取得者を害することはないからである。しかし、手形の記載から明らかでない「手形行為の成立に関する抗弁」または「手形上の権利の成立・存在に関する抗弁」を広く物的抗弁とすることは手形の流通性を害することになるので、このような抗弁の多くは、人的抗弁とされている（次の(2)参照）。

ある抗弁が物的抗弁であるか人的抗弁であるかは、結局、手形の流通性の保護と手形債務者の利益保護を比較衡量して関連する法規定を解釈して決定することになるが、手形抗弁の制限の法的根拠を権利外観理論に求める立場からは、どのような抗弁を物的抗弁とすべきかの説明に当たっても、その根拠を権利外観理論に求めることになるであろう。

物的抗弁と権利外観理論　手形抗弁の制限の法的根拠を権利外観理論に求める立場からは、物的抗弁は次のように説明することもできる。すなわち、抗弁事由があり、手形記載通りの手形上の権利が成立・存在していないにもかかわらず、そのような権利が成立・存在しているかのような外観がある場合には、この外観を有責に作り出した者とこの外観を信頼した者との間においては、外観通りの権利が成立・存在しているものとして取扱われる。これによって、本来ならば、承継されるべき抗弁が遮断されるのである。これが抗弁の制限にほかならない。この抗弁の制限に馴染む抗弁が人的抗弁であり、物的抗弁とは「権利外観理論による抗弁の制限」に馴染まない抗弁のことである。物的抗弁（抗弁の制限に馴染まない抗弁）としては、次のものを挙げることができる。先ず、①「手形の記載から明らかな抗弁」である。この場合には、権利外観理論の予定する「権利の外観」に欠けるから抗弁の遮断（制限）は問題にならない（たとえば、満期の記載から分かる消滅時効、手形に支払済の記載のある場合、手形要件の欠缺などである）。次に、抗弁事由の存在にもかかわらず、「権利の外観」が存在する場合であっても、その外観が手形により請求を受ける者に責のある理由によって成立したものでなければ、権利外観理論により抗弁の遮断を認めて、その者に手形上の責任を負わせることはできない。したがって、抗弁の制限に馴染まない抗弁（物的抗弁）としては、②「手形により請求を受ける者に責任（帰責事由）のない事情にもとづく抗弁」を挙げることができる（たとえば、手形署名者とされている者の署名が偽造の場合であり、さらには、いわゆる絶対的強迫、変造、制限行為能力者の手形行為などを理由とする抗弁である）。なお、福瀧博之「手形法学にいわゆる新抗弁理論について」教材現代手形法学一八三頁、一九〇頁以下参照。

(2)　人的抗弁　以上の事項以外の手形抗弁は、すべて人的抗弁である。このような抗弁は、きわめて多様であって、列挙し尽くすことはできない。人的抗弁は、一応、次のように分類することができる。

①　原因関係または手形外の特約にもとづく抗弁　手形授受の原因関係または手形外の特約にもとづく抗弁は、手形上の権利自体を争う抗弁ではない。しかも、手形債権は、原因関係とは別個独立の抽象的な債権とされているから、このような抗弁は、原因関係または特約の直接の当事者に対してのみ主張できる人的抗弁とされている。原因関係（たとえば手形授受の原因である売買契約）の不法・不存在・無効・消滅などの抗弁、融通手形の抗弁（ただし、第４節参照）および手形外の支払猶予の特約の抗弁などが、その例である。

②　手形上の権利義務についての抗弁　手形行為が有効に成立していないなどの理由により、手形記載通りの内容の手形上の権利が有効に成立または存在しないことがある。この場合、請求を受ける者は手形記載通りの義務を負うものではないから、手形上の権利義務の成立・存在を争う抗弁はすべての所持人に対して対抗できるはずである。しかし、このような抗弁は手形の外形からは分からないから、手形取得者を保護し手形の流通性を確保するために、手形上の権利義務についての抗弁の多くは、人的抗弁とされている（本節２(1)②参照）。たとえば、交付欠缺の抗弁、意思表示の瑕疵にもとづく抗弁、手形を受け戻さない支払の抗弁などである。

③　無権利の抗弁　以上のほか、手形所持人が無権利者であるとの抗弁も人的抗弁に入れられることが少なくない。この無権利の抗弁も特定の所持人以外には主張しえない抗弁である点では、他の人的抗弁と同じである。しかし、これは手形法一七条の予定する手形債務の不成立・消滅、履行拒絶（権利の成立・存在、権利が存在しているか、どういう内容の権利か）についての抗弁ではなく、それと区別すべき、権利の帰属の問題であり（誰が権利者か）、手形法一六条一項の権利推定規定に関係する問題である。無権利の抗弁の対抗を受ける者から手形を譲受けた者は、善意取得（手一六条二項）によって保護されることになる。

手形抗弁の分類　ある人的抗弁が、右の①②③のいずれの抗弁であるかについても必ずしも見解は一致していない。たとえば、交付欠缺の抗弁は、わが国の創造説の立場からは③に入れられる。また、手形を受け戻さず、支払済の記載もしないでなした支払の抗弁は、手形の受戻を効力要件と解すれば、①の抗弁となるであろう。さらに、原因関係の無効・消滅の抗弁も、いわゆる手形権利移転行為有因論からは、③の抗弁とされるであろう。

手形抗弁の分類については、抗弁の効力を基準として物的抗弁と人的抗弁に分類・整理する従来の考え方のほか、最近では必ずしもこのような二分法によらない分類も試みられている。たとえば、ある学説は、手形抗弁を「(手形所持人の)手形上の権利行使に必要な前提要件」の欠缺の主張と捉え、手形抗弁の分類もこれを基準に行なうべきことを説く。そして、手形上の権利行使の前提要件としては、(a)手形債務者が手形債務を負担するに至ったこと（そのためには、(i)形式的に有効な基本手形の存在と(ii)実質的に有効な債務負担行為の存在を要する）、および、(b)手形債権者が手形債権を取得し、行使しうるに至ったこと(そのためには、(iii)手形債権の有効な取得と(iv)手形外における手形債権行使の障害事由の不存在を要する）を挙げることができるとしたうえ、手形抗弁も、これに従って四類型に分けるべきこと（四分説）を提唱している（庄子良男「手形抗弁の四分類」法学四七巻六号一四三頁参照）。

また、一部の学者は、ドイツの学説の影響を受けて「新抗弁理論」と総称される新しい見解を唱えている。たとえば、そのような見解の一は、手形抗弁を権利外観理論を基準として抗弁の遮断（切断）によって排除できる抗弁と排除できない抗弁（物的抗弁）とに分類し、さらに前者（抗弁の遮断により排除できる抗弁）を手形債務の抽象性（無因性）を前提にして「手形債務の有効性に関する抗弁（有効性の抗弁）」と「債務者と所持人の前者との人的関係にもとづく抗弁（人的抗弁）」とに分類する。この区別は、右にいう人的抗弁の②と①の区別に相当するが、この説をとる者は、手形法一七条の適用をいうところの「人的抗弁」（①に相当）に限定する。「有効性の抗弁」（②に相当）については、手形法一〇条・一六条二項の類推適用により、善意・無重過失を要件として抗弁が制限されると主張している。なお、新抗弁理論については、福瀧・前掲論文（教材現代手形法学一八三頁）参照。

第2節　人的抗弁の切断（制限）

人的抗弁の切断（制限・遮断）については、手形法一七条（手七七条一項一号）に明文の規定がある（なお、質入裏書については、手一九条二項参照）。この規定の適用に当たっては、次の点に注意すべきである。

(1)　「人的抗弁」の切断　手形により請求を受けた者は、所持人の前者に対する「人的関係ニ基ク抗弁」をもって所持人に対抗することはできない。右の条文に「人的関係ニ基ク抗弁」とあるのは、前述の人的抗弁（前掲2(2)の①②③の抗弁、ただし、③の無権利の抗弁を除く）のことであると解されている（次の註〔手形法一七条と人的抗弁の切断〕参照）。

手形法一七条と人的抗弁の切断　手形法一七条によって、すべての人的抗弁の制限が規定し尽くされているかどうかは問題である。絶対的効力を有する物的抗弁に対して、相対的効力を有する人的抗弁として一まとめにして右に（第1節2(2)参照）掲げた①原因関係または手形外の特約についての抗弁、②手形上の権利義務についての抗弁および③無権利の抗弁のうち、③無権利の抗弁は、前述のように手形法一七条ではなくて、一六条二項の問題である。また、②手形上の権利義務についての抗弁が手形法一七条の規定する人的抗弁に入るかどうかに関しても議論がある。前述の新抗弁理論は、この②に相当する「手形債務の有効性に関する抗弁」については手形法一〇条、一六条二項を類推適用して処理すべきものとしている。

通説・判例も必ずしもすべての手形抗弁の制限を手形法一七条によって処理すべきものと解してはいない。たとえば、いわゆる「意思表示の瑕疵にもとづく抗弁」に関しては判例は、それが「人的抗弁」に当たるとしてはいるが法文の根拠は示していない（たとえば、詐欺による取消の抗弁に関する最判昭和二五・二・一〇民集四巻二号二三頁参照、なお、第6章第3節3参照）。また、交付欠缺の抗弁も、善意の取得者には対抗できない抗弁（人的抗弁）であると解されてはいるが、通説がその根拠として挙げるのは手形法一七条ではなくて、権利外観理論である。判例は、善意・無重過失の所持人については交付欠缺の抗弁は制限されるとの結論のみを示している（最判昭和四六・一一・一六民集二五巻八号一一七三頁）。

(2)　流通性を確保するための制度（直接の相手方との関係）　抗弁の制限は手形の流通性を確保するための制度であり、抗弁の生じた直接の相手方以外の第三者たる所持人との関係において認められるものであるから、抗弁の生じた直接の相手方との関係では、すべてその抗弁の主張を認めてよい。直接の相手方との関係では、抗弁の遮断（切断）は問題にならない（最判昭和三九・一一・二三民集一八巻一号三七頁参照、なお、手形行為の無因性にもかかわらず、手形授受の直接の当事者間においては、原因関係にもとづく抗弁を主張しうるとされていることについては、第4章第3節3(4)参照）。

(3)　直接の相手方以外の第三者との関係で抗弁の切断が認められない場合　所持人が抗弁の生じた直接の相手方以外の第三者であるときは、原則として人的抗弁は遮断される。ただし、①人的抗弁の制限は、手形の流通を保護するための制度であるから、手形上の権利が手形に特有な譲渡方法である裏書（白地式裏書のある手形なら交付でもよい）によって譲渡された場合にのみ認められる（期限後裏書には抗弁の制限の認められないことについて、手二〇条参照、期限後裏書については、第16章第4節6参照）。

②また、右と同じ理由から、悪意の取得者まで保護する必要はない。取得者が悪意であったことを証明すれば、債務者は前者に対する人的抗弁をもって取得者にも対抗できる（手一七条但書・七七条一項一号）。これを悪意の抗弁（後述、第3節参照）という。

独立の経済的利益と抗弁の切断　さらに、債務者は、独立の経済的利益を有しない被裏書人には、裏書人に対抗しえた抗弁をもって対抗できるといわれることがある。独立の経済的利益を有しない者は、保護に値しないからである（鈴木＝前田・二六〇頁）。

この「独立の経済的利益」は、場合によっては、「固有の経済的利益」あるいは「何らの経済的利益」などとも表現される。しかし、その内容は、必ずしも明確ではない。判例は、約束手形の振出人と受取人の間および受取人と被裏書人の間の原因関係が共に消滅した事案（いわゆる二重無権）において、振出人は手形振出の原因関係消滅の抗弁をもって受取人に対してのみでなく、手形の支払を求める何らの経済的利益も有しない被裏書人にも対抗できるとしている（最判昭和四五・七・一六民集二四巻七号一〇七七頁）。

第３節　悪意の抗弁

⑴　意　義　手形所持人が債務者を害することを知って手形を取得した場合には、手形抗弁は遮断されず、債務者は所持人の前者に対抗できた抗弁をもって所持人にも対抗することができる（手一七条但書・七七条一項一号）。このように、所持人が債務者を害することを知って手形を取得したとの抗弁を悪意の抗弁という。悪意の抗弁は、抗弁の遮断を排斥するものであり、前者に対する人的抗弁承継の抗弁にほかならない（石井＝鴻・一三〇頁参照）。したがって、手形所持人の権利行使を認めると信義誠実の原則に反し、権利の濫用になるような場合に認められる特殊な人的抗弁である「一般悪意の抗弁（手形所持人の権利行使が権利の濫用に当たり、あるいは信義誠実の原則に反することを主張する抗弁）」とは区別しなければならない。

⑵　害　意　悪意の抗弁が成立するための要件は、所持人が「債務者ヲ害スルコトヲ知リテ手形ヲ取得」していることである。この害意または悪意（「債務者ヲ害スルコトヲ知リテ」）の内容については議論がある。学説は、所持人と譲渡人たる前者の間に抗弁遮断の共謀のあることは必要でないが、他方、前者に対して人的抗弁が存在していることを単純に認識しているだけでは足りないのであって、自己が手形を取得すれば債務者がその抗弁をもって対抗することを妨げられ、したがって、その利益が害されることになることを知りながら、敢えて所持人が手形を取得したことを要すると解している。しかし、所持人が人的抗弁の存在を知りながら手形を取得する場合には、通常、

その結果、人的抗弁が制限され、債務者の利益が害されるに至ることを知って取得したものと認められるであろう。その意味では、害意（悪意）は、人的抗弁の存在を知って手形を取得すれば認められるといってよい（大隅・五六頁以下、石井＝鴻・一三一頁、鈴木＝前田・二六〇頁参照）。しかし、条文は「抗弁ヲ知リテ」と規定するものではないから、人的抗弁を知って手形を取得した場合のほか、人的抗弁の存在を知らないで手形を取得する場合にも「害意」の認められることがあると考えられている。

判例によれば、手形取得当時には抗弁が成立していなくても、その後（満期までに）「前者に対する人的抗弁を生ずべき事情」があり、このことを知って手形を取得した者には害意が認められている（後掲大判昭和一九・六・二三および後掲最判昭和三〇・五・三一参照）。他方、手形取得当時に前者に対する人的抗弁が存在することを知っていても、別に相当の理由により、そのような事情は原因関係の当事者間で満期までには解決されると信じて手形を取得した者の害意は否定されることになる（石井＝鴻・一三一頁、東京高判平成一・四・一二金融法務一二三五号三五頁参照）。

なお、悪意の抗弁については、一般に悪意だけを問題にし、重過失を理由に悪意の抗弁を対抗することは認められていない（最判昭和三五・一〇・二五民集一四巻一二号二七二〇頁）。

判例において悪意の抗弁が問題とされた具体例　問題は、どのような事情を知っていれば右にいう「満期までに前者に対する人的抗弁を生ずべき事情」を知って手形を取得したことになるかである。悪意の抗弁は、原因関係となっている契約が解消される場合に問題となることが多いが、たとえば、前者の手形取得の原因である契約が取消すことのできるものであることを知って、手形を取得したような場合には、取消の意思のあることまで知らなくても害意は成立するとされる。前者の手形取得の原因である契約が解消されるに至るべきことを熟知しながら手形を取得した場合（債務不履行による法定解除権の行使によって契約が解除されることが必然の成行であることを知っていた場合など）も同様である。他方、原因関係が一定の契約であることを知って手形を取得したところ、その後、その契約が解除されて原因関係が消滅したとしても、手形取得の当時、契約が解除されるべき事情を知らなければ害意はないとされている。

①Aは、Yを欺罔してYを買主とする石炭売買契約を締結し、その売買契約の保証金名義でYに約束手形を振出させ、これを騙取した。判決は、騙取手形と知って本件手形をAから取得したXは、手形取得当時まだ売買契約が詐欺を理由に取消されていなくても、手形法一七条にいう悪意の取得者に該当するとした（大判昭和一九・六・二三民集二三巻一四号三七八頁）。

②Yは、Aに対する木材売買代金債務の支払確保のためにAに約束手形を振出交付した。Aは、Yに引き渡すべき木材を入手するための資金を必要としたが、そのためには本件手形を割引いて金融を得るほか方法がなかった。そこでAは、その旨を告げてXに割引斡旋を依頼した。しかし、本件手形は割引を得られなかった。ところで、Xは、かつてAと木材買受契約を結んで内金まで交付していたにもかかわらずAの不履行によって契約を解除し、内金の返還も得ることができていなかったので、本件手形を自己の債権の満足を得るために自ら取得した。判決は、右の売買がAの不履行により結局解消されるに至るべきことを熟知しながら、敢えて手形の裏書譲渡を受けたXは、悪意の取得者に該当するとした（最判昭和三〇・五・三一民集九巻六号八一一頁）。

③Yは、Aにライターの製作を請け負わせ、その請負代金の前渡金として約束手形を振出交付した。その後、YA間の契約は合意解除された。Aは数日後、前渡金として受け取ったものであることを告げて手形をXに白地式裏書により譲渡した。判決は、Xは手形が請負代金の前渡金として交付されたものであることは知っていたけれども、後に手形振出の原因たる請負契約が解除されることがあるであろうことを予想していたと認められるような事情は何一つ見出すことができない以上、Xは悪意の取得者には該当しないとした（最判昭和三〇・一一・一八民集九巻一二号一七六三頁、なお、約束手形が建築工事請負代金の前渡金として振出交付されていた場合について、手形取得者がそのことと請負人の財産状態が悪化して仕事の完成が期待しえないことを知っていたときには、手形法一七条の悪意の取得者に当たるとした最判昭和四八・三・二二判時七〇二号一〇一頁参照）。

害意の認定時期と害意の意義　右に見た害意の内容についての議論を混乱させている原因の一つは、抗弁の存否の認定時期と害意の存否の認定時期との食い違いにある。手形法一七条の害意の有無は、手形取得の時を基準にして決める（最判昭和二六・二・二〇民集五巻三号七〇頁）。他方、抗弁自体の有無を決するのは、手形取得の時ではなく、満期または手形上の権利行使の時である。そこで、次のような二つの問題が生ずる。①一つは、手形取得者が抗弁の存在は知っていたが、満期までにその抗弁は除去されるであろうと信じて手形を取得した場合の取扱、②他の一つは、手形取得の時には、まだ人的抗弁は存在しておらず、その存在を知るということはありえなかったが、取得者の知っていた前者への手形交付の事情からすれば、満期において抗弁の存在が予想される場合の取扱である。手形法一七条は、手形取得の時にすでに存在する人的抗弁だけではなくて、満期において存在することの予想される抗弁をも対象にするものと解されているから右の②も問題になるのである。

これらの場合には抗弁の存在を知っていたかどうかという基準では問題は処理できない。悪意の抗弁の意義に遡って解決を試みるほかないであろう。

ところで、手形抗弁の制限を権利外観法理にもとづくものと解すると、それは手形流通の保護のために手形記載通りの手形上の権利が存在すると信頼した者を保護するための制度である。手形抗弁の制限の制度をこのように捉える場合には、結局、悪意の抗弁は取得者に右の信頼が欠けていると考えられる場合に認められることになる。手形法一七条に「債務者ヲ害スルコトヲ知リテ」とあるのは、取得者にそのような信頼の欠けていることをいうものにほかならないと解される。

通常は、取得者が抗弁の存在を知っている場合には害意が認められることは前述したとおりであるが、両者は必ずしも一致しない。また害意の認められるのはすでに存在する抗弁の存在を知っている場合に限られない。右の①の場合、取得者が抗弁は除去されるであろうと信じた事情が一般の取引観念を備えた通常人なら同様に判断すると考えられるようなものであれば、この場合には取得者は抗弁の存在を知って手形を取得した者ではあるが、自己の手形取得によって債務者が抗弁の対抗を妨げられその利益を害されることを知っていたとはいえない。取得者は、依然、手形記載通りの手形上の権利が存在すると信頼しているのであり、害意はないといってよいであろう。

右の②の場合、手形取得時にはまだ抗弁は存在しない。満期において存在することの予想される抗弁について、どのような事情を知って取得すれば害意が認められるのか。取得者が抗弁自体を知ることはありえない。知りうるのは、譲渡人である前者へ手形が交付された事情（手形交付の原因たる事実）である。このような手形交付の原因たる事実は、きわめて多様である。それを知っていても、取得者は手形記載通りの手形上の権利を取得できると考えておかしくない場合もあれば、前者への手形交付の事情を知っているために、通常の取引観念を備えた通常人であれば、満期までに手形抗弁が成立し、したがって手形記載通りの手形上の権利は満期の時点では存在しないと考えるであろう場合もある。後者の場合には、取得時に満期時のことを予想するという点では異なるが、取得者に手形記載通りの手形上の権利が存在するとの信頼を欠いているという意味では、取得時にすでに存在する抗弁を知って手形を取得する場合と同じである。取得者に害意が認められることになる。

問題は、具体的にどのような手形交付の原因たる事実を知っていれば、通常人は満期までに手形抗弁が成立すると考えたといえるかである。売買代金の支払のために約束手形が前者に交付されている場合を想定してみよう。

(a)一般に手形が未履行の売買契約の代金支払のために交付される場合には、前者の契約不履行によって手形の満期には契約が解消されるに至る可能性は常に認められる。しかし、一般の取引観念では、原因たる売買契約は履行されるのが普通である。売買契約の代金支払のために交付されたと知って手形を取得する者は、満期における抗弁の存在を予想するものではない。むしろ、手形記載通りの支払が得られると信頼して手形を取得するのである。このような取得者には害意は認められない。

他方、(b)同じく売買代金の支払のために手形が交付される場合であっても、取得者が前者への手形交付の事情を知っており、そのため一般の取引観念を備えた通常人であれば売買契約が前者の不履行によって解消されるに至ることを知っていたと認められるような場合は別である。取得者は満期における抗弁の存在を予想しているのであって、手形記載通りの権利の存在を信頼して手形を取得した者とはいえない。抗弁の制限によって債務者の利益が害されることを知っている悪意の取得者である。

次に、(c)前者の契約不履行によって解除権が発生している場合も考えられる。この場合には債務者は履行を拒むのが普通であろう。このことを知って手形を取得する者も、満期における抗弁の存在を予想しているのであり、手形記載通りの権利の存在を信頼したものとはいえない。このことは、たとえば、売買契約につき詐欺によるなどの理由で取消権が成立している場合においても同様である。

さらに、(d)手形取得の時にすでに売買契約が無効であるとか、すでに取消されているとか、解除によって解消されているといった場合も考えられる。このような事実を知って手形を取得する者は、抗弁の存在を知って取得した者にほかならず、原則として悪意の取得者と認められることになる。もっとも、これは手形取得時にすでに抗弁が存在している場合であって、満期において存在することの予想される抗弁についての問題ではない。

以上の意味において、「満期に手形債務者が取得者の直接の前者に対し抗弁を主張するのは確実であることを、手形取得の際に認識していた取得者は、害意（悪意）があったことになる」とする説（河本一郎「手形法における悪意の抗弁」民商三六巻四号二八頁、三一頁）によるべきものと考える。いわゆる「河本フォーミュラ」である（なお、同様の見解をとると解される最近の判例として、最判平成七・七・一四判時一五五〇号一二〇頁がある）。

第４節　融通手形と悪意の抗弁

１　融通手形

手形は、売買など現実の商取引にもとづいて授受されるだけでなく、第三者から金銭の融通を受けさせることを目的として授受されることもある。このような手形を融通手形という。たとえば、経済的信用のある者が、信用の乏しい者に直接金銭を貸す代わりに、約束手形を振出交付して割引等の方法により満期までの金融を得させる場合である。このように約束手形の振出によるのが普通であるが、裏書、引受、保証等によることもある。融通手形授受の当事者間では、被融通者（右の受取人）は満期までに手形を受戻すか、それとも融通者（右の振出人）に対して手形の支払資金を提供するという合意があるのが普通である（融通契約）。なお、相互に相手方の信用を利用して金融を得るために融通手形を交換することがある。また、融通者が、融通手形の支払資金を取り立てるために被融通者から手形の交付を受けておくこともある。これらの場合は、交換手形と呼ばれている。

2　融通手形と悪意の抗弁

融通手形は、第三者から金融を受けさせることを目的として授受されるものである。それは、被融通者からの請求には応じないが、被融通者から手形を譲受けた者およびその後の手形取得者に対しては、融通者が手形上の責任を負うものとして授受された手形にほかならない。したがって、たとえば、融通手形として振出された約束手形の振出人は、受取人に対しては融通手形であるとの抗弁をもって支払を拒むことができるが（融通手形の抗弁）、この手形が割引のために受取人から第三者に裏書譲渡された場合には、たとい被裏書人が融通手形であることを知っていても融通手形であることを理由に支払を拒むことはできない（最判昭和三四・七・一四民集一三巻七号九七八頁）。

このように、融通手形の抗弁は、特定の所持人に対抗しうる抗弁であるという意味では人的抗弁であるが、通常の人的抗弁と異なり、悪意の第三者に対しても悪意の抗弁をもって対抗しえないという特徴を有する。その理論的な説明については学説が分かれているが、代表的な見解によれば次のように考えられている。すなわち、右の意味での融通手形の抗弁は、一般の人的抗弁と異なり、本来、融通者から被融通者に対してのみ主張できる抗弁（生来的に人的な抗弁）であって、手形の譲受人に引き継がれる性質のものではないから、抗弁の遮断ということは問題にならず、したがって悪意の抗弁を問題にする必要もない、というのである（福瀧博之「手形法学にいわゆる新抗弁理論について」教材現代手形法学一八三頁、一九二頁参照）。

融通手形について悪意の抗弁が問題とされた事例　もっとも、融通手形の抗弁が生来の人的抗弁であるということは、融通手形であるということを知って手形を取得しただけでは悪意の抗弁（手一七条但書）は認められないということにすぎない。融通手形に関連して、この生来的な人的抗弁としての融通手形の抗弁とは別に、悪意の抗弁が問題になることもある。たとえば、第三者が融通手形を割り引く際に、被融通者が融通者との合意（融通契約）に反して満期までに手形を受戻すことができず、あるいは支払資金を提供することができないことを知っていたような場合、または交換手形が不渡になるべきことを知っていたような場合である（最判昭和四二・四・二七民集二一巻三号七二八頁参照）。これらの場合には、手形の受戻、あるいは資金の提供などが不可能となったこと、または不可能となることが確実であるという事情を知って手形を取得した悪意の第三取得者に対しては、融通者（手形債務者）は、悪意の抗弁（手一七条但書）をもって対抗することができる。これらは、通常の悪意の抗弁であり、特に融通手形に特有の問題ではない（大隅・五七頁以下、鈴木＝前田・二六五頁註7および石井＝鴻・一三二頁参照）。

このように融通手形に関連して悪意の抗弁が認められる場合があるということと、融通手形であるということを知って手形を取得しただけでは悪意の抗弁は認められないということ（融通手形の抗弁が生来の人的抗弁であるということ）との関係をどう説明するかに関しては学説に争いがある。ここに、融通手形に関連して悪意の抗弁が認められるというのは、どういうことであろうか。それは、融通手形を授受する際の合意に違反したという抗弁（これは、右の本文にいう融通手形の抗弁ではない）について悪意の抗弁が成立するということであると考えてよいであろう。さらに、これはいわゆる手形授受（交付）に関する合意をめぐる問題の一場合であるといってよいであろう（第４章第３節３(3)参照）。なお、さらに、神田秀樹「判批」手形百選（第三版）八二頁参照。

融通手形に関する最高裁判例　融通手形に関する最高裁判例の結論には争いはないといってよいであろう。学説の対立は激しいが、それは、判例の結論をどう説明するかをめぐる対立である。判例の認める結論は、次のようなものである。①融通手形の振出人（融通者）は、被融通者（受取人）からの手形金の請求を拒絶できる（前掲最判昭和三四・七・一四参照）、②融通手形が交換された場合、振出人（融通者）は、相手方（被融通者）が振出した手形（第二手形）が支払われたときは、相手方（被融通者）からの第一手形の手形金請求といえども拒絶できない（最判昭和二九・四・二民集八巻四号七八二頁参照）、③融通手形の振出人は、第三取得者からの手形金請求は、その者の善意悪意を問わず、拒絶できない（前掲最判昭和三四・七・一四参照）、④融通手形の振出人は、第三取得者からの手形金請求といえども、被融通者が融通手形を一度金融の目的に使用して受け戻した後に、右の第三取得者に譲渡されたときは、この第三取得者が悪意の取得者である限り拒絶できる（最判昭和四〇・一二・二一民集一九巻九号二三〇〇頁参照）、⑤融通手形が交換された場合、振出人（融通者）は、第三取得者からの手形金請求であっても、相手方（被融通者）が振出した手形（第二手形）が不渡になり、かつこの第三取得者が、第二手形の不渡（あるいは不渡になるべきことを）知りながら第一手形を取得したときは、第三取得者からの第一手形の手形金請求を拒絶できる（最判昭和四二・四・二七民集二一巻三号七二八頁参照）。

第5節　人的抗弁切断後の手形取得者の地位

1　人的抗弁切断後の手形取得者の地位

人的抗弁が善意者のもとで遮断された後に手形を取得する者は、たといその抗弁につき悪意であっても、その抗弁の対抗を受けない、と解されている（最判昭和三七・五・一民集一六巻五号一〇一三頁参照）。前者が善意者であって完全に権利者となっている場合には、手形を譲受ける者は前者の完全な権利を承継するから、前者のさらに前者の権利に瑕疵があったことを知っていても悪意の抗弁は成立しないのである。したがって、手形債務者が人的抗弁の生じた直接の相手方以外の第三者たる所持人に悪意の抗弁を主張するためには、現在の所持人と人的抗弁の生じた直接の相手方との間に介在する手形取得者全員の悪意（害意）をも主張しなければならない。

なお、この問題については、人的抗弁の遮断は善意の取得者その人に対する関係だけで個別的に問題とすべきであるとして、抗弁遮断後の悪意取得者も悪意の抗弁の対抗を受けると説く見解もある（たとえば、上田宏「手形所持人の前者の善意と人的抗弁」手研二四〇号六頁、田邊・一五八頁など参照）。しかし、このような考え方は、裏書の法的性質を債権譲渡と捉え、手形抗弁の制限の法的根拠を権利外観理論に求める通説的な見解とは馴染まないものである（福瀧博之「手形法学にいわゆる新抗弁理論について」および「手形の再取得と人的抗弁」教材現代手形法学一八三頁、二一一頁以下および二二三頁、二三三頁以下参照）。

いわゆる属人性理論　右に述べたような説明は、理論的には、次のような特徴を有する。先ず、①裏書を手形債権の譲渡行為と捉え、裏書の権利移転的効力を裏書の本質的効力と考える見解（債権承継説・債権譲渡説）をとっている。②裏書によって譲渡されるのは、抗弁の附着した権利であるが、抗弁の制限によって「きれいな権利」になる（あるいは、瑕疵のある「不完全な権利」が「完全な権利」になる）と説明される。したがってまた、③権利外観理論（抗弁の制限）の適用の前提としての外観への信頼の欠ける場合には、取得者は前者に対する人的抗弁を承継する（これが悪意の抗弁であり、悪意の抗弁は人的抗弁承継の抗弁である）と説明される。

このような考え方からすれば、前者が善意であって、人的抗弁が遮断（切断）された後に手形を取得する者は、抗弁の遮断によって完全に権利者になっているのであり、そのまた前者の権利に瑕疵があることを知っていても（その人的抗弁につき悪意であっても）、悪意の抗弁は成立せず、その人的抗弁の対抗を受けるものではないということになる（鈴木＝前田・二六〇頁）。

これに対して、「手形譲受人の手形上の権利の取得を承継取得と観念するか、原始取得と観念するかの問題をいずれとしても、手形上の権利の取得は、完全な権利の取得以外のものではなく、ただ、その取得者について個別、独立に人的抗弁の対抗を考察すれば足りる」と説く見解がある（安倍正三・最高裁判所判例解説民事篇昭和四〇年度一二七頁）。この見解によれば、人的抗弁切断後の悪意取得者に対しても、手形債務者は悪意の抗弁（手一七条但書）を主張することができることになる。これが属人性説とか属人性理論と呼ばれる見解である（上田宏・前掲論文、田邊・一五八頁など）。属人性理論からすれば、人的抗弁の切断（手一七条本文）は当然のことであって、手形法一七条はその但書にこそ意味があるということになるが、これに対しては、「手形上の権利と人的抗弁事由が本来不可分だからこそ、裏書による債権譲渡には、通常の指名債権と異なり、人的抗弁を分離して移転する効力が特に付与されているのではないか」、「属人性説は裏書本質論の循環論に陥って」いるのではないかとの批判が加えられている（岩崎稜・法学ガイド・商法Ⅲ二〇五頁、同趣旨、木内宣彦・特別講義手形法小切手法三〇頁、一一〇頁）。

また、手形抗弁の属人性を説く見解が、人的抗弁を手形法一七条の適用のある人的抗弁と、手形法一七条の適用のない人的抗弁とに分け、属人性理論が妥当するのは、手形法一七条の適用のある人的抗弁に関してだけであって、手形法一七条の適用のない人的抗弁は「善意者の介在により一たびその瑕疵が治癒されれば完全な手形上の権利として成立・存在することとなり、その後の手形所持人の抗弁の存否についての善意・悪意は問題にならない」（上田宏・前掲論文九頁）としていることも看過できない。ここに手形法一七条の適用のない人的抗弁とされているのは、前述の有効性の抗弁であると解されるが（本章第1節2末尾の註〔手形抗弁の分類〕参照）、仮にそのような人的抗弁の分類を前提にするとしても、有効性の抗弁（たとえば交付欠缺の抗弁、意思表示の瑕疵にもとづく抗弁）の場合には、手形法一七条の適用はなく、一度、抗弁の遮断が起きたら、その後の取得者の善意悪意は問題ではないが、原因関係にもとづく抗弁は、手形法一七条の適用があるから、人的抗弁遮断後の取得者の悪意を問題にすべきであるとする結論は、有効性の抗弁と原因関係にもとづく抗弁の相違を反映したものになっているのであろうか（署名後交付前の手形を盗取された者は、一たん善意者が介在したら抗弁を主張できないのに対して、手形を自らの意思で振出した者は、原因関係にもとづく抗弁は、一度、抗弁が遮断された後も、その後の取得者が悪意であれば、主張できることになるが、このような結論でよいであろうか）。いずれにせよ、裏書の性質論、人的抗弁の制限の制度の理解などと密接に関連する問題である。

2　戻裏書の場合

(1)　戻裏書の場合　　次に、債務者から人的抗弁の対抗を受ける地位にあった手形所持人が、その手形を善意者に裏書譲渡した後、戻裏書によって再びその所持人となった場合の取扱も問題となる（戻裏書については、第16章第4節5参照）。これも人的抗弁遮断後、その抗弁について悪意で手形を取得する場合の特殊な一態様にほかならない（いわゆる手形の再取得の一場合である。手形の再取得と手形抗弁に関しては、福瀧・前掲論文〔教材現代手形法学〕二二三頁、二四九頁以下など参照）。しかし、この場合には、判例によれば、所持人は善意者を経て戻裏書によって手形を受け戻したからといって自己の裏書譲渡前の法律的地位よりも有利な地位を取得するものではないから、人的抗弁の対抗を受けるとされている（最判昭和四〇・四・九民集一九巻三号六四七頁）。

(2)　信義則上、戻裏書と同一に評価すべき場合　　さらに、株式会社が銀行で手形を割引くにあたって、その会社の代表取締役が銀行取引約定書に従って銀行に対して保証債務を負担している場合、右の手形が不渡になり、その代表取締役が保証人として銀行に対する債務を弁済して手形上の権利を代位取得することがある。この場合、手形債務者は、会社に対して対抗することのできた人的抗弁を、善意者である割引銀行を経て手形を取得した右の代表取締役に対して主張できるか、という問題がある。抗弁遮断後の取得者が、抗弁遮断前の所持人と、会社とその代表取締役という関係にあるので、一般の抗弁遮断後の手形取得者と同様に取扱ってよいのかどうかが特に論じられている。会社が当該代表取締役の主宰する同族会社であって、会社と代表取締役とは密接に経済的利害を共通にしていた事案において、銀行から代表取締役への裏書は、信義則上、銀行から会社への戻裏書と同一に評価すべきであるとして、手形債務者は会社に対抗することのできる人的抗弁をもって取締役にも対抗できるとした判例がある（最判昭五二・九・二二判時八六九号九七頁、この判例については、さらに、福瀧・前掲論文〔教材現代手形法学〕二五二頁参照)。

第6節　裏書の原因関係の無効・消滅と権利濫用

手形債務者は、それぞれ自分の抗弁だけを主張することができ、他の債務者がもつ抗弁を利用することはできないのが原則である(人的抗弁の個別性)。したがって、たとえば約束手形の受取人が手形を裏書譲渡した場合に、裏書の原因債務が消滅したり、無効であって被裏書人が手形を受取人に返還しなければならないとしても、振出人はそのことを理由に被裏書人の手形金の請求を拒むことはできないはずである。手形行為の抽象性(無因性)からいっても、裏書の原因関係の無効・消滅によって手形上の権利は影響を受けないから、被裏書人が振出人に支払を請求できるのは当然といえる。従来は、以上のように考えられていたが、最近では、受取人に手形を返還しなければならない被裏書人に振出人に対する請求を認めるのは不当であるとする見解が支配的である。

判例は、裏書の原因関係が消滅したり、無効である場合に、被裏書人が約束手形の振出人に対して手形金を請求することは、「権利の濫用に該当し、振出人は、手形法七七条、一七条但書の趣旨に徴し、所持人に対し手形金の支払を拒むことができる」としている(最判昭和四三・一二・二五民集二二巻一三号三五四八頁、最判昭和四八・一一・一六民集二七巻一〇号一三九一頁、二重無権の場合については、第2節末尾の註(独立の経済的利益と抗弁の切断)参照、また、賭博による債務の支払のために小切手が譲渡された場合に関する最判昭和四六・四・九民集二五巻三号二六四頁参照)。

学説においては、いろいろな理論が主張されているが、判例と同様に考える通説的見解のほか、手形行為を債務負担行為と権利移転行為に二分する創造説(二段階行為論)を前提にして、前者は無因行為であるが、後者は有因行為であるとする有因論(手形権利移転行為有因論)も有力である。この見解は、裏書の原因関係が消滅すると、手形上の権利は被裏書人から裏書人に復帰して被裏書人は無権利者になるから、債務者は無権利の抗弁によって支払の請求を拒みうると説明している（第4章第3節1(4)末尾の註〔いわゆる手形行為有因論（いわゆる二段階行為論と有因論）〕参照）。

裏書の原因関係の無効・消滅と権利の濫用による解決の問題点　右に取り上げたのは、①たとえば、AがBに約束手形を振出し、BがCにその手形を裏書したが、BC間の裏書の原因関係に無効・消滅等の事情がある場合に、AはCの手形金請求を拒むことができるか、という問題である。この問題との関係においては、さらに、たとえば、次のような問題に言及されることがある（上柳克郎「手形の無因性についての覚書」会社法・手形法論集三八六頁、三八六頁参照）。

②右の事例において、AがCに手形金を支払った場合、BC間の原因関係上の事情について悪意（または悪意・重過失）のAは免責されるか。

③右の①を肯定し、②を否定する見解（たとえば、権利濫用によって支払を拒みうるとしたうえ、したがって、悪意で拒まなければ、免責されないと考える）、①を否定し、②を肯定する見解（たとえば、無因性からすれば、Cは権利者であるから、Aは支払を拒みえないとする）の他、①および②のいずれも肯定する見解も可能か（たとえば、権利濫用によって支払を拒みうるとしたうえ、したがって、Cは権利者であるから権利者に対して支払をしたAは免責されると考える立場はどうか）。

④BC間だけでなく、AB間の原因関係についても無効・消滅等の事情がある場合には、どうなるか。

⑤BC間の裏書の一部についてのみ無効・消滅等の事情がある場合はどうか。

たとえば、右の②は、どう考えるべきであろうか。判例のとる権利濫用の理論を前提にする場合、「Aは、権利濫用によって支払を拒みうるとしたうえ、したがって、支払を拒むことのできるAが悪意（悪意・重過失）にもかかわらず、支払を拒まなかったとすれば、このようなAは免責されない」と考えることになるのか。それとも、「Aは権利濫用によって支払を拒みうるが、これは、一応、Cが権利者であることを前提にする考え方であり、したがって、Aが権利者であるCに対して支払をすれば、Aは免責される」と考えるべきであろうか。

手形行為の無因性を強調し、Cが権利者であることを強調すれば、後者のような見解になるであろう。権利濫用の抗弁は、放棄しうると考えるのである。しかし、手形債務の存在・瑕疵に関する人的抗弁と異なり（たとえば、交付欠缺の抗弁）、この場合の権利濫用の抗弁は、手形所持人Cが権利者として権利を行使しうるかどうかの問題に関するものであり、その意味では——権利濫用という法的構成にもかかわらず——無権利の抗弁などと同様の側面もあるのではないか。仮にそう考えてよいとすると、このような抗弁を放棄すると、このことは、支払をする手形債務者と手形所持人だけではなくて、ありうべき手形権利者（手形所持人以外にありうる手形上の真の権利者）の利益にも関係することになる（一般に、無権利の抗弁の放棄ということは意味をもたず、手形法四〇条三項の問題として処理されることになるはずである）。

このように考えると、ここでも、右の前者のように考え、「Cの権利濫用について悪意のAは、Cへの支払によって免責されない」とすべきであろう（なお、その根拠は、手形法四〇条三項の類推に求めることもできるであろう）。

そもそも、抗弁を主張して支払を拒みうる場合には、そのことに関して悪意で支払をしても免責されないと考えるのが素直な理解であろう。法体系を異にするアメリカ法のもとでも、基本的には、そのように解されているようである。Cf. U. C. C., 1990 Official Text, §§3-305(c), 3-602(b)(2).

第７節　人的抗弁の切断と善意取得との関係

(1)　善意の手形取得者の保護　　善意取得と手形抗弁の制限はともに、手形という証券を信頼して取得した者を保護して、手形の流通を保護し手形取引を円滑にするための制度である。ただ、善意取得は無権利者からの取得者を保護する制度であり、抗弁の制限は、手形の記載通りの権利が存在しない場合にも、取得者を保護するために手形記載通りの権利の取得を認めるものである。前者は権利の所在に対する信頼の保護であり、後者は権利の存在・内容についての信頼を保護するものである。この点では、両者は異なる。

(2)　善意者保護の主観的要件　　さらに、善意取得と抗弁の制限は、その主観的要件においても違っている。善意取得は善意・無重過失を要求するが、抗弁の制限の場合には重過失は問題にされない（最判昭和三五・一〇・二五民集一四巻一二号二七二〇頁）。善意取得の場合に問題となるのは、手形取得者の直接の裏書人についての事情であって調べやすいが、抗弁の制限の場合は、直接の裏書人と債務者の間の事情であって分かりにくいから後者にあっては重過失があってもよい、と説明されている。また、抗弁の制限の結果、犠牲となる債務者と善意取得によって犠牲となる真の権利者とを比較すると、後者はみずからの意思によって手形の占有を手離した者ではなく、その意思によって手形行為をしている前者とは異なるから、その者の利益を考えて善意者保護の要件を重くし、無重過失を要求したものである、ともいわれている（鈴木＝前田・二七三頁および二七四頁註三七参照）。

手形法一六条と一七条の境界　一般には人的抗弁とされる原因関係の無効・消滅の抗弁が、手形理論として創造説をとり、併せて手形権利移転行為有因論（有因論）を採れば無権利の抗弁とされることなどからも分かるように、手形理論などの理論的前提が違えば、ある抗弁事由が手形法一七条にいう人的抗弁とされたり、無権利の抗弁とされたりすることになる。したがって、その抗弁の対抗を受ける者から手形を取得した善意の第三取得者の保護も、あるいは人的抗弁の制限（手一七条）により、あるいは善意取得（手一六条二項）によることになる。

ある抗弁が一般の人的抗弁であるか、それとも無権利の抗弁であるかの相違は、一つには、①一般の人的抗弁であれば、いわゆる人的抗弁の個別性によってその抗弁を主張できるのは特定の債務者だけであるが、無権利の抗弁は、請求を受けた者は誰でもそれを主張できることにある。さらに、②一般の人的抗弁であるか、無権利の抗弁であるかは、その抗弁の対抗を受ける者から手形を取得した者の保護において相違する。人的抗弁であれば、抗弁の制限（手一七条）の問題となり、無権利の抗弁であれば、善意取得（手一六条二項）の問題となる。

この場合、第三取得者にとっては、抗弁の制限の方が重過失を問われないから有利である。そこで、原因関係の無効・消滅の抗弁のように、従来、人的抗弁に入れられていた抗弁を無権利の抗弁と解する説（有因論）に対しては、善意者の保護が不充分になるとの批判が加えられている。

これに対して、一部の有因論の論者は、抗弁の制限と善意取得の関係を従来考えられてきたところとは異なるものとして捉え直すことを試みている。すなわち、手形法一六条は、有効な意思によらずに手形の占有を失った者と所持人の間を規律する規定であり、預けておいた手形がその意思に反して処分された場合のように有効な意思にもとづいて手形を交付した後に手形を回復すべき場合は、手形法一七条にいう所持人の前者に対する人的抗弁の問題であると説くのである。したがって、たとえば、裏書の原因関係の無効・消滅の場合には被裏書人は無権利者となるが、その者から手形を取得した者は、手形法一七条によって保護されることになる（渋谷光子「手形と権利濫用」演習商法〔手形法小切手法〕一二一頁、一二六頁参照）。なお、さらに、別の有因論の論者は、有因論は手形債権移転行為について常に妥当するものではなく、その適用範囲は流通過程における前者に対する関係に限定すべきであるとしている（相対的有因性、平出・一二八頁以下）。

第12章　時　効

手形上の権利も時効によって消滅する。時効については、手形法は、時効期間（手七〇条・七七条一項八号）と中断（手七一条・七七条一項八号・八六条）について特則を置くほか、原則として民法に委ねている（民一四四条以下、たとえば、民法一四六条に関して、高松高判昭和三九・七・九高民集一七巻五号三一八頁参照）。この章においては、主として、手形上の権利の時効に関する手形法の諸規定を簡単に説明する。

第1節　時効期間と時効期間の計算

1　時効期間

手形債務に関しては、とくに短期の消滅時効が定められている。その理由は、手形取引の迅速な決済の必要と、手形債務が債務者にとって厳格であることを緩和する必要とに求められている（大隅・五九頁、鈴木＝前田・三三四頁）。手形法は、手形上の権利の時効期間を定めるに当たって、約束手形の振出人のような最終的な義務者（主たる債務者）と裏書人のような償還義務者（遡求義務者）とに分け、さらに後者に関しては、遡求の場合と再遡求の場合とを区別している。

①　主たる債務者（為替手形の引受人または約束手形の振出人）に対する債権は、満期の日から三年で時効にかかる（手七〇条一項・七七条一項八号・七八条一項）。主たる債務者の保証人（手三二条一項・七七条三項）および無権代理人

（手八条・七七条二項）に対する債権の時効期間も同様である。

② 所持人の前者（裏書人および為替手形の振出人）に対する遡求権（償還義務者に対する請求権）は、拒絶証書の日附から、拒絶証書の作成が免除されているときは満期の日から一年で時効にかかる（手七〇条二項・七七条一項八号）。前者の保証人、無権代理人および参加引受人（手五八条一項）に対する権利の時効期間も同様である。

③ さらに償還を果たした償還義務者（裏書人）の前者に対する再遡求権は、手形を受戻した日または訴を受けた日（訴状送達の日）から六か月の時効にかかる（手七〇条三項・七七条一項八号）。償還義務者のために償還した保証人、参加引受人または代理人の権利についても同一である（手三二条三項・六三条一項・八条）。前者の保証人、無権代理人および参加引受人に対する時効期間も同様である。なお、支払拒絶後に手形を回収した場合であっても、それが遡求義務の履行によるものでないときは、手形法七〇条三項ではなく、二項が適用される（東京地判昭和四〇・一〇・一三判時四五〇号五一頁、同旨、大阪地判昭和四八・二・二二判時七〇六号八六頁参照、なお、民一七四条の二参照）。

④ 小切手に関しては、(a)所持人の前者（裏書人、振出人その他の債務者）に対する遡求権は、呈示期間経過後六か月の時効にかかる（小五一条一項）。(b)償還を果たした償還義務者の他の債務者に対する再遡求権は、手形を受戻した日または訴を受けた日から六か月の時効にかかる（小五一条二項）。(c)小切手の支払保証人に対する権利は、呈示期間経過後一年の時効にかかる（小五八条）。

⑤ 手形上の権利が確定判決（または裁判上の和解などそれと同一の効力を有するもの）によって確定したときは、右の短期の時効は適用されず、確定の時から一〇年の消滅時効にかかる（民一七四条の二）。

原因債権と民法一七四条の二 このように手形債権の時効が確定判決（または裁判上の和解などそれと同一の効力を有するもの）によって確定され、確定の時から一〇年の消滅時効にかかるものとされる場合、中断後の原因債権の時効期間はどうなるであろうか。原因債権にも民法一七四条の二は及ぶか。最高裁判所は、手形債権について仮執行宣言付支払命令が確定した後に原因債権の消滅時効の完成を援用して請求異議をなしうるかが争われた事案において、「手形債権の消滅時効期間が支払命令の確定の時から一〇年に延長せられるときは、これに応じて原因債権の消滅時効期間も同じくその時から一〇年に変ずるものと解するのが相当である」として、支払命令確定後における原因債権本来の消滅時効期間（民一七三条）徒過による原因債権の時効消滅は請求異議の理由とはなりえない旨判示している（最判昭和五三・一・二三民集三二巻一号一頁）。

2　時効期間の計算

時効期間の計算は、手形法七三条（初日不算入）、民法一四三条（暦による計算）によって行なう。満期から時効が進行すべき場合には、時効期間の初日（起算日ではない、手七三条参照）は、常に満期である（最判昭和四六・四・二三金融法務六二一号三六頁）。満期が休日（手七二条・八七条）に当たっても、その日が初日となる（民一四二条および手七二条二項による延長はない、さらに、民一六六条参照）。満期の日に支払の呈示をしたかどうかを問わない（竹田・六六頁、小橋・一四一頁）。また、満期を変更する趣旨でない支払猶予令（モラトリアム〔Moratorium〕）の場合も（なお、大判昭和三・一〇・三〇民集七巻八六五頁、大判昭和七・二・二三民集一一巻二六〇頁参照）同様であり、満期から時効は進行する（竹田・六六頁）。なお、時効期間の末日が休日に当たる場合にも、時効期間は延長されない（小橋・一四三頁および大阪地判昭和四八・九・四判時七二四号八五頁参照）。

一覧払手形において呈示期間内に支払のための呈示がなかった場合には、一覧後定期払手形に関する手形法三五条二項を類推して呈示期間の末日が満期の日となると解されている（竹田・一三六頁、小橋・一四一頁）。

モラトリアム（Moratorium）　一般に手形法五四条一項にいう「国ノ法令ニ依ル禁制」を説明して、これは、いわゆるモラトリアム（支払猶予令）のことであるとされる（たとえば、大隅＝河本・三六一頁）。モラトリアムとは、したがって、戦争、地震、恐慌その他一国またはある地方に関する事変のある場合に国家権力の発動によって行なわれる手形債務の支払猶予のことであり（伊澤・四五一頁）、これに①手形の満期自体が延期変更される場合と、②満期自体には変更がなく、単に一定の期間だけ呈示期間ならびに拒絶証書の作成期間が延長される場合とがあると説明されている（伊澤・四五一頁以下、大隅＝河本・二九四頁参照）。わが国においては、大正一二年九月の関東大震災および昭和二年四月の金融恐慌による銀行の休業に際して発布されたことがある（大正一二年勅令四〇四号、大正一二年勅令四二九号、昭和二年勅令九六号参照）。後者は、右の②であったが、前者は①であったと説く者もあるといわれている（大隅＝河本・二九四頁）。

支払猶予の特約と消滅時効の起算点　手形法七七条一項八号・七〇条二項によれば、約束手形の所持人の裏書人に対する請求権（遡求権）の消滅時効は、拒絶証書の日附または満期の日を基準として時効にかかると定められている。ところで、所持人と裏書人との間において裏書人の手形債務につき支払猶予の特約がされた場合にも、右の規定は適用されるであろうか。この場合には、所持人は、拒絶証書の日附または満期の日から裏書に対する請求権を行使することはできないからである。

最判昭和五五年五月三〇日民集三四巻三号五二一頁は、右のような事案に関して、「所持人は右猶予期間中は裏書人に対して手形上の請求権を行使することができず、右猶予期間が満了した時はじめてこれを行使することができるものとなるから、所持人の裏書人に対する手形上の請求権の消滅時効は、右猶予期間が満了した時から進行するものと解するのが相当である」と判示している（神作裕之「判批」手形百選（第四版）一六〇頁参照）。学説においては、支払猶予があっても時効は満期の日から進行するとする見解（竹田・六六頁、大隅＝河本・三九二頁、小橋・一四二頁、なお、伊澤・四五一頁註一参照）も見られるが、判例と同様に支払が猶予されている場合には、そのことを人的抗弁事由とすることができるから、したがって、支払が猶予されている間は時効期間も進行しないとする見解も有力である（鈴木＝前田・三一一頁註三）。

後者の見解は、民法一六六条一項が「消滅時効ハ権利ヲ行使スルコトヲ得ル時ヨリ進行ス（なお、平成一六年に改正された民法一六六条一項においては、「消滅時効は、権利を行使することができる時から進行する」と規定されている）」とあることを一の根拠とするようであるが、これに対して、前者の見解は、「手形関係としては、満期が権利を行使できる時であって、支払猶予にかかわらず、時効は満期の日から進行すると考え」ている（小橋・一四二頁）。この見解に従う。なお、満期後に支払猶予の特約が行なわれる場合には、この支払猶予が債務の承認を含み、したがって、時効の中断を生ずるということは、もちろんありうる（小橋・一四二頁、神作・前掲判批一六一頁）

第２節　時効の中断

1　時効の中断に関する手形法の特別規定

時効の中断事由および効果に関しては、原則として民法に従うことになるが、手形法は、とくに手形法七一条と八六条に特別な規定をおいている。

(1)　時効の中断事由（手八六条）　時効の中断事由については、民法一四七条が適用されるが、手形法は、訴訟告知による中断を認めている（手八六条）。

前述のように、償還を果たした償還義務者（裏書人、保証人、参加引受人）の前者に対する再遡求権は、手形を受戻した日または訴を受けた日（訴状送達の日）から六か月の時効にかかる（手七〇条三項）。この場合、時効は、後者から訴を提起され、訴状の送達を受けた日から進行するが、償還義務者（裏書人）は、まだ手形を受戻していないから、時効を中断する手段を有しない。仮に訴訟が六か月以上継続するときは、結局、訴訟に敗れ、償還を強制され、再遡求する必要があるにもかかわらず、時効により再遡求権を失う結果となるおそれがある。そこで、手形法八六条は、訴を受けた償還義務者（裏書人）が前者に対して訴訟告知（民訴五三条・旧民訴七六条以下）をするときは時効の中断を生じ、時効は裁判の確定した時からさらにその進行を始めると定めた（小切手法七三条も同旨の規定である）。

(2)　時効中断の相対的効力（手七一条）　時効の中断は、その中断事由の生じた者に対してのみその効力を生じる（手七一条・七七条一項八号）。時効の中断は、相対効力を有するにとどまる。これは、各手形債務がそれぞれ独立の債務であることの当然の結果であるとされる。

したがって、約束手形の共同振出人の一人がした承認は、他の振出人に対する時効中断事由にはならず（東京地判昭和三八・一・三一下民集一四巻一号一四三頁、ただし、共同手形行為者〔共同振出人〕の一人について生じた時効中断事由は他の共同手形行為者に対しても効力を及ぼすとする大判昭和八・五・九民集一二巻一一一五頁参照）、主債務者に対する時効中断は、手形保証人に対しては効力を生じない（福岡高判昭和三三・一〇・一七高民集一一巻八号五三三頁）。また、手形保証人に対して時効を中断しても、主たる債務には中断の効力を生ぜず、その結果主たる債務が消滅すれば、手形保証の附従性により、保証債務も消滅するとされている（神戸地判昭和三一・八・二一下民集八巻八号一五六四頁、最判昭和四五・六・一八民集二四巻六号五四四頁）。

時効中断の効力の相対性は、手形債務者についてだけでなく、債権者についても当てはまる（小橋・一四八頁、大隅＝河本・三九五頁）。したがって、約束手形の最後の所持人が、振出人に対して時効の中断をしても、その後、手形を受戻した裏書人は振出人に対して時効の中断を主張できない（有力な反対説もある、前田・三三三頁、平出・二六三頁参照）。

2　時効中断の方法（時効中断のための請求と手形の呈示）

裁判上の請求による時効の中断については、大審院時代から訴の提起があればよく、手形の呈示は必要ないとされている（大判明治四四・二・二三民録一七輯七一頁）。他方、裁判外の請求（催告）については、大審院の判例は一貫して手形の呈示が必要であるとしており（大判明治三八・六・六民録一一輯八九三頁）、最高裁判所もこれを踏襲したが（最判昭和三六・七・二〇民集一五巻七号一八九二頁）、その後、判例を変更して手形の呈示を要しないとするに至った（最判昭和三八・一・三〇民集一七巻一号九九頁）。時効の中断は、権利者に権利実行の意思があるかどうか、いわゆる権利の上に眠るものでないかどうかの問題であって、手形債務者を遅滞に付す場合とは区別すべきであるというのである（同旨、石井＝鴻・一二二頁以下、なお、小橋・一四五頁参照）。この立場をとる以上、催告には手形の所持もまた不要である（大隅＝河本・三九四頁）。裁判上の請求についても同様である（最判昭和三九・一一・二四民集一八巻九号一九五二頁）。

債務の承認による中断にも手形の呈示を要しない（大判大正四・九・一四民録二一輯一四五七頁）。したがって、また、除権判決〔除権決定〕前の承認であっても、時効中断の効力はある（大判昭和五・五・一〇民集九巻四六〇頁）。

なお、白地手形による訴提起については、大審院は、手形上の債権に対する時効中断の効力を認めていなかったが（大判昭和八・五・二六民集一二巻一三四三頁）、最高裁判所は、まず、受取人白地の手形につき（最判昭和四一・一一・二民集二〇巻九号一六七四頁）、次いで、振出日白地の手形につき、これを認めるに至っている（最判昭和四五・一一・一一民集二四巻一二号一八七六頁）。なお、第15章2(3)参照。

第3節　時効の効果

各手形債務者の義務はそれぞれ独立のものであり、時効もそれぞれ独立してその効力を生ずる（たとえば、約束手形の共同振出人につき、高松高判昭和三四・四・二七高民集一二巻三号一一五頁参照）。しかし、手形保証人は主たる債務の時効を援用しうる（最判昭和四五・六・一八民集二四巻六号五四四頁）。

主たる債務者に対する債権と償還請求権とは、それぞれ別個の時効に服することからすれば、①償還請求権（遡求義務）が先ず時効によって消滅しても、主たる債務者に対する債権に影響を及ぼさないのと同様に、②主たる債務者に対する債権が先ず時効にかかっても、償還請求権も消滅しないようにも考えられる。しかし、判例および通説は、右の後者に関しては、主たる債務者に対する債権の時効が完成すれば、遡求権（償還請求権）は行使できなくなると解している（大阪高判昭和五四・九・五判時九五三号一一八頁は、このことを前提にして、「約束手形の振出人に対する手形金請求権が時効により消滅した場合には、特段の事情がない限り裏書人に対する償還請求権もこれにしたがい消滅する」としたうえ、「手形割引依頼人の割引手形買戻義務は手形法上の義務ではなく、手形再売買に基づく代金支払義務であるから、右割引手形の振出人に対する請求権が時効消滅しても、これにより消滅しない（買戻義務は義務発生から五年の時効にかかる）」旨判示している）。償還請求は、健全な手形の返還とともにすべきであるからである（手五〇条一項・七七条一項四号、大判昭和八・四・六民集一二巻五五一頁、竹田・六九頁、大隅・六〇頁、石井＝鴻・一二二頁、鈴木＝前田・三三四頁、小橋・一四九頁参照）。なお、さらに、③多数の裏書人のうち、後者に対し時効を中断したが、前者につき時効が完成した場合、後者に対し遡求できるかという類似の問題もありうる。これは、右の②の場合と同様に考えてよいであろう（鈴木＝前田・三三六頁註四参照）。

もっとも、最判昭和五七年七月一五日（民集三六巻六号一一一三頁）のように、特別な事情のある場合には、主たる義務者に対する手形上の債権につき時効が完成したにもかかわらず、償還義務が認められることがある。この最高裁判決は、約束手形の裏書人が所持人に対して、その償還義務について振出人の債務とは関係なく裏書人に固有の債務として手形金の支払義務があることを認めるような態度を示しておきながら、後に態度を翻し、所持人から提起された手形金請求訴訟においても、いろいろな主張をして、その審理に長時間を費やさせ、その間に、所持人が裏書人を信頼して振出人に対する手形金請求権の消滅時効中断の措置を怠ったために振出人の手形金支払義務が消滅したという事案に関するものであった。右の最高裁判決は、この裏書人が、振出人の手形金支払義務が消滅したのに乗じて、それに伴って裏書人としての償還義務も当然消滅するに至ったとして償還義務の履行を免れようとすることは、著しく信義に反し許されない、と判示した。判決は、その前提として、「約束手形の振出人の手形金支払義務につき消滅時効が完成した場合には、裏書人の償還義務もこれに伴って消滅すると解すべきである」との判断も示している。

第13章　利得償還請求権

手形債務者の責任は厳格である。そこで、手形法はそれを緩和するために、短期消滅時効を定め、また遡求権保全の手続きを怠れば所持人は遡求権を失うことを定めた。しかし、その結果、手形上の権利が消滅すると、所持人は権利を失い、他方、債務者は免責されて、手形の授受によって利得を得ることになることを認めざるをえないことになる。手形という制度の利用から生ずるこのような不公平は是正されるべきである。手形法は、不当利得の制度を手形法的に修正して、独特な一種の請求権として利得償還請求権の制度を設けている。

第1節　利得償還請求権の制度

1　利得償還請求権の制度の趣旨

手形署名者（手形債務者）の責任は厳格である。そこで、法はそれを緩和するために、短期消滅時効を定め（手七〇条・七七条一項八号、小五一条・五八条）、また遡求権保全の手続きを怠れば所持人は遡求権を失うことを定めた（手五三条・七七条一項四号、小二九条・三九条・五五条）。しかし、その結果、手形上の権利が消滅すると、所持人は権利を失い、他方、債務者は免責されて、手形の授受によって利得を得ることになることを認めざるをえないことになる。

手形が経済生活を円滑にするための手段にすぎないことから考えると、手形という制度の利用から生ずるこのような不公平は是正されるべきである。そこで法は、公平（衡平）を確保するために不当利得の制度を手形法的に修正して、独特な一種の請求権として利得償還請求権の制度を設けた。所持人は、振出人、裏書人などに対してその受けた利益の限度で償還の請求をなしうるとするものである（手八五条、小七二条）。

2　利得償還請求権の性質

利得償還請求権の性質については、争いがある。あるいは手形上の権利の残存物と説明され、あるいは手形上の権利の変形物であるといわれる（変形物説）（鈴木＝前田・二三七頁）。通説は、右に述べたように、公平（衡平）のために法の認めた特殊な権利であると説明している（大隅・六二頁、さらに、小橋・一六四頁参照）。

いずれにせよ、利得償還請求権は、手形法上の権利ではあるが、手形上の権利そのものではないとして、そのことを根拠として、――利得償還請求権の性質論によって説明されることが多いが、――次のように説かれることが多い（大隅・六三頁、小橋・一六四頁）。すなわち、①その消滅時効期間は、一般債権の時効（商事時効）をもって考えるべきである（最判昭和四二・三・三一民集二一巻二号四八三頁は、利得償還請求権は、手形上の権利の変形と見るべきであり、したがって、利得償還請求権は商法五〇一条四号にいう「手形ニ関スル行為」によって生じた債権に準じて考え、その消滅時効期間は、商法五二二条の類推適用によって五年と解すべきであると判示している）。②利得償還請求権の譲渡は、裏書ではなく、指名債権譲渡の方法によるべきである（大判大正四・一〇・一三民録二一輯一六七九頁）。また、③手形上の権利のための担保は、当然には利得償還請求権の担保にはならないと解すべきである（ただし、東京地八王子支判昭和三三・三・二八下民集九巻三号五三三頁は反対である）。

しかし、利得償還請求権の性質論だけから、利得償還請求権についての諸問題を解決することはできないであろう（石井＝鴻・一四四頁参照）。

第2節　利得償還請求権の成立要件

手形上の権利が消滅した時に手形上の権利者であった者、すなわち時効や手続の欠缺さえなければ手形上の権利を行使することのできた者は、利得を得た手形債務者（振出人や裏書人）に対して利得の償還を請求することができる（手八五条、小七二条）。

(1)　請求者が手形上の権利者であったこと　　利得償還請求権の権利者は、時効または手続の欠缺により手形上の権利の消滅した時における手形上の権利者であった者である。時効または手続の欠缺さえなければ手形上の権利を行使できた者である。連続する裏書による手形所持人、償還により手形を受戻した者だけでなく、さらには、これらの者から相続、債権譲渡などにより手形を取得した者もこれに入るとされている（小橋・一六五頁参照）。利得償還請求権の義務者は、手形の振出人、引受人および裏書人であり（手八五条）、小切手の振出人、裏書人および支払保証をした支払人である（小七二条）。

(2)　手形上の権利が消滅したこと　　利得償還請求権が認められるためには、先ず、手形上の権利が消滅することを要する。手形上の権利が「手続ノ欠缺又ハ時効ニ因リテ消滅」することを要する。ちなみに、ここに「手続の欠缺」により消滅するというのは「遡求義務は手続（遡求条件の具備）によってはじめて発生する」とする立場では、「手続の欠缺により遡求義務者に対する権利の発生しないことの確定すること」を意味することになる（坂井・三訂四〇〇頁）。

この手形上の権利の消滅との関係では、次の二つの点が従来から問題とされている。先ず、①第一点は、手形債務者が数人いるときには、そのすべての者に対する権利が消滅したことを要するか、という問題である。判例は、すべての者に対する権利の消滅したことを要するとの前提に立ちつつ、ただし、一部の者に対する権利が残っていても、その者が無資力のときは、全員に対する権利消滅と同一に評価しうることがあるとしている（大判昭和三・一・九民集七巻一頁）。

これに対して、いわゆる変形物説の立場からは、利得償還を請求しようとする相手方に対する権利が消滅すれば足りるとする見解も主張されている（鈴木＝前田・三三八頁）。しかし、利得償還請求権を手形上の権利が消滅した場合に、衡平上、所持人に与えられる最終的な救済手段であると理解する立場からは、判例のように原則としてすべての手形債務者に対する手形上の権利の消滅を要すると解すべきである（大隅・六四頁、坂井・三訂四〇〇頁、小橋・一〇七頁）。

第二に、②利得償還請求の請求者は、手形上の権利を有しないだけではなくて、さらに民法上の救済方法（たとえば、所持人が別に原因関係にもとづく民法上の請求権を有すること）もないことを要するか、ということも問題とされる。いわゆる利得償還請求の二次性と呼ばれる問題である。手形上の権利の消滅という要件との関係で、条文上は関係のない民法上の救済方法に言及されるのは、利得償還請求権は衡平上、所持人に与えられる最終的な救済手段であると考えるからである。判例は、そのように考えている（たとえば、大判昭和一六・六・二〇民集二〇巻九〇〇頁、さらに、最判昭和三六・一二・二二民集一五巻一二号三〇六六頁参照）。

これに対しては、そうすると、手形取得者は、「支払のために」手形を取得するよりも、「支払に代えて」手形を取得した方が有利になるという不合理な結果になる、などとする有力な反対説がある（林・後掲論文一六九頁）。また、利得償還請求権は、手形上の権利の変形物、残存物であるとする見解からも、利得償還請求権の成立には民法上の救済方法は関係ないとされている。

なお、仮にこの要件を必要としないと解し、所持人が、別に原因関係にもとづく民法上の請求権を有する場合にも「手形上の権利の消滅」という要件は充足していると考える見解によるとしても、その多くの場合には、次の利得の要件を欠くことになるであろう（最判昭和三八・五・二一民集一七巻四号五六〇頁および小橋・一〇七頁参照）。

(3)　債務者（振出人、引受人または裏書人など）が利得（利益）を得たこと　利得償還請求権が認められるためには、手形上の権利が消滅しており、さらに手形上の債務者に利得のあることを要する。ここに、手形債務者の利得（利益）という場合、「単に、手形上の権利の消滅により、今まで負担していた手形債務を免れたということではなく、手形授受の原因関係上現実に財産上の利益を受けたこと」をいうものである（大隅・六四頁、鈴木＝前田三三八頁）。もっとも、その利得（利益）は、財産の積極的増加でなくても、消極的に義務を免れるのでもよいとされる。なお、裏書人の場合、前者に支払った対価と、後者から得た対価の差は利得とはならず、正当の利益とされる。また、利得は請求者（手形所持人）の損失において得たものである必要はなく、手形所持人に損失（損害）のあることは、利得償還請求権の成立要件ではない（大隅・六四頁、鈴木＝前田・三三八頁、小橋・一〇五頁）。

利得の概念をめぐる争い　右に述べたような基本的な「利得概念」の理解においては、ほぼ学説に争いはない。たとえば、大隅・六四頁、鈴木＝前田・三三八頁以下、石井＝鴻・一四二頁以下参照。しかし、このような抽象的・一般的な理解から具体的な事案の場合に利得があるかないかを判断し、その事案の結論を導くことは容易ではない。利得に関しては、いわゆる「差額説（利得とは、債務者が手形取得のために給付した資金と手形の譲渡によって受領した対価との差額であるとする見解）」と「節約説（利得とは、原因関係上の合意によれば、最終的に自らの出捐で手形の支払をなすべき者が、手形の時効または手続の欠缺によってその出捐を免れて節約したことをいうとする見解）」といわれる見解が対立しているが、これも、一方では、本文に見たような利得の理解との関係において、また、他方では、いわゆる利得償還請求権の法的性質論との関係で整理したうえで、そのいずれによるべきかを考える必要があると考える。以上が、ここでは、その議論に立ち入らなかった理由である。なお、差額説および節約説に関しては、林竧「利得償還請求権と手形上の権利」特別講義商法Ⅱ一六五頁以下、一七〇頁以下参照。

一般的には、次のような者に利得があると考えられている（大隅・六四頁、小橋・一〇五頁）。①約束手形の振出人が、受取人から対価を得て、または受取人に対する債務の支払に代えて手形を振出し、しかも手形上の権利が消滅した結果、その手形の支払を要しなくなった場合（振出人に利得がある）、②為替手形の振出人が、受取人から対価を得て、または受取人に対する債務の支払に代えて手形を振出し、しかも手形上の権利が消滅した結果、資金を支払人に提供する必要がなくなった場合（振出人に利得がある）、③右の場合、為替手形の引受人が振出人から資金を得ており、その資金を振出人に返還することを要しなくなった場合（引受人に利得がある）、または、④受取人が自己の計算において他人に手形を振出させ、対価を得てこれを裏書譲渡したが、手形上の権利の消滅の結果、資金を提供する必要がなくなった場合（受取人・裏書人に利得がある）である。

手形の授受と原因関係　このように利得は、手形授受の原因関係において、その有無を判断されるのであるから、利得償還請求権の要件としての手形債務者の利得の有無の判断においては、手形が原因関係上、どのような趣旨で授受されているかということが、重要な問題になってくる（詳しくは、第5章第2節参照）。

売買代金債務であれ、貸金債務であれ、既存債務の弁済に関して手形が授受される場合、手形の授受と既存債務の関連から、二つの場合が区別される。一は、①既存債務の「支払に代えて」手形が授受されるといわれる場合である。この場合には、手形の授受によって既存債務の債権者が、新たに手形債権を取得すると同時に、既存債務は消滅する。通説は、その性質を代物弁済と解している。もう一つは、②既存債務の「支払のために」授受されるといわれる場合である。これは、手形の授受によって既存債務と手形債務とが並存し、いずれか一方が履行されたときに、目的の成就により両方とも消滅するという場合である。この第二の場合は、さらに二つに分かれる。(a)一つは、既存債務の支払の手段として手形が授受される場合であって、この場合には債権者は先ず手形債権の行使を試みるものとされている。これは、既存債務の「支払の方法として」手形が授受されるといわれる場合である。(b)手形債権と既存債権の並存する第二の場合は、既存債務の「担保のために」手形が授受される場合であり、この場合には、債権者は両債権のうちいずれでも任意に選択して行使することができると解されている。

手形が、「支払の方法として」授受された場合であっても、「担保のために」授受された場合であっても、既存債権と手形債権とが並存するときには、債権者は既存債権の行使に当たっては、債務者に健全な手形を返還することを要すると解されている。

具体的事例（利得の有無）　利得償還請求権の要件については以上のような議論があり、しかも既存債務の弁済に関して手形が授受される場合もいろいろあるので、具体的な事案においては利得償還請求権が成立するかどうかが必ずしも明らかでないことも少なくない。次のような例で考えてみよう。

約束手形がＡによって振出され、受取人ＢからＣに裏書譲渡された場合を想定しよう。そして、ＡはＢに対して売買代金債務を、ＢはＣに対して貸金債務を負っていたとする。

①先ず、ＡはＢに対して「既存債務（売買代金債務）の支払に代えて」手形を振出し、ＢはＣに対して「貸金債務の支払のために」裏書譲渡した場合を考える。この場合、ＣのＡ、Ｂにたいする手形上の権利が時効などにより、いずれも消滅したとする。Ｃは利得償還請求権によりうるであろうか。Ａは売買代金の支払に代えて手形を振出し、手形が時効にかかってその請求を受けることがなくなったから、売買代金債務を免れただけ利得したことになっている。手形債務者の利得という要件は、この場合、充たされている。手形上の権利は消滅しているか。ＣのＡ、Ｂに対する手形上の権利はいずれも時効などによって消滅している。その限りでは、ＣはＡに対して利得償還請求権を有することになる。ただ、判例のようにＣは民法上の救済方法も有しないことを要するとする場合、この場合のＣはＢに対する貸金債権を有しているから、いまだ利得償還請求権の要件としての手形上の権利の消滅があった、とはいえないことになる。このように考える場合、一応、ＣはＢに対して原因債権を行使しうることになる。ところが、前述のように原因債権と手形債権が並存する場合に原因債権を行使するためには、ＣはＢに健全な手形を返還をしなければならないと一般に解されている。債権者が手形を失効させた場合、債権者はこれによって債務者が損害を被らないことを証明しなければ原因債権を行使できないと解されている。健全な手形を返還するのでなければ、手形の返還を受けたＢは、Ａに対して手形上の請求をすることができず不利な地位におかれるからである。この場合、Ａに対する手形上の債権は時効にかかっているから、これは健全な手形とはいえず（Ｂに対する遡求権だけが時効にかかっており、Ａに対する債権が時効にかかっていなければ別であろう）、ＣはＢに対して原因債権を行使することはできないということになる。これは、結局、ＣはＢに対して民法上の救済方法を有していないということにほかならず（ＡからＢ、ＢからＣへの手形の授受が、いずれも「支払に代えて」なされた場合と結果的には同じことになる）、利得償還請求権の成立には、民法上の救済方法を有しないことを要する、とする説に立っても、この場合、ＣはＡに対して利得償還を請求しうることになる（第5章第2節2参照）。

②次に、ＡからＢへの手形の振出、ＢからＣへの裏書がいずれも、「支払のために」なされた場合は、どうなるであろうか。ＡＢ、ＢＣ間には、それぞれ原因債権があるから、Ａはいまだ利得を得ておらず、他方、Ｃは民法上の救済方法を有しているかのようである。しかし、これに対しては、前述のように、ＣはＢに対する原因債権を行使するには健全な手形をＢに返還しなければならず、それができない以上、ＣはＢに対して原因債権を行使できないと考えることになるであろう。そうすると、これは、ＡからＢへの手形の授受が、「支払のために」なされ、ＢからＣへの手形の授受が「支払に代えて」なされた場合と同じように考えればよいこと

になる。

③そこで、AからBへの手形の授受が、「支払のために」なされ、BからCへの手形の授受が「支払に代えて」なされた場合を考えてみよう。この場合の問題は、Aに利得があったかどうかである。先ず、Aは、依然として原因債務を負担していると考えれば、利得は認められないことになる（後掲最判昭和四三年三月二一日の一審判決）。これに対して、BがAに原因債権を行使するには健全な手形を返還しなければならないが、手形上の権利が消滅したときには、その手形はBの手もとにないのであって、Bは手形を返還することができないから、手形上の権利の消滅したときには、Aは原因債務を追及されることはなかったのであり、これがAの利得である、とする見解も主張されている（大塚龍児「利得償還請求権」別冊法セミ司法試験シリーズ商法Ⅱ一九七頁、二〇〇頁）。

判例（最判昭和四三・三・二一民集二二巻三号六六五頁）は、このような場合について、Bは、Cから手形上の遡求権を行使されることはなくなったから、Bは手形譲渡の対価を確定的に取得したことになり、したがって、AのBに対する原因債務も消滅し、結局、Aは手形振出の原因である売買代金債務を免れることにより利得を得たことになる、としている。この前掲最判昭和四三年三月二一日は、利得償還請求権の成立要件としての債務者の「利得」概念をめぐる最高裁判所の判例としてよく議論されている（福瀧博之「手形利得償還請求権の一考察」教材現代手形法学二五七頁参照、なお、坂井・裁判手形法三三五頁以下参照）。

この判例の考え方は、多くの支持を得ているようであるが、これに対しては、次のような反対説がある。(a)一つは、Aの原因債務の消滅は、Aの手形債務とは関係のない別個の法律上の原因（Bの手形債務の消滅）によるものであって、手形法八五条にいう利得はないとする見解である。(b)もう一つは、Aの原因債務は消滅していないとするものである（坂井・裁判手形法三三五頁）。後者の見解は、判例が、AのBに対する原因債務が消滅するとする点に反対する。Aが原因債務の「支払のために」手形を振出した場合には、原因債務は、あくまでも原則としてAが手形を支払って始めて消滅するとする。したがって、この場合、Aが手形を支払っていない以上、Aの原因債務は消滅しておらず、したがってまたAには利得はないとする。この説によれば、約束手形が既存債務の「支払のために」振出されたり、裏書されたりしたときには、その手形行為者には利得はないということになる。そして、この説は、BのAに対する原因債権の行使を認めて、Aには利得がないとするとともに、Bは、手形をCに裏書譲渡することによって、その貸金債務を免れており、これが利得となると考える。この見解によれば、Cは、Bに対して利得償還を請求できることになる。判例とこの説とでは、利得償還請求の義務者が異なってくる。

利得（利益）の有無の判定時期　右の場合において、Aに利得はないとする説は、「利得とは、単に手形債務を免れたことをいうのではなくて、手形授受の実質関係において現実に財産上の利益を得てそれを保持し得たことをいうのであるから、正確には、利得は手形授受の際に生じたものを指すのであり、手形上の権利の消滅は、それが手形による決済を要しなくなって利得を保持し得たという点に因果関係を繋ぐだけのものである」とされており、「そうであれば、およそ手形が支払に代えて振り出されたものでないかぎり、もともと利得はないのである」とされる（坂井・前掲書三四八頁）。利得の有無の判定は、手形授受の時を基準にして行なうべきであるとする見解である。

これに対して、多くの説は、「利得の有無は、手形失権時において判断しなければならない」（大塚・前掲論文）と考えているものと解されるのであって、このことが、利得概念の理解が区々になっていることの一因とも考えられる。

なお、利得の有無の判定時期を手形授受の時に求め、利得は、「支払に代えて」手形が授受された場合にのみ存すると解する説によるときには、「支払のために手形が授受された場合であっても、手形上の権利の消滅によって、健全な手形が返還できなくなった場合には、原因債権を行使できなくなる」とする前述の説明（(具体的事例（利得の有無）」①）は、多少補足する必要がある。少なくとも、この場合、原因債務が消滅したとはいえないことになる。すると、右の場合（①）には、民法上の救済方法が依然あることにならないであろうか。

右の場合には、民法上の救済方法の存在は、利得償還請求権の成立を妨げないとして、ただ、原因債権を行使する場合には、手形に代えて利得償還請求権を原因債権の債務者に譲渡すればよい、と解することもできよう。あるいは、利得償還請求権の成立には民法上の救済方法のないことを要するとしながらも、それは原因債権の消滅まで要求するものではなく、手形と交換に支払うという同時履行の抗弁権をもって対抗されるということで足りとすることも充分可能であろう。

利得償還請求権の制度の趣旨と利得の有無・利得の調整の方法　前述したように（本章第1節1参照）、利得償還請求権という制度が手形法において認められている理由を「手形の手段性（手形が債権債務関係決済のための媒介手段にすぎないこと）」に求める場合、次のように説明することになる。

本来、手形は、ある原因債務関係の決済（支払）手段として用いられている。したがって、それが予定通り決済されれば、原因債務関係はすべて決済され問題を残さないはずである。しかし、手形が手続の欠缺や時効で未決済のままに放置されることになると、手形は、その本来予定されている決済手段としての機能をもはや果たしえないことになり、原因関係上、決済未了の状態（すなわち、不公平な状態）が生ずる。これを公平（衡平）の見地から調整するのが利得償還請求権の制度である。（なお、最判昭和三四・六・九民集一三巻六号六六四頁が、「小切手法七二条の規定するいわゆる利得償還請求権は、小切手の所持人が手続の欠缺もしくは時効により、本来正当に有していた小切手上の権利を喪失した事実があるに拘わらず、他方同条に定める振出人その他の者が対価を得て利得している事態を衡平に合しないものとし、その間の衡平を図るため特に認められた権利であ（る）」と判示しているのも同趣旨と解される。）

ここにいう「原因関係上の決済未了の状態」または「公平（衡平）の見地から調整すべき不公平（不衡平）」とは何か。それが何を意味するかは、一の問題であるが、そのような不公平を調整するための制度が利得償還請求権の制度であると解する以上、それは、利得償還請求権の成立要件としての「利得」の問題として議論されてきた問題にほかならないといってよいであろう。

ところで、右に見たように（前註（具体的事例（利得の有無））参照）、利得償還請求権をどのような場合に、どのような当事者の間（誰と誰との間）において認めるべきか、をめぐって争いがあるということは、そのような利得をどのようなものとして捉えるか、をめぐって議論があるということであるが、それとともに、そのような不公平（原因関係上の不公平）を「どのようにして調整すべきか」をめぐっても見解が分かれているということであろう。

利得償還請求権によって、「不公平」を調整するといっても、調整すべきもの（調整されるべき不公平）は、「調整に馴染むもの（調整できるもの）」に限られるであろう。そうであれば、「調整」の内容から、逆に、そこで予定されている「不公平（延いては、利得）」の内容を窺うことができるはずである。このように「不公平をどのように調整すべきか」という視点から見ると、わが国の不当利得償還請求をめぐる見解の対立は、これを次のように整理することができるであろう（福瀧博之「手形利得償還請求権の一考察」教材現代手形法学二五七頁以下所収、二九五頁参照）。

①　先ず、考えられる不公平の調整の方法は、このような不公平が生ずるのは、手形上の権利が時効または手続の欠缺によって消滅したためであるから（予定通り手形の支払が行なわれるなどしておれば問題はなかったのである）、何らかの方法で手形上の権利を残す方向で考えることである。いわゆる残存物説は、基本的には、このような考え方に立つものといえよう。

残存物説とか変形物説といわれる見解は、利得償還請求権を「手形上の権利の変形物」ないし「残存物」と解し、手形上の権利が消滅すると、それが利得償還請求権の限度で残るとか、手形上の権利が消滅すると、それが「利得償還請求権に入れ替わる」――その限度で残る――などと説く見解である。これは、手形上の権利そのものを残す（消滅させない）のではないが、「手形上の権利が一定の限度で縮減したもの」としての利得償還請求権を認めることによって、手形上の権利の消滅による不公平を調整しようとする立場である。

②　これに対して、いわゆる手段としての手形の利用および手形上の権利の消滅によって、「不公平」が生ずるのは、なるほど直接には手形上の権利の時効などによる消滅のためであるが、さらにいえば、それは、そもそも手形を利用したためであると考えることもできる。たとえば、原因債務の支払に代えて約束手形が振出されると、そのことによって、その原因債務は手形の支払以外に決済手段を持たなくなるので、手形上の権利が時効などにより消滅すると、原因債務は未決済のまま放置されることになる。しかし、手形を利用していなければ、債権者は原因債権をもって、依然、権利を行使しえたはずである。そこで、「手形を利用しなかった場合」との比較において不公平が生じていることになる。この不公平は、これを調整すべきであり、それが利得償還請求権の制度である、というのである。

この場合、手形を利用しなかった場合との比較において不公平が生ずるのはどのような場合なのかということも一の問題であるが、ある有力な見解は、手形が、支払のために授受されるときのように、単に原因債務の弁済の手段として用いられているだけであって、原因債務には（手形の支払があれば原因債務も消滅するという以外）関係のない場合には、手形債権が時効などで消滅しても、原因関係上(手形を利用しない場合に比べて)何ら不公平はなく、他方、手形が、原因債務の代物弁済として用いられて(支払に代えて授受されて)おり、すでに手形の授受によって原因債務が消滅しているときには、手形債権が時効などにより消滅すると、原因債務関係は結局、決済未了のまま放置されることになり、(手形を利用しない場合に比べて)不公平であると考えている(坂井芳雄・裁判手形法三三五頁以下参照)。なお、このような考え方をとるときは、前掲最判昭和四三年三月二一日の事例のように、手形が原因関係の直接の当事者からさらに第三者に裏書譲渡されている場合の問題の処理に当たっては、第三者まで含めた三者の間の問題を一挙に処理することはむつかしく、結局、原則として原因関係にもとづいて二者間の問題の繰り返しとして解決することになる。

③　以上の二つの考え方に対して、判例は、いわば折衷的な立場に立つものと考えられる。すなわち、利得償還請求権の成立要件としての「利得」は、あくまでも「原因関係上受けた利得」とであるとしながら、他方、前掲最判昭和四三年三月二一日のように、その利得は手形授受の後に(事後に)成立したものでもよい、としている。この見解(折衷説)のいう原因関係なるものは、手形を利用しなかった場合のそれを指しているのではなくて、むしろ、手形が利用されていることを前提として、いわばその影響を受けている原因関係を示すものであろう。したがって、ここで考えられている原因関係における不公平とは、むしろ、「手形が予定通り支払われた場合と比べて考えられる不公平」ということになるであろう。

あくまでも、「原因関係上受けた利得」を問題にし、「原因関係上の不公平」を問題にする点では、第二の説に近いが、他方、そこで考えられている「原因関係」は、等しく原因関係とはいっても、手形利用の影響を受けたそれ(原因関係)であり、不公平とは、「手形が予定通り支払われた場合と比べて考えられる不公平」であると考えているのであり、そうであれば、この場合にも、基本的には、手形債権の消滅こそ、不公平あるいは利得の「原因」であるということになる。その限りでは、この説も、不公平の「調整」の意味に関しては、残存物説と同じ発想に立っているといえる。

利得と原因債権の時効消滅　約束手形が既存債務の支払のために振出され、手形交付時に手形債権と原因債権とが併存していたが、後に原因債権が時効によって消滅したという事案において、振出人に利得があったかどうかが問題とされることがある。手形上の権利が時効消滅した後に原因債務も消滅する場合であると(最判昭和三八・五・二一民集一七巻四号五六〇頁)、逆に原因債務が時効によって消滅した後に手形上の権利が時効消滅する場合であるとを問わず(最判昭和四〇・四・一三判時四一三号七六頁)、振出人には、利得はないとされている。手形上の権利の消滅により利得したものとはいえないからである。

第3節　利得償還請求権の取得・行使と証券の所持

(1)　利得償還請求権の成立（取得）と証券の所持　　最判昭和三四年六月九日（民集一三巻六号六六四頁）は、小切手の実質上の権利者は、小切手上の権利が消滅した時に盗難などにより、証券の現実の所持を有せず、または除権判決を得ていなくても、利得償還請求権を「取得」すると判示している。反対説もない訳ではないが、この判決は、広く支持されているようである。

(2)　利得償還請求権の行使と証券の所持　　しかし、右の判決に関連して、利得償還請求権の「行使」に証券（とくに小切手の事例が問題とされることが多い）の所持または除権判決を要するかどうかという問題が議論され、見解が激しく対立している（法の改正によって、従来の「除権判決」は、「除権決定」となっており、このことは、第9章第3節において説明した通りであるが、従来の学説を説明するこの段落においては、従来の用語に従って、「除権判決」としておいた）。

先ず、①前掲最判昭和三四年六月九日が利得償還請求権の取得を認めた以上、「この権利（利得償還請求権）は小切手上の権利ではないのであるから、その行使にも小切手証券またはそれに代わる除権判決は必要でない」とする見解がある（除権判決不要説）（大隅＝河本・一二六頁）。なるほど、利得償還請求権は一種の指名債権であって、その譲渡ないし行使に証券を必要としない（失効した証券は証拠書類にすぎない）というのであれば、手形の喪失の場合に、公示催告手続を経なければ利得償還請求権の行使ができないとするのは矛盾である。

他方、②利得償還請求権の行使には小切手の所持または除権判決を得ることが必要であるとする見解が近時有力である（北沢正啓「判批」手形百選（第四版）一七六頁、田中昭「利得償還請求権の譲渡・行使の方法」商法の争点Ⅱ三九四頁、田中誠二・二七九頁、前田・三三八頁以下、さらに、服部栄三「利得償還請求権と手形証券」現代商法学の課題（中）三九頁参照）。このような見解は、利得償還請求権が発生した後の小切手（手形）は、利得償還請求権を表章する有価証券（記名証券）であり、裏書禁止手形に類似したものになると説く（除権判決必要説）。

後述するように（第4節(2)参照）、利得償還請求訴訟の原告は、「手形上の権利が消滅した当時、原告がその正当な権利者であったこと」を主張・立証しなければならない。したがって、原告は、手形を善意取得した者がないことをも証明しなければならないが、実際には、その証明は非常に困難であり、「手形の所在が不明ならこの証明は不可能である」といわれている（西野・後掲論文五六一頁）。そこで、除権判決不要説に対しては、不要説は、「実質的権利者からもっとも確実な立証方法を奪うもの」であり、さらには、ありうべき善意取得者の保護や償還義務者の利益の保護も図れないとの批判が加えられている（たとえば、北沢・前掲判批一七七頁など）。なるほど、このように各利益の調整の観点から妥当な解決を図るべきであるとする考え方は、近時、相当多数の支持を得つつあるように見える。しかし、このような議論は、すでに利得償還請求権の性質に関する結論を先取りしたものである。利得償還請求権は、これを一般の指名債権と構成するよりも、有価証券と捉える方が権利者の証明方法とか、ありうべき善意取得者の保護といった要請をよりよく充たすであろうからである。

さらに、除権判決必要説の論者のなかには、利得償還請求権は手形上の権利の変形物であるとして、このことから除権判決必要説を導くものがある。しかし、利得償還請求権が手形上の権利の変形物であるとか残存物であるとかといった比喩的表現が、――ドイツでも同様の見解（残存物説 „Residuumstheorie“）が通説であるが、――どうして「利得償還請求権の行使に除権判決が必要か」といった実際上の問題の解決のための法的根拠となり得るのであろうか。なるほど、前掲最判昭和四二年三月三一日にも、利得償還請求権は「手形上の権利の変形」と見るべきであるという表現は見られるが、このような表現は、別の観点・視点から導き出される結論の説明以上の意味は有し得ないと考える。

除権判決必要説と不要説のいずれによるべきかは、むつかしい問題である。この問題を直接取り扱った最高裁判所の判例は存在しないが、従来から最高裁判所の判決が、利得償還請求権はその権利者と債務者との間の「衡平を図るために〔法律によって〕特に認められた権利である」としており（前掲最判昭和三四・六・九）、しかも、それは、「法律の直接規定に依り付与せられたる指名債権」である（大判昭和五・七・四新聞三一六三号六頁参照）と考えてきたことからすれば、そのような利得償還請求権の性質とよりよく馴染むのは、ここにいう除権判決不要説であるということになるであろう。

いずれにせよ、この問題の解決は、抽象的に利得償還請求権は手形法に特有の制度であるというだけでは結論が出ないのであって、より具体的に利得償還請求権をどのような制度と理解するかによって見解が分かれるべきものではないかと考える（第５節参照）。

第４節　利得償還請求権をめぐるその他の問題

(1)　利得償還請求権の内容・効果　利得償還請求権の内容・効果としては、手形法の規定するように、引受人（支払保証人）、振出人または裏書人は、その受けた利益の限度においてこれを返還（償還）することを要する（手八二条、小七二条）。

ちなみに、利得償還請求の場合に返還すべき金額は、額面金額ではなくて利得額であるが、額面額を限度とすると解される。また、民法上の不当利得と異なり、利得の現存を要しない（手形債権消滅の時点における利得）、利得は請求者の損失において得たものである必要はない、と一般に解されている（石井＝鴻・一四三頁）。

(2)　立証責任　利得償還請求権の行使に当たっては、請求者において権利発生の要件をすべて立証する必要がある。現在の判例理論によれば、原告（請求者）が利得償還請求訴訟において請求の原因として主張・立証すべき事項は、次のとおりである（西野喜一「利得償還請求訴訟」村重慶一編・手形小切手訴訟法（裁判実務大系第2巻）（青林書院新社・一九八四年）五五七頁以下、五六〇頁以下）。

①手形上の権利が手続の欠缺または時効によって消滅したこと、②手形上の権利が消滅した当時、原告がその正当な権利者であったこと、③手形義務者たる被告に利得が生じたこと、④原告が他に手形上または民法上の救済方法を有しないこと、および⑤被告の利得額である。

(3)　小切手と利得償還請求権　以上のほか、利得償還請求権については、特に小切手との関係で、①その成立あるいは行使に小切手の所持を要するかどうか（上記、第3節参照）、②小切手については支払呈示期間を徒過しても所持人は支払委託の取消のない限り支払人に呈示して支払を受ける権限を依然として有しているが、このことと利得償還請求権との関係はどうなるか、支払委託の取消のない自己宛小切手の場合はどうか、といった問題がある（最判昭和三四・六・九民集一三巻六号六六四頁など参照）。

ここでは、後者（小切手の利得償還請求権の成立時期をめぐる争い）に言及しておくことにする。小切手の支払呈示期間を徒過すれば、小切手上の権利（遡求権）は消滅する（小三九条）。しかし、小切手については、支払呈示期間を徒過しても支払委託の取消のない限り、支払人は有効に支払をすることができるものとされている（小三二条二項）。その限りにおいて、所持人は、支払人に呈示して支払を受ける権限を依然として有しているのである。そこで、小切手の利得償還請求権は、①呈示期間の徒過により、支払委託の取消または支払拒絶による支払の可能性の消滅を停止条件として成立するとする見解と、②呈示期間の徒過により成立するが、その後に支払がなされると、いったん成立した利得償還請求権が消滅する（小切手金の支払を解除条件として成立する）とする見解とが対立している。

利得は現存することを要しないとしながら（右の⑴参照）、なぜ小切手の場合には、利得の消滅によって利得償還請求権が成立せず、あるいは消滅することが認められているのであろうか。支払委託の撤回のない限り、小切手の場合には、呈示期間経過後においても支払の可能性があり、利得自体が条件付利得であるためであると説明されている（吉原省三「預手の組戻しと利得償還請求権」金融法務五〇二号四頁以下、五頁参照）。

呈示期間経過後の小切手の支払と利得償還請求権　東京高判昭和四二年八月三〇日（高民集二〇巻四号三五二頁）は、右の後者（②）の見解を採用した。前者（①）のような見解によるときは、利得償還請求をするには、呈示期間経過後においても支払委託の取消なき限り（振出人と支払人が同一である自己宛小切手については支払委託の取消は問題とならない）、その前提として、先ず支払人に対して小切手を呈示して支払を求めなければならないことになる。そのためには、小切手を所持していなければならないから、結局、①の見解をとるときは、小切手の所持を失った所持人（権利者）が利得償還請求権を行使するには、先ず小切手の現実の所持を回復するか、または除権判決（除権決定）を得ることが必要となる。しかし、これは、小切手の所持を喪失した実質上の権利者に甚だしい困難を強いることになるとともに、小切手の現実の所持（または除権判決）の有無にかかわらず小切手の実質上の権利者に利得償還請求権を付与し、その行使を承認すべきであるとする見解に背馳することになる。したがって、このような見解（①）には左袒することができないというのである（前掲東京高判昭和四二・八・三〇高民集二〇巻四号三五二頁、三六五頁参照）。

第5節　利得償還請求権に関する議論に対する疑問

かねてより、利得償還請求権は、いわば「手形法と民法（商法）との中間に位する特殊な制度」であり、その法律関係の正しい認識・把握の困難なことが指摘されてきた（鴻常夫「手形法上の利得償還請求権」手研七七号八頁、一九頁）。

ただ、右に見たように利得償還請求権について一般に行なわれている諸見解の説明は、その一般的抽象的レベルにおいては、余り大きな相違は見られず、むしろ見解の一致があるかのようにすら見える（最近の利得償還請求権に関する信頼すべき文献に林竧「利得償還請求権と手形上の権利」特別講義商法II一六五頁以下がある）。しかし、具体的な事例の取扱に当たっては、場合によっては諸見解は激しく対立している（たとえば、「利得」の有無をめぐる議論とか、利得償還請求権の行使と証券の所持に関する議論がその典型例であろう）。

しかし、いずれの見解をとるにせよ、問題とすべきは、その法的な根拠付け（理由付け）である。手形上の権利の「残存物」といった比喩的な理由付けでは足りないのであって、「手形法と民法（商法）との中間に位する特殊な制度」とされる利得償還請求権の制度をわが私法秩序の然るべき場所に位置付ける試みが必要なのではなかろうか。ここでは、問題の指摘に止まるが（本書では、利得償還請求権は「不当利得の制度を手形法的に修正した」制度として説明している、第1節1参照）、この関係で注目すべきは、ドイツには、手形の利得償還請求権を不当利得請求権の一種と位置付ける有力な見解が見られることである（*Hueck/Canaris*, Recht der Wertpapiere, 12. Aufl., 1986, S. 156 f.）。利得償還請求権の制度の目的は、厳格な法（ここでは、短期の消滅時効および厳格な遡求権保全手続）の惹起した原因関係においては正当化できない財貨の移動を調整することにあると考えられるが、これは、民法上の不当利得の制度に類似しているというのである。近時、わが国においても、これと同様に考える見解が現れている（大塚龍児「手形利得償還請求権」北法三一巻二号四〇一頁、四〇八頁、早川徹「手形の授受と原因債権（二）」民商九一巻二号二一九頁、二二〇頁、林・前掲論文一六六頁）。

第3編　約束手形

第14章　約束手形の振出

約束手形の振出は、振出人が手形金額の支払義務の負担を目的として行なう手形行為である。約束手形の振出は、振出人が法定の要件を備えた証券（約束手形）を作成して、これを受取人に交付して行なう。約束手形を作成するためには、振出人は証券に法定の事項を記載して署名しなければならない（手七五条）。この法定の記載事項および振出人の署名を手形要件といい、このようにして振出された手形を基本手形という。

第1節　基本手形と手形要件

約束手形の振出とは、振出人が法定の要件を備えた証券（約束手形）を作成して、これを受取人に交付することをいう。約束手形を作成するためには、振出人は証券に法定の事項を記載して署名しなければならない（手七五条）。この法定の記載事項および振出人の署名を手形要件といい、このようにして振出された手形を基本手形という。

1　基本手形

(1)　基本手形の意義とその記載事項　　手形上の法律関係は、振出によって作成される手形を基礎として、その上に展開される。そこで振出によって作成される手形を全手形関係の基礎となる手形という意味で基本手形と呼んでいる。

基本手形の記載事項は、手形要件と要件以外の事項に分けることができる。要件（手形要件）は、法が絶対的に記載を要求している事項（必要的記載事項・絶対的記載事項）であり、これを欠くと原則として手形としての効力を生じない（手七五条・七六条一項）。手形は厳格な要式証券である。

要件以外の事項が手形に記載されることもある。要件以外で手形に記載される事項としては、先ず、手形要件ではないが、法律に規定があり、手形に記載することによって一定の手形法上の効力を生ずるものとされている事項がある。これを有益的記載事項（任意的記載事項）という。

手形要件および有益的記載事項以外の事項は、手形に記載しても手形上の効力を生じない。これには、手形に記載しても、その記載の効力の認められない事項（無益的記載事項）と、単にその記載が無効となるだけでなく、基本手形自体をも無効にするような事項（有害的記載事項）とがある。

(2)　基本手形の用紙および記載　現在では、基本手形は、全国銀行協会連合会（平成一一年、「全国銀行協会」に改組）の制定した統一手形用紙を用いて作成されるのが普通である。手形法上は、統一手形用紙を用いる必要はなく、何に記載してもよいが、全国銀行協会連合会は、銀行の交付した用紙によるものでなければ、銀行は支払をしない扱いとすることにしている（統一手形用紙制度、当座八条三項参照）。統一手形用紙によらない銀行を支払場所とする手形（または、銀行を支払人とする小切手）は、結局、不渡になることになる（私製の手形用紙も法的には有効であるが、東京地判平成一五・一〇・一七判時一八四〇号一四二頁は、信用利用の用具といえないような私製の約束手形にもとづいて提起された手形訴訟は、手形制度および手形訴訟制度を濫用したもので不適法であるとして、訴えを却下した）。

基本手形の体裁、用語、文字など、記載の方法には、法律上の制限はない。自ら手書きする必要はなく、他人に書かせても、タイプライター、ゴム印などを利用してもよい。筆記用具に関しても、とくに法律には規定はない（ただし、約束手形用法（ひな型）2.によれば、「改ざん防止のために消しにくい筆記用具を使用」するものとされている）。

(3) 印紙税の納付　印紙税法は、約束手形には所定の印紙をはり付ける方法によって印紙税を納付すべきことを定めている（印税八条・二条・別表第一参照）。しかし、印紙税の納付がなくても、約束手形の効力には関係なく、税法上の制裁を課されるだけである（印税二〇条〔過怠税〕・二二条〜二七条〔刑罰〕参照）。

2 手形要件

(1) 約束手形文句（手七五条一号）　約束手形文句（「約束手形ナルコトヲ示ス文字」）は、「証券ノ文言」中に「其ノ証券ノ作成ニ用フル語」をもって記載しなければならない。これは、その証券が約束手形であることを明らかにするために必要とされるものである。約束手形文句は、「証券ノ文言」すなわち支払約束文句（手七五条二号）のうちに記載すべきであり（石井＝鴻・一六七頁、大隅・八〇頁）、表題に記載しただけでは足りないと解すべきである（反対、竹田・八二頁、小橋・一二二頁）。ただし、統一手形用紙では、双方に印刷されており実際には問題がない。

(2) 支払約束文句（手七五条二号後段）　約束手形は、一定の金額の支払約束であるから、支払約束文句（「〔一定ノ金額ヲ〕支払フベキ旨ノ単純ナル約束」）は、いわば約束手形の中核をなすものである。支払約束は、単純でなければならない。支払に条件を付し、あるいは支払資金を限定する記載は、支払約束の単純性を害し、手形は無効となる（有害的記載事項）。

(3) 手形金額（手七五条二号前段）　手形は金銭の支払を目的とする有価証券であるから手形金額の記載を要する。手形金額は外国通貨で表示してもよいが、一定していなければならない。手形金額の選択的記載（たとえば、「一〇万円または五万円」という記載）をなし、あるいは重畳的記載をして、その合計をもって手形金額とすること（たとえば、「一〇〇万円と五〇万円の合計額」）は、手形金額の一定性を害する（なお、手形金額の差異ある重複記載について、手七七条二項・六条および最判昭和六一・七・一〇民集四〇巻五号九二五頁参照、さらに銀行と顧客との関係では、当座六条参照）。不確定的な記載（たとえば、「一〇〇万円を限度として」）も手形を無効とする。

手形金額につき満期まで一定利率の利息を付する旨のいわゆる利息文句（手七七条二項・五条）は、一覧払または一覧後定期払の手形に限り、認められる。確定日払および日附後定期払の手形に利息文句を記載してもその記載はなかったものとみなされる（手五条一項）。これらの手形の場合には、満期が確定しているから、予め利息を計算して手形金額に加算することが可能であり、したがって、特に利息文句の記載を認める必要がないと考えたのである。利息文句には利率を表示しなければならず、その記載を欠くと利息文句の記載はなかったものとみなされる（手五条二項、なお、利息は、別段の日附の表示のないときは、振出日附から発生するとする五条三項参照）。利息と異なり違約金（賠償額予定）文句の記載は無効と解される（小橋・一八一頁、大隅・八〇頁、大判大正一四・五・二〇民集四巻二六四頁、ただし、伊澤・三五二頁、鈴木＝前田・二〇八頁および後述4⑶参照）。

金額の記載と手形用法　金額の記載に関して、手形用法（約束手形用法4.、為替手形用法5.および小切手用法4.）は、金額は所定の金額欄に記入すること、金額をアラビア数字で記入するときは、チェックライターを使用し、金額の頭には、¥の記号、終りには※などの終止符号を印字すること、文字で記入するときは、文字の間をつめ、壱弐参拾など改ざんされにくい文字を使用し、金額の頭には「金」をその終りには「円」を記入すること、さらには、「文字による複記はしない」ことなどを定めている。また、当座勘定規定（ひな型）六条は、手形、小切手を受入れまたは支払う場合には複記の有無にかかわらず所定の金額欄記載の金額によって取扱う旨規定している。したがって、銀行と取引先との関係においては、銀行は、複記があっても金額欄記載の金額によって取扱ってよい。

手形法六条（手七七条二項、小九条）は、金額が文字と数字で重複記載されており、金額に差異のあるときは、文字をもって記載した金額を手形金額とし（手六条一項、小九条一項）、文字と文字、数字と数字で重ねて記載されており、その金額に差異のあるときは最小金額を手形金額とする（手六条二項、小九条二項）と定めている。なお、前掲最判昭和六一年七月一〇日参照。

手形金額の差異ある重複記載　手形金額欄に文字で壱百円と記載され、その右上段に数字で「￥1,000,000-」と記載されている約束手形の手形金額は、一〇〇円が手形金額としてほとんどありえない低額であり、右手形に一〇〇円の収入印紙が貼付されているとしても、一〇〇円と解するのが相当であると判示した最高裁判例（前掲最判昭和六一・七・一〇）がある。判決は次のように述べている。

「本件手形の『壱百円』という記載は、手形法六条一項にいう『金額ヲ文字ヲ以テ記載シタル場合』に当たるものと解すべきである。けだし、同条項において文字による記載を数字による記載に比し重視しているのは、前者が後者よりも慎重にされ、かつ、変造も困難であるからであると解されるところ、前示の『壱百円』という記載は右のような文字による記載の趣旨に適った記載方法であるということができるのであり、また、このような記載が文字による記載に当たるものと解しないと、仮名文字による記載が現実的でないことに鑑み、同条項の対象とする文字による記載がありえないことに帰し、不合理だからである。」

「本件手形上に記載された手形金額については、同条項を適用して右金額を一〇〇円と解するのが相当である。思うに、同条項は、最も単純明快であるべき手形金額につき重複記載がされ、これらに差異がある場合について、手形そのものが無効となることを防ぐとともに、右記載の差異に関する取扱いを法定し、もつて手形取引の安全性・迅速性を確保するために設けられた強行規定であり、その趣旨は、手形上の関係については手形の性質に鑑み文字で記載された金額により形式的に割り切った画一的な処理をさせ、実質関係については手形外の関係として処理させることとしたものと解すべきであるところ、原判示のように、一〇〇円という小額の手形が振出されることが当時の貨幣価値からしてほとんどありえないこと及び本件手形に貼付された収入印紙が一〇〇円であることを理由として、本件手形における文字による金額記載を、経験則によって、算用数字により記載された一〇〇万円の明白な誤記であると目することは、手形の各所持人に対し流通中の手形について右のような判断を要求することになるが、かかる解釈は、その判定基準があいまいであるため、手形取引に要請される安全性・迅速性を害し、いたずらに一般取引界を混乱させるおそれがあるものといわなければならないからである。」

この判決には、谷口正孝裁判官の次のような反対意見が付されている。

「しかしながら、手形法六条一項は、手形上に手形金額が文字と数字とにより重複記載されていて、その金額間に差異がある場合について、手形金額の不確定により当該手形が無効となることを防止するため、文字によって記載された金額を手形金額とする旨を定めているが、右は、通常の手形金額の重複記載の場合の解釈規定であって、手形面上の記載自体から文字による金額の記載が数字により記載された金額の誤記であることが明白である場合にまで文字により記載された金額を手形金額とする趣旨ではなく、かかる場合には、数字により記載された金額が手形金額であると解するのが相当である。思うに、手形行為の解釈については、手形面上の記載以外の事実に基づいて行為者の意思を推測して、記載を変更したり補充したりすることは、許されないが（最高裁昭和四四年（オ）第七一号同年四月一五日第三小法廷判決・裁判集民事九五号一一五頁参照）、このような手形面上の記載自体を解釈するについては、一般の社会通念、慣習等に従つて記載の意味内容を合理的に判断すべきであつて、文字による金額の記載が誤記であることが手形面上の記載自体の解釈から明白である前示のような場合には、手形金額の不確定により当該手形が無効となることはなく、また、文字による記載が数字による記載よりも重視されるべき理由もないからである。」

「以上の見地に立って、本件手形をみると、それが振出された昭和五五年四月の時点において金額一〇〇円の手形が流通すること及び一〇〇円の収入印紙を貼付した金額一〇〇円の手形が振出されることはその当時の貨幣価値及び振出費用等に照らし経験則上ありえないこと、また、本件手形における金額の重複記載については、文字と数字の各記載の対比によりいずれか一方がその桁数を誤つていることが手形面上から看取されるところ、数字による金額記載の場合に比し右のような文字による金額記載の場合には万の字が脱落して万の桁数における誤記が生ずる可能性があること等を総合すると、本件手形における文字による『壱百円』という記載は、手形の外観上、数字による記載にかかる一〇〇万円の誤記であることが明白であるというべきである。」

私見は、基本的に、反対意見を支持すべきものと考えているが、手形行為の解釈との関係でいわれる「誤記」とは、手形上の記載を「社会通念」に従って「合理的に」解釈すると、誤って記載したことが明白であって、本来記載されるはずであった文言が記載されているかのように取扱ってよいとされる場合をいうものであると考えている（第20章第2節3②末尾の註〔誤記〕参照）。したがって、この判決の反対意見が、右にみたように、明白な誤記であるとしたうえ、手形法六条一項の適用はなく、「数字により記載された金額が手形金額である」としている点は（東京地判昭和四〇・六・三〇下民集一六巻六号一二三三頁も同旨と解される）疑問である。私見によれば、「壱百円」の記載が実は「壱百万円」の誤記であったことが認められると、法的には手形上には「壱百万円」および「￥1,000,000-」という二つの手形金額の記載があることになるはずである。そのように解してよいとすると、これは手形上に同一金額が重複記載されている場合であって、手形法六条の適用はないことになるのである。

(4)　手形当事者　①約束手形には、その原始当事者として振出人の署名（手七五条七号）と、受取人の記載（手七五条五号）が必要である。小切手と異なり、無記名式の手形は認められていない（第2章第3節3(4)参照）。手形当事者の記載は、特定の者が手形当事者と認められるためには、その者を表示しているといえるような記載でなければならないが、方式としては、人（自然人、法人）の名称が形式上記載されていれば足りる。振出人の表示は、署名（手書または記名捺印）によらなければならない。署名者の責任を問うためには、真正な署名でなければならないが、手形の方式の問題としては偽造の署名であってもよく、それで基本手形としては成立する（第4章第4節4参照）。

②各手形当事者は、通常は別人であるが、同一人が資格を兼ねてもよいと解されている（資格の兼併）。その理由としては、手形の当事者は形式的なものであって、資格の兼併を否定しなければならないような利害の対立が認められず、しかも、手形が第三者に譲渡されると資格の兼併を認めることに実益もあるからである。手形法三条は、為替手形につき、自己指図手形（自己受手形、振出人と受取人が同一人）および自己宛手形（振出人と支払人が同一人）の認められることを規定しているが、これは実益の多い場合について疑いを避けるために特に明文の規定を設けたものであり、したがって、為替手形の振出人、受取人、支払人を同一人が兼ねることも認めてよい。手形法三条の準用がなく、資格の兼併を認める規定のない約束手形の場合にも、振出人と受取人が同一人である自己受手形を認めてよい（大阪高判昭和五六・二・二五金融商事六二三号一〇頁参照、ただし、大判昭和五・一一・六新聞三一九九号四頁は反対である）。

③約束手形の振出人の重畳的記載（甲および乙）、すなわち共同振出は有効であり（なお、署名の資格を示さない複数署名を共同振出または手形保証のいずれと見るべきかに関しては、大阪地判昭和五三・三・七金融商事五六六号四一頁および第17章第1節末尾の註〔手形保証と類似の概念〕参照）、各振出人はそれぞれ合同責任（第19章第1節3の註〔手形債務者の合同責任〕参照）を負うことになる（手七七条一項四号・四七条一項、従来の判例、通説においては商法五〇一条四号、五一一条一項などにより連帯債務と解されていた、大森・九五頁、最判昭和三六・七・三一民集一五巻七号一九八二頁は傍論的にではあるが、合同責任と解している）。これに対して、振出人の選択的記載（甲または乙）は、手形関係の内容を不確定にするので認めるべきではない（大隅＝河本・五頁参照、また、結論同旨、菱田・一二八頁、ただし、選択的記載をも認める見解も有力である、鈴木＝前田・一八八頁参照）。受取人については重畳的記載も選択的記載も有効である（大隅＝河本・一〇頁）。重畳的記載の場合には、その数人は共同的に権利を取得し（大判大正一五・一二・一七民集五巻八

五〇頁参照)、選択的記載の場合には、その数人のうち手形の交付を受けた者が(それによって権利者が確定するものとして)権利を取得することになる。

(5)　満期の表示(手七五条三号)　①満期とは、手形の記載上、手形金額の支払われるべき期日である。満期は、必ずしも「支払ヲ爲スベキ日」(手七七条一項三号・三八条一項)とは一致せず、満期が休日(手八七条)の場合には、「之ニ次グ第一ノ取引日」(手七七条一項九号・七二条一項)が「支払ヲ爲スベキ日」である。満期は、支払を求めうる唯一の日ではなく、(手三八条一項参照)、現実に支払のあった「支払日」とも異なる。

②満期は、存在しない日または不合理な日であってはならない。したがって、満期の日として振出日より前の日が記載されている確定日払の約束手形は、手形要件の記載が相互に矛盾するものとして無効であり(最判平成九・二・二七民集五一巻二〇号六八六頁、ただし、大阪高判平成五・一一・一九判時一四八五号一一八頁参照)、また、暦日にない日を満期とする記載も手形を無効とする(最判昭四四・三・四民集二三巻三号五八六頁参照)。満期は一定しており、手形金額の全部について単一でなければならない。分割払の手形は無効である(手七五条一項二号・三三条二項)。

③手形法は、満期の態様を次の四種に限定し、これと異なる満期は手形を無効にするものとしている(手七五条一項二号・三三条)。

(a)先ず、確定日払とは、平成一八年五月一八日というように確定の日(特定の日)を満期とするものである(なお、手七七条一項二号・三六条三項・三七条一項・四項の解釈規定参照)。

(b)日附後定期払とは、振出の日附(日付)から手形に記載された期間を経過した日を満期とするものである。なお、特別の場合における満期の決定および期間の計算につき、規定がある(手七七条一項二号・三六条一項・二項・四項・五項・三七条二項・四項、七七条一項九号・七三条)。

(c)一覧払とは、一覧の日（支払のための呈示のあった日）を満期とするものである。一覧払の手形は、呈示があれば直ちに支払われることになる（手七七条一項二号・三四条一項一文）。支払の呈示は、振出の日附から一年内にしなければならない（七七条一項二号・手三四条一項二文、なお、手七七条一項二号・三四条一項三文・四文・二項・三七条三項・四項参照）。約束手形の振出人に対する権利は、この支払呈示期間内に呈示が行なわれなくても影響を受けない。しかし、支払呈示期間内に支払呈示がなされなかった場合に、振出人に対する権利がいつ時効になるかについては規定がない。通説は、手形法三五条二項（手七七条一項二号）を類推適用して、呈示期間の末日に満期が到来したとみて、その日から三年の時効が進行するものと解している（大隅＝河本・二七五頁）。

(d)一覧後定期払とは、所持人が一覧のために手形を呈示した日から手形に記載された期間を経過した日が満期となるものである。為替手形の場合には、一覧のための呈示は、引受のための呈示であるが、約束手形の場合は、単なる一覧のための呈示である。一覧のための呈示は、原則として振出の日附から一年以内に振出人の営業所または住所で行なわなければならない（手七八条二項・二三条）。一覧後定期払手形の満期は、振出人が一覧の旨をその日附とともに記載したときはその日附を（振出人が「日附アル一覧ノ旨」の記載を拒んだときは、拒絶証書を作成させ、その日附を）一覧後の期間の初日として計算する（手七八条二項・二五条）。なお、約束手形の振出人は、拒絶証書の作成がなくても責任を免れないが、その場合の満期は、呈示期間の末日に呈示があったものとして計算する（手七七条一項二号・三五条二項）。また、一覧後の期間の計算については、日附後定期払の場合と同様の規定がある（手七七条一項二号・三六条一項・二項・四項・五項・三七条二項・四項、七七条一項九号・七三条）。

(6)　支払地（手七五条四号）　支払地とは、満期（支払呈示期間内）において手形金額の支払がなされるべき地域である。支払のなされるべき地点である支払場所とは異なる。現実に支払がなされるのは、支払地内における振出人の営業所・住所（第三者方払手形のときは、支払をなすべき第三者方）であるが、法は、このような支払場所の探究の手掛かりを与えるものとして支払地の記載を要求している。

判例によれば、支払地として記載すべき地域または「地」とは、最小行政区画（市町村および東京都の区）をいうが、必ずしも最小独立の行政区画を示すべき文字の記載がなくとも、最小行政区画が推知できる記載があればよいとされている（たとえば、支払場所の記載をもって補充してよい、最判昭三七・二・二〇民集一六巻二号三四一頁）。これに対して、有力な学説は、行政区画に拘泥する必要はなく、支払場所探究の手掛かりとなるような一定の地域を記載すれば足りるとしている（たとえば、丸の内、船場、山科などの名称もそれ自体、支払地の記載となるとする、小橋・講義一二二頁、大隅・八五頁、なお、鈴木＝前田・一九七頁参照）。

支払地は、振出地と場所的間隔のある地である必要はない。したがって、支払地と振出地が同一であるか（同地手形）、異なるか（他地手形・異地手形）は問題とならない。さらに通説によれば、支払地は、単一かつ確定することを要するから重畳的記載または選択的記載は許されない（大隅・八五頁）。また、支払場所探究の手掛かりを与えるものでなければならないから、実在する地でなければならない（大隅・八五頁、竹田・八七頁）。

(7)　振出の日附（手七五条六号）　振出の日附（振出日）とは、手形が振出されたとされる証券上の日附である（振出日附が手形要件とされていることの根拠・理由については、第15章第2節(2)の註〔確定日払手形の振出日〕参照）。振出の日附は、日附後定期払手形の満期、一覧払手形および一覧後定期払手形の呈示期間、さらには、いわゆる定期後一覧払手形（手七七条一項二号・三四条二項）の呈示禁止期間を定める基準となる。また、振出人の能力、代理権の有無などを決定する場合にも事実上一応の基準となる。振出の日附は、単一でなければならず（複数的記載は認められず）、可能な日でなければならないが、手形意思表示の内容をなすものであって、事実の記録ではないから、実際に振出された日と一致する必要はない（先日附または後日附の手形も有効である）。

(8)　振出地（手七五条六号）　振出地とは、手形面上手形が振出されたものとされる地域をいう（石井＝鴻・一八〇頁）。判例は、約束手形の振出地は、独立の最小行政区画であるとする（大判明治三四・一〇・二四民録七輯一二二頁参照、もっとも、下級審の判決は分かれている）。

約束手形の振出地の記載は、支払地または振出人の住所地（これは一覧後定期払手形の一覧のための呈示の場所を探究する手掛かりとなる、手七八条二項）を欠くときに、支払地または振出人の住所地とみなされる（手七六条三項）。また、振出地は、国際手形法（手八八条二項以下）において、行為地が準拠法決定の基準となる場合にも問題となるが（手八八条二項以下、さらに手七七条一項二号・三号・三七条・四一条四項参照）、この場合には、真実の振出地が基準とされるのであって、振出地の記載には一応の推定力が認められているにすぎない。

3　手形要件と救済規定

手形要件を欠く証券は、約束手形としての効力を有しない（手七六条一項）。もっとも、法は、所定の手形要件について は、手形が無効にならないように救済規定を設けている。

先ず、①満期の記載のない手形は一覧払手形とみなされる（手七六条二項）。もっとも、満期白地の白地手形として振出されたのであれば別である。印刷された手形用紙の支払期日欄を抹消しないで空白のまま残した手形の取扱は問題であるが、白地手形と認定する判例が多いといわれる（大判大正一四・一二・二三民集四巻七六一頁、大判昭一一・六・一二新聞四〇一一号八頁など、反対、大判昭和七・一一・二六法学二巻七〇九頁）。

次に、②約束手形に支払地の記載がないときには（独立の最小行政区画より広い地域など不充分な記載のあるときを含む）振出地をもって支払地とみなされる（手七六条三項）。

さらに、③振出地の記載がない場合には、振出人の名称に附記された地（振出人の肩書地）が、振出地とみなされる（手七六条四項）。

4　手形要件以外の記載事項

(1)　有益的記載事項（任意的記載事項）　手形法は次のような有益的記載事項を定めている。①振出人の住所地（手七六条三項）、②振出人の肩書地（手七六条四項）、③第三者方払文句（手七七条二項・四条・二七条）、④一覧払手形または一覧後定期払手形の利息文句（手七七条二項・五条）、⑤裏書禁止文句（手七七条一項一号・一一条二項）、⑥一覧払手形の支払呈示期間の変更または支払呈示の一時禁止（手七七条一項二号・三四条）、⑦準拠暦の指定（手七七条一項二号・三七条四項）、⑧換算率または外国通貨現実支払文句（手七七条一項三号・四一条二項・三項）、⑨無費用償還文句（手七七条一項四号・四六条）、⑩戻手形（もどりてがた）の振出禁止（手七七条一項四号・五二条一項）などである。ここでは、以下において右のうち第三者方払文句にのみ説明を加える。

(2)　第三者方払文句（手七七条二項・四条・二七条）　①約束手形は、本来、振出人により、その営業所または住所において支払われるべきものである（同所払手形・当所払手形）。しかし、特に「第三者ノ住所ニ於テ支払フベキモノト爲ス」旨（第三者方払文句）の記載をすることもできる（他所払手形・第三者方払手形、手七七条二項・四条）。ここに「第三者ノ住所」とは、「第三者方」（手二七条一項）、「支払ノ場所」（手二七条二項）と同義であって、支払をなすべき地点である「支払場所」と「支払担当者」の両方を指すものであり、たとえば、広く行なわれている「支払場所○○銀行○○支店」という記載は、その両方を指定したものと解されている（大判昭一三・一二・一九民集一七巻二六七〇頁）。もっとも、争いはあるが、たとえば、「○○ビル○号室」というように単に支払場所のみを指定することも可能であろう（大隅・八九頁、鈴木＝前田・二一〇四頁）。

このような第三者方払文句の記載された手形（第三者方払手形）の用いられる理由は、振出人が銀行でない手形も、銀行を支払担当者とすることにより、手形交換による決済が可能となり、延いては手形の流通を容易ならしめるというにある。振出人は、取引銀行を支払担当者にすることによって、手形支払の手数と危険を省くことができ、他方、所持人は、支払場所の探知が容易になり、さらに、所持人が銀行と取引関係を有するときは、手形の取立も容易になるというのである。なお、他地払手形（支払地が振出人の住所地と異なる手形）の場合には、第三者方払としなければ、そもそも支払が不可能になる（手七七条二項・二七条一項参照）。

支払地、振出地および振出人（為替手形なら支払人）の住所地の関係　①支払地と振出地とは同一地であってもよい（手七六条三項参照）。支払地と振出地とが同一の手形を「同地手形」、両者が異なる手形を「異地手形（他地手形・遠距離手形）」という。②支払地は、普通は振出人（為替手形なら支払人）の住所地と同じであるが、両者は異っていてもよい。支払地と振出人（為替手形なら支払人）の住所地が同一の手形を「同地払手形」、異なる手形を「他地払手形」という。他地払手形の支払を実現するためには、第三者方払とすることが必要である。③第三者方払手形（手七七条二項・四条・二七条）のことを「他所払手形」と呼び、これに対して、振出人（為替手形の支払人）がその営業所または住所において支払うべき手形のことを「同所払手形」という。伊澤・三二五頁、鈴木＝前田・二〇四頁、一九八頁参照。

②第三者方払文句は、振出人が記載する。振出の時に記載するのが普通であるが、一覧後定期払手形の一覧のために呈示を受けたときにも記載できる（手七七条二項・二七条）。もっとも、統一手形用紙には、約束手形の場合、すでに用紙を交付した銀行の支店名が支払場所として記入されている。いわゆる「第三者ノ住所」は、支払地内になければならず、それを支払地外に定める記載は無効である。前述のように他地払手形は、支払を実現するために第三者方払にしなければならないが、同地払手形（支払地と振出人の住所地とが同一）にも第三者方払文句を記載することができる（手形法七七条二項・四条・二七条）。

③満期における支払の呈示は、その「支払場所」でその「支払担当者」に対して行なうべきである（「支払場所」

のみを指定するものであるときには、その場所において振出人に対して行なうべきである）。拒絶証書には、支払を拒絶した者の名称が記載される（拒絶二条一項一号）。なお、支払担当者は、支払をなす権限は有するが、手形上の署名者ではなく、手形上の権利義務を有するものではない。支払を行なった支払担当者は、手形外において振出人に対して求償できるだけである。

また、判例によれば、支払呈示期間経過後は、支払場所の記載は効力を失うので、支払の呈示は、支払地内における手形の主たる債務者の営業所または住所において手形の主たる債務者に対して行なうべきであるとされている（最判昭和四二・一一・八民集二一巻九号二三〇〇頁）。主たる債務者の営業所または住所が支払地にない場合はどうなるのであろうか。支払地の記載は満期において意義を有するにすぎないから支払地の内外を問わず振出人の営業所または住所において支払呈示をすべきであるとする見解（石井＝鴻・二五七頁）と、判例のように支払地の記載は支払呈示期間経過後も意味を有するとする見解（平出・三〇七頁以下）とが対立している。後者によれば、手形所持人は支払地内において振出人の営業所または住所を探索すれば足り、これを発見しえないときは、発見不能が明らかになったときから振出人は遅滞に陥るというのである（平出・三〇八頁）。

(3)　無益的記載事項　手形に記載しても、その記載の効力の認められない事項としては、次のようなものがある。①単に法の規定の反復であって、その記載がなくても同じ効果の認められる事項（たとえば、指図文句、受戻文句など、手七七条一項一号・二号・一一条一項・三九条一項）、②法の規定により、記載の効力が認められない事項（たとえば、一覧払手形、一覧後定期払手形以外の手形の利息文句、手七七条二項・五条）、③手形に記載しても手形上の効力は生じないが、手形外における直接の当事者の合意としては、効力を生ずるとされる事項（支払遅滞による損害賠償額の予定、裁判管轄の合意、手形書換の契約など）などがある（石井＝鴻・一八三頁、大隅・九一頁、大判大正一四・五・二

○民集四巻二六四頁、最判昭和三九・四・七民集一八巻四号五二〇頁、ただし、鈴木＝前田・二〇八頁、二一〇頁参照)。

(4) 有害的記載事項　手形そのものを無効にする有害的記載事項としては、次のようなものがある。①分割払の記載のように法に規定のあるもの(手七七条一項三号・三三条二項)、②手形債権を原因関係の存否、効力にかからしめるもの(ただし、手形債務負担の歴史的事実の記載は許される)、③支払を条件または反対給付にかからしめるもの(たとえば、「売買の目的物を受領したときには(お支払い致します)」とか、「船荷証券と引換に(お支払い致します)」など)である。

第2節　振出の意義および効力

1　振出の意義

約束手形の振出とは、振出人が法定の要件(手七五条)を備えた証券(約束手形)を作成して、これを受取人に交付することをいう。このようにして振出された手形を基本手形といい、振出は基本的手形行為と呼ばれる。

約束手形の振出が、手形金額の支払義務の負担(手形債務の負担)を目的とする手形行為であること、また、振出が、事実上、「手形書面(証券)の作成」とその「交付」とから成るものであることについては争いはない。問題は、これら「手形書面の作成」および「交付」を法的にどういう意味をもつものと考えるか、振出をどのような種類の法律行為と考えるか(契約か単独行為か)であり、前述のように激しい学説(手形理論)の対立がある(第3章第3節参照)。

2　振出の効力

(1) 約束手形の振出人の義務　約束手形の振出人は、支払を約束する文句の記載のある手形書面に署名して(手七五条二号・七号)、これを交付するのであるから、債務負担の意思表示の効果として手形金額の支払義務を負うものである。この債務負担の意思表示を契約と解するか、単独行為と見るかなどは、手形理論によって分れる。

手形法は、約束手形の振出人は、為替手形の引受人と同一の義務を負うと規定している(手七八条一項・二八条)。すなわち、主たる債務者として、第一次的(無条件)で絶対的な支払義務を最終的に負担するのである(鈴木＝前田・二二八頁以下、平出・三五一頁)。

(2)　第一次的な無条件の支払義務　　振出人は、第一次的な無条件の支払義務を負担する。所持人は満期になれば、当然に振出人に対して手形金額を請求できる。先ず、他の者に対して支払を求め、支払が得られなかったときに(このことを条件として)、始めて(すなわち、二次的に)振出人に支払の義務を生ずるのではない。所持人は、支払呈示期間内(手七七条一項三号・三号・三四条・三八条)に支払を求めたにもかかわらず支払がなかったときは、振出人に対して遡求金額と同額(手形金額のほか「年六分ノ率ニ依ル満期以後ノ利息」)を請求できる(手七八条一項・二八条二項・四八条一項一号・二号)。この法定利息の起算日は、呈示期間内に手形を呈示した日ではなく、満期の日である(最判昭和五五・三・二七判時九七〇号一六九頁参照)。

(3)　絶対的な支払義務　　振出人の支払義務は、絶対的な義務である。満期日後三年の経過による消滅時効によるほか、その責任は消滅しない。振出人は、手形の主たる債務者であり、償還義務者とは異なり、所持人が支払または一覧の呈示期間内に呈示をなさず、拒絶証書作成期間内に拒絶証書の作成を怠っても、その責任を免れない(手七七条一項四号・四四条二項・三項・五三条一項但書)。

振出人は、支払呈示期間後に初めて請求されたときでも直ちに支払わなければ、遅滞の責に任ずる(民四一五条・四一九条、商五一四条・五〇一条四号参照)。これに対して振出人は、所持人の費用および危険において手形金額を供託して責を免れることはできる（手七七条一項三号・四三条）。

(4)　最終的な支払義務　振出人は、最終的な支払義務を負う。支払の拒絶により適法な手続がとられたときは、現在の所持人に対してのみならず、償還を果して所持人となったすべての他の手形債務者に対しても手形上責任を負う。この場合の振出人の義務の範囲は、遡求金額、再遡求金額と同額である（手七八条一項・二八条二項・四八条・四九条）。

(5)　振出人の免責文句（有害的記載事項）　振出人が右のような支払義務を負うことは、約束手形の振出の本質的な効果と考えられているので、振出人が支払の責に任じない旨の文言（免責文句）を記載することは許されないとされている。免責文句は、有害的記載事項と解されている（石井＝鴻・二一〇頁、なお、手九条二項参照）。

第15章　白地手形

白地手形とは、署名者が後日他人（所持人）をして補充させる意思をもって手形要件の全部または一部をことさらに記載しないで流通においた証券をいう。

白地手形は、手形要件を欠く手形であるから、本来、手形としての効力を有しないはずである（手七六条一項参照）。しかし、たとえば、原因関係上の債務の金額や弁済期が手形を振出す時にまだ定まっていない場合などに要件白地の手形が広く用いられており、商慣習法上、一種の有価証券・商業証券（商五〇一条四号）として一定の効力を認められている。手形法自体にもそのことを前提とする規定（手七七条二項・一〇条）が設けられている。白地手形は、為替手形および小切手に関しても問題となるので（手一〇条、小一三条）、総論において取り上げることも考えられるが、本書では、一般的な体系書と同様に、約束手形の手形要件に続けてここで取り上げることにする。

第1節　白地手形の意義

1　白地手形

白地手形とは、署名者が後日他人（所持人）をして補充させる意思をもって手形要件の全部または一部をことさらに記載しないで流通においた証券をいう（大隅・九四頁、大判大正一〇・一〇・一民録二七輯一六八六頁）。

白地手形は、手形要件を欠く手形であるから、本来、手形としての効力を有しないはずである（手七六条一項参照）。

しかし、たとえば、原因関係上の債務の金額や弁済期が手形を振出す時にまだ定まっていない場合などに要件白地の手形が、広く用いられており、商慣習法上、一種の有価証券・商業証券（商五〇一条四号）として一定の効力を認められている。また、手形法自体にもそのことを前提とする規定（手七七条二項・一〇条）が設けられている。白地手形には、補充権（白地手形の白地を補充してこれを手形として完成させることのできる権利）が付与されており、その行使による完成が予定されているので（したがって、未完成手形と呼ばれることがある）、要件欠缺のため無効とされる手形（不完全手形と呼ばれる）とは異なるとされている。

なお、右の定義のように白地手形と無効な不完全手形とを当事者の意思で分ける立場を「主観説」と呼び、他方、白地手形であるためには、署名者の具体的意思を問わず、証券の外形上補充が予定されていれば足りるとする立場を「客観説」という。ほかに、基本的には主観説に立ちながら、書面の外形上、欠けている記載が将来補充を予定されているものと認められる場合には（たとえば、手形用紙を使用した場合には）、このような書面であることを認識し、または認識すべくして署名すれば、それで白地手形になるとする学説もある（鈴木＝前田・二一八頁、折衷説）。判例は、主観説をとっている（前掲大判大正一〇・一〇・一参照）。主観説によると、白地補充権を授与する意思の認められない場合（たとえば、割引の可能性を探らせるために要件白地の用紙を交付する場合）には、外形上、補充の予定されている証券であっても白地手形とは認められないことになる。この場合、善意の第三取得者の保護が問題となるが、権利外観理論（または手形法一〇条の類推適用）によって、署名者は、善意・無重過失の取得者との関係では、白地手形行為者と同様の責任を負うとすべきであろう（最判昭和三一・七・二〇民集一〇巻八号一〇二二頁参照）。

白地手形の意義に関する主観説と客観説　白地手形の白地を補充して手形として完成させることのできる権利を白地補充権という。白地補充権は、白地手形行為者とその相手方との間の手形外の明示または黙示の補充権授与契約によって与えられるものであり、相手方はみずから補充権を行使しないで白地手形とともに譲渡することもできる（前掲大判大正一〇・一〇・一参照）。補充権の内容は、補充権授与契約によって定まる。

白地手形と手形要件を欠く無効な不完全手形の相違は、白地手形にあっては、白地の補充が取得者に委ねられていることにあるとされている。白地手形については、所持人がいわゆる補充権を有するものとされているのである。ただ、この補充権の有無の判断の基準については、見解が分かれている。

右に述べたように、判例、通説は、署名者が後日所持人に補充させる意思で白地のまま手形を流通においた場合に、この署名者の意思にもとづいて補充権が認められ、白地手形が成立するとする（主観説）。しかし、この見解によるときは、補充権を与える意思の立証が問題となるほか、署名者が補充権を与えていないことの明らかな場合の取扱も問題となる。主観説の論者の多くは、権利外観理論で補強する（判例は、このような場合にも手形法一〇条を類推適用するものと解される、前掲最判昭和三一・七・二〇参照）。

このような主観説の立場を批判して、有力な学説は、署名者の意思にかかわりなく証券の外観のみによって白地手形かどうかを判断すべきものとする（客観説）。また、単なる白地に署名がなされた場合には、主観説と同じく、後日所持人に補充させる意思が署名者に存しなければならないとしながらも、手形用紙を使用した場合のように、書面の外形上、欠けている記載が将来補充を予定されているものと認められる場合には、このような書面であることを認識し、または認識すべくしてこれに署名した以上、それによって当然に補充権を与えたものと認められるとする見解（折衷説）もある。また、通常見られるように印刷した手形用紙を用いてその要件の一部が記載されていない場合には、これを白地手形と推定して、反対を主張する者にその立証責任を負わせなければならない、と説く見解もある（大隅・九七頁参照）。

客観説（および折衷説）に対しては、白地手形署名者の意思を度外視し、署名という事実行為のみによって補充権の成立を認めるのは適当ではないとの批判がある。しかし、これらの説の多くは、手形理論に関して、手形であることを認識して署名すれば手形行為が成立するとの見解（創造説）をとるものであって、その限りでは、やはり署名者の意思を前提にしているのである。このように解してよいとすれば、これらの説と主観説との相違は、実は、「補充権は手形外の契約によって成立する」と考えるか、それとも「補充権は白地手形であることを認識して署名することによって成立し白地手形に表章される」と考えるかの相違であるともいえよう（このような分析に関しては、河本一郎「白地手形」総合判例研究叢書・商法⑹（有斐閣・昭和三五年）一頁以下、二七頁以下、特に三二頁および大森忠夫「白地手形」手形法小切手法講座二巻四一頁以下、四八頁以下、特に五〇頁参照）。

2　白地手形上の権利

白地手形は、補充権（白地補充権）と、白地が補充されたら完全な手形上の権利者となりうる法律上の地位とを表章している、などと説明されることがある（大隅・九五頁参照）。しかし、商慣習法上の有価証券である白地手形がどのような権利を表章するか、という問題は、補充権の授与が手形外の契約によって行なわれると解するか、補充権は白地手形への署名行為によって生ずると解するか、などとも関連して議論の分かれるところである。いずれにしても、白地手形の発行および譲渡において白地手形と補充権とは不可分な関係にあるのであって、補充権も白地手形とともに譲渡されると考えてよいであろう（判例は、「白地補充権ハ手形ニ追随シテ転輾」するといっている、前掲大判大正一〇・一〇・一）。

白地手形上の権利　白地手形はどのような権利を表章するのか、その権利（白地手形上の権利）と完成後の手形上の権利とはどのような関係に立つのか、ということは一の問題である。白地手形の所持人の法的地位を表現して、補充権と、自ら補充権を行使して手形上の権利者となりうる法律的地位とを有するということは防げないであろう。その意味において、白地手形は、このような法的地位（権利）を表章するものであるということはできるであろう（大森忠夫「白地手形」手形法小切手法講座第二巻四一頁、五五頁、鈴木＝前田・二一九頁、田中誠二・四五三頁、平出・後掲論文二八九頁など）。しかし、このような白地手形上の権利と完成後の手形上の権利とが法的に同一性、連続性を有すると解すること（最近では、両者の同一性、連続性を認める見解も多い、たとえば、長谷川雄一・白地手形法論（昭和五〇年・商事法務研究会）二〇五頁、安達三季生「新白地手形法論（一）」法学志林七三巻二号二九頁、高窪・七四頁、平出慶道「白地手形の消滅時効」名古屋大学法政論集八八号二八二頁参照）は、妥当ではないと考える（大森・後掲論文九五一頁、倉澤康一郎「白地手形法論・管見」法学研究五〇巻一号二四四頁参照）。

けだし、「手形行為が要式行為である以上、法の要求する手形要件が完全に具備されてはじめて手形上の権利が成立するというほかなく、それまではあるいは白地手形上の権利は存在しても手形上の権利は発生・成立・存在しないというほかはない」からである（大森忠夫「白地手形による訴の提起と時効の中断」鈴木忠一編・会社と訴訟（下）（松田判事在職四十年記念）〔有斐閣・昭和四三年〕九三三頁、九五一頁、倉澤・前掲論文二四三頁参照）。白地手形の白地を補充する前の段階においては、手形も手形上の権利も存在しない。このことは、およそ手形書面の作成前においては、手形も手形上の権利も存在しないという当然の事理の再確認にすぎない。ある見解が、手形行為に関して認められる二つの命題——①「手形書面行為は、・・・・まず、署名をして、それから後に署名以外の手形要件の記載をしてこれを完成することは、別に差しつかえない」ということと、②「署名以外の手形要件の記載は、他人をしてその記載をさせても差しつかえない」ということ——から、白地手形を説明するのも（坂井・改訂・一六四頁以下参照）、右のような考え方と方向を同じくするものと解される。

このように考えるときは、白地手形は、事実上成立段階にある手形にすぎず、権利を表章しているとはいえないことになる。もっとも、白地補充権は白地手形に追随して輾転すると考える場合、このことを指して白地手形は白地補充権を表章するということはできるであろう。しかも、白地手形が補充されれば白地手形は完成手形となり、手形上の権利を表章することになることは、いうまでもない。このことを認める以上、右のように考える場合にも、いわば、説明と思考の便宜のために「白地手形は補充を停止条件とする条件付きの権利と補充権とを併せ表章する有価証券である」と表現することは（鈴木＝前田・二一九頁、大隅・九五頁）、特に防げないであろう。このような白地手形も、商慣習法によって手形法所定の手形と同様の方法による流通（譲渡）が認められ、善意取得（手七七条一項一号・一六条二項）、抗弁の制限（手七七条一項一号・一七条）も認められているのである。もちろん補充前の白地手形は未完成な手形にすぎないから、それによって権利を行使することはできず（権利が成立するに至っていない）、たとい未補充のまま呈示しても附遅滞または遡求権保全の効力を生じない（最判昭和四一・一〇・一三民集二〇巻八号一六三二頁参照、ただし、最判昭和四一・一一・二民集二〇巻九号一六七四頁）。後述、第5節参照。

第2節　白地手形の要件

(1)　白地手形行為者の署名　　白地手形であるためには、手形行為者になろうとする者（白地手形行為者）の署名が少なくとも一つ以上なければならない。その典型は、約束手形の振出人となるべき者の署名であるが、その他の手形行為者となるべき者の署名のみのある白地手形もありうる。すなわち、白地手形になされる手形行為（白地手形行為）には、白地振出のほか、裏書人の白地署名、白地保証などがある（為替手形には、白地引受もある）。

(2)　手形要件の全部または一部の欠缺　　白地手形であるためには、手形要件の全部または一部が欠けていることが必要である。欠けている要件の種類は問わない。約束手形文句や支払約束文句を欠く白地手形もありうる。また、受取人、振出地、確定日払手形の振出日などは、手形上の権利の内容とは関係がないとして、これらの事項の手形要件としての意味を問題にする見解もあるが、少なくとも現行法上、これらの事項は手形要件であり、それを欠く白地手形もありうる。ただ、その補充権の範囲をどう考えるかにおいて考慮すべき点はあるであろう。このような要件については、たとえば誰を受取人として記載し、何時を振出日として記載すべきかといった補充権の内容または範囲について、特に限定のないことも多いであろう。

なお、手形要件以外の有益的記載事項を他人に補充させる意思で、ことさらにこれを記載しない場合もある。この手形は、すでに有効な手形であり、本来の白地手形ではないが、補充の関係では白地手形に準じて取扱うべきであり（手一〇条の類推適用）、これを準白地手形という。

確定日払手形の振出日　白地手形は、このように、手形要件を他人に他日補充させるべく白地のまま流通におかれた手形であるが、手形法（手七五条・一条）の明文の規定にもかかわらず、——受取人、振出地、確定日払手形の振出日のように——手形要件かどうかが問題にされる記載事項がないではない。ここでは、確定日払手形の振出日についての議論に言及しておきたい。

振出日は、手形法上、手形要件として法定されている（手七五条六号・一条七号、さらに、小一条五号）。なるほど、振出の日附は、日附後定期払手形では満期を定めるため、または小切手や一覧払手形・一覧後定期払手形の呈示期間を定めるために必要であり、さらには利息発生の時期を定める基準となっている。しかし、呈示期間が満期によって決定され、利息文句の記載の許されない確定日払手形の場合には、振出日は手形上の権利内容の決定には意味を有していない。

もっとも、確定日払手形の場合にも、振出人の能力や代理権の有無などについては、振出の時が基準とされてはいるが、しかし、この場合には振出の日附ではなくて、真実に振出された日を基準にすべきものとされているから、記載された振出の日附は、真実に振出された日を一応推定させる材料になるにすぎない。このように確定日払手形については振出日の記載を要求する意味が少なく、他方、振出日白地の手形が実際上、多数流通していることから、確定日払手形の振出日が手形要件かどうかが争われているのである。

振出日を手形要件と解するときは、振出日の記載を欠く確定日払の手形は、それが無効手形であれ、未補充の白地手形であれ、当然に無効（手七六条一項・二条一項）ということになるから、このような手形を支払のために呈示しても、債務者に対する附遅滞の効力もなければ、遡求権を保全する効力もないということになる。

確定日払手形の振出日を手形要件でないとする説は、確定日払手形の振出日が手形上の権利の内容の確定に必要でないことを強調して、振出日の記載を欠く手形を無効とすることは法文の文字に拘泥した形式的解釈であり、これを欠いても手形の無効を来さないと解すべきであるとする（非要件説）。

両説の理由付けをみるに、判例、多数説は、次のような理由から、確定日払手形についても振出日は手形要件であるとしている（要件説）。まず、①振出日白地の手形を振出すという慣行は、長期手形であることを隠すために行なわれているのであって、政策的見地からしても、このような弊風を公認する解釈をとることは好ましくない、というのであり、また、②手形法は統一法であるが、統一法を採用している諸外国で確定日払手形の振出日を要件でないとする解釈が行なわれていない以上、あまりかけ離れた解釈はすべきではない、というのであり、さらには、③振出日の記載は手形の同一性の識別という意義をもつとか、重要な注意を要する文書を作成していることを振出人に自覚させるためであるとか、あるいは、文書の作成日附を重視する社会的事実が振出日が手形要件とされる根拠であるとか主張されることもある。

これに対して、非要件説は、①振出日白地の白地手形を認める以上は、弊風を公認するとの批判は理由にならない、②統一的解釈という理由も、随分前に（一九三〇年）定められた統一法を解釈まで統一することは不合理である、③さらに振出日には、それが手形の同一性の識別に役立つなどの意味が認められるにしても、それを欠くときに手形を無効にしなければならないほどの理由ではない、といった批判を加えている（清水巖「振出日白地の確定日払手形の呈示・支払の効果」商法の争点Ⅱ三六〇頁参照）。

振出日は要件ではないとする説にも相当の理由はあるけれども、判例もいうように、確定日払の手形であるかどうかによって異なる取扱をしていない手形法の明文の規定に反して振出日を手形要件でないと解することには無理がある。確定日払手形についても振出日を手形要件とする説を支持すべきであろう。なお、振出日白地の手形は、特に反対に解すべき事情のない限り、白地手形と解するのが妥当であろう（最判昭和三五・一一・一判時二四三号二九頁参照）。

(3)　白地補充権の授与　白地手形であるためには、白地手形行為者から所持人に対して補充権（白地補充権）が明示的または黙示的に授与されていなければならない。補充権については後述する（第3節参照）。

(4)　白地手形の交付　白地手形であるためには、以上のような証券（白地手形）が交付されなければならない。これによって、白地手形という慣習法上の有価証券が成立する。なお、交付欠缺の場合の善意の取得者の保護は、通常の手形の交付欠缺の場合と同様に考えてよい。判例において交付欠缺の抗弁が問題とされている事案の多くは、白地手形の交付欠缺の事例である（第3章第3節5末尾の註〔白地手形と交付の欠缺〕参照）。

第3節　補充権

(1)　補充権の意義と性質　白地手形の白地を補充してこれを手形として完成させうる権利を補充権（白地補充権）という。これは、権利者の一方的行為によって白地手形を完成手形とし、証券（白地手形）上の白地手形行為に完成した手形行為としての効果を生ぜしめる権利であり、形成権の一種と解されている（大隅・九六頁、鈴木＝前田・二一五頁、石井＝鴻・一九九頁参照）。

(2)　補充権の成立と内容　前述の白地手形の意義についての主観説の立場からは、一般に白地補充権は、白地手形行為者とその相手方との契約（補充権授与の合意）によって授与されると解されている。これに対して、――事実上、前述の客観説あるいは折衷説の立場と結びついて、――補充権は、白地手形への署名行為によって成立することになると説く見解もある。後者の見解に対しては、白地手形署名者の意思を度外視して署名という事実行為のみによって補充権の成立を認めるものではないのかとの批判もあるが、必ずしもそうではなくて、客観説および折衷説は、白地手形への署名そのものに、補充権授与の意思（法律行為）を認めているのであろう。この関係で客観説および折衷説の論者の多くが、手形理論として、創造説（または類似の見解）をとるものであることが注目される。

いわゆる主観説をとり、補充権は手形外の当事者の合意によって与えられるとする場合、補充権は、①白地手形の成立に伴い、それと不可分的に、しかし、白地手形行為者と相手方との間の手形外の合意によって成立するものであり、また、②その手形外の合意によって限定された具体的な内容の権利である、ということになるであろう。そして、この場合、手形取引の安全を考えて、補充権の具体的な制限は悪意・重過失のない第三者には対抗できないとしたのが、手形法一〇条の規定ということになる。

これに対して、補充権は、白地手形行為者の署名行為によって授与されるとする立場（客観説、折衷説）からは、補充権は、①手形外の合意とは切り離されたものであり（このことを無因性と呼ぶ見解がある）、②しかも、白地手形上には補充権の内容は記載されないから、補充権は無制限で抽象的な内容の権利であるということになるであろう。この場合、補充権授与の当事者間の合意は、その当事者の人的抗弁となるのであり、そのことを規定したのが手形法一〇条の規定であるということになる。

白地補充権をどのような内容の権利と考えるかは議論の分かれるところであるが、一応、以上のようにいうことができるであろう（このような説明は、絶対的なものではないであろう）。右に見たように、補充権の内容・性質をどのようなものと考えるかは（――限定的な権利かそれとも無限定的な権利か――）、延いては、いわゆる補充権の濫用または不当補充に関する手形法一〇条（手七七条二項）の理解にも関係することになることに注意すべきである（この点に関して、鈴木＝前田・二二〇頁参照）。

(3)　補充権の撤回　補充権が有効に与えられた以上、白地手形行為者が、その一方的意思によって補充権を撤回し、制限することはできない。しかし、主観説の立場からは、補充権者との間の合意により、補充権を消滅させ、またその内容を制限することはできると考えてよい（大判昭和一五・一〇・一五民集一九巻一八〇八頁参照）。ただし、白地手形を回収しておかないと、権利外観理論ないし手形法一〇条（手七七条二項）の類推適用により、白地手形署名者は、その責任を免れないであろう。なお、署名者が白地手形の交付後補充前に死亡し、制限行為能力者となり、あるいは代理権を失っても補充権の効力には影響がない（第6節参照）。

(4)　補充権行使の時期　補充権授与の合意において、補充権行使の時期に制限を加えることがある。その違反は、補充権の濫用の問題（手一〇条）に準じて考えてよいであろう。

白地手形に満期の記載があれば（最判平成五・七・二〇民集四七巻七号四六五二頁は、手形が満期およびその他の手形要件を白地として振出された場合であっても、その後満期が補充されたときは、その手形は満期の記載された手形となるとしている）、それによって補充権行使の時期は制限される。すなわち、補充された完成手形上の権利は、その満期を基準に時効にかかるから、約束手形の振出人に対する関係では、満期から三年以内に補充しなければならない（手七八条一項・七〇条一項）。遡求義務者に対する関係では、呈示期間内に補充して完全な手形を呈示しておかなければ、償還請求権は保全できない（手七七条一項四号・五三条一項）。

満期の記載のない白地手形の場合には、補充権自体の消滅時効が問題とされているから、補充権が時効消滅するまでに行使しなければならない。

(5)　補充権の消滅時効　　判例および通説は、満期の記載のある白地手形については白地補充権の消滅時効を特に問題としないが（最判昭和四五・一一・一一民集二四巻一二号一八七六頁）、満期の記載のない白地手形（振出日白地の一覧払・一覧後定期払手形、小切手）については、補充権自体の消滅時効を認めている。その時効期間については、大審院は、二〇年としていたが（大判昭和八・一一・七裁判例七民二五九頁）、最高裁判所は、補充権授与行為を商法五〇一条四号所定の「手形に関する行為」に準ずるものと解したうえ、商法五二二条の「商行為によって生じた債権」の規定を準用して、補充権を行使しうべき時から五年としている（最判昭和三六・一一・二四民集一五巻一〇号二五三六頁、最判昭和四四・二・二〇民集二三巻二号四二七頁）。学説は、補充権自体が時効にかかるのか、それとも白地補充権は白地手形上の権利の時効に服するのか、また時効期間は何年か、などにより、極めて区々に分かれている。

学説にも判例と同様に解する見解もあるが（鈴木＝前田・二二三頁、石井＝鴻・二〇二頁）、補充権は手形債権のための従属的存在にすぎず、独立の時効は認められないとする見解も早くから主張されており（竹田省・民商六巻四号二二〇頁、上柳克郎・会社法・手形法論集四九二頁)、近時は、補充権は消滅時効に馴染まないとする見解が有力になっている（小橋・一九七頁、前田・手形法・小切手法二六五頁など、すでに、倉澤康一郎「白地手形法・管見」法学研究五〇巻一号二三一頁、二四五頁以下も同旨)。たとえば、補充権は権利というよりは、代理権と同じく権限ないし権能であり、それは時効ないし除斥期間に馴染むものではなく、補充権の範囲、行使期間はもっぱら白地手形行為者とその相手方である白地手形受取人の内部関係、実質関係により決定されるものであって、それからの逸脱は、もっぱら手形法一〇条の律するところに委ねてよいと説く学説があるが（大塚龍児「判批」ジュリ一〇四六号一二八頁)、このような見解によったものと解される下級審判決も現れている（東京高判平成一四・七・四判時一七九六号一五六頁)。

満期白地の白地手形の補充権の行使時期　振出日白地の小切手（振出日白地の一覧払手形・一覧後定期払手形）または満期白地の手形などの白地の補充をいつまでになすべきかについては見解が分かれる（岸田雅雄「白地補充権の消滅時効」商法の争点II三五八頁参照)。①白地補充権自体が時効にかかるのか（前掲最判昭和三六・一一・二四)、それとも、②補充権は独立して時効の対象になることはなく、白地手形上の権利（または「補充によって生ずべき手形上の権利」）の時効に服するのか（たとえば、上柳克郎「白地手形補充権の消滅時効」会社法・手形法論集四九二頁、五〇三頁以下参照)、いずれにせよ、その時効期間は何年か、などに関して見解が対立している。また、③白地補充権の独立した時効期間を考えることが理論的に問題であるとしても、補充権の行使期間は、補充権授与に際しての補充権に関する合意の内容によって制約されると考えるべきであるとする見解もある（鴻常夫「判批」商法の判例〔第一版〕一五九頁)。さらに、最近の有力な見解としては、④補充権の行使期間に制限を加えても補充される満期に制限がなければ意味がないとして、補充権は、補充されるべき満期（これは基本的には当事者の合意によって決まると解されている）により制限される手形上の権利の行使期間内に行使すべきであると説く者もある。代表的な見解として、菱田政宏「白地手形と時効」関法二八巻五・六号一一七頁があり、また、前田・一四三頁および平出・三四一頁以下も基本的には同旨と解してよいであろう（なお、右の②の見解と④の見解との異同も問題であるが、ここでは立ち入らない)。

判例は、満期の記載のある白地手形については白地補充権の時効を特に問題としないが、満期白地の手形（振出日白地の小切手）については白地補充権自体が時効にかかると解している（最判昭和三六・一一・二四民集一五巻一〇号二五三六頁〔振出日白地の小切手〕、最判昭和四四・二・二〇民集二三巻二号四二七頁〔満期白地の手形〕)、学説において同旨を説くのは、たとえば、鈴木＝前田・二二三頁、石井＝鴻・二〇二頁)。それによれば、補充権授与行為は商法五〇一条四号の「手形に関する行為」に準ずるものであり、白地補充権の消滅時効に関しては、商法五二二条の規定を準用するのが相当であるとして、白地補充権の時効期間は、補充権を行使しうべきときから五年と解するのである。

満期白地の手形（振出日白地の小切手）の補充権の消滅時効を考えることには、理論的な困難が伴う。上柳・前掲論文四九七頁以下の説くように、①満期の記載のある白地手形の場合には補充権の時効が問題とされないことと権衡を欠くうえ、②補充権の時効を考えても、補充される満期に制限を加えなければ意味がない。しかし、他方、そのことを理由に、補充権の行使期間は、これを無制約と解すべきでもないであろう。

白地補充権の行使は、当事者の合意または一定の合理的な制約に服すべきものであると考えられる（鴻・前掲判批一六三頁参照、さらに、倉澤康一郎「白地手形法論・管見」手形法の判例と論理（成文堂・昭和五六年）一一三頁、一二九頁参照）。ただ、このように考えても、何が合理的な制約かなどに関しては必ずしも意見の一致をみることは容易ではないであろう（谷川久「白地手形の補充権の消滅時効」新商法演習3一一七頁、一二三頁参照）。仮に、商法五二二条の消滅時効期間がその判断の手掛かり（合理性の判断または当事者の意思解釈の基準）としての意味を有し得るとすれば（そのような解釈の可能性に言及するものとして、上柳・前掲論文四九九頁および田村諄之輔「判批」手形百選〔第四版〕八二頁、八三頁における学説の紹介、とりわけ、平田伊和男「判批」民商六一巻六号一七九頁、一八六頁など参照。ただし、このような見解に対する批判として上柳・前掲論文五〇六頁註九参照）、判例が、白地補充権は現実に白地小切手が振出された日から五年の消滅時効にかかるとの考えを前提にして判示していることも、これを――右の意味において理解し、――肯定的に評価することもできるであろう。なお、補充権の行使時期に関しては、前掲最判平成五・七・二〇を契機として多くの見解が発表されている（たとえば、大塚龍児「判批」ジュリ一〇四六号一二八頁、伊藤壽英「判批」金融商事九四〇号四八頁、早川徹「判批」民商一一一巻一号一一三頁、高窪利一「判批」私法判例リマークス一九九五(上)一三二頁など参照）。

第4節　補充権の不当行使（補充権の濫用）

1　補充権の濫用

(1)　手形法一〇条　白地手形の補充権を取得した所持人がこれを正当に行使して（予めなした合意に従って）白地を補充すると、それによって白地手形は完成手形となり、補充された記載に従って白地手形行為者が責任を負うことになる。これに対して、白地手形の所持人が、補充権の範囲を超えて(補充権授与の合意に反する)不当な補充をした場合の取扱が問題となる。手形法一〇条（手七七条二項）は、白地手形に予めなした合意と異なる補充がなされた場合、その違反は、所持人が悪意または重大な過失によって手形を取得した場合以外は、これをもって所持人には対抗できないと定めている。前述のように、補充権をどのような内容のものと解するかによって、この規定の理解も分かれるであろう（第3節(2)参照）。

(2)　補充権の濫用　補充権の濫用（「予メ爲シタル合意ト異ル補充」）とは、たとえば、補充権授与の合意において定められた金額を超えた手形金額の補充であり、あるいは、合意において予定された者とは異なる者の受取人欄への補充などである。

(3)　所持人の悪意・重過失の立証　所持人の悪意・重過失は、白地手形行為者において主張立証しなければならない（最判昭和四二・三・一四民集二一巻二号三四九頁）。

(4)　補充権の濫用の効果　補充権の濫用が立証されても、白地手形行為者は、補充権の範囲内では、補充権を濫用した者（および、その手形の悪意・重過失のある取得者）に対しても責任は免れない（なお、その理由付けに関して、鈴木＝前田・二二一頁註一六および小橋・一九九頁参照）。

補充権濫用と悪意・重過失のある取得者　手形法一〇条（七七条二項）は、補充権の権囲を超えた補充（予メ為シタル合意ト異ル補充）がなされた場合には、その違反は、所持人が悪意または重過失によって手形を取得した場合以外は、これをもって所持人には対抗できないと定める。しかし、判例・通説によれば、不当補充（補充権の濫用）があっても、白地手形行為者は、補充権の範囲内では、不当補充をした者およびその手形の悪意・重過失ある取得者に対しても責任を免れないと解されている（大森忠夫「白地手形」手形法・小切手法講座二巻四一頁、六九頁）。たとえば、白地の手形金額が合意によって予定された金額を超える金額をもって補充された場合には、白地手形行為者は、悪意・重過失のある取得者に対しても、合意によって予定された金額の範囲内においては責任を負うのである（最判四二・三・一四民集二一巻二号三四九頁参照）。補充権は無制限で抽象的な内容の権利であり、補充権の濫用の場合にも補充通りの内容の手形が完成するのであって、補充権授受の当事者間の合意は人的抗弁にすぎないと考えれば、これは、むしろ当然の結論である（小橋・一九九頁、鈴木＝前田・二二一頁註一六）。

問題は、金額以外の補充の場合に同様に考えてよいかどうかである。たとえば、受取人の記載は、合意の範囲において不当補充に効果を認めるという考えに馴染まないであろう（大判昭和一三・一一・一九新聞四三五五号七頁参照）。問題になるのは、満期の補充の場合である（大森・前掲六九頁、註六を伴う本文は、これを肯定する趣旨であろうか、大森・前掲七一頁註六は、後掲大阪高判昭和三六・一二・一六を引用している）。場合を分けて考え、合意された満期（補充すべき満期）より前の日が満期として補充された場合には、主たる手形債務者である白地手形行為者は、悪意・重過失のある取得者に対しても、補充された満期ではなくて、合意された満期に従って責任を負い、他方、合意より後の日が補充された場合には、悪意・重過失のある取得者に対しても、合意された満期から三年の時効完成前は補充された満期に従って責任を負うとする見解がある（Vgl. *Stranz*, Wechselgesetz, 14. Aufl. 1952, S. 82）。下級審の判例にも、前者と同じく、満期白地の約束手形の振出人と受取人との間において、補充すべき満期に関する暗黙の諒解があったにもかかわらず、受取人がそれより前の日を不当に補充したときは、振出人は、受取人に対して合意の日（補充すべき満期）から手形金支払の義務を負うとしたものがある（大阪高判昭和三六・一二・一六金融法務二九七号七〇頁）。

もっとも、遡求義務者に対する関係では、呈示期間内に補充して完全な手形を呈示しておかなければ、償還請求権は保全できない（手形七七条一項四号・五三条一項）。合意と異なる満期の記載の場合にも、合意の範囲内では、悪意者との関係でも白地手形行為者に責任を負わせようと考える上記の見解も、遡求義務者との関係では、合意された時期に所定の呈示（と拒絶証書作成）がなければ遡求義務者は償還義務を免れると説いている（*Stranz*, a.a.O. なお、上柳・会社法・手形論集五〇四頁以下参照）。

2　未補充手形の取得者と手形法一〇条

手形法一〇条（手七七条二項）は、本来、白地手形として振出された手形の不当補充（合意と異なる補充）後の取得者を保護するための規定と考えられている。同条が、未補充の白地手形を一定範囲の補充権が与えられているものと信じて取得した者についても適用（類推適用）されるかどうかについては争いがある。判例（振出日欄白地の小切手につき、前掲最判昭和三六・一一・二四、受取人欄白地の事案につき、最判昭和四一・一一・一〇民集二〇巻九号一七五六頁）および多数説は、手形法一〇条は未補充の白地手形を取得し、自ら補充する所持人に対する関係でも適用されると解している。手形法一〇条の「法意は、手形の流通を円滑にし、善意で、かつ重過失なき所持人を保護することを主意とするものである」ことを理由とする（前掲最判昭和三六・一一・二四参照）。

もっとも、右のような手形法一〇条の適用範囲に関する見解の対立は、実は、見かけほど大きくはないとの指摘もある（早川徹「判批」手形百選〔第四版〕八六頁、八七頁）。すなわち、この判例のように未補充の白地手形を取得した者にも手形法一〇条の保護は及ぶ（適用がある）といってみても、たとえば、金額欄白地のままの手形を取得した者は重過失があったとされることが多く、他方、同条は未補充の白地手形取得者には及ばないとする説からも受取人や振出日（確定日払手形のとき）の補充されていない手形の場合には、何らかの理由で（たとえば、このような要件については、補充権の内容または範囲の限定がないとして）、むしろ一般には取得者が保護されることになるであろう。

未補充の白地手形の取得と手形法一〇条　右に本文において述べたように、手形法一〇条は、①すでに合意と異なる補充のなされている手形を取得した所持人についてのみ適用されるのか、それとも、②白地手形を取得したうえ、予めなされた合意と異なる補充を自らなした所持人についても適用されるのかについては争いがある。判例および多数説は、手形法一〇条は未補充の白地手形を取得し、自ら補充する所持人に対する関係においても適用されると解している。その根拠は、手形法一〇条の「法意は、手形の流通を円滑にし、善意で、かつ重大過失なき所持人を保護することを主意とするものである」という点に求められている。なお、このような説のなかには、手形法一〇条を適用ではなくて「類推適用」するとする見解もみられる（大隅・九七頁）。これは、統一条約の制定経過からするかぎりは、手形法一〇条の目的は不当補充後の取得者の保護にあったとされる点を考慮したものであろう。

これに対して、手形法一〇条は不当補充後の取得者に対する関係でのみ適用されるとする説も有力に唱えられている。「手形法一〇条はすでに補充が行なわれて正規の手形と何ら異ならぬ外観を呈するに至っているために、これを信頼した善意者を保護したものと思われるから、まだ補充がなされず外観上白地の存在が明白な場合をそれと同視することはできず、したがって、取得者としてはこの点につき危険を負わされても仕方がない」とするのである（鈴木＝前田・二二六頁）。

いずれの見解、どのような論拠によるべきであろうか。条文の文言解釈や統一条約の制定経過は必ずしも決定的な論拠にはならないであろう。ここで言及すべきは、判例・多数説の主張する「白地手形の流通保護」または「取得者の保護」という論拠である。これについて、ある少数説の論者は、手形金額のように重要な当然範囲の限定される事項については濫りに信用することが軽率であるから保護を認めなくともよく、他方、受取人のようにさほど重要でなく、通常範囲の限定が行なわれないような事項については取得者が害されることはほとんどない、としている（鈴木＝前田・二二六頁註二五参照）。しかし、この説が、受取人、振出日、満期などさほど重要でない（あるいは救済規定のある）事項について現実に補充の範囲が限定されている場合に、取得者の保護を一律に否定する趣旨であれば、白地手形の流通を阻害する結果になることは否定できないであろう。多くの説が、手形法一〇条は未補充手形の取得者についても適用されるとする所以である。

なお、多数説をとる説のなかには、補充権の範囲の限定を手形外の人的抗弁の問題と捉え、手形法一〇条を一七条の特則と理解したうえ、手形法一〇条と一七条とで取得者保護の主観的要件が異なる理由を、手形法一〇条が白地手形を未補充のまま取得した者にも適用されることに求める見解のあることが注目される。すなわち「一〇条は、手形上の記載からはわからない白地の部分については、取得者にも、譲渡人の甘言に乗ぜられただけだといわれない程度の注意を払うべきことを求めたもの」であるという。したがって、金額欄白地のまま譲受けた場合には重過失ありとされることが多く、受取人や振出日の白地の場合には原則として第三取得者が保護され、他方、白地補充後に取得した場合には重過失が問題になることはほとんどないというのである（菱田政宏「白地手形と時効」関法二八巻四・五・六号一一七頁、一一六二頁参照）。

さらに、近時、手形法一〇条は、白地手形が未補充のまま譲渡される場合にのみ適用される規定であって、補充後に譲渡された場合には、手形法一七条が適用されると理解する見解も現れている（前田・一三七頁、ただし、平出・三三四頁は、反対）。

3　いわゆる補充権時効消滅の抗弁の取扱

いわゆる狭義の補充権の不当行使（補充権の濫用）の問題（手七七条二項・一〇条）ではないが、白地手形が白地補充権の時効完成後に補充される場合の取扱も問題である。白地補充権は時効にかかるとの法律構成を採用する場合にも、さらに、白地手形が白地補充権の時効完成後に補充される場合の取扱が問題となるのである。

たとえば、大阪地判平成一年一一月三〇日（判時一三六三号一四七頁）は、補充権の時効完成後に白地補充がなされたとの抗弁ないし補充権が消滅時効によって消滅したとの抗弁（いわゆる補充権時効消滅の抗弁）は、――小切手法一三条の類推適用により（小切手の事案であった）――いわゆる人的抗弁となると判示している。

この点に関する最高裁の判例はみられない。しかし、判例には、白地手形の意義に関するいわゆる主観説の立場（大判大正一〇・一〇・一民録二七輯一六八六頁）を前提として、署名者が「〔白地〕補充権を与えたものではない」と認定された事案において手形法一〇条の類推適用を認めたものがある（最判昭和三一・七・二〇民集一〇巻八号一〇二二頁、「手形法七七条二項一〇条の法意に照し」と判示する）。

前掲大阪地判平成一年一一月三〇日と右の最高裁の判決とでは、一度与えられた補充権の時効消滅の場合と当初から補充権が与えられていなかった場合との相違はあるにせよ、いずれも補充のときに補充権が存在しないという意味では異ならないとも解しうる。疑問はあるが、仮にこのように考えると、補充権の時効消滅の場合にも右の最高裁の判決と同じく小切手法一三条（手一〇条）によって解決すべきことになるであろう（手形法一〇条、小切手法一三条の類推適用）。

これに対して、白地手形の意義に関する客観説をとる場合には、右の最高裁判決のような事案においては、多くは補充権が認められるであろうから、時効によって補充権が消滅した場合に関する本判決とは、事案を異にするということになるであろう。また、主観説を前提にする場合にも、たとえば、右の最高裁の判決のような事案において手形法一〇条（小一三条）による処理がなされることを認めるとしても、このような処理の可能なのは、やはり一定の期間内においてだけであると考えることも可能である。こう考えると、白地補充権が与えられていない不完全な手形に手形法一〇条（小一三条）を類推適用する場合にも、いわば、「与えられていない補充権の消滅時効期間（または行使期間）」のようなものを想定する必要があることになる。そう考える場合には、右に引用した最高裁の判決は、理論的にも補充権の時効消滅の場合とは事案を異にすることになる。なお、この関係では、東京地判昭和五二年一二月一二日（判時八七七号九四頁）が、当事者の主張に答えた形ではあるが、主観説によれば補充権の認められない場合である満期、振出日とも白地の手形の盗取の事案において、先ず、右の最判昭和三一年七月二〇日に従うことを判示して、手形取得者に悪意または重大な過失は認められないとしたうえ、続けて、補充権消滅後の補充の問題を取扱っていることが興味深い。

法的にどのように構成するにせよ、満期白地の手形（振出日白地の小切手）の補充権の行使期間に一定の制限を加える以上は、その行使期間経過後の補充の効力が問題となる。この問題に言及する多くの説は、結局、手形法一〇条の適用または類推適用によって善意者を保護するものとしている。（たとえば、菱田・前掲論文一六三頁は、補充権は、「当事者間の合意および一覧払手形の規定の類推適用によって定められる補充されるべき満期」により制限される手形上の権利の行使期間内に行使すべきであるとしたうえ、行使期間経過後の補充に関しては、手形法一〇条を適用すべきであるとしている。また、上柳・前掲論文五〇四頁においては、白地の補充は、補充が実質関係上可能になった時から三年以内に補充し、手形上の権利を行使しなければならないが、補充後の善意で重大な過失のない取得者との関係では補充された満期を基準に手形時効の規定を適用するものとされる。さらに、平出・前掲三四一頁以下も、「補充すべき満期を補充したならば満期から三年の経過により手形債権は時効によって消滅していたはずであるから、署名者は相手方の請求に対して実質関係上認められる時効の抗弁をもって人的抗弁として対抗することができる」と説き、手形法一〇条を適用する。）補充権の消滅時効を考える立場においても、補充権消滅後に善意で取得した者は、本判決のように手形法一〇条の類推適用によって保護すべきであろう（三淵乾太郎・最高裁判所判例解説民事篇昭和三六年度三七八頁、三八二頁参照）。しかし、手形上の権利の時効が物的抗弁とされていることとの関係もあってか、学説には、満期白地の補充権の消滅時効を物的抗弁と解するものもある（石井＝鴻・一二七頁）。

補充権独自の消滅時効を考えないで、「補充によって生ずべき手形債権の時効」を問題にする学説の立場（たとえば、上柳・前掲論文五〇三頁以下）からすれば、補充権の行使期間経過後の補充を手形上の権利の時効の抗弁と同様に物的抗弁と解する解釈に傾くことも理解できなくはない（もっとも、石井＝鴻二〇二頁〔時効期間は五年〕、谷川・前掲論文一二四頁〔時効期間は三年〕は、それぞれ補充権自体の消滅時効を認めながらも、補充権の消滅時効の抗弁は、これを物的抗弁と捉えられている)。しかし、翻って考えるに、一般に手形上の権利の時効が物的抗弁とされている理由の一は、この抗弁が手形の記載上明らかな抗弁であって、物的抗弁と解しても手形取引の安全性は害されないという点に求められている(石井=鴻・二二六頁)。これに対して、白地補充権の時効は、必ずしも手形の記載上明らかとはいえない。手形取引の保護のためには補充権時効消滅の抗弁は、人的抗弁とすべきであろう。

その場合、補充権の時効消滅の抗弁を人的抗弁と解する理論的根拠が問題となるが、手形法一〇条に表れている権利外観理論にこれを求めることができるであろう。なるほど、手形法一〇条(小一三条)は、補充権の濫用の場合の規定であり、ここでの問題は、補充権が消滅した場合の問題であって、必ずしも問題を同じくしないとしても、少なくとも手形法一〇条(小一三条)に表れている権利外観理論の考え方は、この場合にも適用されてよいであろう。

もっとも、補充権の行使期間経過後の補充であるとの抗弁(補充権時効消滅の抗弁)を手形法一〇条(小一三条)の適用(類推適用)によって、人的抗弁(相対的効力を有する抗弁)と解する場合にも、満期白地の手形(振出日白地の小切手)を未補充のまま取得して補充した所持人との関係では物的抗弁とするものもある(補充によって生ずべき手形債権の時効を考える見解からする前出の上柳・前掲論文五〇五頁註六参照、さらに、谷川・前掲論文一二五頁は、補充権独自の三年の時効を認める立場に立って、一方では、「補充権の時効消滅の抗弁は、単なる人的抗弁ではない」としながらも、他方、補充権の時効消滅後に補充された場合であっても「補充した完成手形の形で」手形を取得した善意の所持人は、「手形法一〇条の立法の精神」を考慮して保護すべきであるとする)。しかし、白地手形の所持人(交付を受けた者)は、必ずしも自ら補充権を行使する必要はなく、白地手形の譲渡により他人に譲渡できるのであるから、右のいずれであるかによって、白地手形の取得者の保護に決定的相違を認めることは、必ずしも合理的ではないであろう。

補充権が消滅時効によって消滅したとの抗弁に関する下級審判例　補充権が消滅時効によって消滅したとの抗弁に関す

る下級審判例としては、次の三判決に言及することができる。先ず、①札幌高判昭和四四年八月一三日（下民集二〇巻七・八号五八〇頁、河本一郎「判批」商事法務六〇一号一八頁）は、満期白地の約束手形の受取人が、振出日（現実に振出された日でもある）から六年数カ月後に、振出日から約七年一〇カ月後の日を満期として補充して裏書譲渡したという事案において、補充権は商法五二二条の「準用」によって振出日から五年の経過によって時効消滅するとして補充権の時効消滅後に満期の補充がなされたことを認定しながら、所持人が不当補充を知らずに手形を取得した者である場合には、手形法一〇条を類推適用すべきであると判示している。ただし、事案の場合には、振出日から支払期日までに約七年一〇カ月もの期間のある異常な手形であったのに所持人が振出人に何の照会もしないで取得していたので、手形法一〇条但書の重大な過失があったとされている。また、②東京地判昭和五二年一二月一二日（判時八七七号九四頁、黄清渓「判批」法研五六巻四号、福瀧博之「判批」商事法務九二六号三六頁）は、約束手形が満期、振出日などを白地にして作成されたが、交付の必要がなくなったので保管していたところ、紛失して流通におかれ、振出（作成）されてから五年以上経過した後に補充されたという事案において、やはり「商法五二二条の類推適用」によって白地補充権はそれを行使しうべきときから五年の経過によって時効消滅するとして満期欄の補充は補充権消滅後のものであるとしながら、所持人が不当補充の事実を知らずに手形を取得した者であるときは、手形法七七条二項の準用する同法一〇条の規定が類推適用されるとしたものである。この事案においては、所持人の悪意または重大な過失を認定する証拠はないとされている。

さらに、③大阪地判平成一年一一月三〇日（判時一三六三号一四七頁）は、振出日白地の小切手をその振出から五年以上経過した後に未補充のまま取得した所持人が、その白地を補充して支払のために呈示したが支払を拒絶されたので振出人および裏書人（小二〇条参照）に対して小切手金の支払を求めたという事案であるが、判決は、このように白地補充権の時効完成後に補充がなされたときは、「小切手法一三条の類推適用により、悪意または重大な過失によって小切手を取得した所持人は小切手の白地補充権の時効完成後における白地手形補充のいわゆる人的抗弁をもって対抗される」ことになると判示している。

いずれも白地手形に関する事案であるが、②の東京地判昭和五二年一二月一二日は、振出日、満期とも白地の約束手形に関する事案であったので①の札幌高判昭和四四年八月一三日のように補充された証券の記載から異常に長いサイトを窺うことができない点では、小切手の場合と似ていることが注目される。また、①②の下級審判決は、どちらも、補充権の時効完成後に補充されて記載上は完成手形となったものを所持人が取得した事案に関するものであったが、③の大阪地判平成一年一一月三〇日の事案は、未補充の白地手形を取得して補充権の時効消滅後に補充したという場合に関するものであった（事案の場合、所持人は、すでに補充権の時効完成後に手形を取得、補充しているが、場合によれば、時効完成前に取得した手形をその後、補充権の時効完成後に補充するという場合もありうるであろう）。

手形法一〇条の射程距離と白地補充権の性質　白地補充権の性質をどう考えるかは大きな問題であって、必ずしもこのような教科書で論ずるに適当ではないが、主観説の立場からは、次のようなこともいえるであろう。すなわち、白地補充権は、白地手形の作成交付とともに「当事者の合意」（手形外の補充権授与契約）によって与えられるものであって、補充権は、その合意によって限定された具体的な内容の権利である（大森忠夫「白地手形」手形法小切手法講座二巻四一頁、六〇頁参照）。したがって、この合意に反する不当な補充が行なわれた場合には、白地手形行為者は、不当に補充された記載による責任は負わないはずである（大森・前掲論文六八頁）。しかし、手形法一〇条は、権利外観理論の考え方にもとづいて、不当補充（補充権の濫用）の場合にも白地手形行為者に責任を負わせることにした（大隅・九七頁は、「他人を信頼して補充権を与えた者は、その違反から生ずる結果を負担するのが当然」であると説き、また、庄子良男「判批」私法判例リマークス一九九二(下)一〇三頁、一〇六頁は、補充権の消滅時効の抗弁を「権利外観理論の要件によって排除される有効性の抗弁」として説明する）。

このように解するときには、手形法一〇条は、直接には、①不当補充（補充権の濫用）の場合に関する規定にすぎないが、手形法一〇条に表れている権利外観理論の考え方は、さらに、②補充権が与えられていないのに与えられていたものと信じて手形を取得した場合（客観説でのみ白地手形となるような場合）および③補充権がかつて与えられていたが、その後、消滅した場合（当事者の合意による消滅、合意による行使期間の経過〔大森・前掲五八頁〕、さらには、補充権の時効を認める以上、時効による消滅の場合）にも、これを及ぼしてよいと考えられる。これらの場合にも、手形法一〇条は、類推適用されると考えてよいであろう（大隅・前掲九七頁）。

なお、補充権は代理権ではなく、事情は異なるが、右の①②③の関係は、民法一〇九条、一一〇条、一一二条という表見代理の三規定（三態様）を想起させるものがある（ちなみに、倉澤・金融商事八七一号三九頁、四二頁は、白地手形の補充権が消滅時効の対象にならないと主張されるが、「白地手形の補充権は、補充権者が署名者の手形行為を有効に成立させることができる権能をいうものであって、その本質は代理権などと同じく権限であるにすぎない」と説き、また、ドイツにおいても、補充権を代理または授権の概念に近いものとして説明する見解がみられる——Vgl. *Hueck/Canaris,* Recht der Wertpapiere, 12. Aufl., 1986, S. 119 f.）。そして、さらに、このような手形法一〇条の適用または類推適用は、手形法一〇条の本来、予定すると考えられる補充後に善意で取得した所持人に適用されるだけでなくて、白地手形を未補充のまま一定の範囲の補充権が与えられていると信じて取得した者についても適用があると考えることもできる。

付言するに、近時、右の倉澤説のほかにも、「代理権が、本人と代理人との間の内部関係から独立した対外的資格であるのと同様に、白地補充権は、白地手形行為者と直接の相手方との間の内部関係から独立した権限であ」り（小橋・一九八頁）、「白地補充権ないし白地手形の時効はありえない」「白地補充権は代理権に類したもので、時効にかからないし、白地手形自体も、未完成手形であって、その時効は問題にならない」（小橋・二〇五頁）と説き、あるいは、「補充権は権利というよりは、代理人の代理権と同じく権限ないし権能といえ、代理に関する規定を類推することが許されよう」「補充権を代理権と把握すれば、それは時効ないし除斥期間による消滅になじむものではない」（大塚龍児「判批」ジュリ一〇四六号一二八頁、一三〇頁）と説く見解が有力に唱えられている（第3節(5)参照）。

第5節　白地手形の流通と権利の行使

1　白地手形の流通（白地手形の譲渡方法とその効果）

白地手形は、商慣習法上の独自の有価証券として、相続、会社の合併、債権譲渡などにより譲渡できる。また、完成手形ではないから当然には手形に特有な方法で譲渡することは認められないはずであるが、慣習法により完成手形と同様の方式により譲渡することが認められている。受取人欄白地の手形の振出を受けた者は、完成手形を白地式裏書で取得した者と同様の方法で譲渡できる（最判昭和三三・一二・一一民集一二巻一六号三三一三頁、後掲最判昭和三四・八・一八）。

裏書などによる譲渡の効果も完成手形の場合と同様と解されている。白地手形が裏書または引渡の方法によって譲渡された場合には、いわゆる善意取得（大判昭和五・一〇・二三民集九巻九七二頁）および人的抗弁の制限（後掲最判昭和三四・八・一八）による所持人の保護が認められる（手七七条一項一号・一六条二項・一七条）。なお、この関係で、受取人欄白地の手形が引渡によって流通し、最後に取得した者が自己の名をもって受取人欄を補充した場合の取扱が問題となる。手形の記載上は、振出人と所持人は直接の当事者であるが、手形授受の関係では直接の当事者ではない（手形法一七条につき、最判昭和三四・八・一八民集一三巻一〇号一二七五頁）。

なお、白地手形も有価証券であるから、公示催告による除権決定の対象となる。判例によれば、白地手形について除権決定を得ても申立人は権利の行使はできず（最判昭和四三・四・一二民集二二巻四号九一一頁）、手形債務者に対する手形の再発行請求も認められていない（最判昭和五一・四・八民集三〇巻三号一八三頁）。

白地手形と除権決定　このように、白地手形は、補充後にはじめて手形となる未完成の手形にすぎないが、その流通面については、商慣習法上、完成した手形と同様の法則に従うものとされている。したがって、白地手形についても、公示催告による除権決定が一般に認められている。ところで、除権決定の効果については、前述したように、いわゆる消極的効力と積極的効力に言及するのが普通である。まず、除権決定により、その有価証券が無効と宣言される結果(非訟一六〇条一項)、その有価証券は誰の手中にあっても無効となる(除権決定の消極的効力)。次に非訟事件手続法一六〇条二項が明文で規定するように有価証券を無効とする宣言をするために公示催告を申立てた者は、除権決定がされたときは債務者に対して「当該有価証券による権利」を主張することができるのである(除権決定の積極的効力)。有価証券を無効とする旨の宣言をするための公示催告の申立てについては、すでに第9章第3節において取り上げた。以下において述べるのは、白地手形の除権決定に特有な問題である。なお、従来は、除権の裁判は、除権判決であったが、現在では除権決定になっている。以下の説明においては、除権判決に関して行なわれた議論も一々その旨断わらないで、除権決定として説明しておいた。

白地手形の除権決定についても一般に消極的効力は認められており、除権決定後には白地手形の善意取得は起こりえないとされている。これに対して、積極的効力をも認めるかどうかについては争いがある。前述したように、最高裁判所の判例は、白地手形については、白地を補充しなければ手形上の権利を行使することができないが、除権決定を得ても当該白地手形自体が復活するわけではないから、除権決定を得た者は白地を補充して手形上の権利を行使することはできず（最判昭和四三・四・一二民集二二巻四号九一一頁、最判昭和四五・二・一七判時五九二号九〇頁）、また手形の再発行を請求することもできない（最判昭和五一・四・八民集三〇巻三号一八三頁、最判昭和五一・六・一八金融法務八〇二号三四頁）とする見解をとっている。これに対して、それでは白地手形に除権決定を認める意味が少ないとして、手形外の意思表示による補充や再発行を認める見解も有力である。

白地手形の除権決定について積極的効力を認めない見解は、先ず、①除権決定の取得者は完成した手形の所持人の地位を認められるのではないからそれだけで手形上の権利を行使することはできず、また白地手形行為が書面行為である以上、それを補う白地の補充も白地手形そのものの上になされなければならないから、手形外の意思表示による補充を認めることもできないとする。さらには、②白地手形の再交付請求権を認めることも、株券についての旧商法二三〇条二項や、社債券についての会社法六九九条二項のような法律の明文の規定を欠く以上、現行法の解釈としては無理であるとする。これを認めれば除権決定を得た者は、それによって単に喪失手形の所持人と同様の形式的資格を回復するだけでなく、手形の再発行によって喪失手形を流通におくことができるのと同一の地位を回復することになるが、これは、本来除権決定制度の予測しない効果を付与するものであって妥当ではないというのである。

したがって、右のような説では、除権決定取得者は、その白地手形については何ら権利行使はできず、ただ原因債権の行使にあたり、二重払の危険のないことを証明するのに除権決定を用いることができるにすぎないということになる（もっとも、これは除権決定確定前の善意取得を認める場合、および原因債務の支払に代えて手形が授受された場合などには妥当しないであろう）。

　これに対して、手形外の意思表示による白地補充を認める見解は、論者によって理論は必ずしも同じではないが、要するに白地手形について除権決定を得た者は、白地手形を所持しているのと法的に同様の地位を有するのであるから、手形外の意思表示によって補充したと主張できるというのである。また、白地手形の再交付請求権を認める見解は、除権決定を実効あらしめるために、証券の所持を回復したのと同じ地位を具体化するものとして再交付請求権を認めるものであり、新株券交付請求権について定めていたかつての商法二三〇条は、その必要のある典型的な場合についての規定であるとする。

　従来は、白地手形の除権決定には積極的効力を認めないのが一般であった（竹田省「喪失せられたる手形の除権判決」商法の理論と解釈六七七頁、六八四頁、大森忠夫「判批」民商五九巻六号一四二頁、最近の文献としては、小橋一郎「白地手形の除権判決」法セ二六四号七五頁註二二、倉澤康一郎・前掲論文〔「白地手形法・管見」〕二四七頁など参照）。しかし、最近では、除権決定に積極的効力を認める見解も有力である。手形外の意思表示によって補充できるとするのは、たとえば、河本一郎「除権判決の対象となる証券」民商四三巻二号四一頁、五三頁、上柳克郎「判批」民商七六巻二号九一頁などである。この考え方をとる見解は少なくない。これに対して、白地手形の再交付請求権を認めるのは、前田庸「判批」法協八六巻七号一四〇頁、一四七頁、柿崎榮治「判批」法学三五巻一号一二八頁、一三三頁などである。さらに、鈴木＝前田・二二七頁注二六、平出慶道「手形の喪失」演習商法（手形小切手）一二二頁、一三二頁以下、大隅健一郎「判批」手形百選〔第三版〕一九四頁は、それぞれニュアンスは異なるが両者を認めるものであろう。

　白地手形の除権決定に積極的効力を認めない判例の立場を支持すべきものと考えるが、ただ、判例をはじめ手形外の意思表示による補充を認めない見解が、「白地の補充は白地手形そのもののうえになすべきである」（大森・前掲「判批」一五〇頁）としていることに対しては、反対説からの激しい批判が予想される（上柳・前掲「判批」九六頁以下参照）。

　白地手形は、白地補充権をも含めていわゆる「白地手形上の権利」を表章していると考えるのであれば、白地手形について除権決定があれば、白地手形と白地手形上の権利（あるいは、白地補充権）との結びつきは解除され、除権決定取得者は、証券（白地手形）なくして白地手形上の権利（白地補充権）を行使できるはずだからである（斉藤武「白地手形に対する除権判決の効力」商法の争点II三五六頁、三五七頁、庄子良男「判批」法学四一巻一号一〇三頁、一〇六頁参照）。

　しかし、問題は、白地手形と白地手形上の権利の関係を、このように完成手形と手形上の権利の関係と全く同様に捉えてよいかどうかである（第1節2の註参照）。

　白地補充権の行使は、白地手形の上になされなければならない。このことは、白地手形が白地手形上の権利（白地補充権）の資格（権利外観）であるということからだけでは説明し尽くせないであろう。白地の補充が白地手形の上になされなければならないとされるのは、それは白地手形の上になすべきことが「（白地補充の）方式として」要求されているからではなかろうか。

「白地手形は、証券それ自体としては、不完全な、完成途中の手形であって、それ以外ではない」（倉澤・前掲論文二四四頁参照）のであり、そうであるならば、白地の補充は、手形書面作成の一段階であり、手形要件の記載にほかならないはずである。そして、それは、当然、手形（白地手形）用紙の上になされるべきものなのである。有力説が、「補充とは欠缺要件を記載して白地手形を完成手形となしうることを内容とするものであるから、証券と分離されてはそれはまったく意味のないものである」（倉澤康一郎・手形法の判例と論理〔成文堂・昭和五六年〕九八頁）とされるのも、あるいは同様の趣旨であろうか。

このように考えてよいとすれば、白地の補充は必ず白地手形の上になすべきものなのである。除権決定があれば手形外の意思表示で補充できるとする見解は、白地手形の現実の所持人には認められない手形外の補充が除権決定を得た者には認められることの理論的根拠を明らかにしていない（前田庸「判批」手形百選〔新版・増補〕一七四頁参照）ということになる。

2　白地手形による権利の行使

(1)　白地手形による権利の行使（無効）　白地手形は未完成な手形であるから、その流通の面において慣習法により完成手形と同様に扱われるものの、その他の面では完成手形と同様に取扱われるものではない。したがって、白地手形によって、手形上の権利の行使を試みてもそれは無効である（受取人白地のままの手形によって手形金の請求をすることはできない、最判昭和四一・六・一六民集二〇巻五号一〇四六頁）。白地未補充の白地手形による支払のための呈示は、約束手形の振出人を履行遅滞に附する効果を生じない。また、このような呈示では、償還義務者に対する遡求権保全の効力も認められない（最判昭和四一・一〇・一三民集二〇巻八号一六三二頁）。その後、白地が補充されたとしても、未補充のままで行なわれた支払の呈示が遡って効力を生ずることはない（最判昭和三三・三・七民集一二巻三号五一一頁）。ただし、手形の支払を担当する銀行は、支払委託者である顧客との間では、受取人白地の手形、振出日白地の確定日払手形に支払を行なうことができるものとされており、それによって損害を生じても銀行は損害賠償義務を負わないものとされている（当座一七条参照）。

(2)　白地手形による訴の提起　白地未補充の白地手形により訴を提起した場合は敗訴となるが（前掲最判昭和四

一・六・一六)、口頭弁論終結の時までに適法に白地を補充したときは勝訴判決を受ける。これに対して、白地手形の所持人が白地を補充しなかったため請求棄却の判決を受け、確定した場合、その後、白地を補充して再度同一被告に対して手形金請求の訴を提起して手形上の権利の存在を主張することは、特段の事情のない限り、前訴判決の既判力により許されないとされている(最判昭和五七・三・三〇民集三六巻三号五〇一頁)。

(3)　白地手形による訴の提起と時効の中断　前述のように、未補充の白地手形を呈示して支払の請求をしても手形上の権利との関係では附遅滞の効果も遡求権保全の効力も認められない。しかし、白地手形による訴の提起に手形上の権利の時効中断の効力が認められるかどうかについては議論がある。大審院は、時効中断の効力を認めていなかったが(大判昭和八・五・二六民集一二巻一三四三頁)、最高裁判所は先ず受取人白地の手形につき(最判昭和四一・一一・二民集二〇巻九号一六七四頁)、次いで振出日白地の手形につき、これを認めるに至っている(最判昭和四五・一一・一一民集二四巻一二号一八七六頁)。

判例は、白地手形の場合にも所持人の振出人に対する権利の時効は、白地の補充がなくても「未完成手形のままの状態で進行するが、このこととの比較均衡からいって」白地手形の所持人は「未完成手形のままの状態で、時効の進行を中断するための措置をとり得る」旨を説いている(前掲最判昭和四一・一一・二参照)。この判例の見解に対しては、未補充のままでは、いまだ手形上の権利は存在するに至っておらず、したがって、そもそも手形上の権利についての時効の進行や中断の問題を生ずる余地はないのではないか、といった疑問もないわけではない(大隅・九九頁参照)。しかし、およそ時効の中断に関しては、権利者に権利実行の意思があるかどうか、権利の上に眠るものでないかどうか、が大きな問題であることからすれば、判例のように白地未補充のままの白地手形による請求にも時効中断の効力を認めてよいと解される(石井＝鴻・一九八頁)。また、理論的にも、時効の中断事由としての裁判上の請求（民一四九条）に該当するために訴提起の時点で充たされていなければならない要件は、相当弾力的に解してよいとする有力な見解もある（上柳克郎「判批」民商六七巻五号八六〇頁、八六七頁以下）。ただし、金額または満期白地の手形については別に考えるべきであろう（なお、鈴木＝前田・二二四頁註七参照）。

なお、未補充の白地手形についての債務者の承認にも時効中断の効力を認めるべきであろう（反対、たとえば、東京高判昭和三六・一一・二四民集一二巻一一号二三二四頁）。ただ、実際には未補充のままの白地手形に有効な承認が行なわれたと認めうるかどうかは問題となることが多いであろう（石井＝鴻・一九八頁）。

白地手形上の権利にもとづく詐害行為取消請求　約束手形を白地で振出した後、その補充前に振出人が一般財産の減少を図り、白地手形の所持人の利益を害することがある。下級審の判例には、この場合、「補充が現実になされ手形債権が発生するとともに、手形所持人に詐害行為の取消権を認めるのが、債務者の詐害行為の効力を否認して債権者の予期した担保利益に対する侵害の回復を図るという民法四二四条の目的に適う」と判示するものがある（名古屋高決昭五六・七・一四判時一〇三〇号四五頁）。白地手形の所持人は、時効によって白地補充権が消滅しない限り、何時でも白地を補充して完全な手形上の権利者となり得る法律上の地位を有するから、振出人の振出当時の一般財産の保全について法律上の利益を有するというのであり、民法四二四条の債権者には、このような法律的地位を有する者（白地手形の所持人）も含まれるというのである。

第6節　白地補充の効果

白地手形は、補充によって完成する。補充は、補充権の行使によって行なわれる。白地手形は、手形要件の補充によって、補充の時から完成した手形となる。白地手形上になされていた白地手形行為（振出、裏書、保証など）は、その補充の時から補充された文言に従って手形行為としての効力を生ずる。手形行為者が手形上の責任を負うのは補充の時からであるが、補充によって成立する手形行為の内容は、手形の記載によって定まる。たとえば、手形上の権利の時効期間の始期は、補充の時ではなくて手形記載の満期である。

なお白地手形行為そのものは、白地補充より先に行なわれているのであるから、手形行為者の能力の有無、代理権の存否などは、白地手形行為の時を標準として決定するものとされている（大隅・九九頁、鈴木＝前田・二三二頁、および大判明四〇・五・三一民録一三輯六〇八頁参照）。

第16章　裏書

指図証券の表章する権利の譲渡は裏書によって行なわれる。手形は、指図証券である。手形は、当然の指図証券であり（手七七条一項一号・一一条一項）、また無記名式のものは認められていない。

手形上の権利は、裏書の方法によって譲渡することができる。裏書は、通常、手形上の権利を譲渡するために行なわれるものであり（譲渡裏書）、裏書は、手形上の権利を譲渡することを目的とする手形行為である。もっとも、裏書は、その証券（手形）の記載のとおりの支払を請求することのできる者を指定するものであり、権利の譲渡以外の目的でこれを行なうこともできる（たとえば、取立委任裏書〔手七七条一項一号・一八条〕や質入裏書〔手七七条一項一号・一九条〕）。これを特殊裏書または「特殊の裏書」という。

特殊の裏書は、したがって、譲渡裏書のうち特殊なものをいう「特殊の譲渡裏書」（たとえば、無担保裏書、裏書禁止裏書および戻裏書など）とは区別されるべき概念であるが、右にいう特殊の裏書と特殊の譲渡裏書とを総称して「特殊の裏書」ということばを用いることもある。本章においても、それによっている。

第1節　手形上の権利の譲渡方法（裏書）

1　手形上の権利の譲渡方法としての裏書

(1)　指図証券の譲渡方法としての裏書　手形は、指図式で振出されていればもちろんのこと、仮に指図式で振出されていなくても（すなわち、記名式で振出されていても）当然に裏書によって譲渡することができる（手七七条一項一号・一一条一項）。このことを指して、手形は法律上当然の指図証券であるという。

このように、手形は指図証券であるから、手形上の権利を譲渡するための本来の方法は裏書である（手七七条一項一号・一一条一項・一四条一項参照）。手形上の権利の譲渡方法として手形法の定める裏書は、――民法四六九条において、裏書（裏書交付）が「指図債権」の譲渡の対抗要件とされているのとは違って、――単なる対抗要件ではなく、権利を譲渡するための要件である。

(2)　裏書禁止手形　このように、手形は当然の指図証券であって、裏書によって譲渡することができるが、振出人が手形に「指図禁止」またはこれと同意義の文言（裏書禁止文句・指図禁止文句、たとえば、裏書禁止、譲渡禁止などの文言）を記載したときには（このような手形を裏書禁止手形または指図禁止手形という）、その証券は、指名債権の譲渡に関する方式に従い、かつその効力をもってのみ譲渡することができる（手七七条一項一号・一一条二項、民四六七条・四六八条参照）。したがって、裏書禁止手形の場合には、裏書による譲渡は認められず、裏書をしても裏書としての効力は生じないが、取立委任裏書だけは行なうことができると解されている（大隅・一〇〇頁、石井＝鴻・二一七頁、反対、鈴木＝前田・二八九頁註二）。

指図禁止文句と指図文句の併記　手形用紙に印刷された指図文句を抹消しないで、指図禁止文句を記載したらどうなるであろうか。手形の振出人が手形用紙に印刷された指図文句を抹消しないで、指図禁止文句を記載したために両者が併記されている場合には、特段の事情のない限り、指図禁止文句の効力が優先し、したがって手形は裏書禁止手形となるとする判例がある（最判昭和五三・四・二四判時八九三号八六頁）。

もっとも、通説によれば、裏書禁止手形の表章する債務も取立債務であり、裏書禁止手形は一般の手形と同じく呈示証券、受戻証券であるから、裏書禁止手形上の権利を行使するには手形の所持が必要であり、また裏書禁止手形を譲渡するためには手形の引渡が必要であると考えられている（大隅・一〇〇頁、鈴木＝前田・二三九頁以下）。

裏書禁止手形が利用されるのはなぜか。裏書禁止手形にあっては、手形抗弁の制限（手七七条一項一号・一七条）の適用はないから、約束手形の振出人は、裏書禁止手形を振出しておけば、受取人に対する人的抗弁をもって所持人に対抗することができるのであり、また手形不渡の場合の償還金額の増大を防ぐことができるので（手七八条一項・二八条二項、手七七条一項四号・四八条・四九条）、その点に意味があるとされている（大隅・一〇〇頁）。

⑶　手形上の権利の譲渡方法　以上をまとめると、手形は、本来の譲渡方法である裏書によって譲渡できるほか、裏書禁止手形の場合には、指名債権の譲渡に関する方式（民四六七条）によって譲渡することもできる。

さらに、その他、①手形は、相続または会社の合併のような包括承継および転付命令、競売等によっても譲渡される。また、②裏書禁止のない手形も、通常の指名債権の譲渡方法（民四六七条）によって譲渡することができると考えられている（最判昭和四九・二・二八民集二八巻一号一二一頁、反対、石井＝鴻・四一頁、四五頁、二一六頁）。なお、このように手形が相続や通常の債権譲渡の方法で譲渡される場合、これによって権利を譲受けた者は、その後、さらに裏書の方法で手形を譲渡することができるものとされている（大隅・一〇〇頁、鈴木＝前田・二五五頁、石井＝鴻・四五頁、二一六頁）。

2　裏書（譲渡裏書）の法的性質

裏書（譲渡裏書）は、裏書人が法定の方式に従って手形に署名し（手七七条一項一号・一二条・一三条参照）、これを相手方（被裏書人）に交付することによって成立する手形行為であり、手形上の権利（手形債権）の譲渡を目的とする行為である。裏書によって被裏書人は手形上の権利を取得する（手七七条一項一号・一四条一項）。

裏書の法的性質に関しては、裏書の効力のいずれを重視するか、その効力を当事者の意思に結びつけて説明するかどうか、などによって争いがある（竹田・一〇二頁参照）。譲渡裏書による被裏書人の権利の取得をどのように説明するかをめぐって、債権譲渡説と原始取得説との争いがあるが、ここでは、裏書は手形上の権利（手形債権）を譲渡する方法であると解する見解（債権譲渡説・債権承継説）をとることにする（大隅・一〇〇頁、石井＝鴻・二一四頁）。手形法が基礎においている考え方と調和すると解されるからである（手一四条一項は、「裏書ハ……手形ヨリ生ズル一切ノ権利ヲ移転ス」と定める）。なお、債権譲渡説からするも、手形の善意取得、手形抗弁の制限、裏書人の担保責任などの諸制度は説明可能である（大隅・一〇一頁は「いずれも手形流通の保護のために法律政策上認められた効果である」という）。なお、裏書の効力に関しては後述することにする（第3節参照）。

裏書の法的性質に関する学説　裏書の法的性質をめぐっては、問題が少なくない。裏書といっても、譲渡裏書もあれば、いわゆる特殊の裏書もある。すべての裏書に共通するのは、統一手形用紙の裏書欄に「表記金額を下記被裏書人またはその指図人へお支払ください」（裏書文句）とあることから明らかなように、裏書によって支払を請求しうる者が指定されることであり、裏書は被裏書人とされた者に資格を与えるものであるといわれている（竹田・一〇一頁）。

しかし、裏書は通常は手形上の権利を譲渡するために行なわれる。手形法は、裏書人が特別の性質を与えない限り、裏書は譲渡裏書の性質を有するものとしている。ただし、裏書人は権利の譲渡以外の目的をもって裏書することもできる（特殊の裏書）。たとえば、取立委任裏書においては手形上の代理権が授与され、質入裏書にあっては手形上の質権が設定されるのである（竹田・一〇一頁）。

裏書人の担保責任の理解も分かれるが（後述、第3節2参照）、譲渡裏書による被裏書人の権利の取得をどのように説明するかをめぐっても本文に述べたように議論がある。多くの説は、裏書は、裏書人が手形上の一切の権利を被裏書人に譲渡する行為であると考えている。被裏書人は、裏書人の権利を承継取得する（債権譲渡説・債権承継説、伊澤・一一四頁、三七五頁、石井＝鴻・二一四頁など参照）。これに対して、一部の有力な見解は、裏書によって被裏書人が手形上の権利を取得するのは、裏書人の権利を承継取得するのではなくて、別の新たな権利を原始的に取得するものであるという（原始取得説）。後者の見解は、その原始的な権利の取得をどのように説明するかによって、さらに分かれる。たとえば、①裏書によって移転されるのは、いわゆる手形所有権であり、被裏書人は手形所有権を取得すると、手形債権者が不特定人に対して債務負担の意思表示を示していることにもとづいて手形上の権利を原始的に取得するとする説（たとえば、松本・六〇頁、高窪・一〇五頁、一六四頁など、もっとも両者の所有権概念は相当異なる）、②裏書は、裏書人と被裏書人との関係においてみれば、手形上の権利の譲渡であるが、視点を変えて手形行為者（たとえば、約束手形の振出人）と裏書によって手形を取得する第三取得者の間の関係において捉えれば、裏書は、手形行為者の意思が裏書を介して第三取得者との間に直接当事者間の人的関係と関係なしに手形関係を作り出すものであるとする説（たとえば、小橋一郎「手形理論と手形抗弁」民商八三巻一号一頁、一一頁）などである。

第2節　裏書の方式

1　裏書の方式と記名式裏書・白地式裏書

(1)　裏書の方式　裏書は、手形もしくは補箋（手形と結合した紙片）または謄本上に記載して、裏書人が署名し、これを被裏書人に交付することによって行なわれる（手七七条一項一号・六号・一三条一項・六七条三項、手八二条）。このように、手形上の権利の譲渡に手形の交付が必要であることについては、判例・学説上、争いはない。裏書には、手形金額が被裏書人に支払われるべき旨（裏書文句）を記載するのが普通であるが、これは必ずしも必要ではない。また、裏書は手形の裏面にするのが普通であるが、手形の表面になしてもよく、必ずしも手形の裏面になす必要はない。ただし、裏書人の署名のみをもってする白地式裏書は、他の手形署名と混同されないように（手七五条七号、手七七条三項・三一条三項参照、なお、為替手形の場合に関しては、さらに手二五条一項参照）手形の裏面（または補箋）にすべきものとされている（手七七条一項一号・一三条二項）。

⑵　記名式裏書と白地式裏書　　裏書は、記名式裏書と白地式裏書に分かれる。

①　記名式裏書（正式裏書・完全裏書）　被裏書人の名称を記載してなす裏書である。受取人の記載の場合と同様に、重畳的または選択的に数人の名称を記載することもできるが（大隅・一〇二頁、竹田・一〇四頁、鈴木＝前田・二四四頁註二）、裏書人と被裏書人とは手形の記載上別人でなければならない（大隅・一〇二頁、竹田・一〇四頁、反対、鈴木＝前田・二四四頁註一）。裏書の自己指図ということは認められていないのである（手三条一項二項参照）。

②　白地式裏書（無記名式裏書・略式裏書）　被裏書人の名称を記載しないでなす裏書をいう。白地式裏書には、(a)裏書人の署名のみをもってなす場合と、(b)裏書人の署名のほか裏書の年月日、裏書文句などの記載もあるが、被裏書人の記載はない場合とがある（手七七条一項一号・一三条二項）。すでに述べたように、裏書人の署名のみでなす白地式裏書は、共同振出および振出人のための保証（手七五条七号、手七七条三項・三一条三項）との混同を避けるために必ず手形の裏面または補箋になさなければならない（手七七条一項一号・一三条二項）。

白地式裏書のある手形は、その後は手形の引渡のみによって譲渡することができる（手七七条一項一号・一四条二項三号）。その限りでは、無記名証券に類似するが、白地式裏書のある手形もなお裏書譲渡することができるから、無記名証券とは異なる（白地式裏書があっても、手形はその指図証券性を失わない）。

白地式裏書は、持参人払式の裏書（手形の所持人を権利者とする旨を記載した裏書）とは違うが、持参人払式の裏書は白地式裏書と同一の効力を有するものとされている（手七七条一項一号・一二条三項）。

⑶　被裏書人の記載の抹消　　記名式裏書がなされた後、被裏書人の記載のみが抹消された場合の取扱が問題とされている。裏書全部の抹消とみれば（石井＝鴻・二三二頁、鈴木＝前田・二八四頁）、裏書の連続との関係では、記載

がないものとされることになる（手七七条一項一号・一六条一項三文）。被裏書人の記載は、裏書にとって重要な事項であることからすれば、被裏書人の記載が抹消された場合を裏書全部の抹消と同視する見解（全部抹消説）にも相当の理由がある。この見解により、被裏書人の記載のみの抹消が裏書そのものの抹消と認められる結果、裏書の連続を欠くことになる場合には、手形所持人は、手形法一六条一項によって自己の権利帰属を証明することはできないことになる（なお、手形所持人は、実質関係を証明することによって、その権利を行使することはできる）。

右の全部抹消説に対して、被裏書人の記載のみの抹消は、裏書の連続との関係では白地式裏書と認められるとする見解（白地式裏書説）もかねてから有力であり（竹田・一〇四頁）、ほかに被裏書人の抹消が権限のある者によってなされたかどうかを問題にする見解（権限考慮説）もみられるなど議論があったが、判例は、白地式裏書説をとっている（最判昭和六一・七・一八民集四〇巻五号九七七頁）。被裏書人の記載のみの抹消は、外観上、抹消された部分のみの記載がないと解するのが自然であり、取引の通念にも合い、延いては、手形取引の保護にも役立つとして、最近では、判例を支持する見解が多いようである（大隅・一〇二頁、小橋・二一四頁、前田・一七三頁）。

2　裏書と要件以外の記載事項

裏書は単純であることを要するが（手七七条一項一号・一二条一項）、裏書の単純性を害さない限りにおいては、要件以外の事項が記載されることも多い。裏書についても、振出の場合と同様に有益的記載事項、無益的記載事項、有害的記載事項を考えることができる。有益的記載事項としては、たとえば、無担保文句（手七七条一項一号・一五条一項）、裏書禁止文句（手一五条二項）、取立委任文句（手一八条）、質入文句（手一九条）、裏書日附（手二〇条二項）、裏書人の住所（手七七条一項四号・四五条三項）、拒絶証書作成免除文句（手四六条一項）などが挙げられる。無益的記載事項としては、指図文句、担保文句、対価文句などを挙げることができる。また、裏書に附された条件は、記載がないものとみなされる（手七七条一項一号・一二条一項）。有害的記載事項としては、裏書の一部文句があり、そのような文句を附した手形金額の一部についての裏書（一部裏書）は、手形関係の単一性（手形上の権利と証券とは分離できない）を害するから無効である（石井＝鴻・二二一頁、手一二条二項）。

3　裏書と手形の交付

裏書が成立し、手形上の権利の承継取得の生ずるためには、裏書の記載のなされた手形が被裏書人に交付されることを要する。この点は、いわゆる創造説においても認められていると解される。また、裏書交付によらずに（裏書人の意思によらないで）手形が流通におかれた場合に、善意の第三者が有効にその手形上の権利を取得（善意取得）することは（手七七条一項一号・一六条二項）、手形理論として、交付契約説をとる場合にも当然に認められる。

振出における交付の欠缺について見たのと類似の問題が生ずるのは、裏書の記載がなされた手形が、裏書人の意思によらずに流通におかれた場合に、これを取得した善意の第三者（手形所持人）が、右の裏書人に対しても手形上の権利を取得するか（裏書人は手形債務を負うか）、という問題との関係である。裏書における交付欠缺の場合にも、裏書人が善意の所持人に対して裏書による担保責任を負担するとする結論に関しては、現在では概ね争いはないが、その説明については、その依拠する手形理論によって見解は区々である（第3章第3節参照）。

第3節　裏書の効力（譲渡裏書の効力）

振出によって成立し、手形に表章された手形上の権利は、裏書という要式の書面行為によって譲渡される。手形法は、このような裏書（譲渡裏書）に次のような効力を認めている。

１　権利移転的効力

裏書は、手形上の権利を譲渡することを目的とする行為である。したがって、裏書によって、手形上の一切の権利は被裏書人に移転する（手七七条一項一号・一四条一項）。これを裏書の権利移転的効力という。なお、この権利移転的効力を有するのは、当然、普通の裏書（譲渡裏書）だけであって、後述の特殊の裏書の中には、この効力の認められないものもある。

裏書は、手形上の権利の譲渡を目的とする手形行為であると考える立場からは、裏書の権利移転的効力は、裏書の本質的効力である。これに対して、裏書の権利移転的効力の説明に当たって、たとえば、裏書によって移転されるのは手形所有権であり、手形所有権を取得する者が、手形上の権利を取得するといった説明をするものもある。また、手形理論によっては、手形の裏書によって、被裏書人が手形上の権利を取得するのは、前者である裏書人の権利を承継取得するのではなく、裏書によって手形関係に入った被裏書人が裏書人の権利とは別個の手形上の権利を取得するものであると考えるものもある（たとえば、複数契約説）。しかし、ここでは、手形所有権とか複数契約説のような考え方は、採用しない（なお、第９章第４節(2)参照）。

裏書による手形上の権利の譲渡は、このように手形に特有な債権譲渡の方法であると解される。しかし、民法の債権譲渡に比して特色を有するといわれる。その一は、善意取得および抗弁の制限（手七七条一項一号・一六条二項・一七条）が認められることであり（竹田・一〇五頁、小橋・二一〇頁）、その二は、民法の債権譲渡の場合には、原則として、債権に附随する質権、抵当権、保証人に対する権利などの担保および違約金の約束などは当然に譲受人に移転するが、裏書の場合には、このような結果を認めることはできないということである（鈴木＝前田・二四七頁、石井＝鴻・二三二頁参照）。

ただし、最判昭和四五年四月二一日（民集二四巻四号二八三頁）は、約束手形の振出人のために受取人との間でその手形金債務の支払について手形外の民事保証契約が締結されたという事案において、「この約束手形が裏書譲渡された場合、右保証債権は、裏書自体の移転的効力によっては、被裏書人に当然に移転するとはいえない」としながら、しかし、「一般に保証債権は、主たる債権を担保する目的上附従性を有し、主たる債権の移転に随伴する性質をもつものであるから、主たる債権の移転とともに移転し、主たる債権の譲渡について対抗要件が具備された場合には、主たる債権を取得した者は、保証債権の譲渡につき別段の対抗要件たる手続を履践することなく、保証債務の履行を求めることができると解するのが相当である」としたうえ、「この理は、主たる債権の種類および債権譲渡の態様によって別異に解すべきではないから、主たる債権が手形債権であり、債権譲渡が裏書による場合であっても同様であり、裏書によって手形債権を取得した者は、民事保証債権につき別段の指名債権譲渡の手続を履践することなく、右保証債務の履行を求めることができると解すべきである」と判示している。この判決の基本的な考え方は、「手形外の民法上の保証も、一般の民法上の保証であるところ、一般の民法上の保証については保証債務の附従性、随伴性を認めるのが確定判例であるので、これを前提とし、主たる債権が手形債権であること、債権譲渡の態様が裏書による場合であることが、右附従性、随伴性を否定する理由となるか否かについて吟味したうえ、積極的にこれを否定する理由はないとの結論に達したもの」とみることができるといわれている（小倉顕・最高裁判所判例解説民事篇昭和四五年度一〇五頁、一一二頁）。

裏書により権利を取得した者は、みずからその権利を行使することも、あるいは、さらに、その権利を他人に譲渡することもできる。このことは白地式裏書により権利を譲受けた者についても同様である（手七七条一項一号・一四条二項参照）。

2　担保的効力

裏書人は、裏書により、原則として、その後者全員に対して手形の支払を（為替手形の場合には、さらに引受をも）担保する義務を負う（手七七条一項一号・一五条一項）。すなわち、裏書人は、適法に支払（引受）のための呈示がなされたにもかかわらず、手形の支払（引受）がないときは、所持人に対して償還支払をなす責任（遡求義務・償還義務）を負う。これを裏書の担保的効力という。

その実質的根拠については、裏書人と被裏書人の間では、裏書をなすに当たっては、その手形が満期には支払われるものであること（あるいは引受けられること）が、当然の前提とされているのであり、その前提が崩れたときには、裏書人は、被裏書人に対して償還支払をなすことが衡平に適っているからである、と説明してよいであろう（坂井・三訂一七頁参照）。裏書の担保的効力によって、手形の信用は高まるといわれる。

担保的効力の法的性質については争いがあり、裏書人の債務負担の意思表示にもとづくものであるとする説と、直接、法の規定によって認められたものであるとする説（裏書の担保的効力は、債権譲渡としての裏書が有効なことを前提として生ずる法定の担保責任であるとする見解、上柳克郎「判批」論叢六五巻五号九三頁、九六頁参照）とがある。

なお、裏書の担保的効力は、いずれにせよ、いわば裏書の従たる効力であるから、特にその旨を記載して、これを排除することができる（無担保裏書、手七七条一項一号・一五条一項）。さらに、期限後裏書（手七七条一項一号・二〇条）、取立委任裏書（手七七条一項一号・一八条）の裏書人も担保責任を負わない。また、裏書禁止裏書（手七七条一項一号・一五条二項）の裏書人は、その直接の被裏書人を除く後者に対しては遡求義務を負わない（ただし、第4節2参照）。

3　資格授与的効力

(1)　裏書の連続の資格授与的効力　連続する裏書のある手形の所持人は、手形上の権利者と推定され（手七七条一項一号・一六条一項一文に「看做ス」とあるのは、一般のことばの用い方とは異なるが、「推定」の意味であると解されている）、実質上の権利者であることの証明をなさなくても、手形上の権利を行使できる（債務者は、右の所持人が無権利者であることを証明した場合以外は義務の履行を拒みえない）。

このように形式的に連続する裏書が、その手形の所持人に権利者としての形式的資格を与えることを資格授与的効力という。もっとも、場合によれば、裏書の連続によって生ずるこの権利推定の効力のほか、裏書の連続を要件とするその他の制度、すなわち、善意取得の制度（手七七条一項一号・一六条二項）および手形の支払による免責の制度（手七七条一項三号・四〇条三項）にも関係するものとして、資格授与的効力という「ことば」が用いられることもある。なお、資格授与的効力は、他の二つの裏書の効力とは異なり、正確にいうと裏書の効力というよりも、裏書の連続の効力というべきものであることが注目される（もっとも、各裏書に資格授与的効力があり、その累積したものが裏書の連続の資格授与的効力であると説明する見解もある）。また、この資格授与的効力は、やはり他の二つの裏書の効力とは異なり、譲渡裏書に限らずすべての裏書を通じて認められるものであるとされる（大隅・一〇六頁参照）。

手形をはじめとする有価証券においては、前述のように権利を有する者は同時に証券を有しており、証券を有する者は同時に権利をも有していることが多いのであるから、法はこの点に着目して、これを法的制度にまで高め、証券を有する者を一応権利者と認めることにしたのであり、これが資格授与的効力（権利推定の効力）にほかならないと考えられる。ただ、手形は指図証券であるから、単に証券を占有しているだけでは足らず、裏書の連続する手形を占有していることを要求したのである（鈴木＝前田・二四九頁、一四頁参照）。

裏書の連続のない手形の所持人には、資格授与的効力は認められないが、そのような所持人も別の方法で実質上の権利者であることを証明すれば権利を行使できることはいうまでもない（最判昭和三一・二・七民集一〇巻二号二七頁）。また、判例によれば、「原告が、連続した裏書の記載のある手形を所持し、その手形に基づき手形金の請求をしている場合には、当然に、同法（手形法）一六条一項の適用の主張がある」ものと解されていることが注目される（最判昭和四五・六・二四民集二四巻六号七一二頁）。

(2)　裏書の連続　ここに裏書の連続とは、手形が受取人ＡからＢへ、さらにＢからＣへ、……というように譲渡された場合に、手形の記載上、裏書が、「受取人（Ａ）」「第一裏書人（Ａの署名）・第一被裏書人（Ｂ）」「第二裏書人（Ｂの署名）・第二被裏書人（Ｃ）」……というように現在の所持人まで続いていることをいう。すなわち、裏書の連続とは、手形の記載において、受取人が第一の裏書の裏書人となり、第一の裏書の被裏書人が第二の裏書の裏書人となるというようにして、現在の所持人に至るまで裏書が間断なく続いていることをいう。この場合、①裏書の連続は、手形の記載の上で形式的に連続していることを要するが、それで足りる（大判大正四・六・二二新聞一〇四三号二九頁）。実質的に連続していることは必要ではないから、いずれかの裏書が偽造であったり、取消されていてもよい（各裏書は形式上有効であればよく、実質上有効でなくてもよい、中間に無効または取消された裏書、偽造の裏書があっても、裏書の連続は妨げられない）。他方、実質的に連続しているだけでは足りない。たとえば、中途に偽造の裏書や無権代理人の裏書があっても、裏書の連続はあるが、他方、氏名をもって裏書を受けた者が商号をもって裏書をするときは、氏名と商号が一致していない限り裏書の連続を欠く（最判昭和四九・一二・二四民集二八巻一〇号二一四〇頁参照、なお、相続人の署名に関して、大判大正四・五・二七民録二一輯八二一頁）。②前の裏書の被裏書人の表示と後の裏書の裏書人の表示は、厳密に同一でなくても、社会通念上同一性が認められる限り、裏書の連続は妨げられない

（大判昭和一〇・一・二三民集一四巻一号三一頁）。③裏書の連続は、同種類の裏書の間の連続をいう。したがって、たとえば、譲渡裏書の連続は、中間に取立委任裏書があってもそれによって妨げられるものではない（大隅・一〇七頁、大隅＝河本・一六五頁、東京地判昭和四三・四・二六金融商事一一八号一九頁）。④中間または最後に白地式裏書があっても裏書の連続は妨げられない（手七七条一項一号・一六条一項二文・四文）。⑤抹消された裏書は、裏書の連続との関係では、記載がないものと看做される（手七七条一項一号・一六条一項三文）。

このように、裏書の連続（手七七条一項一号・一六条一項）があるというためには、裏書人の表示とその直前の被裏書人（第一裏書の場合は、受取人）の表示とが手形の記載上一致していなければならない（被裏書人と裏書人の同一性）。これは、前述のように一字一句正確に一致していなくても、社会通念上同一と認められれば足りるが、当事者の表示は、曖昧で多義的なことが多いから、その具体的な判断は必ずしも容易ではない。ことに当事者の表示が個人か法人かが曖昧なために裏書の連続の有無が争われる事例は少なくない。

裏書の連続の認められた事例　最判昭和五六年七月一七日（判時一〇一四号一二八頁）においては、受取人の記載が法人（会社）名であり、第一裏書人の記載がその法人名と、代表資格を欠く個人名の併記であったという事案に関して、裏書の連続が認められた。事案は、次のようなものであった。

原告（被控訴人・被上告人）Xは、被告（控訴人・上告人）Yの振出した約束手形二通の所持人として、手形金の支払を求めて訴を提起した。最高裁判決に関係するのは、そのうち一通であり、受取人欄には、「ミツワ商品株式会社」と記載されており、また第一裏書人欄には、まず「東京都中央区日本橋蠣殻町一丁目九番二号ミツワ商品株式会社」との記載があり、その下段に「黒田知弘」の署名および「黒田知弘」と刻した印影が押捺されていた（白地式裏書）。また、第二裏書人欄には、「奥永一彦」なる白地式裏書がある。手形訴訟でも第一審でも、本件各手形の受取人と第一裏書人の間の裏書の連続が争われた。なお、Yは、右の黒田は、右の会社の代表取締役その他の役員ではない、と主張している。

第一審は、裏書の連続を認めた。「法人が手形行為をするには、その代表機関が法人のためにすることを明らかにして署名をすることを要する」が、「裏書の連続の問題としては、受取人と第一裏書人の表示を手形上の記載自体から形式的に対比して両者が同一人格であることが社会通念上首肯できることをもって足りる」としたうえ、後述の原審判決と同様に判示して裏書の連続を認めたものである。Y控訴。

第二審（原審）は、「裏書の連続の有無については、手形上の記載自体につき判断すべきところ、……右手形（本件手形）の受取人欄には『ミツワ商品株式会社』と記載されており、その第一裏書人欄には、まず『東京都中央区日本橋蠣殻町一丁目九番二号ミツワ商品株式会社』との記載があり、その下段に『黒田知弘』の署名および『黒田知弘』と刻した印影が押捺されていることが認められ、右第一裏書人の表示は、右会社の表示であって黒田の代表ないし代理資格の記載を欠いたに過ぎないものと解しうるのであるから、受取人と第一裏書人の表示につき、裏書の連続があるというべきである。黒田の右会社代表ないし代理権限の有無は手形記載外の事項であって、右判断を左右しない」と判示して、控訴を棄却した。

これに対して、Yは、最高裁判所の判例（裏書人欄に会社名とその会社印および代表者印が押捺されていた場合についての最判昭和四一年九月一三日民集二〇巻七号一三五九頁（第3章第2節2(5)および第7章第1節1(2)参照））を引用して、法人の裏書の方式としては、代表機関が法人のためにすることを示してみずから署名することを要するが、本件では第一裏書人欄には、法人名と個人名が記載されているにすぎず、また印影は個人名を刻した印であって、その個人が法人の機関として法人のためにする表示（代表資格の表示）が欠けているから、本件の第一裏書は法人の裏書とは認められない、また、原審判決は、「代表ないし代理資格の記載を欠いたにすぎない」とするが、手形の裏書の連続の有無は、手形上の記載自体につき判断すべきであることは原審判決の自ら判示するところであり、そうだとすれば、「代表ないし代理資格の記載を欠く」裏書は法人の裏書の表示とはいえないはずである、したがって、原審判決（これと同趣旨の第一審判決、手形判決）は、「裏書の連続の解釈を誤り前掲の判例に違反している」と主張して上告した。上告棄却。

「原審の適法に確定した事実関係のもとにおいて、本件手形の受取人『ミツワ商品株式会社』と第一裏書人『ミツワ商品株式会社黒田知弘』との間に裏書の連続があるものとした原審の判断は正当であり、原判決に所論の違法はなく、所論引用の判例は事案を異にし本件に適切でない。論旨は、採用することができない。」というのである。

多義的な裏書人の署名と裏書の連続　受取人欄に法人名（会社名）が記載されており、第一裏書人欄に法人の代表者の署名とも個人の署名とも解される署名のある場合に裏書の連続を認めうるかどうかが問題となる。前註において紹介した前掲最判昭和五六年七月一七日は、そのような場合を取扱うものであった。

およそ、法人の裏書署名の方式として代表資格の表示が必要であるとした以上、それを欠く署名は、法人の署名とは認められないと考えることにも充分理由はあると考えるが、判例はそのように考えてはいない（最判昭和四七・二・一〇民集二六巻一号一七頁参照）。そこで、特に法人名と個人名を併記して、代表資格を表示しない記載は、多義的であるとする（法人を表示するとも個人を表示するとも解されると考える）のが一般の理解である。

被裏書人（受取人）の表示が多義的な場合については、すでに最高裁判所の判例があり、特に、リーディング・ケースともいうべき、昭和三〇年九月三〇日最高裁第二小法廷判決（民集九巻一〇号一五一三頁）は、受取人の表示が個人を指すとも法人（会社）を指すとも解しうる事案において（受取人「愛媛無尽会社岡支店長」と裏書人「北宇和郡泉村岡善恵」）、受取人の表示を個人名でなされた裏書人の表示と対照して解釈することによって、当該の受取人の表示は個人を指すものであるとして裏書の連続を認めている（なお、最判昭和二七・一一・二五民集六巻一〇号一〇五一頁参照）。

そこで、学説は、このような最高裁判所の判例を分析して、判例は裏書の連続の判断にあたっては、二つの記載をあるがままの形で比較対照して両者の間の同一性を判断する方法を採るものであると解して、これを支持している（鈴木竹雄「手形行為の解釈（一）」法協八〇巻二号一頁、一五頁以下、大隅＝河本・一六四頁、古瀬村邦夫「裏書の連続」手形法小切手法講座三巻五七頁、八六頁、境一郎「裏書の連続」総合判例研究叢書商法(3)一頁、三二頁）。

前掲最判昭和五六年七月一七日は、これに対して、従来の最高裁判所の判例と異なり、「裏書人」の表示が多義的な場合に関するものであるが、被裏書人（受取人）の表示が多義的な場合についての判例の考え方をこの場合にも及ぼしたものであると解してよいであろう。すでに下級審にも同様の場合につき、同様の判断をしたものがいくつかある（たとえば、東京地判昭和三二・一・二一下民集八巻一号六三頁、東京地判昭和四七・一・二九判時六六三号九一頁参照）。また学説も、他人の記載する被裏書人（受取人）の表示と本人または本人に近い者が行なう裏書人の表示とでは同一性の判断に当たって与えられる意味が多少異なるとするかどうかはともかく（古瀬村・後掲「判批」一三一頁）、概ね前掲最判昭和五六年七月一七日と同様に解しているようである（浜田一男「裏書の連続」商法演習II一四三頁、一四六頁、境・前掲論文二七頁）。

次に、このような場合に——受取人欄の記載のみならず、裏書人の表示が多義的な場合にも——最高裁判所が裏書人と被裏書人の同一性の判断に当たってとっていると解される方法のいわば射程距離が問題となる。それは、当事者の表示が多義的な場合にのみ用いられる方法なのか。それとも当事者の表示を個々に解釈すれば一応明確といえる場合であっても裏書の連続が問題になる限り適用できる方法であろうか。具体的に問題となるのは、被裏書人（受取人）の表示が個人名で、裏書人の表示が代表署名の場合（被裏書人（受取人）「A」と裏書人「甲株式会社代表取締役A」）に裏書の連続を認めることはできるであろうか。学説は分かれている。①裏書人の記載を重視すれば、個人名の被裏書人表示も会社を表示することがありうるとして裏書の連続を認める可能性を示唆する見解（古瀬村邦夫「判批」手形百選〈第三版〉一三〇頁、一三一頁）、あるいは、②個人名の一致を重視して肩書の記載を軽視してよいとする見解（鈴木・前掲論文一八頁）は、このような場合にも右の方法を適用するものといえる。これに対して、③このような場合には、個人の表示と代表関係の裏書とは連続を欠くとする見解（境・前掲論文二九頁）は、右の方法は、このような場合には適用がないとするものであろう。

(3)　裏書の連続の断絶と架橋説　一度裏書が中断した後、その後の裏書に連続がある場合に、裏書の連続の断絶部分について実質的関係の証明があれば、これによって断絶部分は架橋され、裏書の連続があるものとされる（架橋説）のかどうかについては議論がある。今日では、学説においては、架橋説が有力であるが（大隅・一〇八頁、鈴木＝前田・二五三頁、石井＝鴻・二三四頁）、形式的に判断すべき裏書の連続について、その欠缺を実質的関係で補充・架橋しようとすることには無理があるとの反対説があることは前述したとおりである（第10章第1節2の註〔裏書の連続に欠缺のある場合〕およびそこに引用する坂井・裁判手形法九一頁、九八頁以下参照）。

しかし、他方、いわゆる架橋説をとらないとすれば、そのような場合に、手形法一六条一項（手七七条一項一号）の適用がないことになるのみならず（この場合には、所持人は実質的権利を証明して権利を行使することになる）、このような所持人には、手形法一六条二項（手七七条一項一号）の適用も認められないことになり（前提となる手形法一六条一項の適用がないから）、必ずしも妥当でない場合が出てくるとの批判にも相当の理由がある。

第４節　特殊の裏書

1　特殊の裏書

手形法は、裏書に特別の記載をすることによって、またその裏書を特別の時期、状況のもとでなすことによって、前述の裏書の効力（抗弁の制限、善意取得を含めて）の一部を排除することができる旨を定めている。また、手形を利用する者は、普通の譲渡裏書を法の予定した目的以外のために利用することもある。さらには、裏書には、手形上の権利を譲渡することを目的としないものもある。そのような特殊な裏書としては、次のようなものがある。

(1)　特別な記載をした裏書　先ず、特別な記載をした裏書としては、①条件附裏書（手七七条一項一号・一二条一項、条件の記載はないものとされる）、②一部裏書（手一二条二項、無効である）、③無担保裏書（手一五条一項、裏書人は担保責任を免れる、為替手形の振出人は、支払無担保の記載をなしえないが〔手九条二項〕、裏書人は、為替手形の場合にも引受無担保のみならず、支払無担保の記載をすることもできる）、④裏書禁止裏書（禁転裏書）（手一五条二項、裏書人はその被裏書人以外の爾後の被裏書人に対しては担保責任を負わない）を挙げることができる。

⑵　特別な時期に行なわれた裏書　次に、特別な時期に行なわれた裏書としては、支払拒絶証書作成後または支払拒絶証書作成期間経過後になされた裏書がある。これを⑤期限後裏書（後裏書）という（手七七条一項一号・二〇条）。期限後裏書は、指名債権譲渡の効力しかない。

⑶　特別な状況のもとで行なわれた裏書　特別な状況のもとで行なわれた裏書としては、すでに手形上の債務者である者を被裏書人とする裏書があり、これを、⑥戻裏書（もどりうらがき）と呼ぶ。戻裏書がなされても原則として手形債権は混同（民五二〇条）によって消滅せず、被裏書人は、通常の裏書の被裏書人と同様に、さらに裏書をして手形を他に譲渡できる（手七七条一項一号・一一条三項）。なお、戻裏書と人的抗弁との関係については、すでに、第11章第5節2⑴において取り上げた（最判昭和四〇・四・九民集一九巻三号六四七頁参照）。

⑷　手形上の権利を譲渡することを目的としない裏書　手形上の権利を譲渡することを目的としない裏書には、⑦取立委任裏書と⑧質入裏書がある。これらの裏書は、すでに前述したように、裏書を「手形上の権利の譲渡を目的とする手形行為」として定義する場合には、本来の意味における裏書ではないことになるが、このような裏書も、これを特殊な方式と効果を有する裏書の一場合であるとして、特殊な譲渡裏書とともに特殊な裏書の一として位置付けるのが普通である。

⑸　通常の譲渡裏書を特定の経済的目的に利用する裏書　譲渡裏書を法の予定する目的以外のために利用する場合としては、手形上の債権の取立委任または質入を実現する手段として利用する⑨隠れた取立委任裏書、⑩隠れ

た質入裏書がある。以下においては、右のうち、④裏書禁止裏書、⑦取立委任裏書、⑧質入裏書、⑨隠れた取立委任裏書、⑩隠れた質入裏書、⑥戻裏書および⑤期限後裏書に言及することにする。

2　裏書禁止裏書（禁転裏書）

裏書禁止裏書は、裏書人が新たな裏書を禁ずる旨を記載してする裏書であるが（手七七条一項一号・一五条二項）、振出人が裏書の禁止を記載した場合とは異なり（手一一条二項参照）、裏書禁止の記載のない場合と同様に、さらに裏書をすることができる。ただ、裏書禁止裏書をした裏書人は、その禁止に反して行なわれた爾後の被裏書人に対しては担保責任を負わないものとされている（手一五条二項）。もっとも、この規定の解釈には、多少の争いがあり、このようにいってみても、裏書禁止裏書をした裏書人は、自己の直接の被裏書人に対しては担保責任を負う以上、爾後の被裏書人が直接の被裏書人を介して遡求してくれば、これを拒みえないのであるから、結局、裏書禁止裏書をした裏書人は、自己の直接の被裏書人の後者に対しても責任を負うが、ただ裏書禁止裏書の被裏書人に対する人的抗弁をもってその後者にも対抗しうるにすぎないと解する見解が有力である（鈴木＝前田・二八〇頁註二、ただし、小橋・二一七頁は、裏書を禁止した裏書人は、その直接の被裏書人に対してのみ担保責任を負い、爾後の被裏書人に対しては担保責任を負わない、と説かれる）。

3　取立委任裏書と質入裏書

(1)　取立委任裏書　取立委任裏書（後述の隠れた取立委任裏書との対比で、公然の取立委任裏書ともいう）とは、被裏書人に手形上の権利を行使する権限を与える目的でその旨を記載してなされる裏書のことをいう（手七七条一項一号・一八条）。裏書に「回収ノ為」、「取立ノ為」、「代理ノ為」その他単なる委任を示す文言を記載して行なう（手一八条一項）。

取立委任裏書は、権利移転的効力ではなくて、被裏書人に対して手形金取立の代理権を与える効力を生ずる（取立委任裏書は、権利移転的効力、担保的効力を生ぜず、代理権授与的効力と資格授与的効力のみを有する）。したがって、被裏書人は、取立委任裏書のみをなしうる（手一八条一項但書）。人的抗弁の対抗については、裏書人を中心に考えて、債務者が所持人に対抗できるのは、裏書人に対抗できた抗弁に限るものとされている（手一八条二項）。

資格授与的効力を有するとは、所持人は形式上有効な取立委任裏書（あるいは取立委任裏書の連続）があれば、実質的に有効であるかどうかを問題としないで、当然にそのような代理権を有するものと認められ、したがって、代理権の証明をしないで権利を行使することができ、債務者もこのような所持人に支払えば、悪意または重大な過失がなければ免責される（手七七条一項三号・四〇条三項）ということである。裏書人は、取立委任裏書によって権利を失うものではないから、手形を回収すれば、その取立委任裏書を抹消しないでもみずから取立をなし、または譲渡裏書をすることができる。取立委任裏書には権利移転的効力がないから、資格の関係においてもそこに権利の移転があったとは認められないのである（鈴木＝前田・二九〇頁註一〇、大隅・一一一頁）。

なお、取立委任裏書を受けた所持人が、その裏書人との間で当該手形の譲渡を受ける旨の合意をしたとしても、そのときに取立委任裏書を抹消して新たに通常の譲渡裏書がなされるか、または取立委任文句が抹消されるなど、譲渡のための裏書がなされなかったときには、後日取立委任文言を抹消しても、これによって譲渡裏書としての効力を生ずるのは右抹消の時からであって、譲渡の時に（合意の時に）遡ってその効力を生ずるものではない（最判昭和六〇・三・二六判時一一五六号一四三頁）。

(2)　質入裏書　質入裏書（隠れた質入裏書との対比において、公然の質入裏書ともいう）とは、手形上の権利に質権を設定付与するために、その旨を記載してなされる裏書をいう（手七七条一項一号・一九条）。実際には、あまり行なわれていないといわれる（大隅・一一四頁）。裏書に「担保ノ為」、「質入ノ為」、その他質権の設定を示す文言を記載して行なう（手一九条一項）。質入裏書の被裏書人は、裏書人の有する手形上の権利の上に質権を取得する。その結果として、被裏書人は手形より生ずる一切の権利を行使することができる（手一九条一項）。この場合、質入裏書の被裏書人は自己の利益のために自己の名をもって権利を行使するのであるから、――取立委任裏書の場合とは、異なり――人的抗弁の制限については、譲渡裏書の場合と同じ原則が適用される（手七七条一項一号・一九条二項）。

なお、民法三六六条二項および三項などの適用はなく、被裏書人は、被担保債権の額および弁済期のいかんにかかわらず、手形の記載に従ってその権利を行使できると解されている（大隅・一一四頁および手一九条一項参照）。もっとも、取立金額が被担保債権額より多いときは残額は裏書人に返還しなければならず、この部分は隠れた取立委任裏書の性質を有するとされ（石井＝鴻・二五一頁）、また弁済期前に取立てたときは取立金額を供託すべきであるなどとされている（鈴木＝前田・二九七頁註一七、ただし、前田・二四三頁は、手形法四八条二項を類推適用すべきことを説く）。

質入裏書の被裏書人は、手形上の権利を行使することはできるが、これを処分する権限はない。権利の放棄、免除等はできない。譲渡裏書または質入裏書もできないから、質入裏書の被裏書人のなした裏書は、取立委任裏書としての効力のみを有する（手一九条一項但書）。これは、その旨の記載があるかどうかによらない。

また、質入裏書には、資格授与的効力（手一六条一項）も認められ、質入裏書の被裏書人はその質権の取得につき保護されなければならないから質権の善意取得（手一六条二項）も認められる。学説は分かれているが、担保的効力も認めるべきであろう（大隅・一一五頁、大隅＝河本・二四〇頁、*Hueck / Canaris*, Recht der Wertpapiere, 12. Aufl., 1986, S. 99、反対、伊澤・四〇五頁）。

4　隠れた取立委任裏書と隠れた質入裏書

実際の取引においては、公然の取立委任裏書をなすべき場合に、形式上は、普通の譲渡裏書が、取立委任の趣旨でなされることが多い。これを隠れた取立委任裏書という。当初、手形上の権利を譲渡する目的で譲渡裏書をし、後に当事者間の合意で隠れた取立委任裏書に変更することもある（最判昭和三九・一〇・一六民集一八巻八号一七二七頁、大阪地判昭和四九・三・一八判時七四二号四九頁参照）。隠れた取立委任裏書は、取立委任の目的を表明しないものであり、――公然の取立委任裏書と比較するに、――その形式は通常の譲渡裏書であるから簡便である（石井＝鴻・二四六頁）。また、隠れた取立委任裏書の裏書人にとっては、満期の到来をまって被裏書人に取立を行なわせうるだけでなく、さらにそれまでに被裏書人を通じて手形を割引かせて対価を収めることもできるので、その点でも便利である（菱田・一九〇頁）。

(1)　隠れた取立委任裏書の法的性質　　隠れた取立委任裏書の場合にも、裏書人は裏書をする意思で裏書という手形行為をしているのであるから、隠れた取立委任裏書も虚偽の手形行為ではなく、有効であることには争いはない（大隅・一一二頁）。ただ、その法的性質については、説が分かれている。代表的な見解としては、①隠れた取立委任裏書も、裏書そのものは通常の譲渡裏書であるから、この裏書により、手形上の権利は被裏書人に移転し、取立委任の合意は裏書人・被裏書人間の人的関係（人的抗弁事由）に止まるとする説（信託裏書説、たとえば、鈴木＝前田・二九一頁）と、②隠れた取立委任裏書によっては、手形上の権利は移転せず、裏書人は被裏書人に手形上の権利者としての資格とともに、自己の名をもって手形上の権利を行使する権限（Ermächtigung）を与えるものとする説（資格授与説、たとえば、大隅・一一二頁）とがある。

(2)　資格授与説と信託裏書説の対立　　両説により隠れた取立委任裏書の法的効果に関して生ずる主な相違は、

①手形債務者の主張できる人的抗弁、②被裏書人が義務に違反して手形を裏書譲渡した場合の取得者たる相手方の保護、③被裏書人の破産の場合における裏書人の取戻権の有無、などに関して現われるといわれる（大隅・一一二頁）。

先ず、①手形債務者の人的抗弁に関しては、資格授与説によれば、手形債務者は、隠れた取立委任裏書の裏書人に対抗しうるすべての人的抗弁をもって被裏書人に対抗できるが、被裏書人自身に対する人的抗弁事由をもって被裏書人には対抗できないことになる。

信託裏書説によれば、権利移転的効力は認められるが、当事者間では取立委任の趣旨であることが人的関係として問題となる。資格授与的効力も認められる。また担保的効力も認められるが、当事者間では取立委任の趣旨であることを主張して担保責任の履行を拒みうる（大隅＝河本・二三四頁、ただし、鈴木＝前田・二九二頁）。したがって、信託裏書説をとると、人的抗弁の遮断については、資格授与説とは反対になるはずであるが（裏書人に対抗しうる抗弁をもって被裏書人に対しては対抗できない〔人的抗弁制限〕とともに、被裏書人自身に対する人的抗弁をもって被裏書人に対抗できるはずである）、それにもかかわらず、信託裏書説の見解においても、手形債務者は隠れた取立委任裏書の裏書人に対する抗弁をもって、被裏書人の善意悪意を問わず、被裏書人に対抗できる、とする説が強い。被裏書人は、固有の経済的利益を有しないことを理由とする（最判昭和三九・一〇・一六民集一八巻一七二七頁、さらに最判昭和五四・四・六民集三三巻三号三二九頁参照）。信託裏書説からは、債務者は、被裏書人自身に対する抗弁をもっても、やはり被裏書人に対抗できることになるであろう（鈴木＝前田・二九二頁、石井＝鴻・二四九頁）。

また、②隠れた取立委任裏書の被裏書人がその義務に違反して手形を譲渡した場合の善意の取得者の保護に関しては、資格授与説は手形法一六条二項によるとする（大隅・一一三頁）。信託裏書説では、一七条の問題ということになる（大隅＝河本・二三四頁参照）。さらに、③隠れた取立委任裏書の被裏書人の破産の場合の裏書人の取戻権に関しては、資格授与説では裏書人は取戻権を有するが、信託裏書説では認められないはずである（石井＝鴻・二四九頁、破産法六二条、ただし、鈴木＝前田・二九三頁は、これは手形取引上の問題というよりは両当事者間の関係の問題と考えられるから、実質に従って、裏書人は取戻権を有するとされる）。

このように考えると、資格授与説によれば、容易に当事者の経済的利益に合致する法律効果が得られるにもかかわらず、信託裏書説の見解は、理論的には、手形上の権利の移転を生ずるとしたうえで、隠れた取立委任裏書の効果については、できるだけ資格授与説に接近しようと努めているといわざるをえない（大隅・一一三頁）。もっとも、資格授与説に対しては、①当事者間の実質関係をそのまま手形関係に持ち込んだものであって、表示を重んじ形式を尊重する手形関係の本質に反する、②裏書に手形上の権利者たる資格を認めるためには、裏書が権利移転的効力を有することが当然前提とされなければならないのに、資格授与説では、実質的効力は権利の移転ではなく、権限の付与であって、しかも形式的効力としては完全な権利者の資格を認めているのは矛盾する、あるいは、③資格授与説のいう他人の権利を自己の名で行使する権限とか授権（Ermächtigung）という観念は認めがたい、などといった批判が加えられている（鈴木竹雄「隠れた取立委任裏書と人的抗弁」商法演習Ⅲ二三一頁、二三六頁参照）。

しかし、①そもそも、表示や形式の尊重は、取引の安全のために必要とされるのであるが、資格授与説をとっても、取引の安全は害されないから、表示や形式の軽視であるとの批判は、必ずしも妥当しないであろう。手形の表示を尊重するといっても、それは絶対的なものではなく（たとえば偽造署名の場合、被偽造者は責任を負わない）、むしろ、手形法は、最小限取引の安全のために手形の表示や形式に一定の効果を認めているのであり、裏書の連続の資格授与的効力はその典型である（たとえば、偽造裏書があっても裏書の連続の資格授与的効力は認められる）。このように考えてくると、資格授与説は、手形の表示や形式を尊重するからこそ、いわゆる資格の面に注目するのである、ということもできるであろう。また、②なるほど資格授与的効力は、本来は権利の所在と資格の所在が一致するところから認められたものではあるけれども、権利移転的効力が常に当然の前提とされるものでないことはいうまでもない。むしろ、権利と資格の食い違いに備えたのが資格授与的効力であるともいえるのではなかろうか。以上のように考えて来ると、「資格授与説を排斥して信託裏書説を固執すべき理由は見当たらない」といわざるをえない（大隅・一一三頁）。

なお、最近では、隠れた取立委任裏書においては、当事者間では手形上の権利は移転しないが、第三者に対する関係では移転すると考えて、裏書の当事者の側からは、第三者に対して手形上の権利が移転していない旨の主張はできないが、第三者の側からは当事者間において権利が移転していないと主張することができるとする見解も有力である（鈴木竹雄「隠れた取立委任裏書と人的抗弁」商法演習Ⅲ二三一頁、二三七頁、鈴木竹雄「隠れた取立委任裏書と人的抗弁」商法研究Ⅰ四四四頁、さらに、隠れた取立委任裏書は、信託法一条にいう信託に当たるとして信託法の解釈として問題を解決しようとする試みもある、前田・二三八頁）。また、判例は、隠れた取立委任裏書の法的性質に関しては、信託裏書説を採用していると解される（最判昭和四四・三・二七民集二三巻三号六〇一頁、最判昭和三一・二・七民集一〇巻二号二七頁、なお、最判昭三九・一〇・一六民集一八巻八号一七二七頁および竹内昭夫「判批」商法の判例〔第三版〕二二〇頁参照）。

(3)　隠れた質入裏書　　隠れた取立委任裏書と同じく、通常の譲渡裏書が法の予定する目的以外に利用される場合として、ここで言及すべきは、隠れた質入裏書である。隠れた質入裏書とは、質入の目的でなす譲渡裏書である。隠れた質入裏書の場合には、この裏書は、手形関係上は、完全な譲渡裏書であり、ただ当事者間では質入の趣旨であることを主張できるものと解してよいであろう（譲渡担保の一種であるといわれる、大隅＝河本・二三九頁参照）。

隠れた取立委任裏書の場合と異なり、隠れた質入裏書の被裏書人は、固有の経済的利益を有するものであるから、隠れた取立委任裏書の場合とは異なり、実質と形式の乖離という問題は生じない（石井＝鴻・二五二頁参照）。手形抗弁の制限の法則（手七七条一項一号・一七条）もそのまま適用される（小橋・二二三頁）。ただ、被担保債権が手形金額より少額の場合には、手形金額のうち被担保債権を超過する部分については隠れた取立委任裏書の性質を有すると考えてよいであろう。また、被裏書人が被担保債権の弁済期前に手形の支払を受けたときは、弁済期まで供託すべきであるとの議論のあることは公然の質入裏書の場合と同様である（石井＝鴻・二五三頁以下）。

5　戻裏書（もどりうらがき）

戻裏書とは、すでに手形上の債務者となっている者を被裏書人とする裏書をいう（手七七条一項一号・一一条三項、為替手形の場合、引受をしていない支払人は債務者ではないから、これに対する裏書は戻裏書ではない）。

戻裏書があると、一定の範囲では手形上の権利と義務とが同一人に帰するから、手形債権は、混同により消滅するはずである（民五二〇条参照）。しかし、手形法においては、この場合にも混同を生じないものとされている。これは、手形においては、当事者資格の兼併が認められるのと（手三条参照）、同様の考え方によるものである（大隅・一一五頁、ただし、小橋・二二四頁参照）。

戻裏書の被裏書人は、さらに手形を裏書により譲渡することができる（手一一条三項二文）。これによって、戻裏書を受けた手形債務者は、新手形を振出す手間と費用を免れ、またその手形上になされた他の署名者の信用を利用することができる。ただし、振出人（為替手形の場合であれば引受人）が戻裏書によって手形を取得した場合には、支払拒絶証書作成後または作成期間経過後は、手形債権は混同によって消滅し、振出人（引受人）は、この手形を裏書できなくなると解されている（竹田・一一九頁、大隅・一一五頁、なお、鈴木＝前田・二八三頁註七参照）。

戻裏書の被裏書人は、手形上の権利者であるが、併せて、それ以前に手形上の義務者でもある。したがって、自己に対して、権利を行使できないことはもちろん、中間の義務者に対しても権利を行使できない（大隅・一一六頁）。たとえば、手形所持人Aがこの手形をBに裏書譲渡し、さらに、BがCに、CがDにというように裏書譲渡された後に、DがAに対して戻裏書をした場合を例に取ると、戻裏書により再度、手形所持人になったAは、中間の義務者であるB、C、Dに対しては手形上の権利を行使することはできない（ただし、為替手形の受取人が引受人の手形債務の担保のために振出人に裏書をした場合には、振出人は、受取人に対して償還請求できるとする判例がある、大判昭和八・五・五民集一二巻一〇七四頁参照）。

右の例において、戻裏書の被裏書人Aが、さらに、Eに手形を裏書譲渡したときは、このEは、完全な権利を取得する。保証人が、戻裏書によって手形を取得したときは、主たる債務者の後者に対しては、手形上の権利を行使することはできない（大隅・一一六頁）。なお、人的抗弁の制限との関係については、第11章第5節2参照。

6　期限後裏書

(1)　期限後裏書　期限後裏書とは、支払拒絶証書作成後の裏書または支払拒絶証書作成期間経過後の裏書をいう（手七七条一項一号・二〇条一項）。支払拒絶証書作成期間は、一覧後定期払手形、日附後定期払手形および確定日払手形の場合には、支払をなすべき日（満期日、満期日が休日のときはこれに次ぐ第一の取引日、手七七条一項九号・七二条一項）またはこれに次ぐ二取引日であり（手七七条一項四号・四四条三項）、これは支払呈示期間と同じである（手七七条一項三号・三八条一項）。一覧払手形の支払拒絶証書作成期間は、原則として振出日附から一年であり、これも支払呈示期間と同一である（手七七条一項三号・四号・三四条・四四条三項、なお、第19章第2節2(2)参照）。期限後裏書かどうかは、手形に記載された裏書日附によってではなく、実際に裏書のなされた時を標準にして定められる。日附の記載のない裏書は、支払拒絶証書作成期間経過前に行なわれたものと推定される（手二〇条二項）。

手形の流通するのは、満期までであり、手形は、満期が到来すると支払われるべきものである。支払が拒絶され、または本来支払われるべき時期が経過すると、手形法が手形の流通を前提にして定めている諸制度は、その存在理由を欠くに至ると考えられる。そこで、期限後裏書には、指名債権譲渡の効力のみが認められている（手二〇条一項但書）。最判昭和五五年一二月一八日（民集三四巻七号九四二頁）においては、約束手形の支払拒絶証書が作成される前であって、しかも支払拒絶証書作成期間の経過前にされた裏書ではあるが、不渡の付箋等によって満期後の支払拒絶の事実が手形面上明らかになった後にされたものが期限後裏書であるかどうかが争われた。最高裁判所は、右のような裏書も、満期前の裏書と同一の効力を有すると判示したが（結論同旨、大隅＝河本・二四一頁、小橋・二二五頁）、これに対しては、手形法の趣旨からみて、むしろ期限後裏書として扱うのが適当であるとする反対意見も有力である（大隅・一一七頁、石井＝鴻・二四〇頁）。

期限後裏書の方式は、通常の裏書と同じであり、日附の記載も必要ではない。記名式裏書のみならず、白地式裏書も認められる（手七七条一項一号・一三条参照）。白地式裏書のある手形の所持人が、その手形を期限後に引渡によって譲渡した場合にも、期限後裏書と同様に解することができる（なお、手一四条二項三号参照）。

(2)　期限後裏書の効力　　期限後裏書にも、①いわゆる権利移転的効力は認められる。しかし、期限後裏書には指名債権譲渡の効力のみが認められるだけであるから（手七七条一項一号・二〇条一項但書）、手形抗弁の制限の規定（手一七条）の適用はなく、被裏書人は裏書人の有した権利を取得するに止まる（期限前の裏書によりすでに切断・遮断されている人的抗弁をもって、期限後裏書の被裏書人に対抗しえないことは当然である）。なお、期限後裏書の場合にも民法九四条二項の適用はあると解される（大隅・一一八頁、なお、最判昭和四四・一一・一四民集二三巻一一号二〇二三頁参照）。

期限後裏書の場合には、②担保的効力はなく、裏書人は、手形上の責任は負わない。しかし、期限後裏書も裏書である以上、③資格授与的効力を有する（手七七条一項一号・一六条一項参照）。したがって、連続する裏書のある手形の所持人は、その実質的権利を証明することなく、手形上の権利を行使でき、その者に支払った善意の手形債務者は免責される（手七七条一項三号・四〇条三項）。このことからすれば、善意取得（手七七条一項一号・一六条二項）も認められてよいはずであるが、判例・通説は、これを否定する（竹田・一二〇頁、石井＝鴻・二四二頁、鈴木＝前田・二八六頁、大判大正一五・七・二二民集五巻六四七頁参照）。期限後裏書には、指名債権譲渡の効力のみが認められるのであるから、資格授与的効力を認めるといっても、「裏書が連続さえすれば債権譲受人としての形式的資格を有するという意味においてこれを認める」にすぎない（竹田・一二〇頁参照）。したがって、善意取得は認められないのである（鈴木＝前田・二八六頁参照）。

第17章　手形保証

手形保証とは、手形債務の手形上の保証であり、手形上の義務（債務）を担保する目的をもってなされる従たる手形行為である。手形債務に関しても、保証は、これを手形外の契約をもって行なうこともできるが、手形行為としてすることもできる。これが手形保証（手七七条三項・三〇条以下）である。手形保証に関しては、手形行為独立の原則の一場合としての手形保証の独立性と保証（保証債務）の附従性との関係などをめぐって議論がある。

第1節　手形保証の意義

(1)　手形保証と民法上の保証　手形保証とは、手形債務の手形上の保証であり、手形上の義務（債務）を担保する目的をもってなされる従たる手形行為である。

民法上、保証債務とは、主たる債務者と同一内容の給付を目的とし、主たる債務の履行のない場合にこれを履行することによって、主たる債務を担保する多数当事者の債務関係をいう。主たる債務と保証債務とが同一の内容を有し、一方の履行によって他方もまた消滅する点では、連帯債務と同様であるが、連帯債務における各債務が独立性を有するのに反して、主たる債務と保証債務との間には主従の関係があり、後者は前者と法律的運命を共にする点で連帯債務と異なる。保証債務は、質権および抵当権と同じく債権担保の作用を営む（松坂佐一・債権総論一六五頁参照）。手形債務に関しても、保証は、これを手形外の契約をもって行なうこともできるが、手形行為としてすることもできる。これが手形保証（手七七条三項・三〇条～三二条）である（鈴木＝前田・三二九頁）。手形法は、「保証」と呼んでいるが、民法上の保証と区別する意味で、ここでは「手形保証」という名称も用いる（ドイツの手形法は、Wechselbürgschaft という表現を用いている）。

手形保証の手形行為としての性格が問題となるが、手形理論として交付契約説を採用する以上は、手形保証も契約として捉えることになるであろう（Vgl. *Hueck/Canaris*, Recht der Wertpapiere, 12. Aufl., 1986, S. 32 f.）。

(2)　隠れた手形保証　　手形保証と似たものに隠れた手形保証がある。隠れた手形保証とは、保証（手形保証）の目的で振出・裏書（為替手形の引受）などの手形保証以外の手形行為をすることをいう。手形保証は、主たる債務者に信用がないことを意味するものと考えられるので、あまり行なわれていないといわれる（大隅・一二六頁、ただし、竹田・一三〇頁参照）。隠れた手形保証は、手形に信用をつけるために手形保証の形を取らないで、しかし手形保証と同様の目的を達成するために用いられている（鈴木＝前田・三三〇頁註一）。

隠れた手形保証の場合には、手形上は、通常の振出・裏書などの手形行為があるにすぎない。したがって、隠れた手形保証をした者は、通常の振出人・裏書人などとして責任を負うが、保証人（手形保証をした者）として責任を負うものではない（大隅・一二六頁）。保証の趣旨は、当事者間の人的抗弁となるにすぎない（鈴木＝前田・三三〇頁註一）。

なお、隠れた手形保証をした保証人（たとえば、他人の振出した手形に保証の目的で裏書をした者）が、手形上の債務を負担すると同時に、手形振出の原因となった債務に関しても民法上の保証をしたものと認められるかどうかをめぐっては議論がある（大隅・一二六頁参照）。これを消極に解する最高裁の判例がある（最判昭和五二・一一・一五民集三一巻六号九〇〇頁）。「なんぴとも他人の債務を保証するにあたっては、特段の事情のない限り、その保証によって生ずる自己の責任をなるべく狭い範囲にとどめようとするのがむしろ通常の意思であると考えられる」ことを理由とする。しかし、この判決も、いかなる場合でも保証の成立の推認が許されないとの趣旨まで含むものではなく、貸主側に消費貸借上の債務の保証までをも要求する意思が認められ、裏書人がこれを承諾して裏書をしたと認められる場合は別であるとされている（吉井直昭・最高裁判所判例解説民事篇昭和五二年度三二七頁、三四四頁）。手形が金融のために用いられることを裏書人が承知して裏書をした場合に、その事実から、同時にその手形振出の原因となった借主の貸主に対する消費貸借上の債務について民法上の保証をする意思があったと推認してよいかという問題は、結局は、個々の具体的事情の下における意思解釈の問題であり、いかなる事実関係の下で民事保証を肯認することができるかは、「抽象的議論には親しみがたい問題である」（小橋・二二七頁）といわざるをえない。

この問題を取扱うその後の最高裁判決に、最判平成二年九月二七日（民集四四巻六号一〇〇七頁）がある。事案は、AがXから三回にわたって金銭を借り受けたが、Yは、Xとは旧知の仲であり、AX間の貸借の紹介者でもあったという場合に、三回にわたる右貸借の都度、Yは、Aに同行してXと直接会い、その場において、Xの求めに応じて、A振出の約束手形に保証の趣旨で裏書をしてXに交付したというものである。事件は、この三回目の手形に関するものであり、Aの支払拒絶後、YはXに迷惑をかけたとして、貸金の弁済を求めるXの意向に沿い、貸金の弁済方法などにつき尽力したといった事情が認められる場合であった。判決は、「以上の事実関係の下においては、Xとすれば、当初からYの信用を殊更に重視し、本件手形に裏書を求めた際も、手形振出の原因である本件貸金債務までも保証することを求める意思を有し、Yも、Xのかかる意思及び右債務の内容を認識しながら裏書を応諾したことを推知させる余地が十分にあるというべきである。そうとすれば、他に特段の事情がない限り、XとYとの間において、本件貸金債務につき民法上の保証契約が成立したものと推認するのが相当である」と判示している。また、この判決は、前掲最判昭和五二年一一月一五日は、「金銭を借用するに当たり、借主がその振出に係る約束手形になんぴとか確実な保証人の裏書をもらってくるよう貸主から要求され、借主の依頼を受けた者が、貸主となんら直接の交渉を持つことなく右手形の裏書に応じた場合に関するものであって、事案を異にし、本件に適切でない」としている。

右の判決（前掲最判平成二・九・二七）は、いわゆる事例判決であり、その射程距離は限定的であるといわざるをえないが、「五二年最判がいわば間接頼まれ裏書ケースに関するものであるのに対し、いわば直接面前裏書ケースにおいて民事保証の成立を推認すべき事実認定上の経験則を示した」ものと評価することができるといわれている（篠原勝美・最高裁判所判例解説民事篇平成二年度三二九頁、三三九頁）。

手形保証と類似の概念　手形保証と区別すべきものに、①民法上の保証（民事上の保証）、②隠れた手形保証および③共同手形行為がある（大隅・一二六頁参照）。

手形上の債務を担保することを目的として手形外の契約をもって保証をすることも可能であるが（これが民法上の保証・民事上の保証にほかならない）、手形保証は、①要式行為であること、②主たる債務者が分明でない場合にもなお有効であること、③主たる債務の実質的無効によって影響を受けないこと、④特定の相手方のみならず不特定の手形所持人に対して責任を負うことなどの点において、民事上の保証とは異なる。

隠れた手形保証に関しては本文に述べたとおりである。さらに、共同手形行為の場合には、数人が同一内容の手形債務を負う点では手形保証に似るが、共同手形行為者が共同して一個の手形行為を行なうのに対して手形保証人は主たる債務者と共同して手形行為を行なうものではない。もっとも、保証の目的で共同振出のような共同手形行為が行なわれることも少なくないといわれる。これは隠れた手形保証の一である。

なお、手形上に併記された複数の署名のある場合には、それが共同振出であるか（第14章第1節2⑷③参照）、手形保証であるかを手形行為の解釈によって決定しなければならないが、見解は分かれている（手七七条三項・三一条二項参照）。下級審の判例も区々である（たとえば、大阪地判昭和四〇・一〇・二五金融法務四二八号一四頁、東京地判昭和四一・九・一三金融商事三〇号一八頁、東京地判昭和四二・一〇・二五金融商事八七号七頁、東京高判昭和四二・一一・二七金融商事九二号一八頁、大阪地判昭和四三・一・二五判時五二四号七〇頁、大阪高判昭和四三・七・三〇金融法務五二〇号二六頁、東京地判昭和四九・三・二七判時七三八号一〇三頁、大阪地判昭和五三・三・七金融商事五六六号四一頁など参照）。もっとも、これらの下級審判決の事案は必ずしも同じではなく、右のような形で一律に論じてよいかどうかも一の問題である。ただ、理論的には、いわゆる手形客観解釈の問題の一場合といってよいであろう（第4章第2節2参照、さらに、最判昭和四七・二・一〇民集二六巻一号一七頁に関する第7章第1節1における説明参照）。この問題に関しては、さらに、林竧「手形保証と共同振出」商法の争点II三七八頁参照。

隠れた手形保証とその実質関係　本文において述べたように、たとえば、保証の目的で裏書がなされた場合（隠れた手形保証）、手形上は、あくまで通常の裏書であって、保証の趣旨は、当事者間の人的抗弁になると考える。ところで、最高裁判所の判例に、同一の手形債務者（約束手形の振出人）Aのために、保証の趣旨で、Yによる第一裏書と、Xによる第二裏書とがなされたが、Xが所持人Bに対して遡求義務を履行して手形を受戻したうえ、Yに対し遡求したという事例を取扱ったものがあり、「第一裏書人Yは、民法四六五条一項の規定の限度においてのみ遡求に応じれば足りる旨を主張することができ、右の遡求義務の範囲の基準となる裏書人間の負担部分につき特約がないときは、負担部分は平等である」と判示している（最判昭和五七・九・七民集三六巻八号一六〇七頁）。

この場合、裏書人が保証の趣旨で裏書するほかにさらに債権者との間で保証契約を締結して保証人となっていた場合には、複数の裏書人（これは同時に保証人でもある）の間の実質関係は、民法の共同保証（民四六五条）であることは明らかである。しかし、保証の趣旨で裏書をしても、それだけで民法上の保証契約が併せてされたものと推認できるかどうかは疑問である（前掲最判昭和五二・一一・一五参照）。保証の趣旨の裏書があったからといって直ちに裏書人間の実質関係を共同保証であるということはできないであろう。右の最高裁判決が、Yは、民法四六五条一項の規定の限度で遡求に応じれば足りるとした趣旨は、XY間の実質関係は、民法の共同保証に準じる関係であって、右の実質関係にもとづく民法上の求償権については、民法四六五条一項の類推適用がある旨を明らかにしたものであろう（淺生重機・最高裁判例解説民事篇昭和五七年度六七八頁、六八〇頁以下参照）。

第2節　手形保証の当事者と方式

(1)　当事者　　保証人となる者の資格には制限はない。被保証人以外の者であれば、誰でも保証人となれる。すでに、手形に署名した者であってもよい（手七七条三項・三〇条二項）。ただし、手形関係における前者が後者の保証人になることは無意味である（大隅・一二七頁）。すでに手形に署名している者（手形上の債務者）に手形保証をすることを認める実益は、たとえば、裏書人が約束手形の振出人（為替手形の引受人）のために保証するような場合に生ずる。この場合には、裏書人は遡求義務者としてだけでなく、保証人として振出人（為替手形の引受人）と同じ責任を負うから、所持人が遡求権保全手続を怠ってもその債務は消滅しないのである（大隅＝河本・二六一頁以下）。

被保証人となる者は、振出人、裏書人など（為替手形の引受人、参加引受人）の手形債務者である。手形債務者以外の者を被保証人に指定した保証は、無効である。ただし、主たる債務者が保証の当時すでに存在することは必要ではない。後に成立すべき債務のためにあらかじめ保証を行なうことも可能である。後に主たる債務が成立したときに保証の効力を生ずる（大隅・二二六頁）。

(2)　方　式　　手形保証は、①手形または補箋上に（手七七条三項・三一条一項）、②「保証」またはこれと同一の意義を有する文字（保証文言）を記載し（手三一条二項）、かつ、③主たる債務者（被保証人）を表示して（手三一条四項第一文および手七七条三項第二文（為替手形に関しては、手三一条四項第二文））、④保証人が署名して（記名捺印を含む）、これを行なう（手三一条二項）。これを正式保証と呼ぶことがある。

しかし、被保証人の表示は必ずしも必要ではない。被保証人の表示はなくても、振出人のために行なわれたものとみなされるからである（手七七条三項第二文、為替手形に関しては、手三一条四項第二文）。また、振出人（為替手形の支払人、振出人）以外の者が手形の表面に署名している場合には（最判昭和三五・四・一二民集一四巻五号八二五頁は、「附箋の表面」になされた単なる署名も保証とみなしてよいとする）、保証とみなされるから（手七七条三項・三一条三項）、この場合には保証文言も必要ではない。このような保証を正式保証に対して略式保証と呼ぶことがある。

手形保証は、手形金額の一部についても行なうことができる（手七七条三項・三〇条一項）。なお、保証人は、拒絶証書作成免除（手七七条一項四号・四六条一項三項）および予備支払人（手七七条一項五号・五五条一項）の記載をすることができる。

さらに、手形保証に条件を附すことができるかをめぐって議論がある（平出・四八五頁、石井＝鴻・二九〇頁参照）。保証に関しては、振出（条件の記載は有害的記載事項とされる、手一条二号・七五条二号）、裏書（条件の記載は無益的記載事項であり、条件の記載はないものとされる、手七七条一項一号・一二条一項）、さらには為替手形の引受（手二六条一項）の各場合のような規定はない。また、手形保証に条件を附しても、振出、裏書、さらには引受に条件を附した場合のように手形の流通性が害されることにはならないであろう。条件附手形保証は、手形所持人にとっては、無条件の場合より不利益であるが、条件附ではあっても有効とする方が無効と解するよりは有利である。保証人にとっても、みずから条件附の手形保証をした以上、その約束どおりの責任を追及されても不当とはいえないであろう（前田・二九三頁、平出・四八六頁参照）。振出、裏書、さらには引受に関する手形法の規定の反対解釈として（*Hueck / Canaris*, Recht der Wertpapiere, 12. Aufl., 1986, S. 147）、条件附手形保証には記載どおりの効力を認めるべきであろう（結論同旨、平出・四八六頁）。

(3)　手形保証を行なうことのできる時期　　保証をなしうべき時期に関しては、別段の規定はない。満期前に限らず、満期後でも手形債務の時効完成前であれば保証をすることができる（東京地判昭和三七・六・五判時三〇三号三四頁、和歌山地判昭和三六・一〇・二〇下民集一二巻一〇号二四九八頁、大隅・一二七頁）。

第3節　手形保証の効力

1　手形保証の効力

(1)　保証人の責任　　手形保証人は、自己の手形行為により独立の手形債務を負担する。その債務の内容は、主たる債務に従って定まる。

先ず、①「保証人ハ保証セラレタル者ト同一ノ責任ヲ負フ」（手七七条三項・三二条一項）。手形保証人の責任の範囲と態様は、主たる債務者（被保証人）のそれと同一である。

したがって、たとえば、主たる債務者が約束手形の振出人であるときは、保証人も振出人と同様の手形債務を負う。主たる債務者が裏書人のように償還義務者（遡求義務者）であるときは、保証人もこれと同じ償還義務を負う。

また、主たる債務者に対して遡求権保全の手続をとったときは、保証人に対しては、その手続を繰り返す必要はない。他方、主たる債務者に対する権利（遡求権）が手続の欠缺によって消滅するときは、保証人に対しても請求することはできない。

主たる債務が、支払・相殺・混同・免除・時効などによって消滅するときには、保証債務もまた消滅する（最判昭和四五・六・一八民集二四巻六号五四四頁参照）。

償還義務者（遡求義務者）の保証人も償還義務者と同じく後者から支払拒絶の通知（為替手形の場合には、引受拒絶および支払拒絶の通知）を受ける権利を有する（手七七条一項四号・四五条二項）。

もっとも、すでに述べたように、手形保証は、金額の全部のみならず、手形金額の一部に関してもこれを行なうことができる（手七七条三項・三〇条一項）。また、保証人も拒絶証書の作成を免除し（手七七条一項四号・四六条一項三項）、さらには、予備支払人を記載することもできる（手七七条一項五号・五五条一項）。その限りにおいては、手形保証人は、自己の債務に主たる債務には存在しない制限を附すことができるのである。

②手形保証人は、主たる債務者と合同して責任を負う（手七七条一項四号・四七条一項）。したがって、手形所持人は、主たる債務者および保証人に対して各別にまたは共同的に請求をすることができる（手七七条一項四号・四七条

二項)。すなわち、手形保証人には、民法上の保証人のように催告および検索の抗弁権は認められない(民四五二条・四五三条)。また、共同保証人も分別の利益を有しない(民四五六条、商五一一条参照)。

共同保証人の分別の利益　共同保証とは、同一の主たる債務について数人が保証債務を負担することをいう。数人が一個の契約で同時に保証人となることもあれば、順次に別々の契約で保証人になることもある。共同保証の場合には、保証人が数人あるので、保証人の債権者に対する関係および保証人相互の関係において、共同保証ではない普通の保証とは異なった効力を生ずることがある(松坂佐一・債権総論一八五頁以下参照)。

民法上の共同保証人は、各別の行為をもって保証債務を負担したときでも、主たる債務の額を平等の割合で分割した額についてのみ保証債務を負担する(民四五六条・四二七条)。これを分別の利益という。民法においては、原則として共同保証人には分別の利益が認められるが(民四五六条)、例外として分別の利益が認められないのは、①主たる債務が不可分のとき、②各保証人が分別の利益を放棄したとき(保証連帯)、および③共同保証人各自が主たる債務者と連帯するとき(連帯保証人)である。

商行為の場合には、商法五一一条二項により、主たる債務がその債務者の商行為によって生じたとき、または保証が商行為であるとき(保証を行なうことが保証人にとって商行為であるとき)は、保証は連帯保証となり、保証人が数人あっても保証人は分別の利益を有しない(民四五六条の適用はない)とされる。しかし、この規定をまつまでもなく、手形行為である保証に関しては、手形保証人は各別にしかし共同的に責任を負う(各自手形金額全額について責任を負う)とする手形法四七条一項により、当然に、保証人には催告の抗弁権(民四五二条)も検索の抗弁権(民四五三条)も認められず、また共同保証人に関しても分別の利益は認められないのである。

共同保証人をも含めて共同手形行為者の相互間には連帯債務関係の存在を認めるのは適当でないとして、共同手形行為者の間には、合同責任関係が成立すると解されているのである(大隅＝河本・三四五頁参照)。なお、合同責任と連帯債務の相違に関しては、第**19**章第**1**節**3**の註〔手形債務者の合同責任〕参照。

③右にみたように、手形保証人の責任の範囲と態様は主たる債務者(被保証人)のそれと同一であるが、他方、「保証ハ其ノ担保シタル債務ガ方式ノ瑕疵ヲ除キ他ノ如何ナル事由ニ因リテ無効ナルトキト雖モ之ヲ有効トス」るものとされている(手七七条三項・三二条二項)。手形行為独立の原則は、手形保証に関しても妥当するのである(なお、手形保証と手形行為独立の原則との関連に関しては、本節**2**参照)。

⑵　保証人の求償権・代位権　手形保証人が支払えば、手形保証人は、主たる債務者およびその前者に対する手形上の権利を取得する（手七七条三項・三二条三項）。

手形保証も保証である以上、保証人がその債務を履行すると、保証人の債務はもちろん、主たる債務者の債務も消滅するが、主たる債務者は、保証人の弁済によって一旦その債務を免れ、さらに保証人の代位権にもとづいて義務を負担することになるのである（竹田・一三四頁註一、なお、松坂・債権総論二四〇頁参照）。

およそ保証債務は、主たる債務の履行を担保するために、主たる債務と同一の給付を内容とし、しかも主たる債務か保証債務かのいずれかが履行されれば総債務が消滅するものである（松坂・債権総論一六五頁）。保証人がその債務を履行すると、保証人の債務が消滅するとともに、被保証人（主たる債務者）の債務も消滅する。これを手形法に当てはめて考えれば、その債務を履行した手形保証人は、当然、被保証人に対して実質関係上求償することはできるが（民四五九条以下参照）、手形法的には何ら権利を取得するものではない。そこで、実質関係上の「求償権を手形法的に加工して手形関係にとり入れた」のが手形法三二条三項（手七七条三項）の趣旨であるとか（鈴木＝前田・三三二頁註四）、「求償権行使の用に充てるため、保証人に手形上の権利の取得を認めたものである」（坂井・三訂三四八頁）などと説明されている。なお、このように、手形保証人が支払えば、手形保証人は、主たる債務者およびその前者に対する手形上の権利を取得するが（手七七条三項・三二条三項）、このことによって、手形保証人は、実質関係上の求償権を失うものではない（大隅・一二九頁、石井＝鴻・二九五頁）。

右の手形保証人が手形法三二条三項によって、手形上の権利を取得するには、手形の交付を要するかに関して議論がある。保証人は支払をすると「手形の交付がなくても、当然に権利を取得する」と考えるのか（たとえば、大隅・一二九頁は、「この権利の取得は手形の交付なくして生ずるが、保証人は手形上の権利者として、手形所持人に対し手形の交付を請求することができる」とする）、それとも「本条は実質的な権利関係を規定したにすぎなく、この場合にも手形と引換に支払をなし、手形とともに手形上の権利を取得すると解すべき（鈴木＝前田・三三二頁註四）」かの争いである。ここでは、手形法三二条三項による手形上の権利（求償権）の取得は、手形上の権利の承継取得と解すべきであり、したがって、この場合にも手形の交付を要するとする見解（石井＝鴻・二九四頁）に従っておきたい。

手形法三二条三項により手形保証人が取得する手形上の権利は、所持人が有していた手形上の権利をそのまま取得するのではなく、前者に対する人的抗弁（被保証人が所持人に対して有していた人的抗弁、または被保証人の債務者が被保証人に対して有する人的抗弁）の滌除された手形上の権利を取得するものである（大隅・一二九頁、鈴木＝前田・三三二頁註四参照）。手形法一七条但書の適用はない。その理由（抗弁の制限の理由付け）に関しても争いがあり、支払をした手形保証人による手形上の権利の取得を原始取得と解して抗弁の切断を説明する見解もあるが（高松高判昭和二九・五・六高民集七巻六号四六三頁は、保証人の求償権は独立に原始的に取得するものであるが、その権利の内容は所持人の権利を法律上承継するものであり、しかも、前者の抗弁が拭いさられたものであると解する）、むしろ、その理由は、このような手形上の権利の取得も「承継取得ではあるが義務に基く取得である」ことに求めるべきであろう（石井＝鴻・二九五頁、鈴木＝前田・三三二頁註四、なお鈴木＝前田・二四八頁註三参照）。この場合に保証人が手形上の権利を取得するのは、取得者である保証人の自由意思による任意の取得ではなく、保証人がその保証債務を履行した結果にすぎないのである（ただし、後述、2⑶の場合において、保証人が支払を拒みうるにもかかわらず敢えて支払ったとすると、その場合にも同様に言えるかどうかは疑問である）。なお、このような考え方からすると、手形保証人が保証行為（手形保証）をする段階ですでに人的抗弁の存在を知っていれば（保証をするかどうかは、行為者の自由意思によるのであり）、手形法一七条の適用があることになる（河本一郎「手形保証と人的抗弁（続）」神戸九巻三号三八九頁、三九八頁以下参照）。

(3)　数人の保証人　同一の手形債務者のために数人の保証人があるときは（共同保証の場合には）これらの保証人は合同して責任を負う（手七七条一項四号・四七条一項）。その一人が履行したときは、その者は被保証人およびその債務者に対する手形上の権利を取得する（手七七条三項・三二条三項）。もっとも、保証人相互の間に生ずる求償関係に関しては、連帯債務に関する民法の規定（民四四二条）による（大隅・一三〇頁、伊澤・四四二頁註一参照）。

2　手形保証の独立性

(1)　手形保証の独立性と附従性　手形保証とは、他の手形債務を担保する目的をもって、これと同一内容の手形債務を負担する手形行為である（手三〇条一項）。手形行為独立の原則は、保証についても妥当するものとされている（手七七条三項・三二条二項、さらに、小二七条二項参照、なお、手形行為独立の原則については、第４章第４節〔特に第４節５〕参照）。

他方、一般に保証債務は、附従性を有するとされている。すなわち、主たる債務（被保証債務）がなければ保証債務は成立できず、主たる債務が消滅すれば保証債務もまた消滅する。手形保証もまた保証であることからすれば、附従性を有することになる。そこで、手形保証の効果としては、その独立性（手形保証も手形行為であり、手形行為独立の原則が妥当する）とともに附従性（保証債務の附従性）にも言及するのが一般である。

手形保証の附従性については、手形法三二条一項（小二七条二項）に言及しつつ、次のようにいわれている。すなわち、手形保証人は、被保証人と同一の責任を負担する（被保証人が約束手形の振出人のような「主たる債務者」なら保証人についても遡求条件の具備を要しない）。したがって、また、①被保証債務が支払、時効などによって消滅すれば、保証債務も消滅する。②無担保裏書に手形保証しても保証債務は生じない（坂井・三訂三四五頁以下参照）。

これに対して、手形保証との関係では、附従性という概念を用いないで説明する考え方も可能であるとされる。

それによれば、一般に手形保証の附従性を規定したと解されている手形法三二条一項は、「手形保証は、それ自体、一次的義務を負担するのか、担保義務（償還義務・遡求義務）を負担するのか明らかでないから」、そのことを明らかにするために定められた規定であり、そこでは、「保証人は、被保証人と同一種類の手形債務を負担する」ことが定められている、と解することも可能であるというのである。この場合、手形法三二条一項は、附従性を定めた規定ではないということになる。このように手形法の規定を理解する場合、右の①については、たとえば、被保証債務の支払によって保証債務が消滅するのは、「共通の目的の達成」ということで説明することになる。また、時効の場合は、もはや保証人は支払っても被保証人に対して権利を行使できなくなることから説明できるというのである（手三二条三項参照）。さらに、②については、「同一種類の債務」の極限の場合ということもできるという（河本一郎「手形保証と手形行為独立の原則」商法演習II一六三頁、一六五頁以下、河本一郎「手形保証と人的抗弁」神戸九巻一・二号一七七頁、一九九頁以下参照）。

(2)　手形保証の独立性の帰結　いずれにせよ、一般に、手形保証の独立性（手三二条二項）の結果として、具体的には、たとえば、次のようなことがいえるとされている（鈴木＝前田・三三九頁）。

①　虚無の会社が被保証債務者として記載されていても、保証債務は有効に成立する。

②　被保証債務が行為能力の制限によって取消され、または錯誤によって無効でも保証債務は有効に成立する。

③　手形保証については、催告の抗弁権、検索の抗弁権（民四五二条・四五三条）は認められない（手四七条二項）。

④　被保証人が人的抗弁を有していても、保証人はこれを援用して支払を拒むことはできない（ただし、これについては、次に述べるような問題があり、近時は、必ずしもこのような結論にはなっていない）。

(3)　手形保証の独立性の限界　被保証人と手形所持人との間の原因関係が、無効、消滅、不存在などの場合に、手形所持人は、手形保証人に対して手形上の権利を行使できるか。これについては、争いがある（河本一郎「手形保証と手形行為独立の原則」商法演習Ⅱ一六三頁、塩田親文「手形保証の独立性の限界」商法の争点Ⅱ三七六頁）。

手形保証は独立性を有するものであり、保証人は、主たる債務者（被保証人）の有する原因関係消滅などの人的抗弁を援用して手形金の支払を拒むことはできない、とする見解がある。しかし、そうすると、所持人に支払った保証人は、主たる債務者に求償できることになる（手三二条三項）。仮に、そうであれば、主たる債務者は所持人に対して抗弁を有しているといってみても、無意味にならないであろうか。さらに、求償に応じた主たる債務者に所持人に対する不当利得返還請求を認めるとすれば、そもそも、所持人の保証人に対する請求を認めたことも無意味となる（ただし、主たる債務者と所持人の間の原因関係が売買契約であり、契約解除後、所持人がすでに引渡していた商品の返還を求めたが、主たる債務者がこれに応じない、という場合には、右と同じようにいうことはできないであろう）。そこで、多くの見解は、このような場合には、手形所持人の保証人に対する手形金の請求を認めない。その理由付けに関しては、見解が分かれている。

①　手形保証の附従性を中心に考える見解　　先ず、手形行為独立の原則を保証については原則として否定する考え方がある。それによれば、手形保証についても、それが保証である以上、あくまでも附従性が原則であり、手形法三二条一項は、そのことを定めた規定にほかならないとされる。手形法三二条二項は、その唯一の例外であって、「被保証債務が、偽造、無能力（行為能力の制限による取消）等によって無効な場合に限って附従性の例外を定めた」ものということになる。すなわち、この場合には、手形債務自体が無効なのであるから、その後の所持人の信頼は、このような規定がなければ保護されない。これに対して、いわゆる人的関係にもとづく抗弁については、手形保証人がこれを主張しうるとしても、その後の善意の取得者は、手形法一七条によって保護されるのである。手

形法三二条二項は、前者の場合（被保証債務が偽造、無能力（行為能力の制限による取消）等によって無効な場合）を予定するものである、と説明されている（河本・前掲論文（商法演習II）一六八頁、上柳克郎「判批」論叢六三巻四号一〇二頁、一〇八頁参照）。

② 無権利の抗弁に準じて考える見解　このような所持人は、実質的には、無権利者と同様に考えるべきであるとする。このような者による手形権利の行使に対しては、すべての手形債務者が、その権利行使の不当をもって対抗しうるとする（河本・前掲論文（商法演習II）一六九頁参照）。この考え方は、次の③および④にも通ずるものといってよいであろう。

③ 二段階行為論と結びついた有因論に立ち、無権利の抗弁によって解決する見解　この見解は、いわゆる手形権利移転行為有因論に立って（手形理論として創造説をとり、手形権利移転行為つき有因論（第4章第3節1(4)参照）をとって）、手形所持人を無権利者と構成するものであり、手形保証人は、無権利の抗弁をもって対抗できるとするものである（前田・三〇六頁参照）。

④ 権利濫用で説明する見解　手形所持人が手形保証人に対して手形上の権利を行使すべき実質的理由を失ったにもかかわらず、手形金の支払を求めようとすることは、信議誠実の原則に反して不当であり、権利の濫用に当たると説く。判例は、この見解によっている（最判昭和四五・三・三一民集二四巻三号一八二頁、なお、最判昭和三〇・九・二二民集九巻一〇号一三一三頁参照）。

⑤ 手形保証をする者は、原因関係においても民事保証をしていると構成する見解　手形授受の原因関係を知って、たとえば売買代金の支払のために振出された手形であることを知って手形保証をする者は、原因関係においても、たとえば、売買代金債務についても民法上の保証をし、この民法上の保証を原因関係として手形保証をす

るものであると説明する見解もある。それによれば、売買契約の無効などは、被保証人と手形所持人の間の人的抗弁となるのみならず、その結果、民法上の保証も無効となるから、保証人と所持人の間の直接の人的関係にもとづく抗弁にもなるというのである（河本・前掲論文（商法演習II）一六九頁、鈴木＝前田・三三〇頁註三および石井＝鴻・二九四頁参照）。なお、この方向で考えるのであれば、さらに、手形保証人と受取人との間に「約束手形振出人の手形責任を担保する旨の手形予約に類似する約束」を想定する見解も可能であろう（河本「手形保証と人的抗弁（続）」神戸九巻三号三八九頁、三九〇頁註(1)参照）。

民事保証の附従性との関係　本文に見るように、手形行為の独立性と附従性の関係をめぐっては議論がある。しかし、そのような問題の一つのあらわれとされる「保証人は、被保証人（主たる債務者）の原因関係にもとづく人的抗弁をもって手形所持人の請求を拒みうるか」という問題は、一方では、必ずしも手形保証の独立性に直接関係する問題ではない。この場合には、手形行為の独立性が前提としているような他の手形行為（被保証債務を生ずる手形行為）の無効という問題は存在しないのである。他の手形行為が仮に無効でもその影響を受けない（手形行為の独立性・手形保証の独立性）というのであれば、他の手形行為は有効で、それに人的抗弁が附着しているにすぎない場合には、当然にその抗弁の影響を受けないはずである、という形で手形行為の独立性と関係するにすぎないのである。

また、他方では、この問題は、保証債務の附従性の一般的な理解によれば、とくに結論に議論のある場合ではないともいえる。すなわち、保証債務の附従性からすれば、次のようにいえるものと解されているようである（松坂・債権総論一六六頁）。①主たる債務が存在しなければ、保証債務も存在しない。主たる債務が始めから無効な場合または取消された場合には、保証債務も無効である（ただし、民四四九条参照）。②主たる債務の変更に応じて、保証債務は、その内容を変更する。③主たる債務が消滅するときは、保証債務も当然に消滅する。④保証債務は、その範囲および態様において主たる債務より重いことはありえない（民四四八条）。そして、⑤保証人は、主たる債務者の抗弁権を援用することができる。

手形保証の場合には、このうち①は、必ずしも、認められず、他方、手形保証に関しても、③は、認められている。そして、右に取り上げた「保証人は、被保証人（主たる債務者）の原因関係にもとづく人的抗弁をもって手形所持人の請求を拒みうるか」という問題は、⑤の問題なのである。

第18章　支　払

ここに、支払とは、すべての手形関係を消滅させる効果を有する弁済をいう。したがって、約束手形の振出人（為替手形の引受人・支払人）またはそのために支払事務を担当する支払担当者による手形の支払をいう。裏書人・保証人、為替手形の振出人、さらには参加支払人または参加引受人による支払も、広義には手形の支払であるが、これらの場合には、支払をした者のために手形関係はなお存続するのであり、手形関係は部分的に消滅するにすぎない。

本章では、右にいう支払のための呈示、支払の時期、支払の猶予などに関して述べる。また、叙述の便宜上、為替手形にもできるだけ言及することにする。

第1節　支払の意義

(1)　支払の意義　支払とは、ここでは、すべての手形関係を消滅させる効果を有する弁済をいう（手七七条一項三号・三八条以下参照）。したがって、約束手形の振出人（為替手形の引受人・支払人）またはそのために支払事務を担当する支払担当者による手形の支払をいう（石井＝鴻・二五三頁、竹田・一三七頁）。裏書人・保証人、為替手形の振出人、さらには参加支払人または参加引受人による支払も、広義には手形の支払であるが、これらの場合には、支払をした者のために手形関係はなお存続するのであり、手形関係は部分的に消滅するにすぎない。

なお、手形所持人が満期に約束手形の振出人（為替手形の引受人または支払人）に対して支払を請求し、支払が拒絶された場合には、裏書人などに対して償還請求（遡求）できるが、所持人はさらに約束手形の振出人（為替手形の引受人）に支払を請求することもできる。その場合に、振出人（引受人）が支払えば、すべての手形関係が消滅することはいうまでもない（鈴木＝前田・二九九頁、石井＝鴻・二五三頁）。

(2)　支払の態様　　手形は受戻証券であり、約束手形の振出人（為替手形の引受人・支払人）は、支払をするに当たり、所持人に対して手形に受取を証する記載をして交付すべきことを請求することができる（手七七条一項三号・三九条一項）。一部支払の場合には、支払人は、その支払があったとの手形上の記載および受取証書の交付を請求することができる（手三九条三項）。現実の支払ではなく、免除、更改、相殺または代物弁済がなされた場合にも、手形債権は消滅する。さらに、手形交換所における決済も、当然、支払と同一の効力を生ずる（手形交換所における決済（手形交換）に関しては、第6節参照）。

なお、手形債務が、相殺、免除、更改、代物弁済などの一般の債務消滅原因によって消滅する場合にも、手形債務者は、現実の支払の場合と同様に手形の交付を請求することができる（手形の受戻証券性、手三九条一項参照）。その手形が善意の第三者の手に渡るときは再度支払わなければならない危険（二重払の危険）があるからである。したがって、手形所持人が手形債権を自働債権として相殺をする場合には、手形の交付が相殺の効力要件となるが、手形債務者が手形債権を受働債権として相殺をする場合には、手形の交付はなくとも相殺の効力を生ずると説かれている（大隅・一四〇頁）。

(3)　手形金額の供託　　なお、支払呈示期間内に支払のための呈示がなく、支払の機会がなかった場合には、債務者（約束手形の振出人、為替手形の引受人およびそれらの保証人）は、所持人の費用および危険において手形金額を供託してその債務を免れることができる（手七七条一項三号・四二条、供託の手続に関しては、供託法および民四九四条～四九六条参照）。手形法四二条は、手形法三八条のみを引用するが、一覧払手形（手三四条）の場合も同様と考えられている（鈴木＝前田・三二四頁）。

手形の支払と債権の消滅原因としての弁済　支払・弁済・履行といったことばの関連に言及しておきたい。すなわち、手形の支払とは、ここではすべての手形関係を消滅させる弁済をいう。債権とは、債権者が債務者に一定の行為（給付）をなすよう請求することのできる権利であり、弁済とは、債務の内容である給付自体が実現され、債権が満足を受けて目的を達成し、消滅することをいう。債務内容の実現は、債務者その他の者（弁済者）の行為によってなされるから、弁済をその行為に着目してみれば、これを履行ということもできる。（林良平＝石田喜久夫＝高木多喜男・債権総論〔改訂版〕（青林書院・一九八二年）二〇二頁、三頁参照）。

支払の効果と受戻なき支払　右に述べたように、支払とは、すべての手形関係を消滅させる効果を有する弁済をいう。したがって、支払により約束手形の振出人（為替手形の引受人）の手形上の債務は消滅し、償還義務者（遡求義務者）もみなその責任を免れる（為替手形の支払人の支払によっても遡求義務者はその責任を免れる）。

支払に当たっては、手形を受戻す（支払は手形と引換に行なう）ものとされているが（第1節(2)参照）、手形を受戻さないで手形の支払がなされた場合に手形上の権利がどうなるかをめぐって議論がある。手形を受戻さない支払によっては、手形上の権利は消滅せず、支払を受けたという事実は、支払をなした者と支払を受けた者の間の人的抗弁（手一七条）となるにすぎないとする有力な見解もある（たとえば、菱田・二五二頁、鈴木＝前田・三〇八頁以下など）。この見解によるときは、結局、手形を受戻さない支払は、厳密な意味では、「手形の支払」ではないということになるであろう。

私見は、手形を受戻さない支払によっても、手形上の権利（手形債務・手形上の義務）は消滅すると解する。ただ、手形を受戻さない支払の場合には、支払をなした者（たとえば、約束手形の振出人）は、支払を受けた所持人に対して手形の返還を求めることができる。所持人がこれに応じないで手形を善意の第三者に譲渡した場合には、支払をなした者は、もはやその返還を求めることができず、またその第三者が手形の支払を求める場合には、支払を拒むことができない。手形上の権利は、手形を受戻さない支払によっても消滅するが、支払をなした者が手形を受戻していない以上、いわゆる権利の外観は残っており、支払をなすべき者と善意の第三者との間においては、権利外観理論によって新たに手形上の権利が成立するからである（竹田・一四六頁以下参照）。

なお、判例には、手形（受取人白地）の共同振出人の一人が満期後に手形金を支払って手形を受戻したうえ、さらにこれを第三者に交付したという事案において、他の共同振出人は第三者に対して手形金の支払をする義務はない、としたものがある（最判昭和三三・九・一一民集一二巻一三号一九九八頁）。この最高裁判決が、「〔当該手形は、〕支払により無効となった」とする原判決を正当であると判示しているのは疑問であるが、事案の場合には、第三者への手形の交付が満期後（支払拒絶証書作成期間経過後）になされていたのであり、結論は正当である。

主債務者の債務の免除と裏書人の遡求義務　約束手形の振出人（主たる債務者）の手形債務が免除された場合には、すべての手形関係が消滅する（為替手形の引受人が債務免除を受けたときは、振出人、裏書人などの債務はすべて消滅するとする大判大正一一・一一・二五民集一巻六七四頁、ただし、田中耕太郎「判批」判例民法（大正一一年度）四三一頁参照）。また、手形所持人が第一裏書人から一部支払を受けて手形残債務を免除すれば、手形上その後者である第二裏書人の手形債務は消滅する（大阪高判昭和三八・四・一金融法務三四七号一〇頁）。さらに、東京地判昭和四三年五月一三日（金融商事一一六号一九頁）は、約束の振出人である会社が倒産し、いわゆる任意整理手続において、手形所持人が振出人から手形金の一部支払を受け、残金については放棄したという事案において「〔手形所持人において〕右放棄を認めるとの趣旨が免除であることを認めるものとするならば主債務者たる振出人に対する免除は裏書人に対する請求権を留保する意図の下になされたと否とに拘らず手形債権は消滅し、もはや裏書人に対する遡求権をも有しないこととなる」旨判示している。

第2節　支払のための呈示

1　呈示証券性と支払の呈示

(1)　手形の呈示証券性　所持人が支払を求めるためにする手形の呈示を、支払のための呈示（支払の呈示）という。手形は、いわゆる流通証券であり、所持人が変動するから、債務者には、現在の所持人が誰であるかが分からない。債務者としては、所持人が手形を呈示して請求してくるのを待つほかない。手形債務は取立債務であり（商五一六条二項）、その支払を受けるためには、所持人の方で手形を呈示して支払を求めなければならないのである。このように、証券を呈示しないで請求しても、請求としての効力が認められないものを呈示証券という（鈴木＝前田・四五頁註九）。呈示証券性に関しては、指図債権および無記名債権との関係では、商法に明文の規定があるが（商五一七条）、手形に関しては、裏書禁止手形についても呈示証券性を認めるべきであると解されている（竹田・四頁、大隅・

一三〇頁、鈴木＝前田・四六頁註一一、さらに、手三八条一項・三九条一項参照）。

(2) 支払の呈示の目的　支払の呈示は、本来、手形の支払を受けるために行なうものであるが、さらに、①約束手形の振出人（為替手形の引受人、すなわち、主たる債務者）を遅滞に付すためのものであり（商五一七条）、また、他方では、②裏書人などの遡求義務者に対する遡求権（償還請求権）を保全し、行使するための条件（支払拒絶による遡求のための条件）となっている（大隅・一三〇頁以下、鈴木＝前田・三〇〇頁、なお、手五三条参照）。

なお、支払の呈示とは、現実の呈示をいい、完全な手形を現実に被呈示者に呈示することをいう。被呈示者に接手検閲させる必要はないが、その面前に現実に手形を展示して明示または黙示に支払を請求することである（伊澤孝平「手形の呈示と受戻」手形法小切手法講座第四巻一五〇頁、一六一頁以下）。

2　支払呈示の当事者

呈示者は、形式的資格を有する手形所持人（またはその代理人）たることを要する（竹田・一三七頁、伊澤・四四六頁、ただし、いわゆる架橋説を採用する場合には、裏書の連続の欠けているときにも、所持人は、欠けている部分につき実質関係を証明すれば呈示できる、鈴木＝前田・三〇一頁）。引受の呈示は（第20章第2節2参照）、手形の単なる占有者も行なうことができるのとは異なる（手二一条参照）。支払の呈示は、引換のための呈示であるから、呈示者は手形の処分権者でなければ行なうことができないからである（竹田・一三七頁）。被呈示者は、約束手形の振出人（為替手形の引受人または支払人）であるが、第三者方払手形であって、支払担当者の記載のある場合には、――引受呈示の場合とは異なり（第20章第2節2参照）、――その第三者（支払担当者）である。

3　支払呈示の時期（支払呈示期間）

支払呈示をすることのできる期間を支払呈示期間という。支払呈示期間は、①約束手形の振出人（為替手形の引受人）を遅滞に付すための要件としての支払呈示期間と、②償還請求権（遡求権）を保全するための要件としての支払呈示期間とで異なる。

①約束手形の振出人（為替手形の引受人）を遅滞に付すための支払呈示は、支払をなすべき日以後、その債務が時効によって消滅するまでの期間内に行なえばよい。

②これに対して、遡求権保全のための呈示は、(a)確定日払、日附後定期払または一覧後定期払の手形にあっては、「支払ヲ為スベキ日又ハ之ニ次グ二取引日内」に支払のために呈示しなければならない（手七七条一項三号・三八条一項）。

支払を為すべき日　手形法三八条一項にいう「支払ヲ為スベキ日」とは、実際に支払をなすべき日である。したがって、普通は満期と同一であるが、満期が法定休日に当たる場合には、これに次ぐ第一の取引日が支払をなすべき日である。満期が法定休日に当たる場合には、それに次ぐ第一の取引日まで支払を請求することができないからである（手七七条一項九号・七二条一項）。また、ここに法定休日とは、手形法八七条によれば、「祭日、祝日、日曜日其ノ他ノ一般ノ休日及政令ヲ以テ定ムル日」をいう。取引日とは、法定休日以外の日をいう。なお、いわゆる恩恵日すなわち、手形債務者のために恩恵として支払猶予を与える期間は、法律上のものであると裁判上のものであるとを問わず認められていない（手七四条）。

付言するに、手形法八七条および小切手法七五条の「及政令ヲ以テ定ムル日」という文言は、昭和五六年法律六一号による手形法、小切手法の改正によって付加されたものである。そして、「手形法第八十七条及び小切手法第七十五条の規定による休日を定める政令」によって、土曜日および一二月三一日が休日とされている。なお、「祝日」の意義に関しては、国民の祝日に関する法律（昭和二三・七・二〇法律一七八号）を参照。

一覧後定期払手形の満期　為替手形に関する場合と（手二三条・三五条）、約束手形に関する場合とでは、多少取扱を異にする。約束手形の場合には、引受の呈示がないから、これによって満期を定めることはできないからである。約束手形にあっては、所持人は法定の呈示期間内に振出人に一覧のため手形を呈示しなければならない（手七八条二項一文・二三条）。一覧のための呈示があれば、振出人が手形に一覧の旨を記載して署名した日から一覧後の期間は計算される。振出人が、日附ある一覧の旨の記載を拒んだときは、拒絶証書によってこれを証明しなければならず（手二五条）、一覧後の期間は、その拒絶証書の日附から計算するものとされている（手七八条二項）。なお、所持人が右の手続を怠ると、遡求権を失なうが（手七八条二項・二五条二項、七七条一項四号・五三条一項)、主たる債務者である振出人に対する関係では権利を失なうことはなく、呈示期間の末日を標準として期間を計算することになる(手七七条一項二号・三五条二項、大隅・一七三頁)。

また、(b)一覧払手形の場合には、呈示により満期が定まるから、先ずそのために呈示しなければならない。呈示は振出日附から一年以内になすことを要する(手七七条一項二号・三四条一項)。ただし、振出人が一定の期日前または振出日附から一定の期間内における支払呈示を禁止しているときは(定日後一覧払または定期後一覧払手形)、その期日またはその期間の末日から一年内にすることになる(手三四条二項)。振出人は、全員のためにこの一年の期間を短縮し、または伸長することができ、また、裏書人は、自己のために(手七七条一項四号・五三条三項)これを短縮することができる(手三四条一項)。この期間計算に当たっては、初日を算入せず(手七三条)、また最後の日が休日であるときは次の第一の取引日まで伸長される(手七二条二項)。

所持人は、右の支払呈示期間内に支払の呈示をすることを要する。そして、支払が拒絶されれば、拒絶証書によりこれを証明しなければならない。そうでなければ遡求権を失なう(手七七条一項四号・五三条一項)。もっとも、主たる債務者(約束手形の振出人または為替手形の引受人)に対する権利を失なうものではない。前述したように、その債務が時効によって消滅するまでは主たる債務者に対して支払を請求することができるのである。

遡求権を保全するためには、右の①支払呈示期間内に支払の呈示をし、②支払が拒絶され、そして③そのことが、支払拒絶証書により証明されなければならないのである(手七七条一項四号・四三条・四四条)。

4　支払呈示の場所

支払の呈示は、支払地における被呈示者すなわち約束手形の振出人(または為替手形の支払人)の住所または営業所で行なう。第三者方払手形のときは、その第三者方において行なうが、支払呈示期間経過後は、第三者方払手形の支払の呈示も支払地内にある約束手形の振出人（為替手形の引受人）の住所または営業所において約束手形の振出人（為替手形の引受人）に対して行なうことを要すると解されている（最判昭和四二・一一・八民集二一巻九号二三〇〇頁、なお、第14章第1節4⑵③参照）。

被呈示者の同意があれば、その者の支払地内の居所その他の場所で有効な呈示をすることができ、また、支払場所とされている銀行が所持人であるときは、その銀行が満期に手形を所持しておれば、支払の呈示があったものと認められる（大隅・一三三頁、大判大正五・一〇・二五民録二二輯一九八八頁および大阪高判昭和四〇・二・一一金融法務四〇三号七頁など参照）。

手形交換所においてした呈示も、支払の呈示たる効力を有する（手七七条一項三号・三八条二項、八三条参照）。現実に用いられている手形（小切手）は、事実上、手形交換所加盟銀行を支払人または支払担当者とするものであり、通常、手形所持人は、自己の取引銀行に取立委任裏書をし、手形交換所を通じて取立をさせている。

手形交換所とは、一定地域内の銀行が手形の集団的決済である手形交換を行なう目的で組織した団体またはその団体が手形交換を行なうために施設を設けた場所をいうが、ここに手形交換所とは、その場所の意味である（大隅・一三三頁、鈴木＝前田・三〇三頁註八参照）。手形交換所において、手形の呈示をなすことのできるのは、その手形交換所の加盟銀行であり、また加盟銀行は、各手形交換所の規則によって、他の加盟銀行を支払人または支払担当者とする手形は、これを手形交換に付することを要するものとされている（手形交換に関しては、本章第6節参照）。

5　支払呈示の方法

支払の呈示は、前述のように（1⑵）完全な手形を現実に被呈示者に呈示して行なわなければならない。したがって、謄本または未補充の白地手形の呈示は、適法な呈示ではない（大隅・一三三頁）。被呈示者が支払を拒絶することが明らかな場合にも、支払の呈示（現実の呈示）をしなければならないが、正当な時期および場所に被呈示者がおらず、または正当な場所が不明なときは、所持人が必要な手段をとればそれで呈示があったものといえる（大隅・一三三頁、拒絶二条一項二号参照）。なお、手形債務者がすでに手形を保管している場合には、あらためて呈示することを要しない（最判昭和四一・四・二二民集二〇巻四号七三四頁参照）。

また、前述の主たる債務者を遅滞に付すための支払の呈示に関しては、判例は、裁判上の請求の場合には、現実の呈示がなくても、訴状を債務者に送達したときに債務者は遅滞に陥ると解している（最判昭和三〇・二・一民集九巻二号一三九頁など参照）。もっとも、学説においては、この判例に反対する見解が多い（大隅・一三三頁、伊澤・前掲一六六頁など、ただし、竹田・一三九頁は、「支払の呈示は訴状の提出を含むと解するを適当とする」と説いている）。これに対して、前述の償還請求（遡求権）を保全するための条件としての支払の呈示との関係では、判例も、支払呈示期間内の支払場所における現実の支払の呈示を要求しており、主たる債務者に対する訴訟の提起または訴状の送達は裏書人（遡求義務者）に対する遡求権行使の要件としての支払呈示の効力を有しないとしている（最判平成五・一〇・二二民集四七巻八号五一三六頁）。

さらに、時効中断のためには、裁判上の請求であると裁判外の請求であるとを問わず、手形の呈示は必要ないと解されている（大隅・一三三頁）。最高裁判所の判例（最判昭和三八・一・三〇民集一七巻一号九九頁）は、時効中断のための催告は、必ずしも手形の呈示を伴う請求であることを必要としないとする。この判決は、請求の一種である催告が時効中断事由とされたのは、催告により、催告をした権利者は、もはや権利の上に眠れるものではなく、権利行使の意思が客観的に示されているからであり、また、催告による時効中断の効力は、六か月以内に裁判上の請求その他の強力な時効中断の手続をとらなければ時効中断の効力を生じない予備的暫定的なものにすぎない（民一五三条）からであるが、このことからすると、時効中断事由としての催告は、債権者の当該債権についての催告の意思通知が債務者に到達するをもって足りるのであり、必ずしもこれによって債務者を遅滞の責に任ぜしめる効力を有するものと同一であることを要しない、と判示している（第12章第2節2参照）。

第3節　支払の時期

手形は、満期において支払われるのが原則であるが、①満期における支払のほか、②満期前の支払と③満期後の支払を考えることができる。

(1)　満期における支払　　満期における支払とは、手形が本来支払われるべき時期における支払のことである。必ずしも満期日における支払とは限らず、支払呈示期間における支払をいう（鈴木＝前田・三〇〇頁）。満期における支払に関しては、手形法四〇条三項（手七七条一項三号）により、善意弁済が保護されることになっている（第7節参照）。また、満期における支払にあっては、手形金額の一部についてなされる支払も有効であって、所持人はこれを拒むことはできない（手七七条一項三号・三九条二項）。所持人はそれを拒んでも、全額について支払拒絶があったことにはできない。償還義務者のために、一部弁済を拒否しうる一般原則を変更したものである（鈴木＝前田・三〇七頁以下、竹田・一四三頁、大隅・一三六頁、なお、第5節(2)参照）。

(2)　満期前の支払　　手形所持人は満期前には支払を請求することができないとともに、他方、支払を受けることを強制されることもない（手七七条一項三号・四〇条一項）。民法の規定によれば、債務者は期限の利益を抛棄（放棄）できるのが原則であるが（民一三六条二項参照）、手形の満期についてはその適用が排除されているのである。これは、手形所持人は満期までは手形が流通することについて利益を有するためであると解されている（前田＝鈴木・

三一〇頁註一、大隅・一三四頁)。もちろん、所持人と約束手形の振出人(または為替手形の支払人・引受人)とが合意すれば、約束手形の振出人(または為替手形の支払人・引受人)は、満期前においても支払をすることはできる。ただ、その場合には、支払をなす者には、手形法七七条一項三号・四〇条三項のような保護は与えられない。満期前に支払をなす約束手形の振出人(または為替手形の支払人・引受人)は、自己の危険において支払をすることになる(手七七条一項三号・四〇条三項)。具体的には、無権利者に支払ったような場合の危険である(為替手形の場合には、さらに、支払人に関して、支払委託が取消された結果生ずることのある不利益もこれに当たる)。

この関係で、議論のあるのは、満期前に約束手形の振出人(為替手形の引受人)が、手形の裏書譲渡(戻裏書)を受けた場合の取扱である。約束手形の振出人(引受人)が戻裏書(手七七条一項一号・一一条三項)を受けた場合には、裏書人が無権利者であるときにも、手形の取得者である約束手形の振出人(為替手形の引受人)は手形を善意取得することになり(手七七条一項一号・一六条二項)、その手形については支払義務を負わないことになるので、その場合との権衡(バランス)が問題とされるのである。学説には、①満期前の支払に関しても、手形法一六条二項を類推して、悪意または重大な過失のない限り支払を有効と認める見解と(大隅・一三四頁、鈴木=前田・三一〇頁註二)、②約束手形の振出人(為替手形の引受人)に対する戻裏書に、手形法四〇条二項の趣旨を及ぼして、手形法一六条二項の適用を排斥するもの(伊澤・四五〇頁註二、大隅=河本・三二八頁、小橋・二三六頁(戻裏書による手四〇条二項の潜脱を防ぐべきであると説く))とがある。ドイツでも見解の分かれるところである(*Baumbach/ Hefermehl*, Wechselgesetz und Scheckgesetz, 19 Aufl ., 1995, S. 316)。満期前の支払は任意の支払であるから手形法四〇条三項のような保護は認められないが、約束手形の振出人(為替手形の引受人)が戻裏書によって手形を取得した場合に、これに保護を認めない理由はないであろうから、前説が妥当であろう(鈴木=前田・三一〇頁註二参照)。

(3)　満期後の支払　約束手形の振出人（為替手形の引受人）は、右の支払呈示期間（右の第2節3②の意味における支払呈示期間）の経過後も手形上の権利が時効にかかるまでは（手七七条一項八号・七〇条一項）責任を負う。これは、手形所持人が遡求権保全手続をとったかどうかによって左右されない。満期後の支払の場合にも、所持人の手形金の請求は手形を呈示して行なわれなければならない。しかし、呈示（請求）の場所は、支払地内の約束手形の振出人（為替手形の引受人）の営業所または住所であって、支払場所の記載は支払呈示期間経過後は意味を有しない（最判昭四二・一一・八民集二一巻九号二三〇〇頁）。いずれも前述のとおりである（第2節3および4参照）。

満期後の支払には、①支払呈示期間（第2節3②の意味における支払呈示期間）内に支払の呈示があったのに支払わなかったが、後に満期後（支払呈示期間経過後）に支払う場合と、②支払呈示期間内に支払の呈示はなく、満期後に始めて手形を呈示して支払を求められる場合とがありうる。前者の場合、すなわち、支払呈示期間内に支払の呈示があったのに支払わなかったときは、約束手形の振出人（為替手形の引受人）は償還金額と同額の責任を負うものとされている（手七八条一項・二八条二項・四八条・四九条）。したがって、所持人は、満期以後の利息を請求することができる（手四八条一項二号、最判昭五五・三・二七判時九七〇号一六九頁参照）。

後者の場合、すなわち、満期後に始めて手形を呈示して支払を求める場合には、債務者（約束手形の振出人・為替手形の引受人）は、手形の呈示によって支払を求められたときから遅滞に陥る（ただし、訴が提起されたときは、訴状の送達によって遅滞に陥ることについては前述の通りである）。したがって、その限りで支払を強制されているから、約束手形の振出人（為替手形の引受人）の免責に関しては、満期における支払の場合（手四〇条三号）と同様に考えるべきである（鈴木＝前田・三一四頁、大阪高判昭和五七・一二・一七判時一〇七七号一三四頁参照）。

満期後の支払に関しては、所持人は一部支払を拒むことができる。満期のときに所持人が一部支払を拒むことができないのは（手七七条一項三号・三九条二項）、遡求義務者の利益を考慮したものであるが、満期後の支払の場合にはこれは問題にならないからである。すなわち、遡求権保全手続がとられておらず、約束手形の振出人（為替手形の引受人）のみが責任を負っている場合には、右の考慮は不要であり、また、遡求権保全手続がとられている場合にも、すでに手形金額についての拒絶証書が作成されている以上、一部支払によってそれを変更することはできないのである（鈴木＝前田・三二五頁註一〇、大隅＝河本・三二六頁、竹田・一四三頁）。

なお、手形金額が外国通貨で表示されている場合の支払金額については、手形法に規定がある（手七七条一項三号・四一条一項、第5節(1)参照）。満期に支払うときは、約束手形の振出人（為替手形の引受人）は外国通貨で支払うか、それを換算して内国通貨で支払うかの選択権を有するが、満期に支払を拒絶したときは、所持人の方で、外国通貨で支払を受けるか、内国通貨で支払を受けるか、内国通貨の場合にも、換算率を満期の日の相場にするか支払の日の相場にするか、その選択権を有するとされている（手七七条一項三号・四一条一項）。債務者が所持人の犠牲において為替相場の変動を利用するおそれがあるので、それに備えた規定である（鈴木＝前田・三二六頁註一一参照）。

第4節　支払の猶予

1　支払の猶予

約束手形の振出人（為替手形の支払人・引受人）は、満期に支払ができないため、あらかじめ満期前に他の手形関係者の同意を得て支払を猶予してもらい、あるいは、満期になってから猶予してもらうことがある（当事者の意思にもとづく支払の猶予）。また、法律の規定により支払の猶予が行なわれることもある。

(1)　法律の規定による支払の猶予　　戦争・地震・経済恐慌その他一国全体またはある地方に関する事変のある

場合に、国家権力の発動によって手形債務の支払の猶予（モラトリアム〔Moratorium〕）が行なわれることがある（なお、手七七条一項四号・五四条参照）。モラトリアムには、手形の満期自体が延期される場合と満期自体には変更がなく、単に一定の期間だけ呈示期間ならびに拒絶証書の作成期間が延長される場合とがあるといわれてる（第12章第1節2の註参照）。

地震と手形決済　神戸手形交換所では、一九九五年一月中に、いわゆる阪神大震災の影響で二、二九七枚の手形（総額二二億円）が未決済となったとのことであるが、金融機関は、大蔵省通達などにもとづいて、決済できない手形（不渡手形）を振出した企業を銀行取引停止処分にしないという緊急対応策（特例措置）をとったとのことである。これを報ずる日経新聞（一九九五年二月九日）によれば、神戸商工会議所などは、さらに、「手形決済の六カ月間凍結や（手形を振出した被災企業への）無担保・無利子融資」を要望していたとのことである。

その後の新聞報道によれば、神戸、大阪の手形交換所によるこの特例措置を悪用する者が現れたので、すでに六月二三日付けの日経新聞には、大蔵省、日銀と神戸銀行協会が特例措置の解除を検討しているとの記事が現れており、結局、八月三日以降この特例措置は解除されたとのことである（一九九五年八月二日付読売新聞〔大阪〕参照）。

(2)　当事者の意思にもとづく支払の猶予　当事者の意思にもとづく支払の猶予にも、いろいろな場合がありうる。先ず、①すべての手形関係者の同意を得て手形の「満期の記載」を変更することができる。この場合には、変造でないことはもちろんであり、満期が有効適法に変更される結果、支払の猶予（延期）の効果を生ずる。

これに対して、債務者が一部の手形関係者のみの同意を得て、満期の記載を変更するときは、同意していない者に対する関係では手形の変造として処理すべきことになる（大隅・一三四頁）。

次に、②一部またはすべての手形関係者が手形外において支払猶予の合意をするときは（たとえば、約束手形の振出人が所持人との間において延期契約を結べば）、同意した者の間では、満期が変更されたのに似た結果となる。すなわち、振出人は、支払の延期に同意した所持人から請求されても、延期契約（支払猶予の特約）を人的抗弁事由とすることができる。なお、その結果、支払が猶予されている間は、時効期間も進行しないと解されており（鈴木＝前田・三一一頁註(三)）、判例もそのように考えている（最判昭和五五・五・三〇民集三四巻三号五二一頁）。しかし、特約による手形の満期自体の変更は、当事者の間においてだけであっても不可能であり、時効は満期（手形記載の満期）から進行すると説く見解もある（大隅＝河本・三九二頁）。前述したように（第12章第1節2の註〔支払猶予の特約と消滅時効の起算点〕参照）、後者の見解に従っておきたい。

いずれにせよ、支払延期契約（支払猶予の特約）の場合には、手形の満期そのものが変更されているのではないから、手形所持人は前者に対する遡求権を保全するためには満期を基準として遡求権を保全する手続をとらなければならない。たとえば、約束手形の振出人と所持人との間に支払猶予の特約をした場合に、所持人が裏書人に対する遡求権を保全するためには、所持人は、満期に手形を呈示して必要な保全手続をとらなければならない。この場合、裏書人は、遡求権の保全手続がとられて償還請求を受ければ、直ちに支払わなければならないであろうか。振出人が支払猶予を受けている間は、裏書人も支払猶予の抗弁を提出できると解されている（田中誠・六二七頁、鈴木＝前田・三一一頁註(四)）。

さらに、③支払の猶予（延期）のために、従来の手形（旧手形）に代えて、満期を変更した手形（新手形）を振出して所持人に交付することもある。これを手形の書替という。項をあらためて述べる。

2　手形の書替

(1)　手形の書替に関する問題　手形の書替（書換または切換）とは、支払猶予のために手形債務者が満期を変更した新手形（書替手形、書換手形、延期手形または切換手形）を振出して所持人に交付することをいう。手形の書替（書換または切換）に関しては議論が多く、その法的性質に関しても早くから争われている（たとえば、大塚市助「延期手

形」総合判例研究叢書商法(3)〔有斐閣・昭和三三年〕六三頁参照)。

① 手形の書替に関する諸問題　手形の書替の法的性質をめぐっては、以下にみるように議論があるが、具体的問題の解決に関しては、概ね争いはない。たとえば、次のような問題が取り上げられている。(i)旧手形について認められる抗弁は新手形についても対抗できる(東京控判大正一三・七・二二新聞二二九四号一七頁、大隅＝河本・二〇八頁)。(ii)旧手形に附着した抗弁の存在を知らないで旧手形を取得していた手形所持人は、その抗弁の存在を知った後に手形の書替によって新手形を取得しても新手形による手形金請求との関係でも抗弁の切断の利益を受けることができる(最判昭和三五・二・一一民集一四巻二号一八四頁)。(iii)旧手形上の債務のために設定された担保は新手形上の債務をも担保することになる(大判大正九・三・二四民録二六輯三九二頁、大判大正一二・六・一三民集二巻四〇一頁、大判昭和九・五・二五民集一三巻八四二頁)。(iv)手形所持人は新旧両手形の併存する場合には、旧手形に関しては、支払猶予の人的抗弁を有する。手形所持人は、新旧いずれの手形によって支払を受ける場合にも、新旧両手形を返還しなければならない(東京控判昭和一一・一〇・二八新聞四〇九四号七頁、最判昭和五四・一〇・一二判時九四六号一〇五頁参照)、などである(鈴木＝前田・三一二頁、大隅＝河本・二〇八頁、四五四頁参照)。

② 手形の書替の法的性質　手形書替の法的性質に関する判例の取扱を概観するに、大審院は、当初は手形書替の法的性質を「更改(民法五一三条)」と解していたが(大判明治三八・九・三〇民録一一輯一二三九頁、金額を変更した事案)、その後、手形書替は「支払延期の手段」として行なわれるのが常態であり、その場合には当事者は債務を変更する意思ではないから、――金額、債務者の変更がなければ更改は成立せず、――旧手形上の権利は同一性を保持しつつ新手形上に表章されるとした(「新手形カ旧手形ニ代ハル」、大判大正四・一〇・二六民録二一輯一七七五頁、大判大正九・三・二四民録二六輯三九二頁)。

さらに、判例は、右にいう支払延期の手段となる場合の範囲を次第に拡大して、更改であるか、支払延期のための書替なのかは、当事者の意思を解釈して決めるべきであり、意思が明瞭でないときは延期手形（支払延期の手段）と推定すべきであるとするとともに、手形金額や債務者に一定の変更があっても、当事者の意思解釈上、支払延期のための書替と認定する妨げには必ずしもならないとした（大判大正一二・六・一三民集二巻四〇一頁、大判昭和九・五・二五民集一三巻八四二頁、ただし、大判昭和一三・四・二三民集一七巻八〇三頁参照）。

最高裁判所の判例も、基本的には従来の判例理論を維持するようである。ただ、更改となるかどうかの区別の基準に関しては、従来の判例が「当事者の意思」を重視していたのに対して、むしろ客観的要素にウェイトをおき、「書替手形の特質は、旧手形を現実に回収して発行する等特別の事情のない限り、……単に旧手形債務の支払を延長する点にあるものと解するを相当とする」としている（最判昭和二九・一一・一八民集八巻一一号二〇五二頁参照）。

なお、ここに、更改と対置して用いられている「延期手形（支払延期の手段）」という表現は、経済的に手形の書替が「支払の猶予」のために利用されていることと混同してはならない。ここでは、――更改と解されると旧手形上の権利は消滅するのに対して、――「旧手形上の権利が同一性を保持しつつ新手形上に表章される」ことを意味するものとして用いられているのである。

これに対して、学説は、右のような判例の見解は、手形の抽象性、設権証券性を無視する謬見であると批判している。学説は、「書替によって旧手形が回収されるとき」には、旧手形は「代物弁済（民法四八二条）」によって消滅し、その代わりに新手形が成立するとする（同旨、大阪高判昭和三四・一二・一六高民集一二巻一〇号四九一頁、ただし、小橋一郎「判批」商法の判例〔第三版〕一九二頁、一九三頁参照）。なお、「旧手形の回収されない場合」には、旧手形の支払を猶予し、旧手形の支払を確保するために手形が交付される場合（旧手形の支払延期〔支払猶予〕のために新手形を差し入れたが、旧手形を返却すべき約束の認められないという事案に関する大阪地判昭和四一・三・八金融法務四四六号一四頁参照）と、旧手形が新手形の見返り担保として保持される場合（最判昭和三一・四・二七民集一〇巻四号四五九頁）とがあるが、いずれの場合にも旧手形上の債務と新手形上の債務は併存するとされている（小島孝「判批」手形百選（新版・増補）一一八頁、一一九頁および小橋・二三七頁）。

手形書替の法的性質と判例・学説の錯綜　手形書替の法的性質をめぐる従来の判例、学説の見解をこのように錯綜したものにしている理由は、いろいろあるであろうが、たとえば、①学説は、手形書替の法的性質を論ずるに際して、手形書替を所持人が新手形の交付を受ける代わりに旧手形を返還（回収）する場合と、新手形の交付を受けても旧手形を返還しないで新旧両手形を保持する場合に分けて論ずるものが多いのに対して、判例は、少なくとも、比較的早い段階においては、必ずしもこの旧手形の返還の有無をメルクマールにすることなく、手形の書替の法的性質を論じていたこと（たとえば、判例集の記述からは、当該の事案における旧手形の返還の有無が確認できない場合も少なくない）、②判例では、手形書替のうち、少なくとも一定の場合は、更改と解されているのに対して、学説は更改による説明を受け入れないこと（ただし、小橋・前掲「判批」一九三頁参照）、さらには、③判例は、更改と対置して用いられている「延期手形（または支払延期の手段）」なる説明を取り入れ、この概念を介在させることによって、具体的な事案の必要に応じて「（延期手形の場合には、）旧手形上の権利が同一性を保持しつつ新手形上に表章される」という説明を行なっているのに対して、学説は、必ずしもこのような説明を用いるとは限らないこと、などを挙げることができるであろう。

(2)　手形書替とそのための当事者間の合意　自明のことであるが、書替手形なる独自の手形は存在しない。書替手形とは、上述のように手形の書替という特定の場面で用いられる手形を指称するものにすぎない。手形の書替とは、旧手形の支払の猶予のために当事者間の合意にもとづいて満期を変更した手形を授受することであるから、手形の書替に際しては、そのために当事者間に民事上の合意（手形の書替についての民事上の契約）がなされているはずである。仮にこのように考えてよいとすると、手形書替の法律関係をめぐる問題の多くは、この手形の書替についての民事上の契約が手形関係に及ぼす影響の問題として考察できるはずである。これは、私見にいう「手形授受（交付）に関する合意」または「手形授受の合意」をめぐる問題の一場面であるといってよいであろう（第4章第3節3(3)参照）。

しかし、従来の書替手形に関する議論においては、この点は必ずしも正面から論じられることが多くはなかったようである。このように書替手形の基礎にある「手形の書替に関する民事上の合意」または広くいわゆる「手形書替の原因関係」に関する検討が必ずしも議論の前面に出て来なかった理由は必ずしも明らかではないが、あるいは、具体的な事案の多くが「旧手形上の権利と書替手形上の権利の同一性」という説明で処理され、手形書替の原因関係にまで立ち入る必要が必ずしもなかったためではないかとも考えられる。

換言するならば、手形書替をめぐる法律関係の理解を困難にしている理由の一は、手形関係に関する諸問題を説明するに際して、新旧両手形上の権利の同一性という説明が用いられていることに求めることができるのではないかとも解される。

もっとも、判例が、新旧手形債務は法律上同一である（法律的同一性）との理論で処理していた（したがって、旧手形に附された担保は当然新手形に移転する〔大判昭和九・五・二五民集一三巻一一号八四二頁〕、旧手形の振出に取締役会の承認を得ていれば、新手形の振出には承認を要しない〔大判昭和八・四・一〇民集一二巻六号五七四頁参照〕）のに対して、学説は、「法律的同一性」は認められないが、「実質的同一性」は認められるとしているといわれる（たとえば、大隅・七〇頁参照）。しかし、法律の議論において、法律的には別個のものであるが、実質的には同一であるとは、どういう意味であろうか。ここに、「実質的同一性」というのは、結論（問題の解決またはその背後にある価値判断）を分かりやすく説明する標語としてはともかく、法的構成の理論としては理解が容易ではない（*Hueck/Canaris*, Recht der Wertpapiere, 12. Aufl., 1986, S. 127f.）。さらに、また、このような新旧両手形債務の法律的同一性をいうための説明として判例の用いる「延期手形（支払延期の手段）——更改に対立する概念としての延期手形——」という理論構成も再検討を免れないであろう。むしろ、右のように考える立場からは、すでに前述したように、手形書替の法律関係をめぐる問題の多くは、手形の書替についての民事上の合意（書替手形を授受する旨の合意）が手形関係に及ぼす影響の問題として考察できるはずである。

手形の書替と当事者間における手形授受の合意　手形の書替に関する教科書・体系書などの説明において、「書替に関する当事者間の合意」または「書替手形を授受する旨の合意」に言及されることは、従来、必ずしも一般的ではない（手形書替との関係において、手形授受の合意に言及するものとして、平出・四五〇頁以下、石井＝鴻・二六九頁以下参照）。手形の書替に関する当事者の合意に言及するものも、その解釈上の位置付けに関しては、とくに説明を加えないのが普通である。しかし、これは、必ずしも書替手形に特有な問題ではない。問題は、むしろ、より一般的に、わが国の手形法学において、ここで取り上げている「書替手形を授受する旨の合意」のような「手形授受の合意」に与えられている評価にあるように思われる。いわゆる教科書・体系書において、手形の原因関係に関して叙述（検討）の行なわれる際には、「手形関係と原因関係の牽連関係」は問題にされているが、「手形授受の合意」に関しては多くの教科書は、完全に沈黙している。わずかに「手形の授受が原因関係に与える影響」を説く場合に、当事者の意思（これは、「手形の授受」に際しての当事者の意思にほかならないであろう）に言及される程度である。

手形法および手形法学の対象を手形上の法律関係（すなわち、手形行為と手形上の権利をめぐる法律関係）に限定するのであればともかく、——この手形上の法律関係が手形法学の主要な対象領域であることは疑問の余地はないとしても、——たとえば、手形の無因性をめぐる議論に典型的に表れているように、少なくとも手形法学が「手形関係と原因関係の牽連関係」をもその対象にするのであれば、右のこと（手形法学が「手形授受の合意」にまったくといってもよいほど言及しないこと）は、きわめて不可解である。手形の授受に当たっては、当事者間には、——それが明示的なものであるかどうかはともかく、——少なくとも論理的には、必ず「手形授受の合意」が存在するはずだからである。

右のように見てくると、手形の書替の場合には、少なくとも若干の見解が（前述の石井＝鴻・二六九頁以下、平出・四五〇頁以下など）、「手形授受の合意」に言及しているのは、むしろ例外的な現象として注目に値するといってよいであろう。逆説的にいえば、この書替の問題との関係では、他の場合にも増して手形を授受する当事者の合意（意思）を無視した説明が考えにくいということにもなるであろう。

(3)　書替手形を授受する旨の合意（手形授受の合意）の意味　以上のような立場からすれば、手形の書替に関しては、①「旧手形の法律関係」、および、②「その原因関係(旧手形の原因関係)――これは、旧手形の授受の態様によって区々であって一律ではありえないであろう――」の存在に加えて、さらに、③「書替に関する当事者間の合意」ないし「書替手形を授受する旨の合意」の存在することを強調することができるであろう。

問題は、右の③のような合意(「書替に関する当事者間の合意」または、より一般的には「手形授受の合意」)にどのような効果を与えるか、それを法的にどのように評価するか、である。これは、結局、手形書替の原因関係の問題にほかならないであろう。もっとも、これは、わが国における一般的な用語法(「ことば」の使い方)とは多少距離がある。すなわち、手形行為または手形関係の原因関係を「売買契約」とか「金銭の消費貸借契約」に求める場合の「原因関係」という用語の使い方とは厳密にいうと異なるが、「手形予約は原因関係の問題である」というのと同じような意味においては、手形書替の原因関係の問題にほかならないであろう。仮に前者を「狭義の原因関係」と呼び、後者を「広義の原因関係」と呼んでおきたい。「手形書替に関する当事者間の合意」(一般的には、「手形授受の合意」)は、手形関係の基礎にある原因関係の問題と捉えることができる。

ところで、わが国の通説的見解によれば(たとえば、大隅・六七頁参照)、「手形の無因性にもかかわらず、原因関係上の抗弁は、手形授受の当事者間においては人的抗弁として主張できる」と解されている。このことからすれば、手形書替に関する多くの問題は、右にいう「書替に関する当事者間の合意」の問題(これは人的抗弁事由と評価される)として処理することができるのではなかろうか。

なお、手形書替も旧手形を原因関係とする特別な場合であるとはいえ、手形関係と原因関係の牽連関係という意味では、一定の原因関係に関連して手形が授受される場合の一にほかならない。手形法の教科書・体系書において、「手形の原因関係に及ぼす影響(手形関係が原因関係に及ぼす影響)」という見出しのもとで取り上げられてきた問題にほかならない。そうすると、その場合の一般理論（既存債務の履行〔支払〕のために手形が授受されると原因関係にどのような影響を与えるかという問題に関する一般の議論）に従って、書替手形（新手形）もまた旧手形債務の履行に代えて代物弁済として授受されるか、旧手形の支払のために交付されるか、のいずれかということになるであろう（坂井・三訂三一七頁以下は、ほぼそのように解するものであろう、なお、第5章第2節参照）。

手形書替と新手形の原因関係　書替手形の問題を、仮に右のように、既存債務の履行に関連して手形の授受される一般の場合と同様に取扱うものとすると、次の問題は、手形書替の場合に新旧手形上に表章される権利の原因関係は何か、という問題である。旧手形が回収され、代物弁済の結果として旧手形上の権利が消滅する場合には、新手形だけを問題にすることになるが、その原因関係は、旧手形の原因関係と同じであると考えてよいであろう。新旧両手形債務が併存する場合（旧手形の「支払のために」新手形の授受される場合）には、一方では、新手形は、旧手形債務をその原因関係とするものではあるが、同時に、新手形は、旧手形の原因関係をも自己の原因関係とするものであるといってよいであろう（旧手形の原因債務、旧手形および新手形のいずれかの支払によって目的は達せられることになる）。

さらに問題になるのは、本来、旧手形が返還すべきものとされていた場合である。返還すべきものでありながら、返還されていない「手残り手形」の場合の取扱である。このような場合、①旧手形上の債権は、すでに消滅していると構成するか（大隅＝河本・四五四頁）、それとも、②手形の返還のない以上、旧手形上の権利はまだ消滅していないと見るべきであろうか（鈴木竹雄「判批」手形百選〔新版・増補〕一二一頁）。さらに、この後者の場合、旧手形上の権利の原因関係（狭義）は何であるかも問題となる。それは、(a)従来からの旧手形の原因関係なのか、それとも、(b)ある下級審判決（高松高判平成三・六・一〇金融商事八八一号二七頁）の説くようにすでに手形の書替の時点において旧手形は原因関係を欠くものなのか。旧手形（手残り手形）の支払を拒むための抗弁事由は、(b)によれば、原因関係の消滅であり、(a)によれば、手形書替に関する合意にもとづく手残り手形の抗弁ということになる。

第5節　支払の目的

手形の支払の目的は一定額の金銭であるから、支払をなす者は、手形に記載された一定金額を支払わなければならない。

(1)　支払をなすべき貨幣（通貨）　民法の原則によれば、支払をなす者はその選択に従い各種の通貨をもって支払うことができる（民四〇二条一項本文）。手形金額が外国の通貨で表示されている場合でも、内国の通貨で支払うことができる（手七七条一項三号・四一条一項一文、民四〇三条）。ただし、振出人が特種の通貨をもって支払うべき旨（外国通貨現実支払文句）を記載した場合には、外国通貨で支払わなければならない（手四一条三項、民四〇二条一項但書）。

外国通貨で表示された手形金額を内国通貨で支払う場合には、両通貨を換算する必要がある。換算率は、手形に記載されていればその率により（手七七条一項三号・四一条二項但書）、その記載がなければ、支払地の慣習に従う（手四一条二項本文）。すなわち、通常は支払地における為替相場によることになる（民四〇三条参照）。右の為替相場は、原則として満期の日の相場による（手四一条一項一文参照）。ただし、債務者が支払を遅滞したときは、所持人の選択により、満期または支払の日の相場によって換算すべきことは（手四一条一項二文）前述のとおりである（第3節(3)参照）。

(2)　一部支払　手形金額の一部についてなされる支払も有効であり、所持人はこれを拒むことはできない（手七七条一項三号・三九条二項）。このことは、一部引受があった場合に限らない。その理由は、手形金額は可分であり、かつ一部支払を認めても、とくに所持人に酷ではなく、しかも償還義務者にとっては有利であるということに求められている（大隅・一三六頁、第3節(1)参照）。仮に所持人が一部支払を拒むときは、支払拒絶証書を作成させることはできず、前者に対する遡求権を失なう。他方、一部支払があるときは、所持人は、残額についてのみ前者に対して遡求することができる。遡求のためには手形が必要であるから、一部の支払をした者（約束手形の振出人・為替手形の支払人）は、手形の返還を求めることはできず、手形所持人に対して、手形上に一部支払のあった旨を記載し、受取証書を交付することを請求できるものとされている（手七七条一項三号・三九条三項）。なお、前述のように、満期後の支払に関しては、所持人は一部支払を拒むことができる（第3節(3)参照）。また、銀行実務上は、一部支払をしないことになっている（当座九条二項参照）。

第6節　手形交換

(1)　意　義

手形交換とは、手形交換所に参加する銀行その他の金融機関が、相互に取立てるべき手形小切手等（交換証券）を一定の場所（手形交換所）に持ち寄って、呈示、交換し、その交換差額（交換尻）を一定の方法（振替決算）で授受して、取立および支払を一挙に済ませる集団的決済制度である。なお、手形交換所とは、手形交換の場所ないしは手形交換の関係者の団体のことである。手形交換所は、各地の銀行協会が、その定款の規定にもとづいて設置運営する（東京手形交換所規則一条）。また、手形交換に付される証券（交換証券、東京手形交換所規則第3章「手形交換」にいう「手形」）のほとんどは手形小切手であるが、配当金領収書等の金額の確定した証券で領収すべき権利の明らかなものも含まれる（規則二二条二項）。

手形交換制度は、取立事務を合理化するとともに、交換尻の振替決済により金融機関の資金運用を効率化しようとするものである。

ところで手形交換は、その手形交換所の自治規則たる手形交換所規則にもとづいて行なわれる。以下においては、昭和四六年四月二七日に全面改正され、その後部分的な改正を受けた東京手形交換所規則（本節においては、規則として引用）と全国銀行協会連合会が同年七月二四日に発表した手形交換所規則ひな型（本節においては、ひな型として引用）を参照して、交換手続のごく概要を見る（手形交換に関しては、たとえば、東京銀行協会編・全訂手形交換所規則の解説（経済法令研究会・一九九三年）および田中誠二・銀行取引三一四頁以下などを参照）。

(2)　交換手続　①立会交換方式の場合、加盟銀行は、顧客から受け入れた他行払の手形に交換印押捺等の処理を施し(ひな型二三条、規則二五条)、支払銀行別に分類して、毎朝一定の時刻に手形交換所に集合し、相互に手形の交換授受を行なう。そして手形の枚数等を点検し(枚数交換)、各計数、交換尻を算出して、それぞれの計数を手形交換所に報告し、手形交換所はその報告にもとづいて各計数を確定する(ひな型二八条以下)。加盟銀行の交換尻(交換持出手形の総額と受入手形の総額の差額)の決済は、決済銀行(通常は日本銀行本支店)における各銀行の当座勘定の貸借振替によって行なわれる(ひな型三四条、規則四八条)。

もっとも、現在では、従来の立会方式は東京手形交換所、大阪手形交換所などでは、廃止されているとのことであるが(田中誠二・銀行取引三一四頁および井上俊雄・手形・小切手の常識(新版)(日経新聞社・一九九七年)一七九頁参照)、ここでは手形交換自体の理解を容易にするために従来の立会方式にも言及した。

②他方、東京手形交換所の採用する集中交換方式(集中処理方式)の特徴を見るに、この場合には、機械処理の可能な「交換所分類手形」については、加盟銀行は、手形にMICR方式(Magnetic Ink Character Recognition、すなわち、磁気文字自動読取分類方式)による金額の印字を行なった上、これを一定のバッチ(束)に区分し、細則で定める帳票を添付して、交換日の前日夕刻に手形交換所に持ち出すものとされている。交換所は、深夜コンピュータで手形を支払銀行別に分類し、各計数、交換尻を算出し、交換日の朝、加盟銀行に引渡している(規則二九条以下)。なお、機械処理に適さない手形(銀行分類手形)は、持出銀行が分類し、専用の交換袋に封入し、交換所に設置してある持帰銀行の銀行分類手形用ロッカーに投入して交換するものとされている(規則三〇条)。

(3)　法的性質　手形交換の法的性質については、相殺、交互計算に似るが、そのいずれでもなく、交換所規則にもとづく独特の決済方法であるとするのが通説である(民五〇五条、商五二九条参照)。交換の成立時期は、異論はあるが、交換尻決済の時である（ただし、規則五一条）。

(4)　手形法と交換　手形法は、法務大臣指定の手形交換所における手形の呈示は支払のための呈示たる効力を有すると規定する（手七七条一項三号・三八条二項・八三条）。これは同時に手形交換による決済が支払の効力を有するということを意味する。そして各個の手形の支払は、手形交換の成立と同時に成立するが、返還時限内にする不渡による手形の返還を解除条件とする（規則五二条）。なお、法務大臣の指定を受けていない手形交換所における呈示も支払呈示たる効力を有するが、この場合には当事者において、それが手形交換所の実質を有することを立証しなければならない。

(5)　取引停止処分　手形交換に関連して交換所規則は取引停止処分を規定している（ひな型四七条・規則六二条以下）。交換所に呈示された手形が「資金不足」等一定の事由で不渡になると、交換所は、持出銀行および支払銀行からの不渡届にもとづき、支払義務者（約束手形、小切手の振出人または為替手形の引受人）を不渡報告に掲載し、六か月以内に再び不渡届があれば、右の支払義務者を二年間の取引停止処分に付するのである（なお、東京高判昭和五八・一一・一七金融商事六九〇号四頁参照）。

第7節　善意弁済の保護

(1)　手形法四〇条三項（手七七条一項三号）の意義　本来債務は真の権利者（またはその者から権利行使の権限を与えられた者）に弁済されることを要する。したがって、債務者は弁済に当たっては、請求者が真の権利者であるかどうかを調査しなければならない。しかし、手形の場合にこの原則を貫くと支払が迅速に行なわれず、延いては手形の流通性も損なわれる。また、理論的にいえば、裏書の連続している手形の所持人は権利者たる資格を認められるから（手七七条一項一号・一六条一項）、そのような所持人に支払えば免責を受けられるはずである。そこで手形法四〇条三項（手七七条一項三号）は、形式的資格の効果の及ぶ限りにおいて、「支払ヲ為ス者」（為替手形の引受をなしまたはなさない支払人・約束手形の振出人のほか、第三者払手形の支払担当者等を含むと解されている）の調査義務を軽減し、支払が一般原則によれば無効である場合にも「悪意又ハ重大ナル過失」がない限り免責されるとした。ただし、所持人に支払請求権のない満期前の支払は、支払をなす者の危険においてなされる（手四〇条二項・七七条一項三号）。

(2) 請求者の受領資格の調査　支払をなす者（支払をなすべき者）は、請求者の資格をどの範囲まで調査すべきであろうか。

①右の規定（手四〇条三項）によれば、「支払ヲ為ス者」は、形式的資格（手四〇条三項にいう「裏書ノ連続の整否」）は、有効な支払の前提条件として（手形の方式の適式なること、自己の署名の真正とともに）調査しなければならないが（石井＝鴻・二六二頁）、それが所持人にある限り、実質的資格（手四〇条三項にいう「裏書人ノ署名」）を調査しないで支払った者も、―――手形所持人が真の権利者でない場合でも、―――「悪意又ハ重大ナル過失」がなければ免責されるものとされている。そしてこのことを指して普通、「形式的資格の調査義務」はあるが、「実質的資格の調査義務」はないといっている（大隅・一三八頁）。

ここに形式的資格とは、請求をする者を手形の記載において、真の権利者と認めることができるということであり（手一六条一項参照）、これは、手形の記載から知りうる事項であるから、支払をする者の側でその調査をする義務を負う。他方、実質的資格とは、手形金を請求している者が真の権利者であるということであるが、右に述べたように、支払をなす者は、その調査義務を負わない。

②しかし、所持人の同一性（手形の記載上権利者とされている者と、現に請求をする者とが同一人であること）、支払受

領能力(破産者でないかどうかなど)、代理権等に関しては、形式的資格の効力は及ばないから、論理的には一般原則によることになる(手四〇条三項の規定するところではない)。しかし、この場合に「調査義務」あるものと解すると、支払の迅速性の害されることは、形式的資格の効果の及ぶ場合と同様である。したがって、争いはあるが、手形の記載からは知りえないこれらの事項に関しても調査義務は軽減され、この場合にも形式的資格のある所持人に支払った者は、受領権限のないことにつき悪意重過失がなければ免責されると解される。

このように解する法的根拠(条文上の根拠)を何に求めるかも問題である。手形法七七条一項三号・四〇条三項にその条文上の根拠を求める見解(鈴木＝前田・三〇五頁)、一般の理論(民四七〇条参照)によって決するとする見解などに分かれる(大隅・一三八頁)。

(3)　手形法四〇条三項の悪意重過失(調査義務の程度)　手形法四〇条三項の「悪意重過失」の解釈は、「支払をなす者の調査義務」の程度を決する重要な問題である。異論もあるが、ここに「悪意」とは、請求者が無権利者であることを知っているだけでは不充分であり、さらに容易にそれを立証する手段を有することをいう。すなわち、単に知っているだけではなく、容易に証明して支払を拒みうるにもかかわらず、故意に支払を拒まないことである。したがって、また、「重大ナル過失」とは、容易に証明をして支払を拒みうるにかかわらず、支払を拒まなかったことにつき重大な過失があることである(このような証拠があることを重大な過失により知らなかった場合と、証拠は持っていたが、重大な過失により支払ってしまった場合とを含む、鈴木＝前田・三〇五頁、最判昭和四四・九・一二判時五七二号六九頁参照)。これは善意取得の場合の悪意重過失(手一六条二項)とは異なる。なぜならば、手形の取得は取得者の任意であるが、支払をなす者は支払を強制される地位にあり、訴訟になれば、形式的資格を備えた請求者は適法な権利者と推定されるから、所持人の無権利を証明できない限り敗訴せざるをえないからである。

したがってまた、以上の悪意概念は、形式的資格の効力の及ぶ実質的権利の有無についてのみ妥当する。形式的資格の効力が及ばず、本来からいえば所持人が証明しない限り支払を強制されないその他の事項に関しては、すなわち、所持人の同一性、代理権の有無等に関しては一様に考えることはできない。その場合には通常の悪意重過失の概念で（手一六条二項参照）足りると解される（大隅・一三九頁、鈴木＝前田・三〇六頁参照）。もっとも、これに対しては、一方で、これらの事項に関しても悪意重過失の概念を細かく議論すべきことを説く見解があるとともに（喜多了祐「支払人の調査義務」手形法小切手法講座第四巻一二三頁、一四〇頁以下）、他方では、手形法四〇条三項の規定形式からすると、その悪意重過失概念を場合によって区々に解すべきではないとする見解も有力である（石井＝鴻・二六五頁以下、小橋・二四一頁）。

(4)　支払をなすべき者の調査権　　手形法四〇条三項は、調査義務を定めるにすぎないが、民法四七〇条は、支払をなすべき者のいわゆる調査権を認めている。異論はあるが、所持人が形式的資格の効果を受ける限りにおいては、いわゆる調査の権利はないと解される（鈴木＝前田・三〇七頁註一四参照）。したがって、調査したがやはり所持人が権利者であったという場合には、遅滞の責を負うことになる。そうでないと調査権に名をかりた支払の引き延ばしが行われる危険性があるからである。しかし形式的資格の効果の及ばない事項については、調査の権利があるのみならず、所持人にその証明を要求することもできると解すべきであろう（なお、支払をなすべき者の調査権に関しても、各事項ごとにその有無を細かく検討すべきであるとする喜多・前掲論文一四一頁参照）。

(5)　裏書の連続のない場合と手形法四〇条三項　　裏書の連続のない場合には、裏書の連続を前提とした手形法四〇条三項の適用はない。しかし、前述の架橋説を前提にすれば（第16章第3節3(3)参照）、この場合にも所持人は断絶部分の実質関係を証明すれば支払を求めうる。この場合、万一請求者が無権利者であったときに、支払った者が免責されるかどうかが問題となる。架橋説を前提にする以上は、所持人の証明が外観上もっともであって、支払った者がこれを信じ、しかも信ずるにつき重大な過失がなかった場合には免責されると考えることになる（鈴木＝前田・三〇六頁、石井＝鴻・二六七頁）。

第19章　遡　求

手形関係の目的は、手形金額が満期において支払われることにある。しかし、支払をなすべき者が満期に支払わないことがある（支払拒絶・不渡）。また、引受拒絶（為替手形の場合）などにより満期前に満期における支払が著しく不確実となることもある（約束手形の場合にも、すでに満期前に約束手形の振出人の信用が失墜して満期における支払が著しく不確実になることもある）。

このような場合に、法は、その手形の作成または流通に関与した者に支払の代償を提供させることによって、満期において支払があったのと同様の経済的効果を所持人に収めさせることにしている。これが遡求の制度に他ならず、遡求の制度が認められるのは、右のような理由によるのである。

なお、この章においては、叙述の便宜上、約束手形のみならず、為替手形の遡求にも言及することにする。為替手形の遡求に関しては、約束手形の場合の支払拒絶による遡求に加えて、併せて、引受拒絶による遡求の場合にも言及する必要がある。

第1節　遡求制度

1　遡求制度

手形関係の目的は、手形金額が満期において支払われることにある。しかし、支払をなすべき者が支払わないことがある（支払拒絶・不渡）。また、引受拒絶（為替手形の場合）などにより満期における支払が著しく不確実となることもある。このような場合に、法は、その手形の作成または流通に関与した者に支払の代償を提供させることによって、満期において支払があったのと同様の経済的効果を所持人に収めさせることにしている。これが遡求の制度にほかならない。なお、支払拒絶の場合には、実際には、①手形交換所の不渡処分（取引停止処分）および②原因債権の行使が問題となることも多い。もっとも、これらは、いずれも手形法の規定する制度ではない。

遡求制度の立法主義　為替手形における遡求制度に関する立法主義には、二権主義、一権主義および選択主義があるとされている。ここに、二権主義とは、引受拒絶の場合と支払拒絶の場合とで取扱を分けて、引受拒絶の場合には担保請求権を認め、支払拒絶の場合には償還請求権を認める方法である。これに対して、一権主義とは、引受拒絶の場合にも、支払拒絶の場合と同様に——担保請求権ではなく——直ちに償還請求権を認めるものである。さらに、引受拒絶の場合に担保請求権と償還請求権の両者を認め、遡求権者または遡求義務者にその一を選択させるのが選択主義である。わが国の旧法は二権主義をとっていたが現行法は一権主義によっている。引受がなくても満期において支払がないとは限らないことからすれば、二権主義にも理由があるが、引受がなければ支払がないのが普通であり、また、支払義務者にとっても担保の提供と支払とで不利益の程度に大差がないと考えれば、一権主義が合理的である（竹田・一四八頁、伊澤・四六七頁、大隅・一四一頁）。

2　遡求当事者

①　遡求権利者　遡求権利者は、最後の手形所持人（現手形所持人）であり（手七七条一項四号・四三条・四七条一項）、また、償還義務を果たして手形を受戻した者（裏書人、手七七条一項四号・四七条三項、保証人、手七七条三項・三二条三項および参加支払人、手七七条一項五号・六三条一項）も、その前者に対して遡求することができる。

②　遡求義務者　遡求義務者は、為替手形の場合には、振出人（手九条一項）、裏書人（手一五条一項）、これらの者の保証人（手三二条一項）および参加引受人（手五八条一項）である。これに対して、約束手形の場合には、振出人は主たる債務者であるから、遡求義務者は、裏書人（手七七条一項一号・一五条一項）、その保証人（手七七条三項・三二条一項）および参加引受人（手五八条一項参照、ただし、これは、約束手形にも参加引受の制度を認める場合である、鈴

木＝前田・三三二頁、竹田・二二一頁、石井＝鴻・二九六頁）である。

ただし、裏書人であっても、無担保裏書や取立委任裏書の裏書人は、遡求義務者ではない。また、為替手形の引受人および約束手形の振出人は、満期後も責任を負うが（手七八条一項・二八条二項）、これは、主たる債務者であって遡求義務者ではない。

参加と約束手形　為替手形には、参加といって、遡求事由が生じたとき、あらかじめ万一を予想して手形に記載されている予備支払人（手五五条一項）またはその他の者が手形の名誉回復のため、遡求義務者中のある者（被参加人）のため、本来の引受に代わる引受（参加引受）または本来の支払に代わる支払（参加支払）をして、被参加人に対する遡求権を妨げる制度がある（手五五条以下）。参加があっても、被参加人の前者の責任には何ら関係ないが、所持人は被参加人以後の者に対しては遡求ができなくなり、部分的に遡求が否定される（鈴木＝前田・三三二頁参照）。

手形法は、参加支払を約束手形に準用するが、参加引受の規定は準用していない（手七七条一項五号参照）。しかし、約束手形に関しても満期前の遡求を認める以上は（手七七条一項四号および第2節2(1)①(b)参照）、これを阻止するための参加引受（手五八条一項）もまた認めざるをえない（竹田・二二一頁）。ただし、①約束手形には、引受も引受の拒絶もないから、引受の拒絶を理由とする遡求は存在しないのであって、したがって引受拒絶の場合の参加引受もありえない。②その他の理由による満期前の遡求については、約束手形の場合にも参加引受はある。しかし、約束手形の振出人のための参加引受はありえない。けだし、約束手形の振出人は主たる義務者であって、遡求義務者ではないからである（竹田・二二一頁）。

約束手形についても参加引受を認めるべきことは、手形法が手形法五五条一項を約束手形に準用していること（手七七条一項五号・五五条）からも明らかであるとされる。けだし、手形法五五条一項は、振出人・裏書人・保証人は予備支払人を記載することができると規定しているが、手形法五六条二項によれば、予備支払人の記載のある手形の所持人が前者に対して満期前の遡求をするには、その予備支払人に対して参加引受を求めてみなければならないとされているからである。手形法五六条は約束手形に準用されてはいないが、満期前の遡求は約束手形にも認めなければならないとの前提をとり、また予備支払人も記載できると考えるのであれば、規定は欠けていても、参加引受もまた認めなければならないことは必然の結果であるというのである（竹田・二二一頁）。

手形法五五条第一項準用の結果として、約束手形にも予備支払人はありうるが、これを記載し得るのは裏書人または保証人に限られるのであって振出人は記載し得ない。遡求義務者でない約束手形の振出人に対する遡求権の阻止ということは考えられないからである（竹田・二二一頁）。なお、第20章第1節(1)参照。

3　遡求の権利義務の態様

遡求義務（償還義務）は、合同的で、かつ跳躍権および変更権が認められている。すなわち、遡求義務者である裏書人および為替手形の振出人ならびにそれらの者の保証人は、主たる債務者である約束手形の振出人・為替手形の引受人とともに、所持人に対して合同して手形金を支払う責任を負う（手七七条一項四号・四七条一項）。

合同責任とは、右の義務者の各自が手形金額の全部について責任を負い、しかも、そのうちの一人の支払によって他の者もすべてその責任を免れる関係をいう。連帯債務の関係に似るが、右の者の内部関係には負担部分はなく、究極においては約束手形であれば振出人、為替手形であれば引受人（引受がなければ振出人）の全部的責任となる点で連帯債務とは異なり、いわゆる不真正連帯の場合に当たると解されている（大隅・一四二頁）。

遡求義務者は、合同責任を負うから、手形所持人は、任意の遡求義務者に対して、遡求義務者がその債務を負った順序にかかわらず、各別にまたは共同的に請求することができる（手四七条二項）。また義務者の一人に対して請求をしても、他の義務者に対する権利を失なわず、さらに、他の義務者に対して請求することができる。すでに請求をした者の後者に対しても同様である（手四七条四項）。すなわち、手形所持人は、直接の前者以外の離れた前者に対しても、跳躍的に遡求できる（これを跳躍権と表現することがある）。また、一度、ある義務者に請求した後で、相手を変えて別の義務者に対して請求することもできる（これを変更権ということがある）。

なお、償還義務を果たして手形を受戻した者も新所持人としてその前者に対して遡求できる。これを再遡求というが、この場合にも、跳躍権、変更権が認められる（手七七条一項四号・四七条三項、手七七条三項・二二条三項および手七七条一項五号・六三条一項）。

手形債務者の合同責任　遡求義務者は、同時に数人に対して請求してもよく、また一度ある義務者に請求した後に、相手を変えて別の者に請求する（変更権）こともできる（手七七条一項四号・四七条二項四項）。このように所持人は自由に相手方を選んで請求できるが、一人から支払を受ければ他の者に対して重ねて請求することはできない（この点は連帯債務と類似する）。遡求義務者の一人が所持人に支払うと、それによってこの義務者およびその後者の義務は消滅するが（共同振出人・共同裏書人のような共同署名者もその一人が支払えば他の者の義務も消滅する、共同署名者相互間の求償は手形外の原因関係にもとづいて行なわれる）、その前者の義務は存続する（この点、連帯債務と異なる）。

このように、手形上の義務者の責任は、一方では連帯債務に類似するが、他方では、連帯債務とは重要な相違があるので合同責任と呼ばれている（手七七条一項四号・四七条一項、大隅＝河本・三四二頁以下参照）。

たとえば、約束手形の共同振出の振出人であるAとBとは合同責任を負うが、AとBとが連帯責任を負う場合とは、次のような差異がある。①連帯債務の場合には、Aに対する履行の請求は、Bに対してもその効力を有する（民四三四条）。したがって、AおよびBの双方に対する関係で時効中断の効力を有する。これに対して、共同振出の場合には、一人に対する履行の請求は、他の者に対して効力を生ずるものではなく、Aに対する時効中断の効力はAに対してしか効力を生じない（手七一条）。②連帯債務者には負担部分があり、Aにつき免除、時効完成などの事由が生じたときは、Aの負担部分につきBのためにも効力が生ずる（民四三七条・四三九条）。またAが債務者に対して反対債権を有するときは、Aの負担部分につきBも相殺を援用することができる（民四三六条二項）。これに対して、共同振出の場合には、このような効果は生じない（以上は、鈴木＝前田・二三一頁註(2)における説明による）。

また、約束手形の振出人と裏書人、前者と後者の関係に立つ裏書人相互間の関係においても、①請求による時効中断は相対的効力しか有しない。②手形債務者相互間には負担部分が存在せず（最後的には約束手形の場合であれば振出人が全額負担する）、連帯債務の場合とは異なり（民四三七条・四三九条・四三六条二項）、免除、時効完成などの事由がその負担部分につき他の債務者にも効力を生ずることは認められない。また、③手形債務者相互間には前後関係があり、その一人につき弁済、更改、相殺等の債務消滅事由が生じたときは、その後者の債務は消滅するが、その前者の債務は消滅しない（以上は、鈴木＝前田・三一八頁註(1)における説明による）。

第2節　遡求の要件

1　遡求の要件（遡求条件）

遡求義務者のうち、裏書人および為替手形の振出人の責任は、意思表示によるものではなく、法定責任であると説明されることは、すでに述べたとおりである（第2章第3節参照）。保証人や参加引受人の責任は意思表示によるものであるが、これは裏書人および為替手形の振出人の責任を前提とするものである。このように遡求義務者の責任を基本的に法定責任と理解することは、遡求義務者の責任が法の定める一定の要件（条件）のもとに成立するという理解に繋がるものである。

一般に、遡求（支払拒絶による遡求および引受拒絶による遡求）の要件としては、遡求の実質的要件と形式的要件に分けて論ずるのが普通である。たとえば、約束手形に関して一般的な支払拒絶による遡求の場合を例にとると、遡求の実質的要件としては、支払呈示期間（手七七条一項三号・三八条一項）内に所持人が約束手形の振出人（または支払担当者）に対して適法な支払の呈示を行なったにもかかわらず（支払の呈示を実質的要件と見るか形式的要件として位置付けるかについては争いがある、本節末尾の註参照）、手形金額の全部または一部の支払が拒絶されたことが必要であるとされている（手七七一項四号・四三条）。また、形式的要件としては、右の呈示期間内（支払拒絶証書作成期間）に支払拒絶証書を作成させることが必要である（手七七条一項四号・四四条一項三項）。もっとも、拒絶証書の作成は、統一手形用紙の例に見るように免除されていることが多い（手七七条一項四号・四六条）。

以下においては、満期前の遡求と満期後の遡求に分けて、遡求の要件を概観することにする。

2　満期前の遡求と満期後の遡求

(1)　満期前の遡求

①　実質的要件　(a)　為替手形の場合　満期前の遡求の実質的要件は、為替手形に関しては手形法四三条の規定するところである。手形法四三条の規定する実質的遡求要件は、次のとおりである。すなわち、(i)、引受の全部または一部の拒絶（手四三条一号、なお、不単純引受の場合、〔手二六条〕、支払人の所在不明の場合〔拒絶二条二号〕を

も含む）、(ii)、引受をしたまたはしていない支払人が破産手続開始の決定を受けた場合および引受をしたまたはしていない支払人の支払停止、その財産に対する強制執行の不奏効（手四三条二号、強制執行の不奏効は、手形所持人のなした強制執行でなくてよい）、および(iii)、引受呈示を禁止した手形の振出人が破産手続開始の決定を受けた場合（手四三条三号、引受呈示を禁止された手形は振出人の信用にもとづいて流通するものであり、振出人が受けた破産手続開始の決定は引受人のそれと同視されている）の認められるときは、満期前に遡求をすることができる。このような事由（原因）は、遡求権行使のときにその原因が存続していることを要する（大隅・一四三頁）。

(b)　約束手形の場合　手形法の明文の規定によれば、法は約束手形との関係では、支払拒絶による遡求に関する規定のみを約束手形に準用している（手七七条一項四号）。これは満期前の遡求を認めない趣旨と解することもできる。しかし、通説によれば、満期前に約束手形の振出人の信用が失墜して満期における支払の可能性があやしくなった場合には（振出人に手形法四三条二号にあるような事情のある場合）遡求を認めないと為替手形の場合との調和が破られるとして、このような場合には、約束手形に関しても満期前の遡求を認めている（大隅・一七八頁、鈴木＝前田・三一九頁、石井＝鴻・二七九頁、最判昭和五七・一一・二五判時一〇六五号一八二頁は、約束手形に関しても手形法四三条二号の「準用」により満期前の遡求が認められることを前提にその場合の手形の支払呈示は、振出人の営業所または住所においてなすべきものであると判示している）。このように、約束手形に関しても満期前の遡求を認める場合には、遡求の実質的遡求要件に関しても、為替手形の場合の規定を約束手形にも及ぼすべきであろう。約束手形の振出人が破産手続開始の決定を受けた場合、支払を停止し、またはその財産に対する強制執行が奏効しなかった場合には、手形法四三条二号を類推適用すべきである。

②　形式的要件　(a)　為替手形の場合　満期前の遡求の各実質的要件に応じて、形式的要件も異なるが、一

般には、(i)引受の呈示、(ii)拒絶証書の作成、(iii)参加の請求に言及される。

(i)、引受の呈示　手形法四三条一号の引受の拒絶の場合の形式的要件としては、引受の呈示が必要である。引受の呈示は、引受拒絶による遡求の要件である。ただし、引受の呈示を怠っても、後述の支払拒絶による遡求権は失わない。もっとも、引受呈示命令のある手形（手二二条一項四項）および一覧後定期払手形（手二三条）にあっては、引受の呈示を怠るとすべての遡求権を失う（手二五条二項・五三条二項）。

(ii)、拒絶証書の作成　満期前の遡求には、原則として拒絶証書の作成を要する。ただし、拒絶証書の作成が免除されている場合には拒絶証書の作成は必要ない（手四六条）。また、引受をしたもしくはしていない支払人、または引受呈示を禁じた手形の振出人が破産手続開始の決定を受けた場合にも、引受拒絶証書の作成は必要がないとされており、破産手続開始の決定の裁判書の提出で足りる（手四四条六項）。しかし、支払人の支払停止または支払人の財産に対する強制執行の不奏効の場合には、満期前であっても、所持人は、支払のための呈示をして、支払拒絶証書を作らせた後でないと遡求できない（手四四条五項）。

右の意味において、引受の呈示があったにもかかわらず支払人が引受を拒絶したときは、公正証書である引受拒絶証書を作らせてこれを証明しなければならない（手四四条一項）。引受拒絶証書の作成期間は、引受呈示期間と同じである（手四四条二項）。引受拒絶証書のあるときは、満期の到来後に遡求する場合にも、支払の呈示（支払のための呈示）をして支払拒絶証書を作成させる必要はない（手四四条四項）。

(iii)、参加の請求（参加引受の請求）　為替手形に支払地における予備支払人の記載があるときは、所持人はこれに手形を呈示して参加引受を求め、その拒絶があったことを拒絶証書によって証明しなければ、予備支払人を記載した者およびその者の後者に対して満期前に遡求権を行なうことはできない（手五六条二項、第20章第3節(5)）。

(b)　約束手形の場合　　約束手形の満期前の遡求に関しては、引受拒絶によるものはないから、右のうち、「(i)引受の呈示」は、約束手形との関係では問題にならない。手形法四三条二号を類推適用して、約束手形に関しても満期前の遡求を認める場合には、「(ii)拒絶証書の作成」に関しても、約束手形の振出人が破産手続開始の決定を受けたときは、為替手形の支払人または引受人が破産手続開始の決定を受けた場合と同様に取扱い、手形法四四条六項を約束手形の場合にも類推適用すべきである。拒絶証書の作成は必要なく、破産手続開始の決定の裁判書の提出で足りる。他方、約束手形の振出人の支払停止および振出人の財産に対する強制執行の不奏効の場合には、手形法四四条五項を類推適用すべきである。所持人は、支払のための呈示をして、支払拒絶証書を作らせた後でないと遡求できない。

さらに、約束手形に関しても、満期前の遡求が認められる以上、それを阻止するための参加引受(手五八条一項)が認められると解されている(第20章第1節(1)参照)。予備支払人(手七七条一項五号・五五条)に対する参加の請求(「(iii)参加の請求」)も必要である(手五六条二項、竹田・二二一頁参照)。

(2)　満期後の遡求

①　実質的要件　(a)　為替手形の場合　　為替手形の満期後の遡求の実質的要件は、満期において支払人が支払をしないこと(支払拒絶)である(手四三条一文)。これには、支払が積極的に拒絶された場合だけではなくて、支払人の不在などの場合をも含む(拒絶二条二号にいう「拒絶者ニ面会スルコト能ハザリシコト」とは、このような場合である)。また、請求を行なう場所が分からず(拒絶二条一項二号にいう「請求ヲ為スベキ場所ガ知レザリシコト」という場合)、支払地の官庁・公署に問い合わせても所在が不明なために(拒絶七条二項)支払を得られない場合も、ここにいう支払のない場合(支払拒絶)に当たる(鈴木＝前田・三一九頁註五参照)。

なお、為替手形の支払人の記載に関しては、数人を重畳的に（AおよびB）記載できることに争いはない。この場合、一人の引受拒絶があれば遡求できるが、支払拒絶による遡求は、全員の拒絶があって始めて遡求できると解されている（石井＝鴻・一七一頁、大隅＝河本・五頁、竹田・一五五頁）。選択的記載（AまたはB）が許されるかどうかに関しては争いがあり、これを肯定する見解も有力であるが、前述のように（第14章第1節2⑷③参照）、ここでは、選択的記載（または順次的記載）は許されないと解する見解によるものとする（石井＝鴻・二九九頁）。

(b)　約束手形の場合　約束手形の場合にも、為替手形の場合と同様に考えられている。すなわち、満期において振出人が支払をしないことである。すなわち、満期において、手形金額の全部または一部の支払が拒絶されたことを実質的要件とする（手七七条一項四号・四三条、拒絶二条一項二号）。

②　形式的要件　(a)　為替手形の場合　支払拒絶の有無を決定するためには、先ず、適法な支払の呈示がなければならない。また、支払の拒絶は、支払拒絶証書によって証明することが必要である。さらに、支払地における予備支払人または参加引受人の記載があるときは、参加の請求も必要である。

(i)支払の呈示　支払拒絶の有無を決定するためには、先ず、適法な支払の呈示がなければならない。支払の呈示は、手形所持人が支払呈示期間（手三八条一項・三四条）内に支払人（または支払担当者）に対して手形を呈示して支払を求めることによって行なわれる。支払のないことが確実な場合にも支払の呈示は必要である。拒絶証書の作成が免除されている場合（手四六条一項）にも、支払の呈示は免除されない。拒絶証書の作成免除は、支払の呈示を免除するものではないからである（手四六条二項）。

このように基本的には、支払の呈示は必要であるが、所持人が正当な時に正当な場所に赴いたが、支払人に面会できず、あるいは支払人の住所または営業所が不明な場合には、支払の呈示があったのと同一の効力が認められる

（拒絶二条一項二号三号参照）。また、引受拒絶証書がすでにあるときは、支払の呈示は満期後の遡求の要件とはならない（手四四条四項）。さらに、法定の期間内における支払の呈示（拒絶証書の作成）が不可抗力により妨げられるときは、その期間は伸長されものとされているが（手五四条一項以下）、不可抗力が満期より三〇日を超えて継続するときは、呈示（拒絶証書の作成）は免除されている（手五四条四項）。

(ii) 拒絶証書の作成　　支払の拒絶は、公正証書（支払拒絶証書）によって証明しなければならない（手四四条一項）。確定日払、日附後定期払または一覧後定期払の為替手形の支払拒絶証書は、「為替手形ノ支払ヲ為スベキ日又ハ之ニ次グ二取引日内」に作成させなければならない（手四四条三項）。

一覧払の為替手形に関しては、手形法四四条三項二文は、引受拒絶証書作成期間内に支払拒絶証書を作成するものとする規定と解される。一覧払の為替手形の引受拒絶証書は、手形法四四条二項によれば、「引受ノ為ノ呈示期間内」に作成させるものとされている。ところで、引受のための呈示期間は、原則として（手二三条・七二条一項参照）、振出の時（始期）から満期の前日（終期）までである。手形法二一条は、「満期ニ至ル迄」引受のための呈示を行なうことができるとする。手形法二一条は、一定の満期を基準にして引受呈示期間を定めているのである。しかし、このような方法は、一覧払の為替手形の場合には採用できない。けだし、一覧払手形にあっては、満期は支払の呈示によって到来するからである。むしろ、引受の呈示は、支払の呈示がなされるまでは、いつでもこれを行なうことができると解すべきである。このように考える場合、一覧払の為替手形の引受呈示期間は、支払のための呈示がなされる日の前日までということになる（大隅＝河本・三三〇頁参照）。そうすると、支払拒絶証書を「引受ノ為ノ呈示期間内」に（すなわち「支払のための呈示がなされる日の前日まで」に）作成させることは不可能である。結局、一覧払の為替手形の「支払拒絶証書は、常に、〔手形法〕三四条の定める支払呈示期間内に作成せねばならない」ということになると解されている（大隅＝河本・三三〇頁）。

これに対して、拒絶証書の作成が免除されている場合には、当然、支払拒絶証書の作成を必要としない（手四六条）。また、すでに引受拒絶証書が作成されている場合には、支払拒絶証書は必要ではなく（手四四条四項）、さらに不可抗力が満期から三〇日以上継続する場合にも支払拒絶証書の作成は必要でない（手五四条四項、なお、五項参照）。

(iii) 参加の請求（参加支払の請求）　為替手形に支払地に住所を有する参加引受人のあるとき、または支払地に住所を有する予備支払人のあるときは、手形の所持人は、これらの者（予備支払人または参加引受人）全員に対して手形を呈示して参加支払を求め、その拒絶のあったことを拒絶証書（参加支払拒絶証書）によって証明しなければならない（手六〇条一項、拒絶六条）。この拒絶証書は、手形法四四条三項の定める支払拒絶証書作成の期間経過後の第一の取引日までに作成させるべきものとされている（手六〇条一項、大隅＝河本・三七二頁参照）。

右の参加支払を求めることなく、あるいはその拒絶証書作成の期間を徒過したときは、予備支払人を記載した者または被参加人、およびその後の裏書人は義務を免れる（手六〇条二項参照）。なお、被参加人が免責されるので、これと同一の責任を負う保証人も免責され、また参加引受人も免責される。

(b)　約束手形の場合　約束手形にも、右に引用した手形法四六条、四四条および六〇条などの規定は準用されている（手七七条一項四号および五号参照）。すなわち、原則として（手四六条・五四条参照）、適法の期間内に支払の呈示をしなければならず、この支払呈示期間内に（この場合には、支払拒絶証書作成期間という、手七七条一項二号三号・三八条一項・三四条）支払拒絶証書を作成させなければならない（手七七条一項四号・四四条三項）。なお、参加に関しては、後述（第20章第1節(1)）参照。

遡求の実質的要件と形式的要件　右においては、竹田・一五二頁、一五五頁および大隅・一四三頁、一四六頁などに従って、

「支払の呈示」または「引受の呈示」を遡求の形式的要件として位置付けているが、鈴木＝前田・三一八頁などでは、たとえば、満期または支払呈示期間内に所持人が適法な支払の呈示を行なったにもかかわらず、支払のないことを「実質的要件」と呼び、これに対して「拒絶証書の作成」を遡求の「形式的要件」と呼んでいる。両者は、その結果において異なるところはないと考えるが、体系的理解という意味でいずれによるかは一の問題であろう。*Hueck/Canaris*, Wertpapiere, 12. Aufl., 1983, S. 134 ff. は、遡求を①支払拒絶による遡求、②引受拒絶による遡求、および③手形債務者の資力不確実による遡求に分けるが、たとえば、支払拒絶による遡求は、支払の呈示にもかかわらず手形の支払のない場合に問題となるとし、これを遡求の実質的条件（die materiellrechtliche Voraussetzung）と呼び、これに加えて、遡求のためには拒絶証書が必要であると説明している。支払拒絶による遡求の場合には、手形の呈示および支払拒絶は、拒絶証書によって証明されなければならないというのである。この見解は、むしろ、右の鈴木＝前田・三一八頁に近いようである。

なお、付言するに、ドイツの手形法は、わが手形法と同じくジュネーヴ統一手形法を採用したものであるが、ドイツ手形法四三条は、わが国の手形法四三条とは異なり、二項から成っている。第一項は、わが国の手形法四三条一文の部分であり、第二項は、わが国の手形法四三条二文および一号ないし三号に相当する。

第3節　再遡求

(1)　再遡求の意義　遡求義務者は、為替手形の振出人、裏書人、これらの保証人および参加引受人であることは前述した（第1節2(2)）。遡求義務者が手形を受戻したときは、為替手形の振出人以下の前者に対して（約束手形であれば、第一裏書人以下の前者に対して）さらに遡求することができる（手七七条一項四号・四七条三項、七七条一項五号・六三条一項）。これを再遡求または再償還請求という（竹田・一七〇頁）。

手形所持人から償還請求を受けた遡求義務者の一人が償還をすると、この遡求義務者およびその後者の手形上の義務は消滅する。しかし、その遡求義務者の前者の手形上の義務は引き続き存続する。遡求義務を履行した者は、手形とともに前者に対する手形上の権利を取得（再取得）して、前者に対してさらに遡求することができるのである。

(2)　遡求義務を履行した者の法的地位　遡求義務を履行した者が手形上の権利を取得することをどのように説

明するかに関しては見解が分かれている（詳しくは、福瀧博之「手形の再取得と人的抗弁」教材現代手形法学二三三頁参照）。裏書によって手形上の権利は確定的に被裏書人に譲渡されるが、裏書人は償還義務の履行によって一度譲渡した手形上の権利を再取得するものと考える。償還により裏書人は手形上の権利を再取得すると解するこの立場からは、裏書人は被裏書人の有する権利を承継取得することになる。償還によって遡求義務者は後者たる被裏書人の有していた手形上の権利を取得（再取得）するのである。

そうすると、たとえば、裏書の後に引受があったとすると、遡求に応じた手形上の義務者は、引受人に対する権利をも取得することになる。ただし、償還により裏書人（償還義務者としての裏書人）が手形上の権利を再取得するといっても、この手形上の権利の取得は、遡求義務の履行として強制的に行なわれるのであるから、償還をした裏書人は、その善意悪意を問わず、自己の後者に関して存在した人的抗弁の対抗を受けない（なお、償還をした裏書人が裏書人自身に対する人的抗弁の対抗を受けるのは当然である）。

(3)　再遡求権の取得と行使　再遡求するためには、遡求義務者はその償還義務（遡求義務）を履行して、手形を受戻さなければならない（遡求を受け、または受くべき債務者は、「支払ト引換ニ拒絶証書、受取ヲ証スル記載ヲ為シタル計算書及為替手形ノ交付ヲ請求」できる、手七七条一項四号・五〇条一項）。再遡求を行なうことができるのは、遡求義務を履行して手形を受戻した者である（手七七条一項四号・四七条三項・四九条参照）。また、これらの者の権利承継者（債権譲渡、相続、裏書のいずれによるかを問わない）も同じ権利を有する。

受戻は手形上の遡求義務にもとづいて行なわれたことを要するが、現実の支払のほか、代物弁済、相殺、免除によって遡求義務を免れた場合でもよいと解されている。また、遡求義務者が訴追を待たないで任意に、または受戻権の行使（手五〇条一項）によって積極的に受戻した場合であってもよい（大隅＝河本・三四九頁）。これに対して、義務なくして手形を回復した者(たとえば、①無担保裏書人、②白地式裏書のある手形の所持人であって手形を引渡によって譲渡した者、③遡求権保全手続を欠いたために償還義務を免れた者、④遡求権が時効によって消滅した者など)は、手形所持人に満足を与えて手形を取戻したからといって、遡求(再遡求)する権利を当然に取得するものではない(大隅＝河本・三四九頁、大隅・一四六頁参照)。

再遡求権者は、必ずしも連続する裏書の最後の所持人として指定された者でなくてもよく、手形と拒絶証書を所持する者は再遡求権者としての推定を受けると解する見解がある(大隅・一四六頁)。また、この見解は、拒絶証書の作成が免除されているときは、単なる手形の所持によって形式的資格は備わると説いている(京都地判昭和四一・一二・二六金融法務四六六号三三頁参照)。これに反対の学説は、受戻による権利行使の場合に手形法一六条一項(手七七条一項一号)の適用がないとする理由がないだけでなく、右のような見解によるときは、手形法五〇条二項(償還により手形を受戻した裏書人は自己およびその後者の裏書を抹消して形式的資格を整えることができるとする規定)は無用の規定になるとして、これを批判している(竹田・一〇九頁)。有力な学説は、裏書人が手形を拒絶証書とともに所持していることは、単なる裏書の連続以上に受戻による権利取得のための強い証明力を有しているとして、これに所持人のための資格授与的効力を認めるとともに、拒絶証書の作成が免除されているときは、手形を受戻した者が再遡求するには、裏書を抹消するか(手五〇条二項)、拒絶証書に代わる受戻についての証明が必要であると説いている(大隅＝河本・三五〇頁参照)。

第4節　拒絶証書とその作成免除および不可抗力による期間の伸長

1　拒絶証書とその作成免除

(1)　拒絶証書

①　意義（拒絶証書の制度）　拒絶証書は、手形上の権利の行使または保全に必要な行為をしたこと、およびその結果を得なかったことを証明するための公正証書である（大隅・一六七頁）。手形の主たる債務者（為替手形の引受人およびその保証人、約束手形の振出人およびその保証人）以外の者に対して手形上の権利を行使するには、支払人に対して引受または支払の呈示をしたがその目的を達しなかった（為替手形）とか振出人に対して支払の呈示をしたが支払がなかった（約束手形）というような一定の事実の存在が必要である。このような事実の立証責任は手形所持人にあるが、この事実は、遡求を受ける義務者ではない者（為替手形の支払人・引受人または支払担当者、約束手形の振出人または支払担当者）のもとで生じるものであり、またその事実の有無は、遡求の最初の当事者だけではなく、再遡求の当事者の利害にも関係する重要な問題である（鈴木＝前田・三一九頁）。そこで、その立証方法を一定し、手形所持人が簡易迅速にその権利を行使できるようにするとともに、手形債務者もその立証を信頼して安心して債務を履行できるようにすることが考えられる。わが国の手形法においては、右のように考えて、遡求条件である支払拒絶または引受拒絶の証明は、必ず拒絶証書によるべきものとされている。これが拒絶証書の制度にほかならない（大隅・一六七頁、鈴木＝前田・三一九頁参照）。

②　拒絶証書の性質　拒絶証書は、前述のように、手形上の権利の行使または保全に必要な行為をしたこと、およびその結果を得なかったことを証明するための公正証書である。(a)拒絶証書は証明書である。一定の事実を証

明する手段にすぎない。これによって、新たな事実関係が設定されるのでも、ある事実関係が擬制されるのでもない。したがって、当事者は、反証を挙げて拒絶証書に記載された事実を争うことができる。(b)しかし、拒絶証書は、法律が作成を要求している場合には、唯一の証拠方法である。他の方法でその事実を証明したり、拒絶証書の記載の足りない部分を他の証拠方法で補充することは許されない。もっとも、拒絶証書作成免除の場合（手七七条一項四号・四六条）および小切手の場合（小三九条二号三号）は別である。(c)拒絶証書は、要式の公正証書であるが（拒絶二条一項）、要式性を過度に強調すると債務者に義務を免れる口実を与えることになるので、拒絶証書作成の目的からみて、本質的と考えられる部分の記載があれば、その他の要件の記載の不備・欠缺は、拒絶証書の効力を害さないと考えられている（大隅・一六八頁、鈴木＝前田・三二〇頁）。

③　拒絶証書の作成　(a)　作成の必要な場合　拒絶証書の作成が必要とされるのは、どのような場合か。拒絶証書の作成が必要とされる場合に関しては、手形法が定めている。具体的には、次のような場合である。支払拒絶（手七七条一項四号・四四条一項・三項・五項・五四条三項）、引受拒絶（手四四条一項）、引受呈示の日附または引受日附の記載の拒絶（手七八条二項・二五条二項）、参加引受拒絶（手五六条二項）、参加支払拒絶（手七七条一項五号・六〇条一項二項）、複本返還拒絶（手六六条二項）および原本返還拒絶（手七七条一項六号・六八条二項）の各場合である。

(b)　作成に関する規定　拒絶証書の作成に関する事項は、勅令をもって定めることとされている（手八四条、小七〇条）。これが拒絶証書令（昭和八・一二・一三勅令三一六号、改正昭和四一政令三八一号）である。

(c)　作成者　手形および小切手の拒絶証書は、公証人または執行官が所持人（手形上の権利を行使することを得る手形所持人またはその代理人、ただし、引受拒絶証書の作成の委託は、手形の単なる占有者も行なうことができる、手二一条参照）の委託によって作成する（拒絶一条）。拒絶証書の作成者（公証人または執行官）は、みずから経験したところにもとづいて拒絶証書を作成しなければならない。支払拒絶などの事実を伝聞しただけで（委託者の陳述にのみもとづいて）拒絶証書を作成することはできない。拒絶証書の作成の委託を受けた公証人または執行官は、委託者（手形の所持人）に同行して委託者の請求に立ち会うか、またはみずから委託者に代わって手形を呈示したうえ、その目的を達しなかった事実を拒絶証書に記載しなければならない。公証人または執行官は、拒絶証書の作成を委託されて手形の交付を受けたときは、委託者のために手形上の権利の行使または保全に必要な行為をする権限を有するものと認められる（たとえば、支払呈示の代理権を与えられたものと認められる、大判大正一〇・六・二七民録二七輯一二五二頁参照）。

(d)　作成の場所　拒絶証書は、請求をした場所で作成するのを原則とする（拒絶七条一項本文）。拒絶者の承諾があるときは、他の場所で作成することもできる（拒絶七条一項但書・二条一項五号）。請求を行なうべき場所が分からない場合には、拒絶証書を作成する公証人または執行官は、その他の官署または公署に問合せをしなければならない。この問合せをしても、なお請求を行なうべき場所が分からないときは、拒絶証書は、その官署もしくは公署または自己の役場もしくは勤務する裁判所において作成することができる（拒絶七条二項）。

(e)　作成期間　拒絶証書の作成期間は、それぞれの拒絶証書に関して手形法（小切手法）の規定するところによる。なお、拒絶証書は、手形上の権利の行使または保全に必要な行為をしたこと、およびその結果を得なかったことを証明するものであるから、法令または慣習により取引時間の定めのある場合には、その取引時間内に権利行使をした場合でなければ、拒絶証書を作成することはできない（商五二〇条、大隅・一七〇頁）。

(f)　作成方法　拒絶証書の作成方法に関しても、拒絶証書令に規定がある。すなわち、拒絶証書の用紙に関しては、拒絶証書は観念的には手形とは別個の証書であるが、「手形若ハ小切手又ハ附箋」に法定の事項を記載して作成する（拒絶三条一項）。すなわち、手形（小切手）の裏面に記載した事項に接続して作成するものとされており、附箋による場合には、公証人または執行官は、その接目に契印をしなければならない（拒絶三条二項）。ここに拒絶証書の記載事項は、手形に接続して記載するものとされているのは、拒絶証書作成当時の手形の状態を明らかにするとともに、爾後において不正な記入の行なわれるのを防止する趣旨である（大隅・一七一頁、なお、拒絶三条二項・四条三項・五条三項）。

なお、「数通ノ複本又ハ原本及謄本」が呈示された場合および「手形の原本のない場合」の拒絶証書の作成方式に関しても拒絶証書令にそれぞれ規定がある（拒絶四条・五条）。

拒絶証書の数に関しては、数人に対して請求をする場合または同一人に対して数回の請求をする場合にも、一通の拒絶証書を作成させれば足りるものとされている（拒絶六条）。

④　拒絶証書の記載事項　拒絶証書の記載事項は、拒絶証書令二条において定められている。すなわち、(a)拒絶者および被拒絶者の名称、(b)拒絶者に対する請求の趣旨および拒絶者がその請求に応じなかったこと、拒絶者に面会することができなかったこと、または請求を行なうべき場所が分からなかったこと、(c)請求をした地および年月日（または、請求をすることができなかった地および年月日）、(d)拒絶証書を作成した場所および年月日、(e)法定の場所外において拒絶証書を作成するときは、拒絶者がこれを承諾したこと、および(f)公証人または執行官の署名捺印（拒絶二条一項）である。以上のほか、さらに、(g)支払人が手形法二四条一項による第二の呈示を請求したときは、その旨も記載するものとされている（拒絶二条二項）。

なお、拒絶証書は、要式の公正証書ではあるが、右の拒絶証書作成の目的からみて本質的な事項の記載があれば、その他の事項の記載がなくても拒絶証書が無効とならないことは、前述のとおりである。拒絶証書は手形を用いて作成することになっているのであり（拒絶三条）、その趣旨を考えるに、拒絶証書の記載が不充分なときには手形の記載でそれを補うことができるであろう（大判昭和七・四・二八民集一一巻七六一頁）。

⑤　拒絶証書の謄本　公証人または執行官が拒絶証書を作成したときは、その謄本に所定の事項（(a)為替手形、約束手形または小切手の別およびその番号のあるときはその番号、(b)金額、(c)振出人、支払人および受取人〔支払ヲ受ケ又ハ之ヲ受クル者ヲ指図スル者ノ名称〕、(d)振出の年月日および振出地、(e)満期および支払地、(f)支払のため指定された第三者、予備支払人または参加引受人があるときは、その名称）を記載して、その役場または勤務する裁判所に備えておかなければならない（拒絶八条一項）。

拒絶証書が滅失した場合に、利害関係人の請求のあるときは、右の記載をした謄本によって謄本を作成して、利害関係人に交付しなければならない。この謄本は、原本と同一の効力を有する（拒絶八条二項）。

(2)　拒絶証書の作成免除

①　拒絶証書の作成免除　拒絶証書は、引受または支払の呈示をしたが目的を達しなかったといった事実の立証方法を一定し、手形所持人のためには簡易迅速にその権利を行使できるようにするとともに、手形債務者もその立証を信頼して安心して債務を履行できるようにしたものであると説明されている（前述、1(1)①参照）。しかし、同時に、拒絶証書の作成の免除を説明して、拒絶証書は、主として遡求義務者のために引受拒絶または支払拒絶の事実を明確にすることをその目的とするものであるから、所持人の利益を害さない限りは、遡求義務者はその利益を放棄することができるといわれている（大隅・一四八頁、鈴木＝前田・三二一頁、石井＝鴻・二八一頁）。

手形法は、遡求義務者は、(a)拒絶証書の作成費用の負担を免れ、または、(b)引受拒絶または支払拒絶の事実の公表を避けるために、その利益（拒絶証書を作成する結果として遡求義務者が受ける利益）を放棄することができるものとしている（手七七条一項四号・四六条）。この場合、所持人は、拒絶証書の作成という面倒な手続をとらなくてよいことになる。これが拒絶証書作成免除の制度である。

② 免除することのできる者　拒絶証書の作成を免除しうるのは、為替手形の場合には、遡求義務者である振出人、裏書人、保証人であり（手四六条一項）、法に規定はないが拒絶証書の作成を前提として債務を履行すべき参加引受人（手五八条一項・六〇条）も拒絶証書の作成を免除することができる（大隅・一四九頁）。拒絶証書の作成がその債務負担の条件になっている者（遡求義務者）ではない為替手形の引受人およびその保証人は免除することはできない（なお、小切手の場合にも、振出人、裏書人または保証人は、「拒絶証書又ハ之ト同一ノ効力ヲ有スル宣言ノ作成」を免除することができるものとされている、小四二条一項）。約束手形の場合には、その振出人、裏書人および保証人が拒絶証書の作成を免除することができる（七七条一項四号・四六条一項）。

約束手形の振出人は、為替手形の振出人とは違って遡求義務者（償還義務者）ではなく、いわゆる絶対的義務者であって、拒絶証書がなくても支払をなすべき義務を負っているのであるから、約束手形の振出人が拒絶証書の作成を免除することができるとすることには疑問がないわけではないが（大判大正一三・三・七民集三巻九一頁は、「振出人ノ為シタル支払拒絶証書作成ノ免除ハ無意義ニシテ全ク手形上ノ効力ヲ生セサルモノ」であるという）、約束手形の振出人が免除文句を記載するとその手形自体が拒絶証書作成免除手形となり、その効力がすべての署名者に及ぶこと、また、その場合、約束手形の振出人の記載した拒絶証書作成免除の文句のある場合には、振出人に対しても適法な呈示があったという推定がはたらくものと解されること（手七七条一項四号・四六条二項）などからすると、約束手形の振出人も拒絶証書作成免除の文句を記載することができると解すべきであろう（鈴木＝前田・三二三頁註一一、大隅・一七六頁、小橋・二四六頁、東京高判昭和二九・六・一〇高民集七巻四号三九八頁）。ただし、これに反対する見解もある

（石井＝鴻・一八一頁）。約束手形の振出人による拒絶証書作成免除の記載は、振出人自らには利益がない事項について記載することによって第三者に不利益を与える余地があるものであり、約束手形の振出人による拒絶証書作成免除の記載は、その記載の効力を認める必要も理由もないというのである。

③　免除の形式　拒絶証書の作成を免除するには、免除をすることのできる者が、証券（手形・小切手）上に「拒絶証書不要」、「無費用償還」その他これと同一の意義を有する文言（拒絶証書作成免除文句）を記載し、かつ署名しなければならない（手七七条一項四号・四六条一項、小四二条一項）。拒絶証書作成免除文句は、必ず証券上に記載しなければならず、補箋上に記載しても免除は手形上の効力を生じない（大隅・一四九頁、大隅＝河本・三三八頁参照）。

統一為替手形用紙の表面および各裏書欄（統一小切手用紙の表面、統一約束手形用紙の各裏書欄（統一約束手形用紙では、表面には拒絶証書作成免除文句は記載されておらず、振出人による免除は予定されていない））には、拒絶証書作成免除文句が印刷されている。振出人または裏書人がこの文言（不動文字）を抹消しないで振出人または裏書人として署名するときは、特別な事情のない限り、その署名は拒絶証書作成免除の署名をも兼ねていると考えられる（大判大正一四・一二・一〇民集四巻五八五頁、大判昭和一三・一・二九民集一七巻一四頁、最判昭和三四・二・六民集一三巻一号八一頁参照）。本来、拒絶証書作成免除文句は、誰が記載したかによってその効力の及ぶ範囲が異なり、また他の者が無権限で記入するのを防ぐために記載者の署名が必要とされているので（手七七条一項四号・四六条一項、小四二条）、振出人または裏書人としての署名の他に重ねて拒絶証書作成免除のための署名が必要であるかのようであるが、免除文句の記載の位置から誰が記載したものかが分かり、しかもその免除文句が印刷されているなどにより変造の疑いもない場合には重ねて署名がなくても、その免除は有効であると考えられている（鈴木＝前田・三三二頁註一〇）。

手形外の特約による免除は、当事者間において効力を有するにすぎない（大隅・一四九頁、鈴木＝前田・三三二頁註九)。なお、為替手形に単に拒絶証書の作成を免除する旨の記載のあるときは、引受拒絶証書および支払拒絶証書の両方の作成を免除したものと解される（大隅・一四九頁）。

④　免除の効力　　拒絶証書の作成免除は、遡求の形式的要件である拒絶証書の作成を免除するものである。法定期間内の呈示および通知などの義務まで免除するものではないが、拒絶証書の作成が免除されているのであるから、手形の所持人は、拒絶証書なくして遡求権を行使することができる。換言するならば、所持人は、法定期間内に呈示したものと推定されるのであって、支払拒絶（または引受拒絶）の事実を証明しなくても遡求できる。逆に、債務者（遡求義務者）は、反証を挙げない限り、その責を免れない（手七七条一項四号・四六条二項、小四二条）。

拒絶証書の作成免除は、誰が記載したかによって、その効力の及ぶ範囲が違う。振出人（為替手形および約束手形の振出人）が免除の記載をしたときは、その手形自体が拒絶証書の作成を免除した手形になると考えられるのであり、すべての署名者にその効力が及ぶ（すべての署名者が免除したことになる）。これに対して、裏書人または保証人が拒絶証書作成免除文句を記載したときには、その効力は他の署名者に及ばないのであって、その者だけが免除したことになる（手七七条一項四号・四六条三項一文・二文、小四二条三項一文・二文）。

このように振出人が免除文句を記載した場合には、所持人は何人に対しても拒絶証書なくして償還の請求（遡求）をすることができるのであり、したがって、所持人が仮に拒絶証書を作成させたときは、その費用は、自ら負担しなければならない。これに対して、振出人以外の者が拒絶証書作成免除の記載をした場合には、他の者に対して遡求するためには、なお拒絶証書の作成を必要とするのであり、拒絶証書作成の費用は拒絶証書の作成を免除した者も負担しなければならない（手七七条一項四号・四六条三項三文・四文、小四二条三項三文・四文）。

したがって、たとえば、裏書人が免除文句を記載するとその裏書人は（拒絶証書の作成を免除したのであるから）拒絶証書がなくても償還しなければならないが、償還をしても自己の前者に対しては遡求できない（自己の前者に対しては拒絶証書作成免除の効果は及ばないからである、手四六条三項二文）。しかも、その裏書人が拒絶証書の作成を免除したにもかかわらず、所持人が拒絶証書を作成すれば、その費用は負担せざるを得ない（手四六条三項四文）。このような裏書人も、償還をすれば、為替手形の引受人（約束手形の振出人）と自己の前者であってやはり拒絶証書の作成を免除している者に対しては手形金の支払を請求することができる（鈴木＝前田・三二三頁註一三参照）。

2　不可抗力による期間の伸長

引受または支払の呈示および拒絶証書の作成は、一定の期間内にしなければならない（為替手形に関して、手五三条・二二条〜二四条一項・二五条二項・三四条・三八条・四四条一項〜五項・四六条二項・五六条二項・六〇条一項・六六条二項・六八条二項参照、約束手形に関しては、引受に関するものなどは関係ないが、為替手形に関する規定を準用する手七七条一項三号四号五号六号、さらには、手七八条二項など参照）。しかし、不可抗力によって一定の期間内に手続をとることができない場合にも遡求権を失わせるのは酷である。そこで手形法は、不可抗力の続く間だけ期間を延長し、不可抗力の止んだときに手続をとれば遡求できることにした。また、不可抗力が長く続くときは、手続をとらなくても遡求することができるものとしている（手七七条一項四号・五四条）。

(1)　不可抗力の意義　ここに不可抗力とは、手形上の権利の保全手続を妨げる外部的な出来事であって、通常必要と認められる注意をしてもその発生を避けることができないものをいう（大隅・一四七頁、鈴木＝前田・三二三頁註一四）。たとえば、地震・洪水・ストライキ・戦争・変乱などの一般的な事変が典型例であり、いずれかの国の法令による禁制（いわゆるモラトリアム）もこれに入るとされている。必ずしも多数人に影響のある一般的災害に限らず、孤島への交通杜絶のような個人的事変をも含むが、所持人または所持人が手形の呈示または拒絶証書の作成を委任した者の単なる人的事故（疾病）のような人的事由は不可抗力にはならない（手七七条一項四号・五四条六項、大隅・一四七頁、鈴木＝前田・三二三頁註一四）。

(2)　不可抗力が権利保全手続に及ぼす影響　先ず、①不可抗力のあるときは、原則として権利保全手続をなすべき期間が伸長される（手七七条一項四号・五四条一項）。不可抗力が止んだ後は、所持人は遅滞なく、引受または支払の呈示を行ない、また必要があれば拒絶証書を作成させて遡求しなければならない（手五四条三項）。しかし、②不可抗力が満期から三〇日（三〇日の期間は満期より計算するが、初日不算入であり〔手七三条〕、起算日はその翌日である）を超えて継続するときは、手形の呈示および拒絶証書の作成をしないで遡求権を行なうことができる（手五四条四項）。③いずれの場合にも、手形所持人は、その不可抗力を自己の裏書人に通知し、かつ手形または補箋にその通知を記載し日附を附して署名しなければならず、通知を受けた者はさらにその前者に通知しなければならない（手五四条二項・四五条一項）。右の三〇日の期間は、一覧払手形のように呈示によって初めて満期の定まる手形の場合には、呈示期間の経過前であっても所持人が裏書人に不可抗力の通知をした日から計算するものとされている（手五四条五項前段）。起算日は、通知をした日の翌日である（手七三条）。また、一覧後定期払手形の場合には、右の三〇日の期間に手形に記載した一覧後の期間を加えるものとされている（手五四条五項後段）。

なお、付言するに、小切手に関しても、不可抗力のあるときは権利保全手続をなすべき期間を伸長すべき旨の規定があり（小四七条一項）、不可抗力の止んだ後遅滞なく権利保全手続を行なうべき旨の規定もある（小四七条三項）。不可抗力の通知に関する規定も手形の場合と同様である（小四七条二項）。ただ、小切手は一覧払であるから（小二八条一項）、手形の場合の手形法五四条四項に相当する規定はなく、手形法五四条五項に相当する小切手法四七条四項は、手形法五四条五項と同趣旨を定めるが、手形の場合の三〇日の期間は、一五日と規定されている（不可抗力が、裏書人に対する不可抗力の通知の日から一五日を超えて継続するときは、不可抗力の通知が呈示期間経過前にあった場合でも、所持人は、呈示または拒絶証書もしくは拒絶証書と同一の効力を有する宣言なくして遡求できる、小四七条四項）。

第５節　遡求の通知

(1)　遡求の通知の意義　遡求権の行使との関係において、手形法は、手形所持人に遡求の通知をなすべき義務を課している（手七七条一項四号・四五条）。遡求の通知とは、支払拒絶（為替手形の場合には、引受拒絶をも含む）のあったことを遡求権利者（遡求権者）が遡求義務者に知らせることをいう。遡求の通知を遡求の要件とすることも考えられるが（英米法は基本的には、このような考え方に立つものである、下記(5)参照）、ジュネーヴ統一法は、これを後者の前者に対する義務としたのである。これは、手形所持人が手形関係上負担する唯一の義務であって、衡平の要求にもとづくものである（大隅・一五〇頁）。すなわち、遡求は、手形所持人の前者にとっては予期に反する異常な経過であるから、法は遡求権利者に前者に対して遡求原因の発生を通知させ、遡求義務者がそれにもとづいて、遡求を予想して資金を準備することができるようにするとともに、償還金額の増大を防ぐために進んで償還することもできるように配慮したのである（手五〇条一項参照）。これが遡求の通知の制度である。

右に述べたように、遡求の通知は、遡求のための条件（遡求の要件）ではないから、通知を怠っても、遡求権そのものを行使することは妨げられない。ただ、通知を受けなかったことにより生じた損害の賠償義務を（ただし、手形金額を超えない範囲において）その前者全員に対して負うものとされている（手七七条一項四号・四五条六項）。拒絶証書の作成が免除されていても、通知の義務は免除されない（手七七条一項四号・四六条二項参照）。

(2)　通知の必要な場合　遡求の通知を要するのは、支払拒絶および引受拒絶（為替手形の場合）の場合である（手七七条一項四号・四五条一項)。なお、手形法に規定はないが、為替手形の支払人の支払停止または強制執行の不奏効の場合にも通知を要すると解されている(手七七条一項四号・四三条二号・四四条五項参照)。これに対して、約束手形の振出人または為替手形の支払人・引受人もしくは引受呈示禁止手形の振出人が破産手続開始の決定を受けた場合には(手七七条一項四号・四三条二号三号・四四条六項)、破産手続開始の公告(破三二条)があるから通知を必要としない(大隅・一五〇頁、石井＝鴻・二八四頁参照)。

(3)　通知の当事者と通知の時期　通知義務を負うのは、手形の最後の所持人および通知を受けた裏書人である(手七七条一項四号・四五条一項)。通知は償還義務者に対して行なう。したがって、約束手形の支払拒絶の通知の例で考えると、支払が拒絶された場合に、所持人は先ず直接の裏書人に対して、拒絶証書作成の日に次ぐ四取引日内に(拒絶証書の作成が免除されているときは呈示の日に次ぐ四取引日内に)支払拒絶の事実と自己の名称および宛所を通知するものとされており、次いで通知を受けた裏書人は、その直接の裏書人に対して、通知を受けた日に次ぐ二取引日内に(この期間は、通知を受けた時から進行する)前の通知者全員の名称および宛所を示して自己の受けた通知を順次通知することによって振出人に至るものとされている(手七七条一項四号・四五条一項)。なお、時期に遅れて通知を受けた裏書人にも通知義務があり、さらに宛所を記載していない裏書人のように通知を受ける権利のない裏書人も通知を受けた以上は通知義務を負う(鈴木＝前田・三二六頁註一九参照)。裏書人が宛所を記載せず、またはその記載の読み難い場合には、その者を跳び越えて、その者の直接の前者に通知すれば足りる(手七七条一項四号・四五条三項)。

なお、そのような約束手形の所持人が右の支払拒絶による遡求の通知を裏書人になすべきときは、その裏書人に保証人があれば、同一期間内にその保証人にも遡求の通知をしなければならない(手七七条一項四号・四五条二項、保証人は、通知を受ける権利はあるが、通知を行なう義務はない）。また、後述するように、為替手形の場合には、遡求の通知は、これを振出人に対しても行なうものとされているが（手四五条一項）、約束手形の場合には、振出人は償還義務者ではなく、為替手形の引受人にあたる者であるから、これに対しては通知の必要はない（鈴木＝前田・三二六頁）。

為替手形の場合には、支払拒絶の場合だけでなく、引受拒絶の場合にも遡求の通知が問題となる。すなわち、所持人は、直接の裏書人および振出人に対して、拒絶証書作成の日に次ぐ四取引日内に（拒絶証書の作成が免除されているときは呈示の日に次ぐ四取引日内に）引受拒絶または支払拒絶の事実と自己の名称および宛所を通知するものとされており、次いで通知を受けた裏書人は、その直接の裏書人に対して、通知を受けた日に次ぐ二取引日内に前の通知者全員の名称および宛所を示して自己の受けた通知を順次通知するものとされている（手四五条一項）。遡求の通知を振出人および裏書人になすべきときにその裏書人に保証人があれば、同一期間内にその保証人にも遡求の通知をしなければならないことは（手四五条二項）、約束手形の場合と同様である。付言するに、小切手の場合には引受拒絶はないが（小四条参照）、その他の点では為替手形の場合と同様である（小四一条一～六項および手四五条一～六項参照）。

遡求の通知に関しては、これが発信主義によるものか、到達主義をとるものかについて争いがある。①本来、通知は到達を要するが、手形法四五条五項後段（通知が所定の期間内になされたことは義務者の方で立証責任を負うが、期間内に通知をなす書面を郵便に付した場合には、その期間を遵守したものとみなされるという規定、なお、平成一四年の改正により、手形法四五条五項は、民間事業者による信書の送達に関する法律〔平成一四・七・三一法律九九号〕の定める一般信書事業者または特定信書事業者の提供する信書便の役務を利用して「通知ヲ為ス書面」を期間内に「発送シタル場合」をも同様に取扱っている）により到達を要しないことになっているとする見解と、②手形法四五条一項は発信主義をとるものであり（通知は所定の期間内に到達する必要はなく、その期間内に発信すれば足りることになる）、手形法四五条五項後段は、郵便に付した日が期間内であれば、期間内に通知をなすべき義務を履行したことの証拠として争えないことを示す趣旨の規定であるとする見解である。後者の見解による（大隅・一五一頁、鈴木＝前田・三二六頁註二〇、石井＝鴻・二八四頁、詳しくは、伊澤・四九二頁註一参照）。

(4) 通知の方法　通知の方法には別段の制限はない（手七七条一項四号・四五条四項）。書面によっても、口頭でも、いかなる方法でもよい。もっとも、手形法四五条五項前段（手七七条一項四号）によれば、適法の期間内に通知を行なったことは、通知義務者において証明しなければならない。「期間内ニ通知ヲ為ス書面ヲ郵便ニ付シタル」場合には、期間を遵守したものとみなされる（手四五条五項後段）。その場合に郵便に付される「通知ヲ為ス書面」とは、書留郵便では足らず内容証明郵便とする必要があるとされていることが注目される（鈴木＝前田・三二六頁註二〇、石井＝鴻・二八五頁参照）。通知の内容は支払拒絶または引受拒絶の事実であるが、前述したように遡求の通知に当たっては、各裏書人は後者たる前の通知者全員の名称および宛所を示さなければならない（手四五条一項参照）。

(5) 通知の懈怠の効果　わが手形法上は、通知は遡求権行使の要件ではなく、通知を怠っても遡求権を失うことはない（手七七条一項四号・四五条六項）。しかし、通知を怠ったために生じた損害（手四五条六項にいう「過失ニ因リテ生ジタル損害」、たとえば、通知がなかったために償還が遅れて償還金額が増大したことによる損害）のあるときは、本来、通知をなすべき義務者は、手形金額を限度とする損害賠償義務を負担することになる（手四五条六項但書）。

なお、参考までに付言するに、英米法においては、従来は、拒絶の通知が遡求の条件とされてきたが、近時のアメリカ手形法においては、拒絶の通知は必ずしも遡求の条件ではないことが注目される。現在のアメリカ合衆国の手形法ともいうべき統一商事法典第三編（Uniform Commercial Code,［Revised］Article 3）においては、拒絶の通知は、原則として裏書人の責任（例外もある）および銀行以外の者の引受のある為替手形の振出人の責任との関係において遡求の条件とされている（Cf., UCC §3-503 (a)）にすぎない（統一商事法典第三編の邦訳に関しては、澤田壽夫編修代表・解説国際取引法令集〔三省堂・一九九四年〕参照）。

第6節　償還金額および償還の方法

1　償還金額

(1)　満期後における償還金額　遡求は、本来、手形所持人に満期に手形金額の支払があったのと同じ経済的効果を得させるための制度である。したがって、償還金額（満期後における償還金額）は、①引受または支払のなかった手形金額および利息の記載のあるときはその利息（手五条参照）、②年六分の率による満期以後の法定利息（呈示期間に呈示すれば、満期日に呈示したのではなくても、満期日当日の分をふくむ満期以後の利息をも請求できるのであって、その意味でこれは、法定利息であって、遅延利息ではないと解されている、大判昭和七・二・二三民集一一巻二六〇頁、大判大正一五・三・一二民集五巻一八一頁、最判昭和三五・一〇・二五民集一四巻一二号二七七五頁参照）、および③拒絶証書の費用、通知の費用およびその他の費用（たとえば、遡求義務者に対する催告費用、遡求義務者の宛所の調査費用などは、これに含まれるが、訴訟費用、弁護士費用は含まれない、大隅＝河本・三四八頁参照、なお、拒絶証書作成免除の場合にその作成費用の償還を求めることができるかどうかに関しては、手四六条三項参照）である（手七七条一項四号・四八条一項、小四四条）。

(2)　満期前における償還金額　手形金額は、本来、満期に支払われるべきものであり、満期前に償還を受ける（遡求権を行使する）手形所持人がその全額の支払を受けるとすれば、かえって不当である。そこで、満期前に遡求権を行使するときは（手四三条参照）、割引によって手形金額を減ずる（その日から満期の日までの中間利息を控除する）

ものとされている（手七七条一項四号・四八条二項）。その利率は、所持人の住所地における遡求の日の公定割引率（銀行率）とされている（手四八条二項）。ただし、利息附きの手形の場合には、償還日以後の利息の請求をなしえないものとすればよく、中間利息の控除は要しない（大隅・一五二頁、大隅＝河本・三四八頁参照）。

(3)　再遡求の場合における償還金額　償還を果して手形を受戻した者は、その前者に対して次の金額（再償還金額・再遡求金額）を請求することができる（手七七条一項四号・四九条、小四五条）。再遡求金額は、①その支払った総金額、②右の金額に対して年六分の率で計算した支払の日以後の利息、および③その支出した費用である（なお、手形法二八条二項および七八条一項参照）。

(4)　償還金額の為替相場による増減　手形の支払地または遡求権利者の住所地と遡求義務者の住所地とが異なる場合には、両地間における貨幣価値の相違のため手形法所定の償還金額の支払を受けただけでは所持人は支払地で支払を受けたのと同一の経済的効果を収めることができず、再遡求権者も充分の補償を受けることができない（大隅一五三頁）。

ところで、手形法五二（手七七条一項四号）条は、戻手形による遡求の制度を設けている。これは、遡求権を有する者が、遡求義務者の一人に宛てて一覧払で右の遡求義務者の住所において支払うべき新たな為替手形（戻手形）を振出して遡求するものである。ここでは、戻手形の詳細には立ち入らないが、権利者は、本手形・拒絶証書および受取計算書（償還計算書）を添えて（手五〇条一項参照）、この戻手形の割引を求め、現金化することによって直接償還を受けたのと同一の結果を得ることになる（大隅・一五三頁、竹田・一七五頁）。

戻手形の金額には、遡求金額（または再遡求金額）に加えて戻手形の仲立料（割引手数料）および印紙税を含むものとされているが（手五二条二項）、為替相場のある場合には、この金額は本手形の支払地（所持人遡求の場合）または遡求権利者の住所地（再遡求の場合）から遡求義務者の住所地に宛てて振出される一覧払手形の相場により換算される（手五二条三項）。その一例をあげると（以下の例は、竹田・一七五頁による）、たとえば、手形の支払地がニューヨークであり、手形金額が一〇〇〇ドルである場合に、償還義務者の住所が神戸であるとする。神戸で一〇〇〇ドルの支払を得ても支払地においてその支払を得たのと経済的に同一の結果になったとは必ずしもいえない。戻手形にあっては、この場合、ニューヨークにおける神戸宛一覧払手形の為替相場が一ドル一〇〇円であるとすると、戻手形の金額は日本貨一〇万円と算定するのである。このように為替相場により手形金額を換算するのは、権利者を正当な時期に支払地（償還地）において支払われたのと同一の地位におくためである（竹田・一七五頁、さらに、伊澤・四九七頁註一参照）。為替相場は、本手形の満期当時の相場か、戻手形を振出した日の相場かに関して争いがある（大隅＝河本・三五八頁は、所持人の利益を考えると戻手形を振出した日の相場であるとする）。

戻手形に関する右のような理解を前提に、戻手形を発行しないで遡求する場合にも、右と同じ計算をすべきであるとする見解があり、想像的戻手形主義と呼ばれる（竹田・一七三頁、大隅・一五三頁、大隅＝河本・三五八頁）。償還（遡求）は、手形の支払地または義務者の所在地（償還地）において支払を受けたのと同一の結果を生ぜしめるためであること、また権利者は戻手形を振出すことができることから、このように解することができるというのである（竹田・一七三頁）。

遡求と償還　見解によって遡求ということばと償還ということばの用法は微妙に異なる。たとえば、約束手形の所持人は、満期において支払が得られない場合には、「前者に対して償還請求をなし、満期において手形金額の支払があったのと同様の経済的効果を収めることができる。これを遡求と称する。」という記述がなされることがあるが、これは両概念の相違を明確に示すものといえる（鈴木＝前田・三二六頁参照）。しかし、「遡求」と「償還請求」がほぼ同義になるので（石井＝鴻・二七五頁、さらに、平出・四六九頁参照）、書物によっては、償還という表現を多く用いるものと、反対にできうる限り遡求という表現を用いるものとがある

（たとえば、遡求義務者と償還義務者、遡求の金額と償還金額、さらには、遡求の通知と償還の通知といった表現である）。遡求を多用する場合でも、遡求義務者が自ら進んで償還をなしうる場合（手五〇条一項）の説明としては「償還権」という概念を用いることになる（石井＝鴻・二八〇頁参照）。

2　償還の態様と方法

(1)　償還の態様　償還は、償還義務者が請求を受けて支払う場合であれ、進んで支払う場合であれ、遡求金額の現実の支払のみならず、代物弁済、相殺、免除（償還義務の免除）によっても行なうことができる。さらに手形法は、遡求権利者が償還義務者を支払人とする新たな為替手形（戻手形）を振出して、これに本手形、拒絶証書、受取計算書を添えて割引を求め、償還を受けたのと同じ効果を収めることもできるものとしている（手五二条）。償還義務者は、戻手形の所持人に支払うことによって本手形の償還を果たしたことになる（戻手形に関しては、本節、1(4)参照）。

(2)　償還の方法　償還義務者は支払に当たって、手形、拒絶証書および受取計算書の交付を求めうる（手七七条一項四号・五〇条一項、小四六条）。手形の交付を要するのは、償還者が二重に請求を受ける危険を防止し、かつ償還者が前者に対して手形上の権利を行使することを可能ならしめるためである。交付する手形は、健全な手形でなければならず、たとえば、為替手形の引受人に対する権利が時効にかかった後にその手形により遡求することは許されない。償還により手形を受戻した者は、これによって再度手形上の権利を取得するから自己および後者の裏書を抹消して手形上の権利者としての形式的資格を整えることができる（手五〇条二項参照）。手形が滅失したので除権決定を得たという場合には、その申立人のみならず、これに償還をした裏書人も遡求権を行使できるとされている（大隅・一五四頁、非訟法一六〇条二項参照）。

なお、遡求義務者は、後者から遡求されるのを待たずに進んで償還をすることができる（手七七条一項四号・五〇条一項、小四六条一項、なお、遡求の通知を受けることによって、誰が償還権利者か分かるので進んで償還することができるのである、手四五条）。この場合に受戻を拒否した所持人は債権者遅滞に陥る。数人の遡求義務者から償還の申出があったときは最も多数の者をして義務を免れさせる者の受戻に応じればよい。一部の償還にすぎないときはその受領を拒みうる（大隅・一五四頁参照）。遡求義務者にこのような償還権が認められているのは、時がたてば利息が生じて償還金額が大きくなり、また前者の資力が減少することもあるので自ら進んで償還を果たすことに意味があるからである（鈴木＝前田・三二七頁）。

第4編　為替手形

第20章　為替手形

手形法は、その第一編為替手形の第一章から第四章において為替手形の主要な手形行為である振出、裏書、引受、保証に関して規定する。次いで第五章、第六章においては満期と支払を取扱い、第七章では遡求を、第八章では参加、第九章では複本と謄本に関して規定する。また、それに続く第十章において変造に関する規定をおき、第十一章では時効に関して定める。それらの諸規定のうち約束手形に準用されたものに関しては、すでに一応の説明を加えたが、本章においては、為替手形との関係においてさらに詳細な検討を加えるべきであろう。

しかし、わが国の手形取引の現状を見ると、国内取引において為替手形が用いられることは、あまりなく、判例などにおいて問題となるのも、ほとんど約束手形である。そこで、以下においては、基本的な為替手形の特徴を指摘するとともに、併せて、為替手形に特有な制度あるいは事実上為替手形との関係において問題となることの多い制度であって、前の章までの約束手形の説明においては取り上げられることのなかったもの（すなわち、引受、参加および複本・謄本の諸制度）を簡潔に説明することにする。

第1節　為替手形の特殊性

(1)　約束手形からみた為替手形との相違　わが国の手形法はジュネーヴ条約（手形法統一条約）にもとづくものであり（第2章第4節参照）、それによれば、先ず為替手形について規定し、次いで約束手形には為替手形に関する規定を準用するものとしている（しかも、手形法は、約束手形に関しては、手形法七五条から七八条の四カ条の規定を有するにすぎない）。しかし、わが国の実務においては、国内取引において為替手形が用いられることは稀であり、主として約束手形が利用されている（第2章第2節3参照）。そこで、本書では、最近の多くの手形法の体系書・教科書に倣い、先ず約束手形について説明を加え、為替手形に関しては約束手形との相違を説明するという方法によっている。

手形法七七条一項によれば、為替手形に関する手形法の規定は、「約束手形ノ性質ニ反セザル限リ」原則として約束手形に準用される。ところで、約束手形と為替手形との基本的な相違は、為替手形が支払委託証券であるのに対して、約束手形は、支払約束証券であることである。約束手形の場合には、振出人が最初から主たる義務者であり、これは為替手形の振出人と引受人とを兼ねたような地位にある。したがって、約束手形にあっては、支払人なるものは存在せず、また引受という制度もない。

以上の結果として、手形法は、為替手形に関する規定を約束手形に準用するに当たって、次のような制度に関する為替手形の規定は、これを約束手形に準用していない。すなわち、①引受、②引受拒絶による遡求、③参加引受、および④複本の諸制度に関する規定である（手七七条参照）。

もっとも、以上に関しては多少の説明を要する。先ず、引受拒絶による遡求は認められていないが、約束手形の場合にも、振出人が破産手続開始の決定を受けることはあり、また振出人の支払の停止または振出人に対する強制執行の不奏効などはありうる。このような場合にも遡求を認めるべきであるとされている（手四三条二号参照）。また、このように考える場合には、手形法は準用していないが（手七七条一項五号）、約束手形に関しても満期前の遡求を阻止するための参加引受（手五八条一項）が認められると考えることになるであろう。ただし、遡求義務者ではない約束手形の振出人のための参加引受はありえない（大隅＝河本・四〇三頁）。また、約束手形の振出人は手形の主たる債務者であって、遡求義務者ではないから、予備支払人の記載もなしえない（石井＝鴻・二九六頁、鈴木＝前田・三三二頁、竹田・二二一頁）。さらに、約束手形には複本の制度は認められないが、これは、複本が主として手形の引受を求めるために用いられるものであること、および振出人が複本を発行すると、振出人は複本各通に関して振出人として支払義務を負わなければならないからである（大隅・一七八頁）。これに対して、謄本の制度は約束手形に準用されているが（手七七条一項六号）、約束手形には引受の制度がないから、それが必要とされる場合はほとんどない（一覧後定期払手形を一覧のため振出人に送付したときには役立ちうる、石井＝鴻・二九六頁、鈴木＝前田・三三三頁）。

(2)　為替手形の特殊性

①為替手形の法律関係と当事者　右においても言及したように、約束手形は支払約束証券であり、その法律関係は支払約束であるのに対して、為替手形は支払委託証券であり、その法律関係は支払委託である。それぞれの当初の当事者は、約束手形においては、振出人と受取人の二人であるが、為替手形の場合には、さらに支払人があるので、振出人・受取人・支払人の三人である。

このように為替手形は支払委託証券であるから、為替手形においては、振出人と支払人との間における法律関係（すなわち、「手形関係」としては、振出人と支払人の間における支払委託の関係、また「実質関係」としては、振出人と支払人の間における資金関係）が問題となる。これは、支払約束証券である約束手形の場合には問題にならないものである。さらに、為替手形は支払委託証券であるから、その振出人は手形証券の発行者であるにすぎず、約束手形の振出人が主たる債務者であるのに対して、為替手形の振出人は償還義務（遡求義務）を負うにすぎない。

② 為替手形に特有な制度　為替手形は支払委託証券であり、振出人は手形の発行者にすぎない。他方、支払人も振出人によって支払人として指定されたにすぎない。支払人は、引受によって始めて手形上の義務者（主たる義務者）となる。引受は、約束手形にはみられない為替手形に特有な制度である。また、このように引受があるために引受の呈示に対して引受が拒絶されると満期前にも遡求が行なわれることになる。為替手形の振出人や裏書人は、約束手形の裏書人の場合とは違って、支払だけではなく引受に関しても担保責任を負うことになる。

約束手形の振出人は、手形証券の発行者であると同時に主たる義務者であるが、為替手形の振出人は、手形証券の発行者にすぎず、主たる義務者は引受人である。為替手形の振出人は、手形上の義務者という意味では、遡求義務（償還義務）を負うにすぎないから、むしろ約束手形の裏書人と同様の地位にあるといえる。

なお、すでに言及したように、参加とか複本・謄本の制度も主として為替手形との関係において問題となる。

第2節　引　受

1　引受の意義

引受とは、為替手形の支払人が手形金額の支払義務を負担する旨を表示する附属的手形行為である。引受によって支払人は、引受人（すなわち、手形の主たる義務者）となる。それまでは、支払人は、振出人によって支払人として指定されているにすぎず、仮に資金関係上手形の支払をなすべき義務を負っている場合であっても、当然に手形金額を支払うべき義務を負うものではない。引受があれば、手形はその信用において円滑に流通することになるので、振出人が先ず引受を求め、その後、手形を流通におくこともよく行なわれるとのことである。

引受は、為替手形に特有の制度であり、約束手形にも小切手にもみられない（いわゆる引受の禁止、小四条参照）。引受はすべての為替手形に認められている。実際には稀であるが、一覧払の為替手形にも引受をすることができる。振出人は、一覧払手形に関しても引受のための呈示を命ずることができ（手二二条一項）、第三者方一覧払手形または期限後一覧払手形（手三四条二項）の場合には引受呈示の実益もある（竹田・一二一頁、手二二条二項参照）。

手形理論に関して交付契約説を採用する者も、わが国においては、引受に関しては、これを単独行為（一方的債務負担行為）と解するのが一般的であるとされる（竹田・一二一頁、ただし、小橋・二七〇頁は契約と解している）。もっとも、このように引受を単独行為説で説明する見解も、――引受は契約ではないから、相手方ともいうべき振出人または所持人の行為能力の制限（所持人が制限行為能力者であること）とか代理権の欠缺などは引受には影響しないとしながらも、――引受の効力は引受人が手形を呈示者に返還したときに発生するとするものが多い（大隅・一一九頁、竹田・一二一頁参照）。

引受の法的性質　右にみたように、わが国では、引受は単独行為とされることが多いが、ドイツにおいては引受も交付契約説で説明されているようである（*Hueck/Canaris*, Recht der Wertpapiere, 12. Aufl., 1986, S. 31ff.）。また、いわゆる創造説をとる場合にも引受をどのような手形行為と捉えるかに関しては争いのあることが注目される（鈴木＝前田・三六九頁〔署名によって引受人は債務を負担し、それに対応する権利が書面に表章されるが、この段階においてはその権利はなお引受人に保留され、手形が返還されたときに手形所持人に帰属する〕、前田・三七五頁以下〔手形引受においては手形権利移転行為の存在を否定すべきであり、他に手形上の権利者が存在するときは、引受人に対する権利はその権利者に帰属するが、他に手形上の権利者が存在せず、引受人が手形に署名しているだけのときは、引受人自身が権利者である〕および平出・五一八頁〔引受は、保証、参加引受および小切手の支払保証と同様に手形債務負担行為からのみ成る手形行為であって、これにより成立する手形債権は、原則として既存の手形債権が帰属している手形債権者に自動的に帰属する〕参照）。

2　引受のための呈示（引受呈示）

(1)　引受呈示の意義および呈示者と被呈示者　①　引受の呈示の意義　引受によって為替手形にはその主たる義務者（引受人）が生ずる。引受によって手形の信用が増すので、手形所持人は、満期前に引受を得ておくことが有利である。引受がなされるためには、手形を支払人に呈示して引受を求めることになる。これを「引受のための呈示」とか「引受の呈示（引受呈示）」という。

手形の所持人または単なる占有者（たとえば、使用人・使者・執行官など）は、振出の時から満期に至るまで（満期の日は含まれない）、取引日の取引時間内であれば（手七二条一項、商五二〇条）何時でも何回でも支払人の住所において引受のための呈示をすることができる（手二一条）。

引受呈示の場所は、他地払手形（支払地が支払人の住所地とは異なる手形）および第三者方払手形の場合にも、支払人の住所（営業所）である。手形法二一条には、「支払人の住所（其ノ住所）」とあるが、これは支払人の住所地の意味であるとしたうえ（竹田・一一三頁）、住所地内のどこで呈示すべきかは、商法五一六条二項の類推適用により住所地内の支払人の営業所、営業所がないときは住所において呈示すべきであると説明されている（竹田・一一三頁、大隅＝河本・二四五頁）。支払地または支払場所の記載は、支払の呈示のためのものにすぎず、引受の呈示のためのものではない。

②　呈示者と被呈示者　引受の呈示は、右に説明したように、手形の所持人または単なる占有者（たとえば、使用人・使者・執行官など）がこれを行なうことができる。引受呈示は、証券の処分を必要としないから、その正当な所持人に限らず、手形証券を所持する限り何人でも（誰でも）行なうことができる。

被呈示者は、常に支払人である。第三者方払手形の場合にも、支払の呈示とは違い、引受の呈示は、支払人に対して行なうべきである。

(2)　引受呈示の自由と制限　①　引受呈示の自由　引受の呈示は、振出人および所持人にとっては、支払人が支払をなすかどうかを確かめるために必要であり、他方、支払人にとっても支払の準備をすることができるという利益がある。しかし、手形法は、引受の呈示をするかどうか、何時または何回これをすべきかは、原則として所持人の自由に任せている。これを「引受呈示の自由」または「引受呈示自由の原則」という。しかし、この原則には、例外がある。引受の呈示が禁止されている場合（手二二条二項）および引受の呈示の必要（引受呈示の義務）のある場合（手二二条一項四項、二三条）である。

なお、引受の呈示を受けても支払人には、引受をなすべき手形法上の義務はない。支払人が振出人に対して引受をなすべき義務を負うかどうかは、両者の実質関係による（大隅＝河本・二四五頁、大判明治三五・一〇・二三民録八輯九巻一一八頁）。

②　引受呈示の禁止　為替手形の振出人は、手形に引受の呈示を絶対的に禁止する旨を記載し（絶対的引受呈示禁止、手二二条二項）、または一定期間を限って禁止する旨を記載する（一定期日前の引受呈示禁止または一定の期間を定めての引受呈示禁止）ことができる（手二二条三項）。

このうち、一定の期間を定めてなす引受呈示の禁止は、すべての手形について許される（手二二条三項）。これは、売買の目的物が買主の許に到達するまで引受の呈示を禁止するような場合に用いられる（大隅・一二〇頁）。

これに対して、絶対的禁止は、支払人が満期には支払う意思があっても、引受人となることを好まない場合などに必要であるといわれる（石井＝鴻・三〇五頁、なお、この制度は、フランスおよびオーストリアにおける実務に起源を有するもののようである、*Hueck/Canaris*, Recht der Wertpapiere, 12. Aufl., 1986, S. 758）。この引受呈示の絶対的禁止は、次のような一定の場合には許されない。すなわち、(a)第三者方払手形、(b)他地払手形（「支払人ノ住所地ニ非ザル地ニ於テ支払フベキモノ」）、(c)一覧後定期払手形の各場合である（手二二条二項但書）。これは、(a)第三者方払手形にあっては、「振出人が一定の者を支払担当者に指定したことを支払人に知らせ、〔支払人に〕その支払担当者をして支払をなさしめるため必要な準備をさせる必要があるからである」。したがって、他地払手形であると同地払手形であるとを問わない（大隅＝河本・二四六頁）。また(b)他地払手形の場合には、「〔振出人が〕支払人として信用ある他人の氏名を冒用することを防ぎ、また支払人に支払担当者記載の機会を与える」必要があるからである（大隅・一二〇頁）、なお、条文には他地払手形（「支払人ノ住所地ニ非ザル地ニ於テ支払フベキモノ」）とあるが、これは、「支払者の指定なき他地払手形」（竹田・一二四頁）とか「他地払手形であって第三者方払になっていない手形」（大隅＝河本・二四七頁）という意味である（なお、手二七条一項参照）。(c)また、一覧後定期払手形の場合には、引受の呈示がないと満期を定めることができない。

引受呈示の禁止に違反して呈示がなされても遡求権を生じない。引受の呈示の禁止があっても、引受を求めることはできる。支払人は引受をすることもできる。また、その引受が無効になるのでもない。引受の呈示が禁止されているのに引受が求められた場合に引受の拒絶があっても遡求権を生じないにすぎない（竹田・一二四頁註一）。結局、引受の絶対的禁止は、引受無担保（手九条二項）と同一の意味を有することになる（竹田・一二四頁）。しかも、呈示禁止の記載は基本手形の内容となるから、すべての手形署名者がこれを援用することができる。したがって、絶対的禁止の場合には、すべての手形署名者が引受を担保しないことになるので、この点において振出人の引受無担保とは違う（鈴木＝前田・三六七頁註二）。

なお、為替手形の裏書人は、振出人とは違って引受の呈示を禁止することはできない（竹田・一二四頁）。

③　引受呈示の義務　引受の呈示をすることは、手形所持人の権利であって、義務ではない。しかし、これに例外があり、次の場合には、所持人には引受の呈示をする義務がある。すなわち、(a)一覧後定期払手形の場合（手二三条一項）および(b)振出人（手二二条一項）または裏書人（手二二条四項）が期間を定めまたは定めないで引受の呈示をすべき旨を為替手形に記載した場合（引受呈示命令の記載）である。

(a)　一覧後定期払手形は、その満期を定める必要から引受の呈示が必要とされる。すなわち、このような手形の満期は、引受の日附または引受拒絶証書の日附によって算定される（手三五条一項）。引受呈示期間を定めておかないと、いつまでも満期が到来しないことになるので、手形法は、一覧後定期払手形の引受の呈示期間を振出の日より一年と定めている（手二三条一項）。振出人は、この法定の期間を伸縮し、裏書人は法定の期間（または振出人の定めた期間）を短縮することができる（手二三条二項、三項）。

(b)　振出人は、一定の期間を定め、または定めないで引受の呈示をなすべき旨を記載することができる（手二二条一項）。この引受呈示命令の記載のある場合には、所持人は引受の呈示をする必要がある。これにより、振出人は、支払人の態度（支払をするかどうか）を知ることができ、また支払人には支払の準備をする機会が与えられることになる（大隅・一二〇頁、竹田・一二五頁）。

裏書人も振出人と同じく、期間を定め、あるいは定めないで引受の呈示を命ずることはできる（手二二条四項本文）。ただし、振出人が引受の呈示を禁止している場合には、裏書人は、引受の呈示を命ずることはできない。この場合には、裏書人の引受の呈示を命じる記載は無効である（手二二条四項但書）。なお、振出人の定めた期間に反する期間を定めた裏書人の引受呈示命令の記載は、振出人の引受呈示命令の趣旨に反する限度において無効となる。したがって、この場合には、裏書人の引受呈示命令は、結局、振出人の定めた引受呈示命令の期間によることになる（竹田・

一二五頁)。引受呈示命令の記載は、振出人または裏書人に限って行なうことができる。

右のように引受呈示の義務の認められる場合に、所持人が所定の期間内に引受の呈示をなさないときは、所持人は原則として遡求権を失う(一覧後定期払手形に関して、手五三条一項一号、呈示命令のある手形に関しては、手五三条二項本文参照)。所持人は、引受拒絶による遡求権だけでなく、支払拒絶による遡求権をも失う(手五三条二項本文参照)。ただし、振出人がその記載した引受呈示命令の文言において、引受の担保義務のみを免れようとする意思を明らかにしているときは支払拒絶による遡求権は失わない(手五三条二項但書)。また、裏書人が引受呈示命令を記載している場合には、その裏書人(およびその保証人)に限ってこれを援用し、担保責任(引受拒絶および支払拒絶による遡求義務)を免れることになる(手五三条三項)。なお、所定の期間内に引受の呈示のあったことは、原則として拒絶証書により証明することになる(手二五条二項二文・四四条一項四項・四六条、石井＝鴻・三〇六頁参照)。

(3)　熟慮期間(考慮期間・猶予期間)　引受の呈示あった場合に、支払人は直ちに引受をしなければならず、直ちに引受をしないときは引受拒絶とする立場を即時引受主義という。これに対して、わが手形法は、引受の呈示を受けた支払人は、第一の呈示の翌日に第二の呈示をなすべきことを請求することができるものとしている(手二四条一項一文)。この一日の期間を熟慮期間(考慮期間・猶予期間)という。これは、引受の呈示を受けた支払人には、帳簿を調べたり、振出人に照会したりする必要があることを考慮したものであり、無用な引受拒絶の生ずることを防止しようとするものである(石井＝鴻・三〇六頁、大隅・一二一頁参照)。

支払人が熟慮期間を請求したときには、手形所持人(呈示者)は、一応引受拒絶証書(第一引受拒絶証書・熟慮期間請求拒絶証書)を作成させて(拒絶二条二項、手二四条一項二文参照)翌日に第二の呈示をなし、しかも引受がないときには、さらに引受拒絶証書(第二引受拒絶証書)を作成させて(拒絶六条参照)、始めて前者に遡求できることになる。

支払人が第二の呈示を求めたとき（熟慮期間を請求したとき）は、右のように手形所持人（呈示者）は、第一の呈示に関して引受拒絶証書を作成させるが、支払人はこれに第二の呈示を請求した旨を記載させることになる。この記載がなければ、所持人は第一の呈示に関する引受拒絶証書により直ちに遡求できることになる（手二四条一項二文）。わが手形法のもとでは、したがって、支払人が引受をせず、しかも第二の呈示をも求めないときは即時に引受を拒絶したものとみなされることになる。

なお、第一の引受拒絶証書が作成され、これに第二の呈示の請求のあったことが記載されている場合には、所持人は右のように第二の呈示をし、拒絶証書を作成させてはじめて遡求できるのであるが、この場合にも、所持人は第二の呈示ではなく、改めて引受の呈示をすることは可能である（竹田・一二六頁）。

なお、熟慮期間中引受のために呈示した手形を支払人に交付しておく必要はない（手二四条二項）。支払人が手形を横領したり、毀損したりする危険を慮った規定であるとされる（大隅＝河本・二五一頁参照）。

いずれにせよ、熟慮期間（手形法二四条）に関しては解釈上疑義が多いといわれる（たとえば、拒絶証書の作成手続、第一拒絶証書の作成費用の負担、拒絶証書の作成が免除されている場合の取扱などであるが、詳しくは、大隅＝河本・二四九頁以下参照）。

3　引受の方式

①　引受の方式　引受は、為替手形に「引受」またはこれと同一の意義を有する文字を記載し、かつ支払人が署名して行なう（手二五条一項一文・二文）。しかし、手形の表面になされた支払人の単なる署名も引受とみなされる（手二五条一項三文）。前者を正式引受、後者を略式引受と呼ぶことがある。略式引受としての署名は、手形の表面に

行なわなければならず、裏面における署名では引受とはならない。これは、白地式裏書との混同を避けるためである（手一三条二項参照）。

引受は、正式引受、略式引受を問わず、必ず手形にしなければならず、――手形上であれば、その記載の位置は問わないが、――補箋（または謄本）にこれをすることはできない（手二五条一項の規定は、手一三条の規定とは表現が違う）。

引受は、支払人が行なう。第三者の署名は引受としての効力を有しない。ただし、手形の表面の単なる署名は保証とみなされ（手三一条三項）、表面または裏面の引受の旨を附記した署名は参加引受（手五七条）とみなされることになる（竹田・一二二頁）。

② 支払人による引受　支払人のなした引受というためには、(a)手形の記載上支払人と引受人とが同一人であることを要するのか、それとも(b)事実上同一人であれば足りるのかに関しては、争いがある。

問題となるのは、手形の記載上支払人と引受人とは同一人ではないが、両者が事実上（実質上）同一人である場合（たとえば、「商号によりて記載されたる支払人が氏名により署名したる」場合）の取扱である。手形所持人は両者が実質上同一人であることを証明すれば、支払人の引受による責任を問うことができ、また遡求義務者もこれを証明すれば引受拒絶による遡求を免れうるとする見解も有力である（大隅・一二二頁、鈴木＝前田・三六九頁註七）。ほかに、このような場合には、一種の不単純引受（「6　不単純引受」参照）として署名者は手形上の責任を負うとする見解もある（竹田・一二二頁、この竹田・一二二頁は、さらに「包括承継人がその旨を附記して為したる引受も同一に解すべきである」という）。

手形の記載上支払人と引受人とが同一人であることを要するとする見解に従うべきであろう（同一の表示形式を

とっていなくても、同一性を認識できれば足りる、大隅＝河本・二五一頁）。手形の形式上判断することにしておかないと、所持人は引受拒絶の有無を判断するのに実質的調査を要することになり、また遡求義務者も引受が有効か第三者のなした無効なものかを知ることができず、手形関係の混乱を生ずるからである（竹田・一二二頁）。もっとも、これに対して、支払人の名称と引受人の名称とが異なるときは、「手形取得者をして引受の存否に就き疑念を抱かしむる虞はあるが、そのために引受を無効と解すべき理由はない」とする見解も有力である（伊澤・四三四頁註五）。

支払人と引受人の同一性　引受は、支払人が手形本紙に記載（署名）して行なうことを要する（手形法二五条一項）。引受は、支払人によってなされることを要するのであって、それ以外の者が引受の署名をしても引受としての効力はない（大隅・一二二頁、石井＝鴻・三〇七頁、鈴木＝前田・三六九頁註七）。すなわち、引受人と支払人との実質的同一性が必要とされる（山尾時三・新手形法論（岩波書店・昭和一〇年）二九七頁）。

　さらに形式的同一性をも要するかどうかに関しては右に本文において見たように見解が分かれる。引受人と支払人とは、実質上同一人であれば足りるか、それとも手形の記載形式上も両者が同一人と認められることを要するか。たとえば、商号をもって指定された支払人が氏名をもって引受を行なったような場合を例として説明されることが多いが、この場合、同一人であることが手形の記載形式上認められることを要するとする説では、あるいは引受としての効力を生じないとされ（田中耕太郎・手形法小切手法概論四一四頁）、あるいは不単純引受とされる（竹田・一二二頁）。他方、実質上同一人であれば足りるとする説では、手形所持人は実質上同一人であることを証明して支払人の引受による責任を問うことができ、遡求義務者もこれを証明して引受拒絶による遡求を免れうると解されている（鈴木＝前田・三六九頁註七、大隅・一二二頁、平出・五一六頁、さらに、小橋・二七〇頁も同旨か）。私見は、手形行為の性質上、支払人と引受人とは形式的にも同一であることを要すると解する（石井＝鴻・三〇七頁、田中耕太郎・手形法小切手法概論法四一四頁、竹田・一二二頁、なお、高窪利一「判批」手形百選〔第四版〕二〇〇頁は、大判大正一〇・一二・二一法学五巻五号七九六頁、大判大正一二・六・九評論一二巻商一七二頁もこの立場をとるものと解される）。

　いずれの見解によるにせよ、支払人と引受人の同一性の判断に当たっては、手形上の記載（または手形行為）の解釈が問題となる。支払人と引受人の実質的な同一性を問題にする場合には、「手形行為の解釈については、手形面上の記載以外の事実にもとづいて行為者の意思を推測して、記載を変更したり補充したりすることは許されない」といういわゆる手形客観解釈の原則（鈴木＝前田・一二一頁、竹田・二二頁、手形外観解釈の原則と呼ばれることもある、大隅・三〇頁、石井＝鴻・七八頁）との関係が問題となるであろう。手形客観解釈の原則を強調すれば、形式的に同一性がない場合に、実質的同一性を証明することは容易ではないであろう。

支払人欄への受取人名への記入　統一手形用紙の受取人欄が見分けにくいために誤って支払人欄に受取人名を記入するという事案が報告されている。たとえば、最判昭和四四年四月一五日（判時五六〇号八四頁）は、その第一審判決によれば、為替手形の振出人が自己指図為替手形を振出すに当たり、統一手形用紙の受取人欄が見分けにくいために誤って支払人欄に自己の氏名を記入し、受取人欄を空白にしていたというものである。大阪地堺支部判昭和四一年一〇月二〇日（判時四八二号六五頁）および大阪地判昭和四二年七月一二日（金融法務四九〇号三二頁）も同様の事案を取扱うものと解される（このような誤記を防ぐために、全国銀行協会連合会は、一九八四年（昭和五九年）一〇月五日付けの傘下銀行宛通達によって、為替手形用紙（統一手形用紙）の該当箇所に「支払人（引受人名）」および「（受取人）」という文言を加刷する措置を講ずることを求めるに至った（矢部伸「為替手形用紙および銀行振出小切手に関する通達について」金融法務一〇七〇号三二頁）。

右の最判昭和四四年四月一五日は、右のような事案において支払人として記載された者以外の者によってなされた引受を無効とする原判決を是認するものである。この判決は、支払人と引受人の同一性の問題との関係において引用されることがある。なるほど、この最判昭和四四年四月一五日は、引受は支払人によってなされることを要するとするものではあるが、支払人と引受人の同一性に関して、実質的同一性で足りると考えているのか、それとも形式的同一性をも必要とするものかは、必ずしも明らかではない。事案は、支払人と引受人との形式的同一性に欠けるだけでなく、仮に手形外の事情を斟酌して解釈したとしても実質的同一性にも欠けるものなのである。

この最判昭和四四年四月一五日の第一審判決は、「手形面の記載および証拠を総合して」誤記を認定して、支払人として記載された者以外の者によってなされた引受の効力を認めているが、最高裁判決の是認する控訴審判決（原判決）はいわゆる手形客観解釈の原則に言及し、そのような手形の支払人の記載は明白な誤謬（誤記）に当たらないとしている。

誤　記　ここで右（前註）にいう「誤記」に言及しておきたい。「誤記」または「明白な誤謬」とは何をいうのであろうか。これは、前述の手形客観解釈の原則との関係において認められる次のような考え方を指すものと解される。すなわち、近時、議論はあるものの（たとえば、伊澤和平「手形外観（客観）解釈の原則の妥当領域」江頭憲治郎編・八十年代商事法の諸相（鴻常夫先生還暦記念）（有斐閣・一九八五年）七一五頁）、わが国においては、手形行為の文言性から導かれる手形客観解釈の原則と呼ばれる原則が広く認められている（大判明治三八・二・二三民録一一輯二五九頁、大判大正一〇・六・八民録二七輯一一一九頁）。前述のように、この原則は、手形行為の解釈に当たっては手形記載の文言にもとづいて行なうべきであって手形外の事情によって文言を変更、補充して解釈することは許されないとするものであるが、同時に、手形の記載（文言）は、これを「一般の社会通念」に従って「合理的に」解釈すべきことをもその内容としている（たとえば、鈴木＝前田・一二一頁）。そして、「誤記」というのは、ある手形上の記載を「社会通念」に従って「合理的に」解釈すると誤って記載されたものであることが明白であって、誤記がなければ本来記載されるはずであった文言が記載されているかのように取扱われるべき場合を指称するものである（福瀧博之「判批」民商九六巻五号八三頁、九三頁参照）。

右のような考え方を前提にする以上、右の判決および原判決が「手形面の記載以外の事実」による解釈を否定し、「誤記」を認めなかったことは正当であろう。もっとも、有力な見解は、従来から、手形客観解釈の原則または社会通念による解釈にもかかわらず、「手形上の記載からだけでは、手形行為の解釈を行なうことができず、手形行為の内容を確定できない場合」には、手形外の事情を斟酌して手形の記載（文言）の内容を確定することもできると説いている（上柳克郎「判批」手形百選〔第三版〕六六頁、六七頁）。このような考え方をさらに進めて、本件のように「手形上の記載（文言）だけを資料に手形行為の解釈を行なうと、手形上の記載に矛盾を生じ、手形上の記載が不合理なものとなる場合」にも、手形外の事情にもとづいて手形行為を解釈することができるとでもいうのであれば、右の第一審判決のような見解も可能であろうが、本来の手形客観解釈の原則を維持するのであれば、そのような解釈は困難であろう（福瀧博之「振出日より前の日を満期とする手形の効力」関法四五巻二・三号一五九頁、一九一頁以下参照）。

③　引受の時期および引受呈示期間　　引受の時期には制限はない。引受の呈示は満期の前日までにしなければならないが（手二一条）、引受そのものは何時でもできる。満期後または支払拒絶証書作成後の引受も引受としての効力を有する。

しかし、引受の呈示は満期の前日までにしなければならない（手二一条）。すなわち、呈示をなしうる期間の始期は振出の時であり、終期は満期の前日である。ただし、呈示期間が指定された場合は、呈示期間はその期間内である（手二二条）。いずれにせよ、休日は除かれる（手七二条一項）。引受の呈示のための呈示期間は、引受拒絶による遡求との関係において意味を有する。呈示期間経過後に引受を拒絶されても、所持人は、引受拒絶を理由とする遡求はできない。支払のための呈示と支払拒絶による遡求の方法をとりうるだけである（大隅＝河本・二四四頁）。

④　引受の単純性　　引受は単純でなければならない（手二六条一項、この問題に関しては、後述の不単純引受の項参照）。

⑤　引受の日附　日附の記載は引受の要件ではない。したがって、記載しても手形上の効力を生じない。しかし、一覧後定期払手形および一定の期間内に引受の呈示をなすべき旨の記載のある手形（引受呈示命令附手形）については、日附の記載が遡求権保全のための必要条件であるから、日附の記載が必要である（手二五条二項・二三条一項四項・二三条参照）。もっとも、この場合にも、日附の記載のない引受も引受としての効力を有する。日附の記載のなされないときは、所持人は拒絶証書（これを日附拒絶証書または日附記載拒絶証書という）によってこれを補う（手二五条二項二文）。

日附は、引受のなされた日の日附を記載すべきであるが（手二五条二項一文）、呈示が期間の末日になされ、引受がその翌日になされた場合には（手二四条）、所持人は引受人に対して呈示の日の日附の記載を請求することができる（手二五条二項一文）。所持人が呈示期間を遵守したことを明らかにするためである（竹田・一二二頁）。

4　引受の抹消

①　返還前の引受の記載の抹消　為替手形に引受を記載した支払人がその手形の返還前にその記載を抹消したときは、引受を拒絶したものとみなされる（手二九条一項一文）。この規定と手形理論との関係が問題となりうるが、必ずしも直接の関係はないと解すべきである（大隅＝河本・二五八頁）。たとえば、引受は手形債務の負担を目的とする単独行為であり、その効力は手形を呈示者に返還したときに生ずるのであるから、手形を返還する前であれば、その署名を抹消して引受を撤回しうるのであると説明されるが（大隅・一二三頁）、他方、右の規定は、このように「返還前の引受は未だその効力を生ぜずとする理論に基きその撤回の可能なることを規定したるに非ず、その交付前に既に何等かの効力を発生せりや否とは無関係に、その抹消を以て寧ろ積極的に引受拒絶と看做したるものである」とする見解もある（竹田・一二九頁）。

ところで、ここに手形の交付(返還)前の抹消であったかどうかは事実の問題である。しかし、手形法は、抹消は手形の返還前に行なわれたものと推定している(手二九条一項二文)。反対の事実はこれを主張する者の方で立証しなければならない。したがって、引受人が請求されたときは、手形の所持人が、——引受拒絶により遡求義務を負う者が請求されたときには、この遡求義務者が、——反対の事実(実は返還後の抹消であること)を証明しなければならないであろう。

② 引受通知による責任　為替手形の呈示者への返還前に引受の記載が抹消されると、引受は拒絶されたものとみなされる。しかし、この引受の抹消の効果(すなわち、引受人の債務の不成立と引受拒絶による遡求権の成立)にもかかわらず、それと併存する形において、引受通知をした支払人は、手形法二九条二項により「引受ノ文言」に従って責任を負うものとされている。すなわち、支払人が書面をもって所持人または手形に署名した者に対して引受の通知をしているときは、支払人は、この通知を受けた所持人または手形に署名した者に対して、引受の文言に従って責任を負うものとされている(手二九条二項)。これは、表見責任の一場合であると考えられている(竹田・一二九頁)。なお、この規定は、引受の通知がなされたときには、まだ引受の記載は抹消されていなかったが、通知のなされた後に引受が抹消された場合にも適用される(竹田・一二九頁)。

手形法二九条二項は、引受の抹消に関する同条一項を受けたものであり、たとえば、手形の引受を全然したことがないのに引受をしたと通知した者(あるいは不単純引受をしたのに単純引受をしたと通知した者)は、——口頭によりこのような通知をした者が責任を負わないのと同様に、——この規定によって責任を負うものではない。もっとも、このような者が一般的な表示にもとづく禁反言(または表見責任)の理論によって責任を負うと考えるかどうかは別の問題である(大隅=河本・二五九頁以下)。

さらに、これとは違い、引受の記載のある手形が呈示した者に返還される前に紛失した場合の取扱も問題になるが、ここで取り上げている問題とは異なる。この問題には、ここでは立ち入らない。もっとも、この場合には、いずれの手形理論をとるかにより法律構成は異なるが、いずれにせよ、善意の取得者に対しては支払人が責任を負うとすることでは最近の見解は概ね一致を見ているといってよいであろう。

引受の通知　そもそも、実際には、為替手形の用いられることが少なく、しかも振出人が予め引受を受けた手形が用いられることが多いといわれる状況を前提にすると、この引受の通知なるものの実際は必ずしも理解が容易ではない。大隅＝河本・二五九頁は、このような引受の通知による責任が認められた背景に言及し、「引受通知による責任が認められたのは、引受を求めるため複本の一通を送付し、他の複本によって手形を流通せしめたときに、支払人が送付者たる裏書人に引受の旨を通知する場合があるからであるといわれている」との説明を加えている。参考になるであろう。

5　引受の効力

支払人は、引受により満期において為替手形金額の支払をなす義務を負う(手二八条一項)。引受人は、手形の主たる債務者であり、その義務は絶対的である。引受人の義務は絶対的であるから、他人の不払いを条件とするものではなく、遡求義務者の義務とは違って手続の欠缺によって消滅するものではない。

引受人の義務は、手形の最後の所持人に対してのみならず、償還して手形を受戻したすべての前者（償還義務者）に対しても認められる。したがって、引受人の手形金額を支払うべき義務は、振出人に対しても認められる(もっとも、振出人に対して引受人が資金関係上の抗弁を有することはありうる)。数人が引受をしたときは、その数人は合同して手形金額を支払うべき義務を負う（手四七条一項）。

なお、引受人の支払をなすべき金額は、満期においては、手形金額および利息額（利息附手形の場合）である。また、満期に支払のないときは、遡求金額と同じである（手二八条二項・四八条・四九条）。

為替手形の引受人の義務　為替手形の引受人の義務は、約束手形の振出人の義務と同じである（手七八条一項）。右においては、絶対的義務（主たる義務で絶対的義務）であるという表現で説明した。なお、すでに、約束手形の振出人の責任との関係においては、鈴木＝前田・二二九頁に倣って、これを——たとえば、裏書人などの償還義務との対比において——①第一次的な無条件の、②絶対的な、③最終的な義務（責任）として説明した（第14章第2節2参照）。

6　不単純引受

(1)　単純引受と不単純引受　　手形の記載内容に従ってなされた引受を単純引受といい、これに対して手形の記載内容に変更を加え、または条件や制限を附してなした引受を不単純引受という（大隅・一二四頁）。たとえば、満期、支払地などに変更を加えたり、裏書禁止文句を付記して行なった引受（手形の記載内容に変更を加えた引受に当たる）は、不単純引受である（手二六条二項参照）。

しかし、このように、①手形の記載内容に変更を加えてなした引受と、②条件や制限を加えてなした引受（条件を加えてなした引受とは、船荷証券と引換に支払う、資金の送付があれば支払う、といった内容の引受である）をいずれも不単純引受として同様に取扱うことに関しては議論がある。手形の記載内容に変更を加えてする引受（手二六条二項）と単純でない引受（手二六条一項）とを区別し、後者は手形の無因性に反するとするのである。

このような考え方に対しては、支払委託は単純であるから手形には無因性が認められるのであり、その逆ではなく、引受は単純でなくてもよいとすれば、引受人の義務は必ずしも無因（抽象的）とは限らないということになるにすぎないとか、条件を附した単純でない引受と手形の記載内容（事項）に変更を加えた引受との区別は容易ではないとの指摘もある（竹田・一二七頁）。疑問は残るが（引受人の義務も、少なくとも手形上の義務としては無因であると考えるからである。なお、竹田・一二八頁註一参照）、条件を附した引受は、不単純引受としての効力を有する（記載内容に変更を加えた引受と同様に取扱うべきである）とする見解に従っておきたい（大隅・一二四頁、小橋・二七五頁、石井＝鴻・

三〇八頁、平出・五一七頁)。

条件附引受の効力　わが国においても、かつては条件附引受を無効と解する見解があったようであるが、現在の通説は、手形法二六条二項に定める効果（「引受人ハ其ノ引受ノ文言ニ従ヒテ責任ヲ負フ」との効果）を有するものとする。そもそも、手形法二六条二項にいう手形の記載に変更を加えて行なう引受を「不単純引受」と呼ぶことがすでにこのような解釈を前提にするものといえよう。もっとも、その理由は必ずしも明らかでない（石井＝鴻・三〇八頁は、引受は「権限を表章するにすぎない手形を、権利を表章する手形にする行為として実質的には追加的ないし補完的性格な行為であり、できるだけ、その効力を認むべきだからである」とする）。

これに対して、近時のドイツにおいては、条件附引受を無効と解する見解が多いようである。たとえば、*Zöllner*, Wertpapierrecht, 14. Aufl., 1987, S. 83 は、ドイツにおいても、条件附引受に手形法二六条二項の適用があるとする見解があったことを指摘した後、そのような見解は、「文言解釈に反する（手形法二六条二項が『他ノ変更』といっているのは、同条一項にいう変更、すなわち、条件を附すこと〔単純とは条件を附さないこと〕以外の変更をいうものである）だけでなく、とりわけ手形債務の無因的性質にも反する」とする。また、*Hueck/Canaris*, Recht der Wertpapiere, 12. Aufl., 1986, S. 79 も、条件附引受に手形法二六条二項に定める効果を認めることは、手形法の規定の明瞭な文言とその体系に矛盾するものであるとする。もっとも、*Canaris* は、*Zöllner* が手形の無因性の問題と解していることには反対であり、条件附引受は原因関係と手形関係の関係の問題ではないという。*Canaris* によれば、条件附引受は、手形の文言性に反するものである。ここに手形の文言性(die Skripturrechtlichkeit des Wechsels)とは、*Canaris* によれば、手形上の責任の要件は原則としてすべて証券から分かるものであることを要するとするものであるが、引受に条件が附されている場合には、そうはならないというのである。引受人の責任が成立するかどうかは、手形の記載からは分からない手形外の事情に掛かることになるからである。

(2)　不単純引受の効力　引受は単純でなければならない(手二六条一項)。しかし、不単純引受も直ちに無効ではなく、所持人および前者の利益を害さない限り、引受としての効力を認めるべきである。手形法は、不単純引受は前者に対する関係においては引受の拒絶としての効力を有し、したがって、所持人は所定の手続に従って遡求権を行使できるものとしている(手二六条二項本文)。しかし、同時に、引受人に対する関係では、引受は有効であり、引受人は、その引受の文言に従って責任を負わなければならないと定めている(手二六条二項但書)。たとえば、満期に変更を加えて引受がなされた場合には、引受人は変更された文言に従って責任を負うが、手形所持人は引受の拒絶があったものとして前者に対して遡求権を行使できる（ただし、そのためには変更前の満期を標準として必要な手続をしなければならない）。裏書禁止引受（裏書禁止文句を附してした引受）の場合にも、引受人はその文言に従って責任を負う。したがって、この引受によって手形の裏書性が奪われることはないが、しかし、この手形が裏書により譲渡されたときは、引受人はその後の所持人に対しては、引受当時の所持人に対して有していたすべての抗弁をもって対抗することができる（大隅・一二四頁参照）。

(3)　不単純引受に関する原則の例外　右の不単純引受に関する原則には例外がある。その一は、いわゆる一部引受の場合である。一部引受とは、手形金額の一部についてなした引受である。支払人は一部引受をなすことができる（手二六条一項但書）。一部引受の場合には、その一部については引受の効力を生じ、所持人は、引受のない残額についてのみ引受拒絶による遡求権を行なうことになる（手四三条一号・五一条・拒絶五条二項）。一部引受を認めても何人も不利益を被らないからである。なお、これと異なり、いわゆる超過引受（手形金額以上の金額についてなす引受）に関しては議論がある。あるいは、これも不単純引受と解し、あるいは手形金額については引受の効力を生じ、超過部分に関して無効とする（大隅・一二四頁）。超過部分の引受は、支払指図にもとづかない引受にほかならないから、引受としての効力を生じないと考えるのである（菱田・二二四頁、なお、竹田・一二八頁参照）。

右の不単純引受に関する原則の例外の二は、第三者方払手形の場合である。すなわち、手形法二七条によれば、他地払手形（支払人の住所地と異なる地を支払地とした手形）であると（手二七条一項）、同地払手形（支払人の住所地内において支払われるべき手形〔住所地を支払地とした手形〕）であるとを問わず（手二七条二項）、振出人が第三者方において支払をなすべき旨を定めていない場合には、支払人は、引受をするに当たって、その第三者を定めることができる。これは引受人が手形を第三者方払手形とすることができる旨を規定したものである。引受人がこの定めをしない場合には、引受人は支払地において自ら支払をなす義務を負う（手二七条一項二文）。なお、手形法二七条一項は、引受人は「第三者ヲ定ムルコトヲ得」といい、第二項は、「支払ノ場所ヲ定ムルコトヲ得」と規定しているが、いずれも第三者方払の記載をすることができるという意味である（大隅・一二五頁参照）。

第3節　参　加

(1)　参加の意義（参加の制度）　為替手形の手形関係の目的は、手形金額が満期において支払人により支払われることにある。しかし、引受または支払が拒絶され、その他、支払人の無資力などにより支払を不確実ならしめる事情を生じた場合には、手形の作成または流通に関与した者に手形金額を償還させて、所持人に本来の支払があったのと同一の地位に置こうとしている。これが前述の遡求の制度である（大隅・一四一頁参照）。なるほど、これによって手形所持人は保護されるが、他の手形関係者の信用は損われることになる。また、遡求制度の下では、遡求手続のなかで次第に償還金額が増大するとか、場合によれば、自己の前者の無資力のために再遡求の機会を失うということも問題となる（大隅・一五五頁）。そこで、手形の引受拒絶もしくはこれに準ずるような場合または支払拒絶の場合に、第三者が特定の遡求義務者のために手形関係に加入（介入）して引受または支払をなし、遡求権の行使を阻止することが手形法上認められている。これが参加の制度である。その介入者を参加人といい、その者のために介入がなされる者を被参加人という。

第三者が手形関係に加わって手形の信用を維持する点において手形保証に似ているが、保証がいわば予防的なのに対して、参加は善後処置的なものであるといわれる（大隅・一五五頁）。もっとも、参加の制度は、実際上はほとんど利用されていない。

(2)　参加の種類　　参加には、参加引受と参加支払の二種類がある。参加引受は、満期前の遡求を阻止するために第三者（参加人）が被参加人のために満期における支払を引受けることをいい、参加支払は、満期前であると満期後であるとを問わず、遡求を阻止するために第三者（参加人）が被参加人のために支払をなすことをいう。

参加引受により被参加人およびその後者は、後者からする遡求を免れる。仮に振出人のために参加引受がなされると、満期前の遡求は全然行なわれないことになる。また参加支払により被参加人およびその後者は、後者からする遡求を免れる。仮に振出人のために参加支払がなされると遡求は全然行なわれないことになる。

(3)　参加の当事者　①　参加人　　参加人となることのできる者の資格にとくに制限はない。第三者だけでなく、支払人またはすでに手形上の義務者である振出人・裏書人であってもよい。ただし、引受人は参加をなしえない（手五五条三項）。支払人は支払人としては引受を拒絶し、参加引受人として遡求義務を負い、あるいは支払人としては支払を拒絶し、参加支払をすることがありうる。引受人は手形の主たる義務者であり、その義務を怠った場合のために遡求を阻止する手段を定めることは矛盾である。引受人の保証人（およびここでは直接取り上げないが、約束手形に準用される場合の約束手形の振出人、手七七条一項五号）も同様である（竹田・一八四頁）。参加人は支払地内にある者である必要はないが、支払地にあるかどうかによって参加の条件が異なる。

参加は、あるいは手形の記載上参加人となるよう予定された者によってなされ、あるいはその他の第三者によって行なわれる。手形の記載上参加人となるよう予定された者を予備支払人という。振出人、裏書人または保証人は、予備支払人を記載することができるが（手五五条一項）、支払人または引受人はその記載をすることはできない。参加人となりうる者は、すべて予備支払人となりうる。

② 被参加人　参加はすべての遡求義務者のためになしうる(手五五条二項)。具体的には、振出人、裏書人およびその保証人である。また、遡求義務者でない者のための参加(遡求義務者以外を被参加人とする参加)は認められない。すなわち、引受人、支払人および無担保裏書人を被参加人とする参加は認められない。

(4) 参加の通知　参加をしたときは、参加人は参加のあった日より(参加の日は計算されない、竹田・一八四頁)二取引日内に被参加人に対して参加の通知をしなければならない(手五五条四項一文)。なお、遡求の通知とは異なり、振出人に対する通知は必要なく、また通知を受けた被参加人はさらにその前者に通知する必要もない。右の期間の不遵守の場合に過失によって生じた損害のあるときは、参加人は被参加人に対して手形金額を超えない範囲内においてその賠償の責任を負う(手五五条四項二文)。

(5) 参加引受　① 参加引受の法的性質　参加引受は、満期前の遡求を阻止するために支払人以外の者が手形の支払をなすべきことを約する手形行為である(なお、右の(3)①参照)。参加引受の法律上の性質に関しては通常の引受の一種か償還義務の引受なのかをめぐって争いがあるが、現行法のもとでは償還義務の引受(遡求義務を引受ける独立の手形行為)と解すべきである(このことは、たとえば、参加引受人は被参加人と同一の義務を負うが、被参加人は遡求義務者に限られることからも明らかであろう、手五八条一項・五五条二項、大隅・一五七頁、竹田・一八九頁、石井＝鴻・三一五頁参照)。

② 参加引受の要件　参加引受は手形所持人が満期前に遡求権を有するすべての場合にこれをなしうる(手五六条一項)。すなわち、(a)満期前の遡求原因が発生したこと、および(b)拒絶証書作成免除の場合のほかは、その事実が引受拒絶証書(手四四条五項の場合には支払拒絶証書、六項の場合には破産手続開始の決定の裁判書)によって確定されたことを要する。引受の呈示を禁止された手形(手二二条二項)に関しては、引受の呈示はありえず、したがって、

引受の拒絶による遡求もないから、引受拒絶にもとづく参加もありえない（手五六条一項）。

③　参加引受の許否　(a)手形所持人は、原則として参加引受を拒むことができる（手五六条三項）。所持人の信用しない者の参加によって遡求権を失うのは不当だからである（大隅・一五八頁、竹田一八七頁）。(b)手形の支払地における予備支払人の記載のあるときは、その者の参加は拒みえない。所持人は、先ずその予備支払人に（一人の遡求義務者が数人の予備支払人を記載しているときはその全員に対して）手形を呈示して参加引受を求めなければならない。予備支払人も参加引受を拒絶したことならびにその拒絶証書（予備支払人引受拒絶証書）を作成することが予備支払人を記載した者およびその後者に対する満期前の遡求権行使の条件である（手五六条二項）。(c)数人の遡求義務者が各別にその予備支払人を記載している場合には、支払地における予備支払人が優先し、このような予備支払人の間では最も多数の義務者を免責させる者が優先する（大隅・一五八頁、手六〇条一項・六三条三項参照、ただし、小橋・二八七頁、竹田・一八六頁、菱田・二八〇頁は、順位の拘束を受けないとする）。

④　参加引受の方式（手五七条）　(a)参加引受は、手形上に記載してすることを要する（謄本または補箋上の参加引受は無効である）。(b)参加引受には、参加引受であることを示して参加人が署名して行なう。通常の引受とは異なり、単なる署名のみで行なうことはできない（なお、手二五条一項、三一条三項参照）。(c)参加引受には、被参加人を表示しなければならないが、その表示のないときは、参加引受は振出人のためにしたものとみなされる（手五七条三文、約束手形にあっては、第一の裏書人のためになされたものと解する、小橋・二八七頁）。

⑤　参加引受の効力　(a)参加引受人の義務　参加引受人は、手形所持人および被参加人の後者に対して、被参加人と同一の義務を負う（手五八条一項）。参加引受人の義務は、被参加人に対する遡求権が適法に保全されていることを条件とする。被参加人に対する遡求権が消滅すれば、参加引受人もその義務を免れる（ただし、参加引受人の

義務は、被参加人の義務が手形の形式において存在すれば、実質的理由によって無効であっても影響を受けない、手七条参照)。

被参加人に対する遡求権保全の条件としては、支払人に対する支払の呈示および拒絶証書の作成のほか、支払地に住所を有する参加引受人がある場合には、参加引受人に対する呈示および法定の期間（支払拒絶証明作成期間の末日の翌日まで）における支払拒絶証書の作成が必要である（手六〇条一項）。右の参加引受人に対する呈示および拒絶証書の作成を怠れば、被参加人に対する遡求権は消滅し(手六〇条二項)、被参加人に対する遡求権が消滅すれば、参加引受人の義務もまた消滅するのである(手五八条一項、大隅・一五九頁)。参加引受人の義務は、「自己の参加支払の拒絶につき法定期間内に於ける拒絶証書の作成を条件とする義務に外ならない」（竹田・一八八頁)。

(b)　被参加人およびその後者の免責　　およそ参加引受のあるときは、手形所持人は、被参加人およびその後者に対して満期前の遡求権を失う(手五六条二項三項)。被参加人の前者に対しては、依然として満期前の遡求をすることができる。

(c)　被参加人およびその前者の償還権　　被参加人の前者は参加引受があっても償還義務を免れない。また、被参加人も満期前の遡求義務は免れるが、参加引受人が後に参加支払をすれば、これに対して償還しなければならない。そこで、手形法は、被参加人およびその前者は、参加引受にかかわらず、自ら進んで償還金額を支払って手形を受戻すことができるものとしている（手五八条二項）。

(d)　参加引受人と被参加人の関係　　参加引受人と被参加人との間においては、参加引受により特別な手形上の関係を生じない。手形外の関係として委任、事務管理などがありうるにすぎない。ただし、参加引受人が参加支払をしたときは、被参加人およびその前者に対して手形上の権利を取得する(手六三条一項)。なお、参加引受人の被参加人に対する参加の通知（手五五条四項）に関しては前述した（(4)参照）。

(6)　参加支払　①　参加支払の意義　参加支払とは、満期の前後を問わず遡求原因が発生した場合に、その遡求を阻止するために支払人以外の者のなす支払をいう（なお、右の(3)①参照）。手形金額の一部の参加支払は認められない（手五九条二項）。参加支払は、所持人が満期または満期前に遡求権を有する一切の場合になすことができる（手五九条一項）。支払拒絶証書を作成させることのできる最後の日の翌日までにしなければならない（満期とともに四日間である、手五九条三項）。

参加支払も支払ではあるが、本来の支払人が支払をしない場合に二次的になされるものであり、またその結果は被参加人の後者の義務を消滅させるにすぎない点で本来の支払とは異なる（大隅・一六〇頁）。

②　参加支払の要件　参加支払は、満期前であると満期におけるとを問わず遡求の条件（遡求の実質的条件および形式的条件）が備わっている限り行なうことができる（手五九条一項参照）。遡求条件に関しては、遡求に関して述べたところに譲る（第19章参照）。

なお、満期前の遡求の条件のある場合であっても、参加引受のあるときは、被参加人およびその後者に対する満期前の遡求権は消滅するから（手五六条二項三項）、これらの者のための満期前の参加支払はありえない。この場合には、参加支払は、被参加人の前者に対する遡求の場合に限られることになる。

③　参加支払の許否　(a)　手形に支払地における参加引受人または支払地における予備支払人の記載のある場合には、手形所持人は、これらの者全員に手形を呈示し、かつ必要のあるときは拒絶証書を作らせることのできる最後の日の翌日までに支払拒絶証書を作成させることを要する（手六〇条一項）。右の期間内に拒絶証書の作成がないときは、予備支払人を記載した者または被参加人およびその後の裏書人は義務を免れる（手六〇条二項）。

(b)　右のような参加引受人または予備支払人の記載のない場合には、手形所持人は、本来、直ちに遡求できる。しかし、参加支払をしようとする者のある場合には、所持人はこれを拒みえない。所持人が参加支払を拒んだときは、その支払により義務を免れるはずであった者に対する遡求権を失う（手六一条）。参加支払により義務を免れる者に被参加人が含まれるかどうかに関しては議論がある（竹田・一九二頁および大隅＝河本・三七四頁は、被参加人は、参加支払によってその責を免れるものではない〔手六三条二項〕として消極に解するが、大隅・一六一頁は、義務を免るべかりし者というのは、「参加支払により利益を受くべかりし者」であるとして積極に解している）。

(c)　参加支払をなそうとする者が数人ある場合（参加支払の競合の場合）には、参加支払をなそうとする者が参加引受人であると予備支払人であると純然たる第三者であるとを問わず、最も多数の者をして義務を免れさせる者が優先する。事情を知りながら、これに違反して参加した者は義務を免れるはずであった者に対する遡求権を失うものとされている（手六三条三項）。

④　参加支払の方式と金額　　参加支払は、被参加人を表示した受取の記載のある手形に対して行なうことを要する。手形に被参加人の記載のない場合には、参加支払は振出人のためになしたものとみなされる（手六二条一項、約束手形においては、第一の裏書人のためにしたものと看做される、小橋・二八九頁）。また、参加支払に当たっては、所持人は為替手形を参加支払人に交付しなければならず、拒絶証書のある場合には、拒絶証書も交付しなければならない（手六二条二項）。参加支払人の支払うべき金額は、被参加人の支払をなすべき金額である（手五九条二項、さらに手四八条・四九条参照）。

⑤　参加支払の効力　(a)　所持人の権利の消滅　　参加支払のあるときは、遡求義務者による支払の場合と同様に、所持人の手形上の権利はすべての手形債務者に対する関係において消滅する。

(b)　被参加人の後者の免責　参加支払により、被参加人の後者（被参加人より後の裏書人）はその義務を免れる（手六三条二項）。

(c)　参加支払人の権利取得　参加支払人は、被参加人およびその者の為替手形上の債務者に対して手形上の権利（被参加人およびその前者に対する遡求権および手形が引受けられたものであるときは引受人に対する支払請求権）を取得する。ただし、為替手形をさらに裏書譲渡することはできない（手六三条一項）。

なお、参加支払人の権利取得は、所持人の権利を承継取得するものではなく、法律の規定により原始的に取得するものであるなどとして、参加支払人は、その債務者が所持人または被参加人の後者に対して有する人的抗弁の対抗を受けないとする見解も少なくない（竹田・一九四頁、大隅・一六二頁参照）。この見解は、少なくとも遡求義務者による手形の受戻を裏書によって譲渡された権利の再取得と解する立場とは調和しないであろう。しかし、裏書人による受戻の場合には、手形上の権利の再取得といっても強制された取得であるという特徴があったが、参加支払の場合には必ずしもそうではない。さらに検討を要するが、参加支払をさらに分類して、手形を受戻した裏書人の場合と同じく強制による取得といえる場合（参加引受人の行なう参加支払による手形の取得）とそうでない場合（参加引受をしていない者の行なう参加支払による手形の取得）とに分けて考える見解も見られることが注目される（大隅＝河本・三七五頁）。

第4節　複本および謄本

1　複　本

(1)　複本の意義　複本とは、同一の手形関係を表章する数通の手形をいう（手六四条一項）。数通の手形の間には、原本と謄本の関係のように主従の区別はなく、各通は、いずれもそれ自体一通の手形である。しかし、その表章する手形関係は（法律関係）は同一である。各複本の表章する権利は、ただ一個にすぎない。

手形上の権利は、本来、手形証券と離れては利用できない。しかし、同一の手形上の権利に関して複数（数通）の手形があれば、手形証券と離れた手形上の権利があるのと同様の取扱が可能である。すなわち、複本は、あるいは、①手形を遠隔の地に送付するに当たって、途中における滅失などの危険に備えて各通を別ルートで発送するために用いられ、あるいは、②一通を引受を求めるために他地に送付している間に（この一通を送付正本または送付複本という）、他の一通を流通させる（この一通を流通正本または流通複本という）という目的で用いられてきたとのことであるが、今日では、あまり重要ではないといわれている（竹田・一九六頁）。なお、複本の制度は約束手形には認められていないが、小切手にはある（小四八条以下参照）。

(2)　複本の発行　　手形は、当事者の合意により始めから複本として振出すことができることはいうまでもないが、当初、一通で振出された後、所持人が自己の費用をもって複本の交付を請求することもできる（複本交付請求権）。ただし、その手形に一通限りで振出す旨の記載がある場合には、所持人は複本の交付を請求できない。所持人の複本交付請求は、直接の前者である裏書人に対して行ない、その裏書人は自己の裏書人に対して手続をなすことによってこれに協力し、順次振出人に及ぶものとされている。振出人が複本を作ったときは、受取人から順次裏書人を経て所持人に交付するが、各裏書人は新たな複本に裏書を再記することを要する（手六四条三項）。複本の数には制限はないが、二通ないし三通が普通であるといわれる（大隅・一六二頁）。

複本交付請求権　複本交付請求権に関しては、理論的な問題が少なくない（竹田・一九七頁参照）。たとえば、手形証券を所持しない者が複本の交付を請求することができるか（竹田・一九七頁は理論上は積極に解するが、*Baumbach/Hefermehl*, Wechselgesetz und Scheckgsetz, 19. Aufl., 1995., S.365 は消極に解するもののようである）とか、複本交付請求権は誰に対する権利か（義務者は振出人か直接の前者か、竹田・一九七頁は、「所持人は振出人に対してその〔複本の〕発行を求め、前者に対しては協力を求める権利を有し、唯だこれ〔複本交付請求権〕が行使は直接の前者を通じて為すを要する」と説明し、*Baumbach/Hefermehl*, a. a. O. S.365 は、「前者（die Vormänner）は〔複本を〕作成する責任を負うのではなく、手形を引渡す（Weitergabe）責任のみを負う。振出人が〔複本を〕作成し、署名しなければならないのである」と説明している）などといった問題である。

(3)　複本の形式　複本の形式に関する手形法の規定によれば、先ず、①複本は、各通の記載内容が同一でなければならない（手六四条一項）。複本は、一個の同一の手形上の権利を表章するものだからである。しかし、取引の通念上手形の記載内容から同一内容であれば足り、厳格に同一でなくてもよく、したがって、書き損ないや訂正を他の各通において繰り返す必要はない（大隅・一六四頁、竹田・一九六頁参照）。また、②複本には、その証券の文言中に複本としての番号を附さなければならない（手六四条二項一文）。

したがって、複本の記載内容が同一でなく、または番号が附されなかった場合には、各通は、独立の手形とみなされる（手六四条二項二文参照）。

なお、複本には、その通数を記載する必要はない。また、複本は後からも発行されうるから通数を記載することもできない。複本の取得者は複本の数を知りえない（その結果、複本の取得者は、他の複本取得者との競合の危険にさらされており、このことが複本の利用を阻む原因の一となっているといわれる、竹田・二〇〇頁参照）。

(4)　複本の効力　①　複本の効力　複本の各通はそれぞれ一通の手形である。しかし、各通は、いずれも一個の法律関係について振出されたものであり、各通の表章する手形上の法律関係（手形上の権利）はただ一個である（複本各通の表章する権利（法律関係）は同一である）。振出人や裏書人は数通の複本に署名しても一個の手形債務を負うにすぎず（二重の責任を負うのではない）、所持人は数通の複本を所持していてもその有する権利は一個にすぎない。

原則として、数通の複本の一通の裏書により各通上の権利も譲渡され、一通の引受または支払は各通につきその引受または支払の効力を生ずる（手六五条一項本文は、支払に関してこのことを規定し、複本に特に一通の支払が他の複本を無効にする旨のいわゆる破毀文句の記載がないときでも、一通の支払によって他の複本をも無効にすることを定める）。しかし、この原則は、数通の間の一体的関係が確保される限りにおいて言えることであり、数通の間の一体的関係が破られた場合には各通は別個の手形として効力を有するものとされている（手六五条一項但書）。複本の各通が人を異にして各別に裏書譲渡された場合（手六五条二項）、複本の各通に引受がなされた場合であって、引受人が支払に当たって返還を受けてない場合（手六五条一項但書）には、裏書、引受は各通独立してその効力を生ずる。

② 裏書および引受と複本の効力　(a) 裏書との関係　裏書が複本の一通になされると各通上の権利も譲渡される。これは、同時に他の複本が交付されるかどうかを問わず（もっとも、被裏書人は一通の裏書により他の手形の交付を求めることができる、竹田・一九八頁、けだし、一通の裏書によって手形上の権利は完全に被裏書人に譲渡人されているからである、大隅＝河本・三七九頁）、他の複本に同一の裏書が繰り返されるかどうかを問わない。仮に数通に同一の裏書が繰り返される場合であっても、裏書から生ずる法律関係は依然ただ一個であり、裏書人は一回の償還義務を負うはずである。しかし、裏書人が数人に各別に裏書譲渡した場合には、この裏書人（「数人ニ各別ニ複本ヲ譲渡シタル裏書人」）およびその後の裏書人は、その署名のある各通で返還を受けないものについて責任を負う（手六五条二項）。重複して裏書をした裏書人は、複本の数に従い複数の責任を負うことになる。右の各別に裏書をした者の前者（すなわち、分離前の裏書人）は、複本各通のうちいずれか一通に対して支払をすれば足りることはいうまでもない。

(b) 引受との関係　複本の所持人は、いずれの一通によっても引受を求めることができる。その引受があれば、各通についてその効力を生ずる。

手形所持人が複本数通を呈示して支払を求めても、そのうちの一通に引受をすれば足りるのであって、数通に引受をすべきではない。仮に、数通に引受をした場合には、引受人は支払に当たりその数通を受戻しておかなければ、返還を受けないものについて責任を免れない（手六五条一項但書）。ただし、支払人（引受人）は、悪意者に対しては、一通に対する支払によってその責任を免れると解すべきであろう（大隅・一六四頁）。なお、このような解釈は、裏書の場合とは異なり、引受人の複数の署名はそれぞれ独立して効力を生ずると解するものであることに注目すべきであろう（竹田・二〇〇頁以下参照）。

支払人が複本の一通に引受をなした場合に、その支払人（引受人）が引受のない他の複本に支払をし、しかも引受のある複本を受戻しておかないときは、引受のある複本に対する責任を免れない（この場合にも、支払人（引受人）は、悪意者に対しては、一通に対する支払によってその責任を免れると解すべきである、大隅・一六五頁）。

(5)　複本の送付と遡求　①　複本における引受のための送付先の記載　引受のために複本の一通（送付複本）を送付した者は、他の各通（流通複本）にこの一通（送付複本）を保持する者（送付先・送付複本の保管者）の名称を記載することを要する（手六六条一項一文）。このような記載のある流通複本の正当なる所持人（手一六条一項の正当なる所持人をいう）は、送付複本の保持者に対してその返還を求めることができる（手六六条一項二文）。

なお、流通複本に送付複本の送付先（保持者）の記載のない場合にも、流通複本の効力には何ら影響はない。次に見るように、この場合の所持人は、複本返還の拒絶証書（手六六条二項）なくして遡求権を行使できることになるだけである（竹田・二〇二頁、大隅＝河本・三八〇頁）。

②　複本における遡求　所持人は、複本の一通により引受または支払を求めることができる（手六五条一項本文参照）。引受または支払がなければ、遡求権を行使することができる。

(a)　複本に送付複本の送付先の記載のない場合　他の複本に送付複本の送付先の記載のない場合には、所持人は、その一通に対する引受拒絶証書または支払拒絶証書により遡求することができる。これは、一通の手形の場合と同じである。

(b)　複本に送付複本の送付先の記載のある場合　複本に送付複本の送付先の記載のある場合に、送付複本の保持者がその引渡を拒んだときは、所持人は拒絶証書により、引受のため送付した一通が請求をしても引渡されなかったこと、および他の一通（他の複本）をもって引受または支払を受けることができなかったことを証明するのでなければ、遡求権を行なうことはできない（手六六条二項）。このいわゆる送付複本返還拒絶証書は、引受または支払拒絶証書の作成期間内に作成することを要する。その作成の免除も認められ、引受または支払拒絶証書の作成免除は、別段の記載のない限り、送付複本返還拒絶証書の作成をも免除するものと解することができる（竹田・二〇二頁）。結局、複本の各通に送付複本の送付先の記載のある場合に、所持人が遡求権を行使するには、引受拒絶証書または支払拒絶証書とともに送付複本返還拒絶証書または送付複本自体のいずれかを所持することを要することになる。

2　謄　本

(1)　謄本の意義　謄本とは、写本であり、手形の謄本とは手形の原本を謄写したものである。手形法にいう謄本は、とくに裏書の用に供することのできる謄本であり、謄写部分を境界付けて新たな裏書をすることができるような形式のものをいう（手六七条二項参照）。

謄本は、それ自体は手形ではない（複本とは違う）。したがって、謄本には、支払または引受をなすことはできないが、裏書または保証をなすことはできる（手六七条三項）。

謄本は、原本が引受を求めて送付されている間に、裏書により流通させる目的で用いられるものである（原本を手もとにおきながら手形の流通をはかり、あるいは保証を求めるためにも用いられる、竹田・二〇三頁）。なお、謄本の制度は、小切手にはないが、約束手形には認められている（手七七条一項六号・六七条・六八条参照）。

(2)　謄本の発行と形式　①　謄本の発行　謄本は、それ自体手形としての効力を有するものでなく、手形流通の目的に供せられるものであるから、受取人以下の手形の所持人は何時でも随意に作成することができる（手六七条一項）。数にも制限はない。振出人も受取人に交付する前に謄本を作成することができる（大隅＝河本・三八二頁）。振出人に発行権はないとする見解も、自己指図手形の受取人として謄本を作成することは認める（竹田・二〇四頁）。

②　謄本の形式　謄本には、裏書その他原本に掲げた一切の事項を正確に記載（再記）し、かつその末尾を示さなければならない（手六七条二項）。謄写の部分と謄本上に初めてなされた手形行為とを区別するために、いわゆる境界文句（たとえば、「以上謄写」）を記載しなければならないのである。この文言を欠く場合には手形の謄本としての効力を有しない。引受を求めるために謄本の所持人が原本を他に送付したときは、謄本には原本送付先（保持者）を記載すべきである（手六八条一項参照）。なお、この記載を欠いても謄本または謄本上の裏書は無効とはならない。ただ、謄本上の所持人が、原本返還拒絶証書なくして謄本上の裏書人に対し遡求できることになるかどうかに関しては争いがある（竹田・二〇四頁は積極に解するようであるが、大隅・一六七頁および大隅＝河本・三八三頁は消極に解するものであろう、なお、後述、(3)②参照）。

(3)　謄本の効力　①　謄本の効力　(a)謄本は、それ自体は手形ではない。謄本によって、引受または支払を求めることはできない。手形上の権利の主張には常に手形（原本）を必要とする。(b)謄本には、原本と同一の方法および効力をもって裏書または保証をなすことができる（手六七条三項）。謄本上の被裏書人は謄本のみならず、原本に対する権利をも取得し、保持者に対してその返還を求める権利を取得することになる（手六八条一項二文）。このように、謄本の正当な所持人は原本の返還を請求しうるが、これによっても第三者が原本を善意取得することまでは防ぎえない（善意取得があれば、謄本の所持人は謄本上の署名者に対して遡求権を行使できるにすぎない、手六八条二項参照）。しかし、(c)謄本作成前になした最後の裏書の後に「爾後裏書ハ謄本ニ為シタルモノノミ効力ヲ有ス」またはこれと同一の意義を有する文言（いわゆる閉鎖文句）が原本にあるときは爾後は謄本にのみ裏書をなすことができ、原本になした裏書は無効である（手六八条三項）。閉鎖文句によって、その後の原本の裏書は無効となり、謄本の取得者の権利は確保される。

② 謄本による遡求　(a)謄本は手形ではないから、謄本の所持人は原本を入手しない限り、引受または支払の呈示をすることができず、遡求権もまた行使できない。(b)しかし、謄本に原本の送付先（保持者）の記載のある場合には、その送付先に原本の返還を求めることができる（手六八条一項）、その返還のないときは拒絶証書を作成して謄本上の裏書人または保証人に対して遡求権を行使することができる（手六八条二項）。なお、送付先の記載のない場合でも知りえたる送付先には原本の返還を求めることができ、返還のないときは拒絶証書を作成することができる（竹田・二〇五頁）。この遡求の場合の償還義務者は謄本上の署名者に限られる。なお、この遡求に当たっては、支払人に対して支払または引受の呈示は必要ない。謄本に対して支払をすることはできないのであるから謄本による支払または引受の呈示は無意味だからである。(c)謄本の所持人が送付先から原本の返還を受け、あるいは、謄本に記載はないが原本の保持者を探知してその返還を受けた場合には、その原本により謄本ならびに原本上の署名者に対して遡求権を行使できることは当然である。

第5編　小切手

第21章　小切手

小切手は、為替手形と同じく支払委託証券であり、基本的な法的構造は為替手形と同じである。もっとも、小切手は支払手段として用いられるものであるから、信用の用具として用いられる為替手形とはその限りにおいて法律的にも差異を示すことになる。

そこで、以下においては、①小切手と為替手形の法律的相違（および小切手と約束手形との法律的相違）の概要を示すとともに、②支払の手段としての小切手の制度の理解にとって重要と考えられる小切手の資金関係に関する問題に言及し、さらには、③小切手の制度に特有な二、三の問題を簡単に取り上げておきたい。

第1節　小切手の特殊性

1　為替手形との相違

小切手は為替手形と同様に、支払委託証券（振出人が支払人に宛てて所持人に対して一定の金額を支払うべき旨を委託する証券）である。したがって、小切手は為替手形と法的構造を同じくするが（なお、小切手も手形と同じく有価証券であり、無因証券、文言証券であることはいうまでもない）、両者の経済的機能は異なる。為替手形が約束手形と同様に主として信用の用具（信用証券）として用いられるのに対して、小切手は支払の手段（支払証券）として用いられる（鈴木＝前田・三七七頁）。

小切手は、為替手形と同じく支払委託証券であり、基本的な法的構造は為替手形と同じであるが、支払手段として用いられるものであるから、信用の用具として用いられる為替手形とはその限りにおいて法律的にも差異を示すことになる（石井＝鴻・三二二頁）。小切手と為替手形の法律的差異は、次の通りである（石井＝鴻・三二二頁、鈴木＝前田・三七八頁、大隅・一八三頁以下、なお、第2章第3節3(3)および(4)参照）。

①小切手の支払人は銀行に限られる。小切手は、現金に代わる支払手段であるから、支払の確実を期するために小切手は、小切手の呈示のときに資金および小切手契約のある銀行に宛てて振出すものとされている（小三条、ただし、小三条但書参照）。

②小切手は持参人払式のものが認められており、実際にも持参人払式で振出されるものが多い。為替手形には、手形要件として受取人の名称を記載しなければならないが（手一条六号）、小切手において受取人の記載は要件とはされていない。記名式または指図式の小切手のほか、持参人払式または記名持参人払式（小五条一項三号二項）、無記名式（小五条三項）の小切手なども認められる。小切手は支払証券であり、その支払の迅速化のためにはこのような小切手を認める必要があるとともに、呈示期間が短く裏書譲渡（割引）の必要のない小切手の場合には持参人払式の小切手を認めても弊害がないからである（鈴木＝前田・三七八頁）。持参人払式の小切手が認められる結果、盗難紛失等の場合に備えて小切手には線引小切手の制度（小三七条以下）が認められている。

③小切手は一覧払である（小二八条一項）。為替手形には満期を表示しなければならないが（手一条四号）、小切手においては満期は小切手要件とされておらず、為替手形において認められる満期の四つの種類（手三三条一項）のうち、

小切手の場合には一覧払のみが許される（小二八条一項）。小切手は支払手段であり、現金の支払に代わるものだからである。迅速な決済のため呈示期間も日附後一〇日間とされている（小二九条一項、四項、なお、小三一条一項参照）。

④小切手においては、引受が禁止されている（小四条）。小切手は支払手段として短期間に決済されるべき証券であるから支払人が引受をして絶対的義務を負担することは認められない（したがって、小切手には引受拒絶による遡求もない）。もっとも、小切手においても、支払人が小切手上の義務を負うことを認める必要があるので、その場合に備えて、支払人が引受禁止の趣旨に反しない程度の小切手上の義務を負う支払保証（小五三条以下）は認められている（ただし、現在では支払保証は用いられていない、当座一三条および第2章第3節3(3)参照）。

⑤小切手は、現金に代わる支払手段であるから、小切手に関しては、簡易な支払拒絶の証明方法が認められている。すなわち、支払拒絶証書のほか、小切手に記載した支払人の支払拒絶宣言や手形交換所の不渡宣言で足りるものとされている（小三九条）。

⑥小切手は、手形のような信用証券ではなく、現金に代わる支払手段であるから、その時効期間は短い（小五一条）。

⑦小切手の流通期間が短く、小切手には引受の制度がないことなどとも関連するが、小切手には為替手形におけるような参加および謄本（原本により引受を求めている間に謄本に裏書をして証券を流通させるために用いられる）の制度は認められない。

⑧なお、ここにいう意味における法律的差異ではないが、小切手には印紙の貼付を必要としない。小切手は支払証券であって、その流通期間も短いので、為替手形（および約束手形）の場合とは異なり、小切手には印紙税の納付を必要としない（印税二条、別表第一および大隅・一八七頁参照）。

2　約束手形との相違

右には為替手形と小切手の相違に関して述べたが、本書において主として取り上げた約束手形と小切手の相違にも言及しておきたい。約束手形と小切手の相違としては、次のような点を挙げるのが普通である。

①すでに述べたように（第2章第3節参照）、約束手形は、支払約束証券であり、小切手は、為替手形と同じく支払委託証券である。支払約束証券である約束手形の当事者は、振出人と受取人の二人であるが、為替手形においては、これに支払人が加わるので、その当事者は三人である（法的な仕組みと当事者）。小切手の場合はどうか。小切手も支払委託証券であり、基本的には為替手形と同じである。しかし、小切手においては、持参人払式（無記名式）のものが認められているから、受取人の表示は必要ではない（小切手においても、振出人と支払人は欠くことができないが、受取人の表示は必要ではない）。

②したがって、支払委託証券である小切手においては、振出人と支払人との間の法律関係（すなわち、小切手上の法律関係としての支払の委託とその実質関係としての資金関係）が問題となる。約束手形においては、このようなことは問題とならない。

③約束手形の振出人は、主たる債務者であるが、小切手の振出人は、小切手の発行者にすぎず、償還義務を負うにすぎない（振出人の位置付け）。なお、小切手には、約束手形の振出人または為替手形の引受人のように絶対的な証券（小切手）上の義務を負う者は存在しない（支払人は小切手上の義務を負うものではなく、支払保証をした者は償還義務に類似の義務を負うにすぎない）。

以上からすると、約束手形に関する説明を小切手に当てはめる場合には、約束手形の振出人に関する説明は、①その振出人が手形の発行者であることにもとづくものは、小切手の振出人にも大体当てはまる。しかし、②その振出人が主たる債務者（本来支払をなすべき者）であることにもとづくものは、小切手の振出人ではなくて、支払人に引直して当てはめるべきである。小切手の振出人の義務は、約束手形の裏書人の義務と同様に考えるべきである（鈴木＝前田・三七九頁参照）。

第2節　小切手資金と小切手契約

1　小切手資金と小切手契約の必要

(1)　小切手資金・小切手契約の必要　小切手を振出すためには、振出人と支払人（銀行）との間に小切手資金（後述、2参照）および小切手契約（後述、3参照）のあることが必要である（小三条本文）。これは、振出人と支払人の間に、振出人が支払人にその小切手の支払をさせることのできる実質関係が存在することを要求するものである。小切手法が、このように小切手外の振出人と支払人の関係を取り上げるのは、小切手の支払を確実ならしめ、延いては小切手の支払の用具としての機能を充分に発揮させるためである（大隅・一九二頁）。

このように銀行は、小切手契約により、振出人の振出した小切手につき、資金の存する限度において支払をなす義務を負うが、この銀行の小切手支払の義務は実質関係上の義務であり、支払人たる銀行は小切手上の支払義務を負うものではなく、小切手の所持人は、銀行に対して小切手資金の支払請求権を取得するものでもない。また、小切手契約は、小切手の所持人を受益者とする第三者のためにする契約（民五三七条）ではないと解されている（石井＝鴻・三二九頁、さらに大判昭和六・七・二〇民集一〇巻五六一頁参照）。

(2)　小切手資金・小切手契約なく振出された小切手の効力　このように、小切手の振出には、資金および小切手契約を要するが、これに反して振出された小切手も無効ではなく（小三条但書、資金のない小切手に関して、大判大正九・五・一五民録二六輯六六九頁）、振出人が五千円以下の過料の制裁を受けるだけである（小七一条）。

なお、小切手法三条に違反する振出に対する制裁としては、手形交換所の交換規則による不渡処分（銀行取引停止処分）があり、実際には重要な機能を営んでいる（平出・五三六頁参照）。また、小切手法三条に違反して小切手を振出し、第三者に損害を加えた者が、不法行為責任を負うことのあることはいうまでもない。ただし、振出人は遡求義務を負うので、これと不法行為責任の当然の併存を認めると遡求権保全手続および短期時効などの制度が意味を有しなくなるとして、振出人の不法行為責任を問いうるのは、詐欺その他の不法行為一般の要件を備えた場合に限られるとする見解がある（大隅＝河本・四九七頁）。

2　小切手資金

(1)　小切手資金と当座預金契約・小切手契約　小切手を振出すには、支払人のもとに振出人の処分することのできる資金がなければならない（小三条）。ここに資金とは、明示または黙示の合意により、振出人が自己の計算において支払人をして小切手の支払に充てさせることのできる権利を有する金額をいう（大隅・一九二頁）。必ずしも預金または貸金に限らず、与信契約により処分できる金額でもよい。しかし、単に預金または債権があるだけでは資金とはならず、その金額をもって小切手の支払に充て得る旨の契約（すなわち小切手契約）が存在することを要する（竹田・二四五頁）。

資金は、当座預金契約（後述、(2)参照）、当座貸越契約（後述、(6)参照）などの形で存在するのが普通であり、したがって、小切手は、当座預金残高（または当座勘定取引契約に附随して当座貸越契約が締結されているときは、貸越極度額）の限度において振出すことができるものである。小切手契約（後述、3(1)は、当座預金契約、当座貸越契約および交互計算契約（ただし、後述、3(3)の説明参照）と結合して締結されるのが普通である（当座七条参照）。

資金は、小切手の支払呈示の時に存することを要するが、支払呈示の時にあれば足り、振出の時に存することを要しない（小三条参照）。

(2)　当座預金契約の性質　　当座預金契約の法的性質は、要物契約たる消費寄託（民六六六条・六五七条）の予約であり（通説であるが、他に、小切手資金の払込は、小切手の支払という委任事務の処理費用の前払であるとする説もある）、これ（消費寄託の予約）にもとづいて資金が振込まれると、その額について消費寄託たる当座預金が成立する。当座勘定（当座預金のための預金口座）には、現金のほか、手形、小切手、郵便為替証書など直ちに取立のできる証券も受け入れるものとされている（当座一条一項）。

(3)　当座預金の成立と他行小切手の振込（入金）　①　他行小切手入金の法的性質（譲渡説と取立委任説）　資金の振込が現金によるときには、直ちに当座預金が成立するが、証券類、とくに他行小切手が振込まれた場合に、当座預金がいつ成立するか（したがって、他行小切手はいつ当座勘定の資金になるのか）については、争いがある。諸見解は、(a)他行小切手の預入（他行小切手による振込）は、小切手の取立委任ではなく、銀行に対する小切手の譲渡であり、これにより（振込のときに）預金が成立するとするいわゆる譲渡説（東京地判昭和二七・一〇・三〇判タ二五号六一頁、東京地判昭和三三・二・一九下民集九巻二号二四六頁、東京高判昭和三四・九・二九高民集一二巻八号四〇一頁参照）と、(b)他行小切手の預入（振込）は、その小切手の取立を委任するものであり（隠れた取立委任）、預金は取立の完了をまって成立すると主張するいわゆる取立委任説（大阪地判昭和二五・四・二二下民集一巻四号五九八頁、大阪地判昭和三四・二一・二三下民集一〇巻二号三七三頁、仙台高判昭和四〇・八・三〇高民集一八巻五号四〇二頁およびその上告審最判昭和四一・一〇・四金融商事三一号八頁、後掲最判昭和四六・七・一）とに大きく分かれている。最高裁は、後者の見解を採用して「他行小切手による当座預金への入金は、当該小切手の取立委任と、その取立完了を停止条件とする当座預金契約であるから、受入金融機関は、特別の約定がないかぎり、他行小切手の取立完了前においては、当該小切手の金額に見合う当座支払の義務を負わない」と判示している（最判昭和四六・七・一判時六四四号八五頁）。

当座勘定規定によれば（後述、3(2)②参照）、一般に他行小切手の取立前には預金の引出には応じない旨が定められている（当座二条一項・四条一項）。取立前の払戻は、その意味で（さらに、この関係において、普通預金において、預金利子の発生は取立のときからとするのが一般の取扱であることにも言及されることがある）例外的取扱であると解される。このように解する場合には、小切手の振込を取立委任と捉えたうえ（原則として、取立委任説）、ただ取立前に預金の支払に応ずるときは、銀行は取引先に対する自己の求償権の担保として小切手を取得すると構成する見解（大隅＝河本・四八九頁）を支持すべきことになる（石井＝鴻・三二七頁、なお、当座一一条五項参照）。もっとも、取立前に払戻（支払）がなされるときは、そのときに銀行が小切手を買い取り、その対価を取引先の勘定口座に振込む場合もありうるであろう（大隅＝河本・四九〇頁）。

② 他行小切手の入金をめぐる諸問題　他行小切手の振込（入金）に関する取立委任説と譲渡説の対立は、具体的には次のような場面において問題となるといわれている（大隅＝河本・四八七頁以下参照）。

(a) 受入小切手の取立完了前の支払拒絶　取立委任説によれば、取立完了までは銀行は小切手金額の支払を拒絶できる。したがって、取立完了前に資金不足を理由として、支払呈示された約束手形を不渡にしても、銀行は不法行為による責任を負うことはない（前掲最判昭和四六・七・一）。もっとも、当座勘定規定によれば、証券類に関しては「当店で取立て、不渡返還時限の経過後その決済を確認したうえでなければ」、これを支払資金としないこととされているので（当座二条一項）、譲渡説をとっても結論は異ならないはずである。

(b) 受入小切手の不渡と銀行による遡求権の行使　譲渡説によれば、銀行が取立前に預金の払戻に応じており、後に小切手が不渡になった場合には、銀行は小切手の所持人として、小切手の振出人に対して自己の遡求権を行使できることになる（前掲東京地判昭和二七・一〇・三〇）。これに対して、取立委任説では、銀行は、隠れた取立委任の受任者となり、小切手の振出人が委任者に対抗しえた抗弁の対抗を受けることになる（なお、前掲大阪地判昭和二五・四・二二参照）。もっとも、受入小切手の取立前に銀行がその小切手金額相当額を見込み払いしたが、その後、小切手が不渡となった場合に関して、このような場合には、小切手の売買か、または小切手の立替払があるとして、売買であれば譲渡により、立替払であれば弁済による代位によって、銀行は小切手上の権利を取得するとした下級審判決がある（大阪地判昭和三四・二・二三下民集一〇巻二号三七三頁）。また、このように取立前に銀行が見込払をした場合には、譲渡まで認める必要はなく、隠れた質入があったとみれば足りるとする見解もある（大隅＝河本・四八八頁）。

(c)　受入小切手の不渡と預金者に対する求償　取立委任説によれば、取立前の見込払は、銀行の貸付行為とみることになるであろうから、取立前に払戻（見込払）をしたが、後に受入小切手が不渡になった場合には、銀行は預金者に対して貸付金の返済を請求することになる。この場合、譲渡説も、銀行が小切手を預金者に返還して代り金の請求をすることができるとするが（前掲東京地判昭和二七・一〇・三〇）、その理由付けが問題となる。譲渡説の見解によれば、小切手の受入と同時に不渡を解除条件として預金が成立すると構成することになるが、その条件成就の効果を遡及させる合意があると考えれば、銀行の預金者に対する求償権の行使を説明することが可能であり、また、一種の買戻請求権を認めることによっても説明はできるとされている（大隅＝河本・四八八頁参照）。

(d)　横領小切手の受入と取立前の払戻（見込払）　銀行が、小切手の取立前に小切手金額を払戻したが、銀行は、その後にその小切手が横領されたものであることを知ったにもかかわらず小切手の取立をしたという事案に関する下級審判決がある。被害者が銀行を不法行為または不当利得を理由に訴求した。判決は譲渡説に立ち、当該小切手は銀行振出の自己宛小切手であり、支払の確実なものであるとして、このような小切手が預金口座に振込まれ、銀行が善意無過失で取得したときは、そのときに預金が成立すると判示した（前掲東京地判昭和三三・二・一九）。小切手振込と同時に預金が成立するから、これを預金者に払戻しても不法行為は成立せず、また、その小切手の支払を受けても不当利得にはならないというのである。しかし、取立委任説をとっても、銀行は、取立前に払戻す場合には、小切手を自己の取引先に対する求償権の担保として取得すると解すれば、そのときに悪意重過失のない以上、銀行は完全に小切手上の権利を取得するはずであり、判例と同じ結論になる（大隅＝河本・四八九頁）。

(e)　行員による受入小切手の横領　　小切手を受入ながら、行員がこれを他に流用譲渡して、取立の手続きを取らなかった場合、預金者は、銀行に対して預金返還請求権を行使できるか。判例は、取立委任説に立って、小切手受入のときには、取立委任と取立完了を停止条件とする預金契約が成立するにすぎないとしたうえ、民法一三〇条（条件成就の妨害に関する規定）を類推適用して、条件が成就したもの（小切手の取立入金があったもの）とみなして預金の返還請求を認容している（仙台高判昭和四〇・八・三〇高民集一八巻五号四〇二頁、右の上告審である最判昭和四一・一〇・四金融商事三三二号八頁、東京地判昭和四三・一二・二一下民集一九巻一一＝一二号八二一頁）。

(4)　自店払小切手（手形）の受入の場合　　当座勘定規定によれば、自店払小切手（手形）の受入の場合には、「その日のうちに決済を確認したうえで、支払資金と」するものとされている（当座二条二項）。また、不渡のときは、直ちにその旨を通知することになっている（当座五条一項）。そこで、下級審判決には、自店払小切手（手形）の受入の場合には、特段に事情のない限り、預金は、小切手の受入（預入）のときに直ちに成立し、預入当日中に預金不足等によって受入小切手（手形）が不渡となった旨の通知がなされることを解除条件とすると判示するものがある（普通預金の成否に関する大阪高判昭和四二・一・三〇金融法務四六八号二八頁）。

(5)　当座預金の払戻　　当座勘定取引の継続する限り、預金者は小切手によることなく、みだりに払戻を請求することはできない（当座七条二項、大判昭和一〇・二・一九民集一四巻一三七頁）。当座預金は、小切手の資金であるとともに、小切手の償還義務を担保する作用を有するものであり、当座預金は、当座勘定取引を構成する不可分の要件だからである（大隅＝河本・四九〇頁）。ただし、判例は、支払銀行が整理中で支払を拒絶している場合には、小切手によらないで直接現金の払戻を請求することができるものとする（大判昭和八・四・四民集一二巻五四三頁、大隅＝河本・四九一頁）。

当座預金の引出を小切手で行なう旨の特約（当座七条二項）は、預金者の便宜のためのものであり、小切手は支払の手段であることを理由に、預金者は、およそ予め契約を解除することなく、現金による支払を請求できるとする見解もあるが（東京地判昭和二一・一二・二三新聞二七八八号五頁参照）、右の特約は、画一的定型的事務処理という銀行の利益をもより強く考えたものであることからすれば、この見解はとりえないとされている（大隅＝河本・四九〇頁）。

(6)　当座貸越契約　　①　当座貸越契約の意義　　当座貸越契約とは、当座勘定取引契約に附随して、取引先（預金者）の当座預金が振出された小切手の支払に不足する場合にも、一定の限度額（貸越極度額）までその小切手の支払を約する契約である（大判昭和六・五・二二新聞三二七五号四頁、大判昭和九・二・二三民集一三巻四三一頁参照）。当座貸越契約がある限り、取引先は、当座預金残高を超えてなお資金を有することになる（大判明治三五・七・五民録八輯七巻三四頁）。

当座貸越契約の利用　当座貸越契約（当座勘定を有する取引先が、その銀行に対して有する当座預金残高を超過して小切手を振出した場合においても、銀行は一定の限度までその小切手に対して支払をなし、その超過額については一定の利息を附して一定の時に弁済させるべきことを約する契約）は、当座勘定取引契約に附随してなされる契約であるが（西原・金融法一五五頁）、従来、わが国においては、当座貸越契約は、当座貸越を伴う当座預金を銀行が好まないために利用が著しく少なかったようである（田中誠二・銀行取引二一二頁）。なお、近時、小切手・手形の決済資金と関係なく極度融資方式の当座貸越が行なわれるようになっており（貸越専用当座貸越）、これは大いに利用されているとのことである（加藤＝吉原・銀行取引一六三頁）。

②　当座貸越契約の法的性質　当座貸越契約の法的性質に関しては議論がある（西原・金融法一五五頁参照）。先ず、(a)貸越極度額の範囲内でなされる小切手の支払は、貸付（消費貸借）であり、当座貸越契約は消費貸借の予約であるとする見解がある（大判明治三七・二・二三民録一〇輯一九五頁、石井＝鴻三二七頁）。また、(b)当座預金を小切手の支払という事務処理の費用の前払であると理解する説においては、当座貸越契約は、当座勘定取引契約上、銀行の負担する委任事務の範囲を拡張するものである（当座貸越契約は小切手支払事務の委任を目的とする委任契約である）。さらに、(c)当座貸越契約には、小切手の支払という事務の委任を目的とする委任契約のほか、右の委任事務処理によって銀行が費用償還請求権を取得することを停止条件として、これを消費貸借の目的とする約束（停止条件付準消費貸借契約）が含まれていると説く見解もある（田中誠二・銀行取引二一三頁参照）。

3　小切手契約と当座勘定取引契約

(1)　小切手契約　①小切手契約　小切手を振出すには、振出人が支払人をして小切手の支払に充てさせることのできる金額が支払人のもとになければならず、加えて、その金額をもって小切手の支払に充てるための明示または黙示の契約（小切手契約）があることを要する。

小切手契約は、預金者（資金所有者）が銀行に対して自己の振出す小切手の支払事務を委託する契約であり、法律上の性質は委任（正確には支払事務の処理を目的とする準委任契約、民六五六条）と解される。これにより支払人である銀行は、振出人（預金者）の振出した小切手につき資金のある限り支払をする義務を負う（当座八条・九条参照、なお支払資金が支払うべき数通の手形・小切手の総額に不足するときに、いずれを支払うかは銀行の任意である、当座一〇条、大阪地判昭和六二・七・一六判時一二八五号九九頁）。この銀行の小切手に支払をする義務は、実質関係上の義務にすぎないから、これによって小切手の所持人は銀行に対して何ら直接の権利を取得するものではなく、また、銀行（支払人）は小切手上の支払義務を負うものではない。銀行が当座預金残高の範囲内または貸越限度内であるのに支払を拒絶しても、銀行は預金者（取引先）に対して委任契約不履行の責任を負うに止まる（大判昭和六・七・二〇民集一〇巻五六一頁、大判昭和一〇・四・一六新聞三八三五号一八頁）。

② 過振り　過振りとは、当座預金残高または貸越極度額（限度額）（すなわち、資金）がなく、または資金を超えて小切手を振出すことをいう（鈴木＝前田・三八六頁、大隅・一九三頁）。ただし、銀行実務においては、銀行が当座預金残高または当座貸越極度額を超えて支払をすることをいうこともある（加藤＝吉原・二七頁参照）。過振りの場合、銀行は支払をしないのが原則であるが（当座九条一項）、銀行は回収に懸念のない場合には、取引先の便宜を図るために支払をすることがある（銀行が過振りを支払う理由に関しては田中誠二・銀行取引四七一頁参照）。

資金を超えて行われる小切手の支払　資金を超えて行われる小切手の支払には、①取引先の依頼による場合と、②銀行が預金があると考えて支払ったところ結果的に過振りの支払となる場合とがありうる。後者のように、特約なく、銀行が支払った場合には、その超過額の支払がどのような性質の行為かが問題となる。事務管理と解することもできるが、判例には、当初の限度を超える金額の支払も、当座勘定取引契約に含まれる小切手契約の本旨に反しない限りは、委任事務の処理になると判示するものがある（大判昭和一八・四・一六法学一二巻一〇号九四頁）。

過振り小切手の立替払と保証人の責任　右のように特約なく銀行が資金を超える支払を行なった場合に、その超過額の支払も、当座勘定取引契約に含まれる小切手契約の本旨に反しない限りは、委任事務の処理になると解するときは、当座貸越契約に関して存在した担保の効力は、立替払債権にも及ぶことになるであろう。

下級審判例には、当座貸越契約を伴わない単なる当座勘定約定書の保証人欄に署名したにすぎない者には、当座貸越契約に関する保証契約は成立しておらず、過振り小切手の立替金の支払債務について保証の責任を負わないと判示するものがある（東京地判昭和三四・一一・六下民集一〇巻一一号二三四三頁）。その控訴審判決は、保証契約の成立を認め、その保証責任の及ぶ範囲は基本たる契約（当座勘定取引契約）の趣旨によって決まるが、契約の本来の趣旨を逸脱した変則的事態（継続的貸越状態）にもとづいて発生した債務は保証責任の及ぶ範囲外の債務であるとしており、上告審もこの判断を正当であるとしている（最判昭和四二・六・六金融商事六一号一〇頁）。

また、現行の銀行取引約定書の規定を前提にして、取引約定書に連帯保証人として記名押印した者は、過振り小切手の立替金の支払債務について保証の責任を負うとした判例もある（ただし、傍論、右のような見解は、過振り小切手の支払が銀行の合理的な裁量の範囲で行なわれた場合に妥当するのであって、裁量権を著しく濫用した場合、事案のように権限のない係員の不法行為として不正な支払を行なった場合には、保証の対象にならないとする、和歌山地新宮支判昭和五〇・一二・二六金融商事五〇九号三二頁）。これは、現行の銀行取引約定書では、保証人は、本人が銀行との取引によって負担するいっさいの債務に関して、本人と連帯して保証債務を負うものとされていること（銀行取引約定書保証条項参照）、また当座勘定規定においては、銀行が裁量によって過振り小切手等の支払をしたときは、本人は、銀行の請求のありしだい直ちにその不足金を支払うものとされていることをその理由とする（当座一一条一項参照）。

(2)　小切手契約と当座勘定取引契約　①　小切手契約の締結と当座勘定取引契約　前述のように、従来、小切手契約は、当座預金契約（当座貸越契約）および交互計算契約（ただし、下記(3)の説明参照）と結合して締結されると解されてきた。

当座預金は、預金者がその銀行を支払人とする小切手により処分することのできる預金であり（当座七条一項二項および前述、2(1)②参照）、当座貸越契約は、振出人が当座預金の残高を越えて小切手を振出した場合にも、銀行が一定限度までは小切手の支払をすることを約する契約である（2(6)①参照）。そして、当座預金契約または当座貸越契約の締結に伴って黙示的に小切手契約が締結されると説明される（大隅・一九三頁）。

当座預金契約、小切手契約などを一括して当座勘定取引契約（または、当座勘定契約）という（石井＝鴻・三二七頁）。換言すれば、当座勘定取引契約は、取引先の振出した小切手（手形）の支払事務を銀行に委託する支払委託契約（いわゆる小切手契約）と支払資金を銀行に当座預金として預けておく当座預金契約（前述、2⑵）とを主な内容とする複合的な契約であるということもできる（加藤＝吉原・銀行取引二一頁）。なお、当座勘定取引契約のなかには、小切手契約の他、その取引銀行を支払場所とする約束手形および為替手形についての支払委託契約も含まれている（当座七条一項および平出・五三六頁参照）。

② 当座勘定取引契約と当座勘定規定　　当座勘定取引に関しては、従来、全国銀行協会連合会が、昭和四四年に作成した当座勘定約定書ひな型という統一約款があり、広く行なわれていた。その後、特に消費者保護の観点から見直しを行ない。また、取引先が銀行に差入れるという差入方式を改めて、取引約款の形式によるものとして、昭和四九年四月一六日に当座勘定規定（ひな型）が新たに制定され、同年一〇月から使用されることになった（田中誠二・銀行取引四四六頁以下および吉原省三・銀行取引の知識（4版）（日本経済新聞社・一九八八年）二九頁）。この当座勘定規定（ひな型）は昭和六〇年一〇月二九日（および平成八年七月一日）の改正を経て現在に至っている。

当座勘定取引契約の内容は、当座勘定規定と商慣習によって定まると考えられているが（加藤＝吉原・銀行取引二頁）、当座勘定規定は、銀行と取引先との支払委託関係および当座預金関係を定めたものであり、それは、小切手（手形）所持人などの第三者に対しては効力を及ぼさないものであることに注意すべきである（加藤＝吉原・銀行取引八頁）。

⑶ 当座勘定取引契約と交互計算　　右に見てきたように、当座勘定取引契約が、銀行の取引先（預金者）の振出した小切手類の支払事務を処理する委任（準委任）（いわゆる小切手契約）とその支払資金となるべき金銭の受入れおよび保管を目的とする消費寄託ないしその予約（いわゆる当座預金ないし当座預金契約）とを含む一の独自の包括的・継続的契約であること（西原・金融法八四頁、田中誠二・銀行取引一五五頁）、また当座勘定取引契約には、それに附随

して当座貸越契約（当座勘定を有する取引先・預金者が、その銀行に対して有する当座預金残高を超過して小切手を振出した場合に銀行が一定の限度までその小切手に対して支払をなすことを約する契約）が伴うこと（西原・金融法一五五頁）には概ね争いがないが（ただし、2(6)①参照）、当座勘定取引契約が交互計算（商五二九条）を含むかどうかに関しては以下に見るように争いがある。

① 交互計算を認める見解とその理論的な問題点　交互計算（商五二九条）を認める見解によれば、銀行が小切手契約（当座勘定取引契約）にもとづいて小切手の支払をすると、その支払は委任事務を処理するための費用の支払となり、銀行は預金者に対して費用償還請求権を取得するが（民六五〇条一項）、この費用償還請求権と当座預金債権（銀行が小切手の支払資金として受入れた当座預金の返還債務）とは相対立する関係に立ち、一定期間内に生じたこれら両債権の総額は期末に相殺され、残額について独立の債権が確定すると説明されている。

しかし、これに対しては、批判があり、わが国の銀行実務においては期末における一括相殺は行なわれておらず、預金、小切手の支払および貸越の度に残額を算出しているので（預金・支払の度に残額は変動する、なお、貸越には利息が付されている）、小切手の支払は当座預金の払戻であり、期末の計算書送付は単なる確認のために過ぎず（なお、現在では、当座二一条によれば、かつて行なわれていた「当座勘定決算通知書」は行なわれておらず、照会に応じて残高を報告することになっていること、および「当座勘定通知書」は預金を変動消滅させる効果を有しないとする東京高判昭和三六・六・二九金融法務二八〇号九頁参照）、このようなものは交互計算ではないと主張されている（西原・金融法八四頁、西原・商行為法一六六頁参照）。このように、わが国の銀行実務における残額算出の手続きは、商法の予定しているようないわゆる累増形式ではなく、いわゆる段階形式が採用されているのであり、これを一般の交互計算と区別して「段階交互計算」と呼ぶことがある。したがって、当座勘定取引契約が交互計算を含むかという問題は、この「段階交互計算」が商法上の交互計算に入るかどうかの問題であるともいえる（西原・金融法八五頁参照）。

右のような実務の取扱を前提として、なお、交互計算の存在を認める見解は、実務の行なっているところは、単に銀行内部における計算事務の一方法にすぎないと捉える。すなわち、個々の小切手の支払によって、当然に当座預金に変動を生ずるのではなく、一定期間（商五三二条参照）を画して、その期間内に生じた費用の償還請求権の総額と当座預金の総額とを交互計算によって一括相殺するものであると説明するのである。

②　交互計算を認めることの意味　このように、実務の取扱を交互計算で説明することは、以下のような効果を伴うと考えられている（大隅＝河本・四九四頁参照）。(a)交互計算に組入れられた個々の債権（入金・支払の度に成立する個々の預金債権または費用償還請求権）を当事者（銀行または取引先）は請求できない（大判昭和一一・三・一一民集一五巻三二〇頁、ただし、事案は、当座勘定取引契約の場合ではない）。(b)交互計算に組入れられた個々の債権（入金・支払の度に成立する個々の預金債権または費用償還請求権）の譲渡・質入は無効である（大判昭和九・九・一小町谷＝伊澤編・商事判例集一八四頁、前掲大判昭和一一・三・一一、宮城控判昭和八・六・二七新聞三五九五号一二頁）。(c)交互計算に組入れられた個々の債権（入金・支払の度に成立する個々の預金債権または費用償還請求権）の差押ならびに転付命令は無効である（前掲大判昭和一一・三・一一、反対、東京控判昭和三・二・一〇小町谷＝伊澤編・商事判例集九六八頁、東京地判昭和九・一二・六評論二四巻民訴七一頁）。ただし、右の判例は、個々の債権が譲渡性を有しないこと（(b)参照）から、転付命令を無効とするが、現在では、譲渡の禁じられている債権についても転付命令を有効に発することができると解されている（最判昭和四五・四・一〇民集二四巻四号二四〇頁）。交互計算に組入れられた個々の債権の転付命令の許されないことは、交互計算の性質に由来すると説明すべきであるとされる（交互計算不可分の原則）。(d)交互計算に組入れられた個々の債権だけでなく、交互計算期間中のそのときどきにおける残高債権の譲渡、質入、差押も許さ

れない。

③　交互計算を認めない見解　以上のように交互計算を認めることには、法律構成上、理論的な問題があるうえ（右の①参照）、当座勘定取引契約に交互計算を認めると、実際上も、当座勘定の取引先の債権者にとっては不利益な結果となるといわれている。すなわち、交互計算期間中の残高債権の譲渡、質入、差押が許されず、債務者が小切手の振出によって預金残高を減少させるのを止める方法がなく、またその後に当座預金勘定への預入によって成立する個々の債権の譲渡、質入、差押も認められないからである。

そこで、近時は、あるいは、(a)商法上の交互計算契約の存在を否定する見解（むしろ現在では、このように当座勘定取引契約は交互計算ではない、とする見解が通説であるとされている、加藤＝吉原・銀行取引三頁）、あるいは、(b)預金の受入れ、小切手の支払ごとに残高を確定する「段階交互計算」があるにすぎないとする見解（前田庸「交互計算の担保的機能について」法協七八巻六号・七九巻四号）などが有力に主張されている（西原・金融法八四頁以下、田中誠二・銀行取引一五八頁以下、北沢正啓・基本コンメンタール新版手形法・小切手法一五二頁参照）。これらの説では、当座勘定残高債権に対する差押が認められることになるであろう。なお、実務上も、当座預金残高に対する強制執行が行なわれているとのことである（判例手形法・小切手法二八八五頁）。

(a)当座勘定取引契約には、交互計算は含まれていないとする見解は、当座預金債権と小切手（手形）の支払による費用償還請求権が対立し、これを（交互計算により）相殺するのではなく、銀行は取引先（預金者）の委託により、その振出した小切手金額を取引先の当座預金から減じて残高を決定するものであると説明する（田中誠二・銀行取引一六四頁、石井＝鴻・三二八頁）。また、(b)段階交互計算を認める立場からも、当座勘定取引の継続中、当座勘定に入金され、また当座勘定から小切手（手形）の支払が行なわれる度に残額債権が常に存在することになる。この(a)(b)のいずれの説によっても、当座勘定に入金があり、当座勘定からの支払があるごとに残高が確定される点は同じである。いずれの説でも、残高債権は性質上譲渡が可能であるが、譲渡禁止の特約によってそれが制限されていると説明される。もっとも、このことは、転付命令の有効性を妨げるものではないといわれている（大隅＝河本・四九五頁、前述、(3)②(c)参照）。

(4)　当座勘定取引契約の締結と銀行の責任　銀行実務においては、銀行は、当座勘定取引契約の締結にあたり、相手方（申込者）の職業、経歴、営業状態、信用程度、銀行取引状況、さらには相手方の実在の有無、行為能力および銀行取引停止処分の有無など（大別すると、相手方の実在および信用）を調査確認すべきものとされている（後掲名古屋地判昭和四八・二・一五参照）。これは、銀行自らの信用のため相手方を確認する銀行内部の業務取扱上の必要にもとづくものであるが、後日、銀行の当座勘定取引契約締結の際の調査の懈怠を理由に、銀行が契約名義人から不法行為責任を問われ、あるいは、銀行が小切手の取得者から損害賠償の請求を受けることがある（大隅＝河本・四九一頁以下、判例手形法・小切手法二八八〇頁以下参照）。

①　当座勘定取引契約の締結と契約名義人に対する銀行の責任　一般論としては、いわゆる本人確認の問題は契約締結一般に共通する事柄であり、銀行に過失があれば、契約名義人本人に対する責任を生ずると考えるべきであろう（判例手形法・小切手法・二八八〇頁の一参照）。もっとも、判例には、結果として銀行の責任を認めた事例は見られないようである。

契約名義人に対する銀行の責任　下級審の判例に次のようなものがある。先ず、①銀行には、当座勘定取引契約の締結に当たって本人の実在・信用を調査する義務はないとした判決がある。当座勘定取引契約の申込みが、他人名義を偽り、名義人を無限責任社員とする合資会社の名義で行なわれたという事例である。銀行の支店長は、他人名義を偽っている者を本人と誤信し、商業登記簿謄本、印鑑証明などを徴することなく、その申込を承諾した。しかし、合資会社は架空であり、この当座勘定取引契約にもとづいて濫発された手形小切手の不渡のために、名義人本人が取引停止処分を受けるに至ったという事案であった。名義人本人による銀行に対する損害賠償請求が否定された（名古屋地判昭和四八・二・一五判時七〇〇号一二〇頁）。当座預金は、預金者が手形・小切手を振出す便宜のために設定されるものであって、銀行が金融を行なうものではないから、銀行員としては相手方の信用状態を調査する義務はないというべきであり、手形帳・小切手帳を交付するに当たって振出人の実在、信用を調査する義務があるとは解せられない、というのである。

これに対して、②傍論としてではあるが、銀行（信用金庫）が、本人の意思を確かめないで、無権代理人による当座勘定取引契約の締結に応じたという事案において、当座勘定取引契約を取扱う銀行は、当座勘定取引契約の当事者として表示されている者に対して善良な管理者としての注意義務を負っているとして、銀行の係員がこの契約締結上要求される注意義務を怠って、本人の意思にもとづかない契約を締結して契約名義人に損害を及ぼした場合には、銀行は名義人に対して損害賠償義務を負うとしたものがある（東京地判昭和四六・二・二四判時六三七号五九頁）。

さらに、③東京地判昭和五四年一一月二九日（判時九五七号六六頁）においては、銀行は、「当座勘定契約が代理人によってなされるようなときは、本人の委任状、印鑑証明書の提出を求め、又は直接本人の意思を確かめるなど慎重な取扱いをすべき善良な管理者としての注意義務がある」としたうえ、銀行には過失があると認定された。もっとも、事案は、銀行と当座勘定契約を締結した無権代理人が手形を偽造した場合であり、右の銀行の過失と本人が偽造手形の調査回収などのために被った損害との間には相当因果関係がないとして、本人の損害賠償請求は棄却された（類似の判決として、無権代理人により、マル専勘定当座勘定取引契約を締結された者の金融機関（信用組合）に対する損害賠償請求が認められなかった最判昭和五七・一一・二五金融法務一〇三四号四〇頁参照）。

② 当座勘定取引契約の締結と手形小切手の取得者に対する銀行の責任　下級審の判例は、手形小切手の取得者に対する銀行の注意義務は原則としてこれを否定する。たとえば、東京高判昭和五五年四月一五日（判タ四一六号一四六頁）は、当座勘定取引契約の締結（当座勘定の開設）にあたり、金融機関（銀行）に課される取引先の調査義務は、経済上の道義的な義務であって、一般的に手形・小切手の取得者に対して法的義務として調査義務を負うものではないとしながら、ただし、取引先が不正の目的で当座取引を利用することが判明しているような場合に、漫然、その者と当座取引契約を締結し、よって第三者に損害を生ぜしめているときに、銀行が不法行為にもとづく損害賠

償責任を負うことは、一概に否定されるものではないと判示している（事案においては、かかる具体的事情が認められないとして、銀行の責任は認められなかった）。

これは、当座勘定取引契約の締結に当たって行なわれる銀行の調査は、本来、銀行内部の業務取扱の必要に由来するものであると解しながら、しかし、不法行為が予測されるときは、これを未然に防止すべき措置をとる法律上の義務があるとするものといえよう（前掲東京高判昭和五五・四・一五および、名古屋地判昭和五七・一二・一三金融商事六七一号四九頁参照、ただし、具体的事案においては銀行の責任は、いずれの場合にも否定されている）。

手形小切手の取得者に対する銀行の責任　右に挙げた判決の他、さらに次のような下級審判決が知られている。先ず、当座勘定取引契約の締結に際して、銀行が相手方である会社が実在するかどうかの確認、信用調査などをしなかったという事件がある。右会社の名義で振出された小切手を割引によって取得した者がそれによって被った損害の賠償を銀行に対して訴求した。判決は、当座勘定取引契約の締結における調査義務の懈怠とその契約にもとづいて振出された小切手の所持人が被った損害との間に因果関係はないとして請求を棄却した（東京地判昭和二九・三・二二金融法務三六号一六頁）。

また、前述の前掲東京地判昭和四六年二月二四日は、無権代理人によって本人名義の約束手形が振出され、不渡になったという事案に関するものである。この手形の取得者が、銀行（信用金庫）の係員が故意または過失により本人名義の当座勘定取引契約を締結したことによって不法行為による損害を被ったとして銀行に対して損害の賠償を求めた。判決は、前述のとおり、傍論としては、名義人本人に対しては、銀行に過失のあることを認め、銀行に対する損害賠償義務の生じうることを認めたが、手形小切手の取得者に対する銀行の注意義務はこれを否定し、手形取得者（所持人）の請求を棄却した。

当座開設屋の事例　手形小切手の取得者に対する銀行の責任が問題とされる場合の一に、いわゆる当座開設屋の事例がある。当座開設屋とは、統一手形用紙（統一小切手用紙）の交付を受けるために当座勘定取引契約を締結し、決済する意思なく、交付を受けた手形用紙（小切手用紙）を第三者に売却して不法な利益を得ようとする者をいう（大隅＝河本・四九二頁、後掲東京地判昭和四九・八・八）。このような用紙入手行為は詐欺罪を構成する（東京高判昭和四九・六・一九判時七五八号一一七頁）。

銀行が、当座勘定取引契約の申込をする者（当座勘定の開設依頼人）がこのような当座開設屋であることを知りながらあるいは重過失によって知らずに当座勘定を開設（当座勘定取引契約を締結）して統一手形用紙を交付した場合には、銀行は、この用紙を利用して振出された手形（小切手）の取得者が不渡により被った損害を賠償する責任がある（東京地判昭和四九・八・八判時七六七号六三頁、ただし、当該の事案においては、銀行には悪意重過失がないとされた）。

③　銀行の交付済未使用用紙の回収義務　さらに当座勘定取引契約を解約した後に未回収の用紙が使用される場合にも、手形小切手の取得者などに対する銀行の責任が問題となる。もっとも、これは、当座勘定取引契約の締結の場面における銀行の注意義務に関して銀行の責任が問題となる場合ではない。

取引先が未回収の手形用紙を用いて手形を振出して第三者に加えた損害の賠償義務が争われた事案において、大阪高判昭和五八年一一月三〇日（判時一一一二号一三一頁）は、銀行が取引先との当座勘定取引契約を解約した場合には、手形用紙の未使用分については、取引先が銀行に対して、その返還義務を負い（当座二四条二項）、銀行は取引先に対してその返還請求権を有するものであり、また右返還請求権にもとづいて取引先に対して未使用手形用紙を速やかに返還すべき旨を催告するなどその回収を図るのが相当ではあるが、手形用紙の未使用分の回収悪用防止義務については、何らの法的根拠もないから、これを認めることはできないとしている（その上告審である最判昭和五九・九・二一判時一一三四号七九頁も銀行は不法行為責任を負わないと判示した原審の判断を支持している）。

未回収用紙による小切手の偽造と銀行の過失　東京地判昭和四一年三月二二日（金融法務四三九号七頁）は、当座勘定取引契約の解約後に未回収の小切手用紙を使用して小切手が偽造され、交換呈示を受けた銀行が「取引なし」として返還したために、偽造に際して名義を使用された者が、銀行取引停止処分を受けたという事案である。名義を使用された者が、取引停止処分はその後直ちに取消されたが、取引停止処分によって名誉を毀損されたとして銀行に対して新聞に謝罪広告をすることを請求した。判決は、当座勘定取引契約を解約した場合には、銀行は未使用の交付済用紙を遅滞なく回収すべき義務を負うが、銀行が回収のために相当の努力をしたにもかかわらず回収できなかったときは、銀行には過失はないと判示した。

(5)　当座勘定取引契約の終了　当座勘定取引契約は、当事者の合意、解除によって終了する（当座二三条参照）。また、預金者の死亡（または預金者が破産手続開始の決定を受けたこと）によって終了する（民六五三条）。もっとも、預金者の死亡によって終了するのは、小切手支払の委任契約に関する部分であり、寄託関係は、相続人によって解約されるか、または解約権が時効によって消滅するまで継続する（大隅＝河本・四九二頁参照）。銀行当座勘定取引契約に関する慣習に当座取引契約の終了および当座預金の払戻の根拠を求める見解もある（東京区判昭和一二・六・一九新聞四一五八号一八頁参照）。

なお、当座勘定取引契約の解約に関しては、民法六五一条二項（相手方のために不利な時期に解約した当事者の損害賠償責任）の適用があるとする見解が有力である（判例手形法・小切手法二九〇六頁の七、加藤＝吉原・銀行取引三四頁参照、ただし、神戸地判昭和五五・八・二二判時九九二号一〇七頁参照）。

第3節　小切手に特有な二、三の問題

すでに小切手に関する問題点に関しても、——たとえば、支払保証（第2章第3節3(3)参照）とか利得償還請求権の成立と小切手の所持（第13章第3節参照）の問題のように、——それぞれの個所において言及してきたが、ここでも、いくつかの問題に簡単に言及しておきたい。

1　小切手の一覧払性と呈示期間

(1)　小切手の一覧払性と呈示期間　　小切手は支払証券であり、法律上当然に一覧払のものとされている（小二八条一項）。したがって、所持人は何時でも支払の呈示をすることができる。呈示期間は、国内において振出され、かつ支払うべき小切手（国内小切手）の場合、一〇日である（小二九条一項）。呈示期間は、小切手記載の振出日附を初日として初日を算入しないで計算する（小二九条四項・六一条）。呈示期間内に支払の呈示をしておかないと遡求権を失うが（小三九条）、支払委託の取消のない限り、支払人は有効にその支払をなすことができる（小三二条二項）。

⑵　先日附小切手　振出の日附として実際の振出日より将来の日を記載した小切手（先日附小切手）も禁止されておらず、その呈示期間は、やはり小切手記載の振出日附を標準として計算される（その限りにおいて、小切手の呈示期間の伸長を認めるのと同じである）。

このような先日附小切手は、小切手の一覧払性と矛盾するものであり、また小切手を振出すときに支払のための資金がない場合に（小三条参照）悪用されるおそれがある（大隅・二〇〇頁、鈴木＝前田・三九六頁）。そこで、小切手法は、先日附小切手を振出日附の到来前においても支払のために呈示することを認めている（小二八条二項）。この場合、振出日附前でも支払の拒絶があれば遡求でき、また振出日附前でもその小切手の裏書もできると解すべきである（竹田・二五三頁）。

2　支払委託の撤回

小切手の振出により、支払人は、振出人の計算においてその支払をなす権限を付与される。この授権は、支払がなされるまでは振出人において何時でも撤回できるはずである。支払委託の撤回は、小切手の盗難などの場合において、これを認めることに意味がある。しかし、他方、このことは小切手所持人の地位を不安にするものである。小切手法は、呈示期間内の支払委託の取消を禁止するとともに（小三二条一項、もっとも、支払人は小切手上の義務者ではないから、支払人が無効な支払委託の取消にもとづいて支払を拒絶しても、所持人は支払人による支払を強制することはできない）、支払委託の取消がない限り、呈示期間経過後も支払人は振出人の計算において支払をなす権限を有するものとした（小三二条二項）。

支払委託の取消に関しては、小切手（および為替手形）の振出をどのような法的性質を有する行為と解するかによって理解が分かれている。支払委託の取消は、「小切手契約と同じく、小切手関係以外の資金関係上のものであり、小切手契約に対応する個別的処理の問題である」とする見解も有力であるが（石井＝鴻・三四一頁）、小切手の振出を支払指図と解する立場からは支払委託の取消とは、「振出人が支払人に対し小切手そのものによりて与えた支払権限の撤回」であり、「資金関係たる小切手契約の取消をいふのではない」とする見解に従うべきである（竹田・二五四頁、同旨、大隅・二〇三頁）。この取消は、振出人の支払人に対する撤回であり、振出人と支払人の間における権限撤回の効力を生ずるものではあるが、その他の小切手上の権利義務（とくに遡求権）には何ら影響を及ぼさない。

支払委託の取消の方法は、書面によると口頭によるとを問わない。盗難・紛失などの事故の届出は支払委託の取消の趣旨を含む（竹田・二五四頁）。ただし、自己宛小切手を失った場合に、受取人から振出人である銀行に対して行なわれる支払差止の請求は、単なる事故届であって支払委託の取消の効果を有しない。この場合には、振出人と受取人（振出依頼人）との間には通常の小切手の場合のような資金関係はなく、また、振出人と支払人とは同一であるからその間にも支払委託の関係はないから、支払委託の取消は問題とならない（大隅・二〇三頁、石井＝鴻・三四一頁）。

3　支払拒絶宣言（補箋上の支払拒絶宣言の効力）

(1)　小切手の支払拒絶による遡求と支払人の支払拒絶宣言　小切手を呈示期間内に支払呈示したのに支払が拒絶された場合には、所持人は、振出人、裏書人およびこれらの者の保証人に対して遡求（償還請求）することができる（小三九条）。手形の場合とは異なり、小切手の遡求原因は支払拒絶だけで引受拒絶などによる満期前の遡求は問題にならない。小切手の支払拒絶による遡求も手形の場合と概ね同じであるが（小三九条～四七条、七〇条）、遡求の要件である支払拒絶の支払証明方法については、小切手法三九条によって、拒絶証書（小三九条一号）のほか、支払人の支払拒絶宣言（小三九条二号）または手形交換所の宣言（小三九条三号）でもよいとされている（もっとも、交換所による拒絶宣言は実際には行なわれていないとのことである、大隅＝河本・五三二頁）。小切手の支払人は銀行であり、銀行は信用があるので、厳格な方式（拒絶証書）によらなくても支払人の支払拒絶宣言で足りるとされたものであろう。

(2)　支払拒絶宣言を記載すべき場所　支払拒絶宣言の記載場合については争いがある。小切手法三九条二号は、「小切手ニ」なすものとしているが（なお、最判昭三一・九・二八民集一〇巻九号一二二一頁参照）、小切手そのものではなくて補箋上にも記載できるであろうか。有力説は、拒絶証書が附箋に作成できる（拒絶三条）ことを理由に、これと同様の方式をとる補箋上の支払拒絶宣言の効力を認めている（鈴木＝前田・四〇五頁）。しかし、支払拒絶宣言は、拒絶証書の作成という厳格な方式に代えて法が特に認めた支払拒絶の証明方法であることからすれば、法が補箋により得ることを認めていない以上、補箋上には作成できないと解すべきである（石井＝鴻・三四頁）。そもそも、法が補箋によることを認めている場合（裏書、保証）以外は、小切手に添附された紙片は、法的には、「補箋」ですらないともいえる（石井照久「判批」判例民事法昭和一二年度四〇頁）。さらに、遡求過程で生ずる補箋の剝離滅失の危険も問題となる（佐藤敏昭「判批」手形百選〔第三版〕二二四頁）。

補箋上になした支払拒絶宣言の効力　判例にも、①小切手の支払がない場合の小切手の支払拒絶宣言は、補箋（附箋）上に記載することができるか、②補箋上になした支払拒絶宣言を呈示期間経過後に小切手面に移記した場合はどうか、という問題を取扱ったものがある（大判昭和一二・二・一三民集一六巻二号一一二頁）。それによれば、小切手の支払がない場合の支払人の支払拒絶宣言は、小切手自体に記載することを要するものであって補箋上の支払拒絶宣言の効力は認められず（「補箋ニ依リテ有効ニ之ヲ為シ得ヘキ規定存セサルカ故ニ補箋ニ依リテ為シタル支払人ノ支払拒絶ノ宣言ハ遡求権行使条件タルニ適セサルヘク」）、したがってまた、補箋になされた支払人の拒絶宣言を呈示期間経過後に小切手面に移記して補箋にその旨を附記したとしても適法な支払拒絶の宣言があったとすることはできないとされている。

4　支払人の調査義務（小切手の善意支払の保護）

(1)　小切手の支払人の調査義務　小切手の支払の方法は、手形の場合と基本的に同じである（小三四条〜三六条、ただし、小切手の支払は債務の弁済ではないから、支払人の供託権〔手四二条〕は認められず、小切手は一覧払であるから、満期前の支払〔手四三条〕も問題とならない）。支払人の調査義務に関する小切手法三五条には、手形法四〇条三項前段に相当する規定がない。しかし、その意味するところは同趣旨であり、小切手の支払人が小切手上の義務を負う者ではないので、その責を免れるという表現（満期ニ於テ支払ヲ為ス者ハ悪意又ハ重大ナル過失ナキ限リ其ノ責ヲ免ル）を避けたにすぎないといわれている（大隅・二〇二頁、鈴木＝前田・三九八頁）。なお、無記名式小切手（持参人払式の小切手）の場合には、小切手の所持人に権利者としての形式的資格が認められるから、支払人は所持人の実質的権利の有無や同一性などについて調査する義務を負わない（大隅・二〇二頁）。

盗取された預金小切手の支払　小切手の「善意支払の保護」の根拠としては、右に見たように小切手法三五条を挙げるべきであるが、手形法四〇条三項が挙げられることがあり（長谷部・後出は、「小切手の支払については手形法四〇条三項前段の類推適用を認むべきであって、このことは呈示期間経過の前後を問わない」とする）、さらには、民法四七〇条、四七一条に言及されることもある。また、この善意支払の保護は、呈示期間経過の前後を問わず認められると解される（小三二条二項参照）。

これに対して、最高裁の判例には、呈示期間経過後の支払の効力を民法四七八条（債権の準占有者への支払）によって判断したものがある（最判昭和三九・一二・四判時三九一号七頁）。この考え方によれば、手形法四〇条三項によるのとは異なり、銀行に軽過失があれば（重大な過失はなくとも）支払は無効となる（ただし、この判決を受けた差戻控訴審判決である東京高判昭四二・八・三〇高民集二〇巻四号三五二頁参照）。事案は、事故届のあった預金小切手（預手）を呈示期間経過後に取得した者に対する支払銀行（支払人）の支払が有効かどうかが争われたものであった。事故届のあった預手を呈示期間経過後に取得した者に対する支払銀行の支払が有効かどうかを民法四七八条（債権の準占有者への弁済）の問題と解する場合には、振出人である支払銀行が支払をなすに当たって、窃取小切手の期限後の取得者に対する支払であることをよく知っていた場合には、その支払には少なくとも過失があり、したがって支払は無効である（「これ〔窃取小切手の期限後の裏書による譲受人であることを十二分に了知してした支払〕を債権の準占有者に対する支払であるとしても、……総ての事情を知って支払ったものである以上その支払にはすくなくとも過失あるものというべきである」）、とされている（この判例に関しては、長谷部茂吉「判批」金融法務四〇六号一三頁、鴻常夫「判批」手形百選〔第三版〕二三〇頁、山下友信「判批」手形百選〔第四版〕二〇八頁参照）。なお、学説にも、小切手法三五条は指図式小切手や記名式で指図禁止のない小切手にのみ関するものであり、持参人払式小切手については小切手法に規定がないから民法四七八条の適用によるほかないとするものもある（小橋一郎「判批」銀行取引百選〔新版〕六六頁、六八頁）。

(2)　線引小切手の支払と表見代理　　手形法四〇条三項（小切手法三五条）の善意弁済の保護は、所持人が無権利の場合だけでなく、さらに所持人と称する者が実は別人であったり、支払受領能力または代理権を有していないという場合にも同様に認められるかどうかに関しては議論があるが、有力説は、これを認めている（鈴木＝前田・三九八頁、三〇五頁参照）。

この関係において注目すべき判例に、線引小切手を振出人の雇人が窃取し、振出人（すなわち所持人）の代理人であると称して支払を受けたという事案において、これは、民法一一〇条の問題であり、手形法四〇条三項の趣旨により支払人が悪意重過失なき限り責任を免れるかどうかの問題ではない、と判示するものがある（大判昭和一五・七・二〇民集一九巻一三七九頁）。判決は、小切手の「支払ヲ為シタル銀行ニ於テ代理権アリト信ズルニ付過失ナシト云フコトヲ得ザルモノトス」としている。これは、代理権との関係においては、手形法四〇条三項（小切手法三五条）ではなくて、民法の表見代理の規定の問題として処理したものである（加藤一昶「判批」手形百選〔第三版〕二二八頁、鈴木＝前田・三九九頁註一二および大隅＝河本・五一八頁参照）。

小切手の支払と民法一一〇条　右の判決の評価もかねてより分かれている。ある見解は、小切手（持参人払式の小切手をも含めて）の支払に関しては、手形法四〇条三項前段の類推適用があるとの見解を前提として、「小切手の支払請求者の権限の調査について、支払者の善意を救ふべき関係は常に同一の法則によって支配されるべきであり、代理権存否の問題のみについて突如として民法表見代理の法則に従ふべき理由がない」とする（竹田省「判批」民商一三巻二号二八八頁、二九七頁）。他方、別の見解は、やはり、小切手についても手形法四〇条三項と同じ結論を認める見解を正当であるとしながらも、「併し同条に依る悪意又は重過失なき場合の免責は支払人に積極的な審査義務が免除されて居る事項に関するものなのであって、代理権についても例へば証券上に所持人名義の受取の為めの署名が存するやうな場合には、同様に認められて然るべき」であるが、事案の場合には、「銀行は証券外の客観的事情から」代理権を認定したのだから、「やはり右規定〔手形法四〇条三項〕ではなく、「民法一一〇条の問題として取扱ったのが正当だったと思ふ」としているのである（鈴木竹雄「判批」判例民事法昭和一五年度三〇八頁、三一一頁）。

(3)　偽造または変造小切手の支払　　銀行が偽造または変造小切手に支払をなした場合に、振出人と支払銀行のいずれがその損失を負担すべきかは議論のあるところである。偽造小切手や変造小切手の場合には、その小切手またはその金額に関して有効な支払委託がないのであり、したがって、支払人は振出人の計算において支払をなす権限を有しないはずである。この場合には、有効な振出（支払委託）のあることを前提とする小切手法三五条（手形法四〇条三項）の適用（類推適用）もありえない。

わが国の実務においては、銀行は、預金者に小切手帳を交付し、預金者の署名および印鑑を届け出させている。そして、銀行は、顧客にその小切手用紙を用い、その署名および印鑑によって小切手を作成させ、それを調査して支払を行なっている。このような事情からすれば、支払人である銀行に、右の調査にあたって過失がない限り（最判昭和四六・六・一〇民集二五巻四号四九二頁参照）、その損失は振出人の負担に帰すべきものと解されている（大隅・二〇五頁、鈴木＝前田・三九九頁参照、なお、当座一六条一項参照）。

偽造手形の支払と銀行の注意義務　偽造手形に支払がなされた場合、どの程度の注意を尽くしておれば、銀行はその不利益を取引先に帰せしめることができるのか、それはなぜか、また当座勘定規定の免責規定はどのような意味を有するのか、いわゆる印影照合の方法はどのようにすべきか、などをめぐって議論がある。

本文において述べたところは、偽造手形については被偽造者の支払委託は客観的に存在しないのであるから、銀行は偽造手形支払の効果を委任契約の履行として主張することはできないことを当然の前提としながら、他方、手形、小切手に関する銀行実務を考慮して、銀行に印影照合などに過失のない限り免責を認めようと解する見解に従ったものである。

しかし、他に、「真正な手形のみを支払え」との委任は偽造が認識できない限り不可能であることを考え、したがって委任の内容は「最高の慎重さをもって真偽を判別して支払え」というものであると捉え、受任者は呈示された手形小切手の真正性について疑いを有し得ない限り支払うべきであり、その手形小切手が偽造であったとしても、なおその支払は委任契約の履行たりうるとの理解も可能であるとされている（このような分析に関して、柴田保幸・最高裁判所判例解説民事篇昭和四六年度二二九頁、二三七頁参照）。

最高裁判所の判決には、後者の見解を前提としたと解されるものがあり、次のように判示している（前掲最判昭和四六・六・一〇）。

「銀行が当座勘定取引契約によって委託されたところに従い、取引先の振り出した手形の支払事務を行なうにあたっては、委任の本旨に従い善良な管理者の注意をもつてこれを処理する義務を負うことは明らかである。したがつて、銀行が自店を支払場所とする手形について、真実取引先の振出した手形であるかどうかを確認するため、届出印鑑の印影と当該手形上の印影とを照合するにあたっては、特段の事情のないかぎり、折り重ねによる照合や拡大鏡等による照合をするまでの必要はなく、前記のような肉眼によるいわゆる平面照合の方法をもつてすれば足りるにしても、金融機関としての銀行の照合事務担当者に対して社会通念上一般に期待されている業務上相当の注意をもつて慎重に事を行なうことを要し、かかる事務に習熟している銀行員が右のごとき相当の注意を払って熟視するならば肉眼をもつても発見しうるような印影の相違が看過されたときは、銀行側に過失の責任があるものというべく、偽造手形の支払による不利益を取引先に帰せしめることは許されないものといわなければならない。このことは、原審が認定しているように、当座勘定取引契約に、『手形小切手の印影が、届出の印鑑と符合すると認めて支払をなした上は、これによって生ずる損害につき銀行は一切その責に任じない』旨のいわゆる免責約款が存する場合においても異なるところはなく、かかる免責約款は、銀行において必要な注意義務を尽くして照合にあたるべきことを前提とするものであつて、右の注意義務を尽くさなかつたため銀行側に過失があるとされるときは、当該約款を援用することは許されない趣旨と解すべきである。」

この判決は、銀行は、当座勘定取引契約上の受任者として、善良な管理者の注意をもって手形の支払事務を処理すべきであり、手形振出の真正を判別するための印影照合義務もそのような善管注意義務に属することを明らかにしたものである。銀行がこのような注意義務に反して偽造手形であることを看過して支払った場合には、それから生じた損失を被偽造者である取引先に帰せしめることは許されないとしている。免責規定に関しても（なお、現在の当座取引規定一六条一項の規定には判決の引用するものとは違い、印鑑照合は「相当の注意をもって」行なうことが規定されている）、それは有効ではあるが、本来の厳格な注意義務を軽減緩和する趣旨と解すべきではないとしている（柴田保幸・前掲二三九頁以下参照）。

5　線引小切手

(1)　線引小切手の制度　線引小切手（せんびきこぎって）または横線小切手（おうせんこぎって）とは、振出人または所持人が小切手の表面に二条の平行線を引いた小切手である（小三七条一項二項）。線引小切手には、一般線引と特定線引（特別線引）とがある。一般線引は、二条の線内に何らの指定がないとき、または「銀行」もしくはこれと同一の意義を有する文字を記載した小切手であり、特定線引とは、二条の線内に特定の銀行の名称を記載した小切手である（小三七条三項、なお、線引小切手については、たとえば、大隅・二〇五頁以下、鈴木＝前田・四〇一頁以下参照）。

一般線引小切手の場合には、支払人は、銀行または支払人の取引先に対してのみ支払をすることができる。銀行または支払人の取引先以外の者に対しては支払をすることができない（小三八条一項）。特定線引小切手の場合には、支払人は原則として被指定銀行に対してのみ支払をすることができる（小三八条二項）。また、銀行は、自己の取引先または銀行以外の者からは線引小切手を取得し、あるいは取立委任を受け得ないものとされている（小三八条三項）。

もっとも、線引小切手もその流通を制限されるものではなく、善意取得も認められる。また、支払制限（小三八条一項二項）に違反して支払われても正当な権利者に対する支払であれば、その支払は有効である。支払人または銀行は、線引の制限（小三八条一項～四項）に違反した結果生じた損害（たとえば、盗取手形の被害者に生じた損害）は、これを賠償する責任を負う（小三八条五項）。

これを要するに、線引小切手とは、盗難または遺失等の場合に不正な所持人が小切手の支払を受けるのを防ぐために、支払人と取引関係のある者かまたは銀行に対してでなければ支払ってはならないとしたものである。イギリスの制度に由来するものである。ジュネーヴ統一法は、線引小切手と計算小切手（証券の表面に「計算の為」または同一の意義を有する文言を記載し、現金の支払を禁じた小切手）の制度を併用しているが、わが国は留保条項により、線引小切手を採用し、日本で支払われるべき外国の計算小切手は一般線引小切手と同様に扱うものとしている（小七四条）。

(2)　線引の変更および抹消　　線引は、小切手の振出人または所持人が、支払人に対して支払人のなす支払を受領することのできる者の資格（支払受領者の資格）を制限する指図である。この受領資格を厳格にする変更は許されるが、逆に緩和する変更は許されない。無権利者がすでになされた記載を変更して容易に支払を受けることを防ぐ必要があるからである（大隅・二〇五頁、鈴木＝前田・四〇二頁参照）。したがって、次のようになる。

①　線引の変更・抹消　線引のない小切手の所持人は、線引をすることができる（小三七条一項）。また、一般線引を特定線引に変更することもできる（小三七条四項）。しかし、逆に特定線引を一般線引に変更することはできず（小三七条四項）、線引または特定線引の被指定銀行の名称を抹消しても、これを抹消しなかったものとみなされる（小三七条五項）。

②　数個の特定線引のある場合　小切手に数個の特定線引のある場合には、支払人は、支払をなすことができない（小三八条四項本文）。後から特定線引を加えるなど不正の取得者によって悪用されるおそれがあるからである。ただし、手形交換所における取立のために第二の線引をすることは認められている（小三八条四項但書）。これは、手形交換所に加入していない被指定銀行の記載のある小切手を手形交換所において決済することを可能にするものである。第二の線引には手形交換による取立のためである旨の記載を必要とする（大隅・二〇八頁、鈴木＝前田・四〇五頁註一九）。

③　一般線引の効力を排除する旨の特約の効力　右に見たように、線引の抹消は認められない（小三七条五項）。これに対して、線引の制限を排除する特約（合意）は、その当事者間に限っては有効であると解されている（石井＝鴻・三四一頁）。

一般線引の効力を排除する旨の特約の効力　判例にも、この問題を扱ったものがある。すなわち、最判昭和二九年一〇月二九日裁判所時報一七一号一六九頁（金融商事五二九号一三頁）によれば、銀行が自己宛の一般線引小切手を受取人に交付するにあたり、受取人との間において、小切手を持参する者には必ず現金を支払う旨の合意をしたときは、これは当事者間において一般線引の効力を排除する旨の合意をしたものと解されるが、このような当事者間の合意によって当事者間のみにおいて線引の効力を排除することは、何らこれを禁ずべき必要はない、とされている（江頭憲治郎「判批」手形百選〔第三版〕二二六頁参照）。銀行との特約にもとづいて線引小切手の効力を排除した以上、その当事者は、銀行が線引の制限に違反したために損害を被ったとして銀行に対して損害の賠償を請求することはできないというのである。

なお、当座勘定規定（ひな型）一八条は、振出人の届出印が線引小切手の裏面に押捺されているときは銀行は持参人に支払うことができるものとしている。このいわゆる裏判の慣行は、当座取引先と銀行との間における線引の効力を排除する特約の一と認められる（裏判の慣行については、さらに、江頭・前掲判批二二七頁、大隅＝河本・五二八頁および石井眞司「線引の効力を排除する合意の効力」金融法務七四号二六頁参照）。

No. 15　約　束　手　形　No. AA135789

東　京 1301
0007—015

高尾商事株式会社　殿

金額　¥12,000,000※

上記金額をあなたまたはあなたの指図人へこの約束手形と引替えにお支払いいたします

支払期日　平成 14 年 7 月 30 日
支払地　東京都　八王子市
支払場所　全国銀行　八王子支店

平成 14 年 4 月 15 日
振出地
住所　東京都八王子市高尾1の1
振出人　株式会社アルプス
代表取締役　佐藤

⑈0211301⑈0007⑆015⑈347685⑈35789

表記金額を下記被裏書人またはその指図人へお支払いください
平成 14 年 4 月 30 日　拒絶証書不要
住所　東京都品川区五反田5の1
高尾商事株式会社
代表取締役　宇田頼弘
(目的)
被裏書人　東西電気株式会社　殿

表記金額を下記被裏書人またはその指図人へお支払いください
平成 14 年 5 月 20 日　拒絶証書不要
住所　東京都中央区築地2の1
東西電気株式会社
代表取締役　佐々木三郎
(目的)
被裏書人　　殿

表記金額を下記被裏書人またはその指図人へお支払いください
平成 14 年 6 月 30 日　拒絶証書不要
住所　東京都八王子市本町1の6
株式会社　八王子ホテル
代表取締役　山本英治
(目的)
被裏書人　株式会社　渋谷商会　殿

表記金額を下記被裏書人またはその指図人へお支払いください
平成 14 年 7 月 25 日　拒絶証書不要
住所　東京都渋谷区渋谷1－5
株式会社　渋谷商会
代表取締役　田中　明
(目的) 取立のため
被裏書人　　殿

表記金額を受取りました
平成　年　月　日
住所
交換
14.7.30
全国銀行
渋谷支店

(注)小切手と同じように、左図の切取線の左（この図では下）は控えになっていますが、この見本では省略しています。また、金額欄の記入は漢数字で行ってもかまいません。

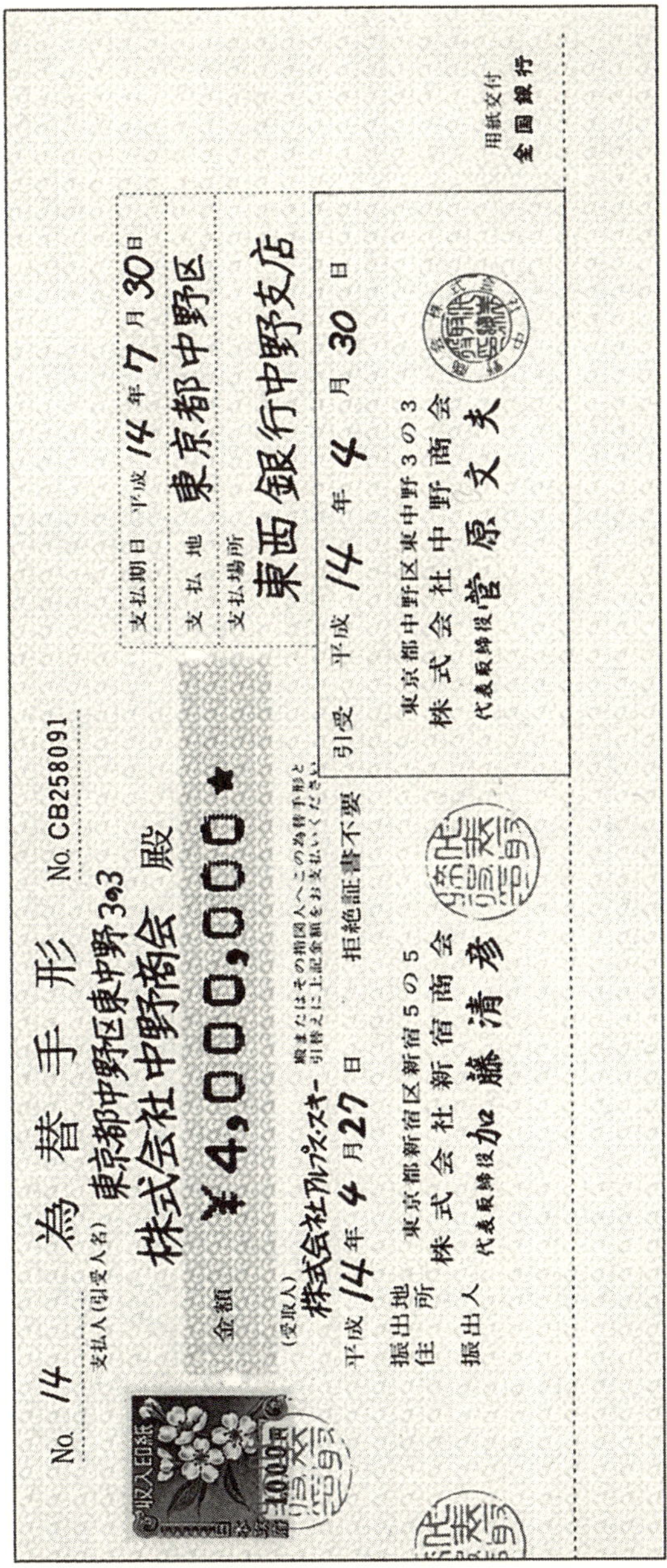
No. 14 為替手形 No. CB258091

支払人(引受人名) 東京都中野区東中野3の3
株式会社中野商会 殿

金額 ¥4,000,000★

(受取人) 株式会社アルプス・スキー 殿またはその指図人へこの為替手形と引替えに上記金額をお支払いください。

平成14年4月27日 拒絶証書不要

振出地住所 東京都新宿区新宿5の5
振出人 株式会社新宿商会 代表取締役 加藤清彦

支払期日 平成14年7月30日
支払地 東京都中野区
支払場所 東西銀行中野支店

引受 平成14年4月30日
東京都中野区東中野3の3
株式会社中野商会
代表取締役 菅原文夫

用紙交付 全国銀行

(注)小切手と同じように切取線の左(この図では下)は控えになっていますが、この見本では、省略しています。また、金額欄の記入は漢数字で行ってもかまいません。

㊟小切手を振出すときには、一般的には、点線（ミシン目）部分にも銀行に届けてある印鑑を押し、点線から切り離して右側（この図では上側）の部分を相手に渡します。左側（下側）の部分は控えです。金額欄の記入はチェックライターで行ってもかまいません。

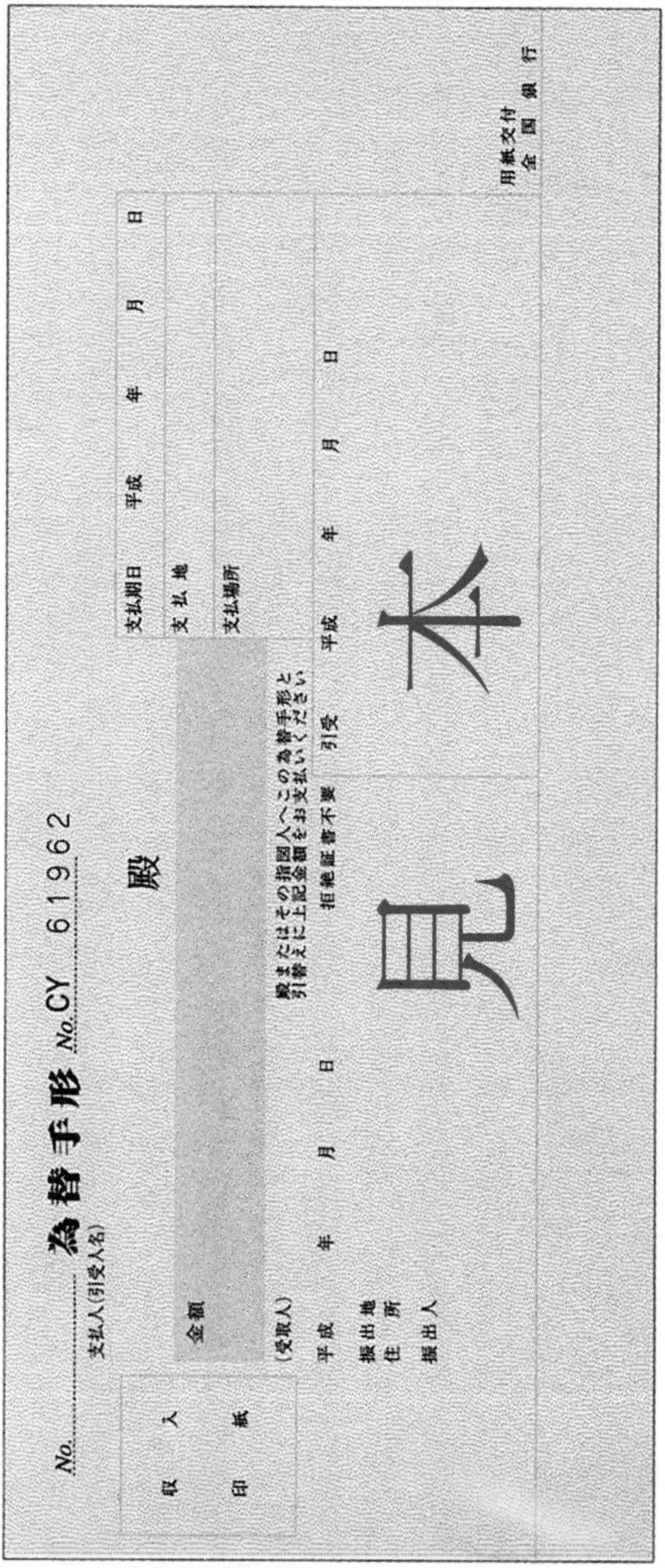

㊟この見本は実物と大きさが異なります。（実物は約束手形と同じくタテ93㎜、ヨコ216㎜です。）

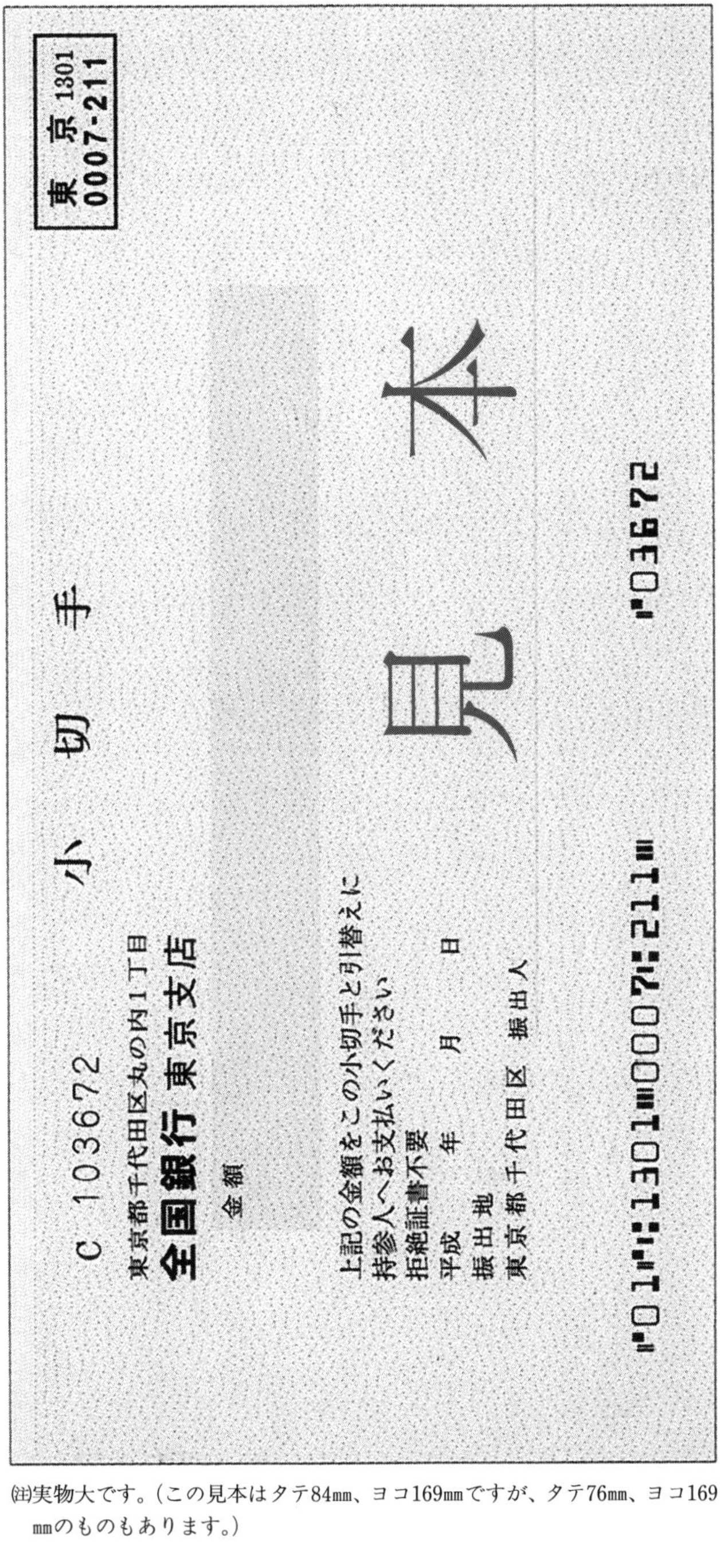

(注)実物大です。（この見本はタテ84㎜、ヨコ169㎜ですが、タテ76㎜、ヨコ169㎜のものもあります。）

東京 1301
0007-211

支払期日　平成　年　月　日

支払地　東京都千代田区

支払場所

全国銀行 東京支店

支払いいたします

本

211 14016

表記金額を下記被裏書人またはその指図人へお支払いください

平成　年　月　日

拒絶証書不要

住所

(目的)

被裏書人

殿

表記金額を下記被裏書人またはその指図人へお支払いください

平成　年　月　日

拒絶証書不要

住所

(目的)

被裏書人

殿

表記金額を下記被裏書人またはその指図人へお支払いください

平成　年　月　日

拒絶証書不要

(目的)

被裏書人

本

殿

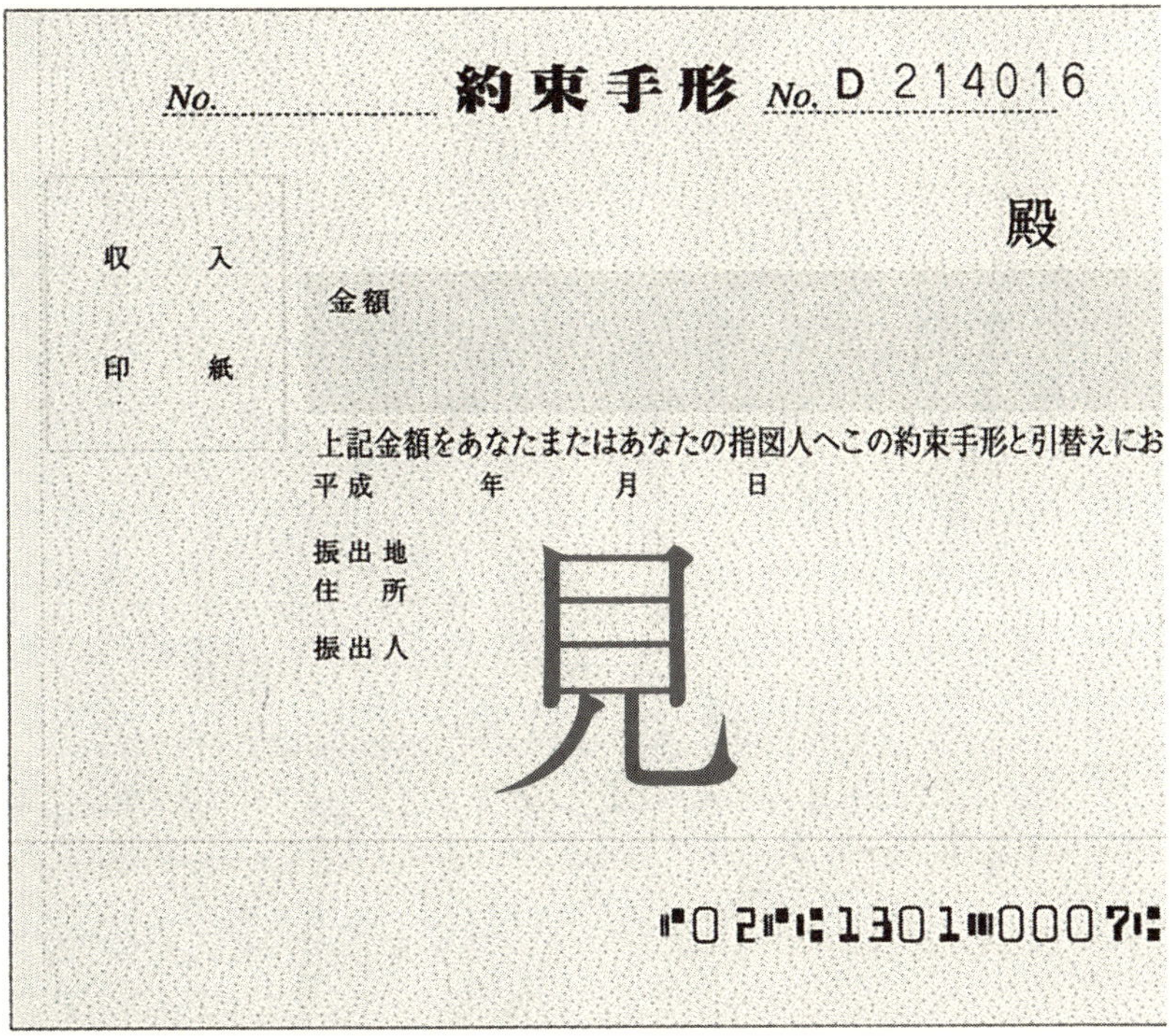

No. 約束手形 No. D 214016

殿

収入印紙

金額

上記金額をあなたまたはあなたの指図人へこの約束手形と引替えにお

平成　年　月　日

振出地
住所

振出人

見

⑈02⑆1301⑈0007⑆

住所

(目的)

被裏書人　殿

表記金額を下記被裏書人またはその指図人へお支払いください
平成　年　月　日
拒絶証書不要

住所

見

(目的)

被裏書人　殿

表記金額を受取りました
平成　年　月　日

住所

(注)実物大です。(タテ93mm、ヨコ216mm)

統一手形用紙の見本

以下に掲げるのは、統一手形用紙・小切手用紙の見本とその記載例である。

いずれも、**全国銀行協会企画部広報室編『やさしい手形・小切手のはなし』(2002年6月)**に掲載されたものを全国銀行協会企画部広報室の格別の御厚意によって転載させて頂いたものである。

福瀧博之著

教　材　現代手形法学

A5判・三五八頁・三六七五円

手形法解釈学の重要なトピックスを取り扱う論文七篇からなる論文集。附録として「日本における現代手形法学」と題するドイツ語論文が付けられている。教室の講義だけでなく、よりすすんだ手形法の勉強をするための恰好の「教材」。

岩本　慧代表編集

商法判例教材〔第2版〕

A5判・二一二頁・一六八〇円

一年間でこなしきれるだけの重要判例を各領域（総則・商行為、会社、手形・小切手、保険・海商）より選び講義の副教材、演習教材としての便宜をはかる。理解を深めるために判例の意義・学説の状況についてのコメントと参考文献を付す。

岩本　慧著

新訂 商法Ⅰ〔総則・商行為法〕〔改訂版〕

A5判・二七二頁・二八三五円

要領よく体系的にまとめた概説書。「商行為の代理」に関して書き改めるとともに、会社法の改正、民事訴訟法、独占禁止法、商業登記法、担保附社債信託法、不正競争防止法、非訟事件手続法などの改正をふまえて訂正補修。

岩本　慧著

商　法　Ⅲ〔手形法・小切手法〕

A5判・二二八頁・二九四〇円

基礎的知識を修得するための絶好の入門書。緒論（有価証券制度、手形・小切手制度、手形法・小切手法）／手形法総論（概念・法的性質、手形行為、手形上の権利、期日・期間、実質関係、理論）／各論／小切手法（総論、各論）／国際手形法・小切手法

岩本　慧著

新訂 法学提要〔改訂版〕

A5判・一八二頁・一七八五円

「法学とはどういった学問か」を平易に説くために、社会規範としての法の存在構造をその発生・目的・種類・効力等についての概説。終章の経済生活の秩序と調和は現代人と法についての関連をわかりやすく説く。

著者略歴

福瀧　博之（ふくたき　ひろゆき）

1969年　岡山大学法文学部法学科卒業
1974年　京都大学大学院法学研究科博士課程単位修得修了
現　在　関西大学法学部教授

1998年７月５日　初　版第１刷発行
2007年４月25日　第二版第１刷発行
2010年３月31日　第二版第２刷発行

手形法概要〔第二版〕

著　者　福瀧博之
発行者　秋山　泰

発行所　株式会社　法律文化社

〒603-8053　京都市北区上賀茂岩ヶ垣内町71
電話 075（791）7131　FAX 075（721）8400
URL: http://www.hou-bun.co.jp/

印刷：西濃印刷㈱／製本：㈱藤沢製本所
ISBN978-4-589-03024-5

事項索引

あ 行

か 行

さ 行

な 行

は 行

ま 行

や 行

ら 行

判 例 索 引

大 審 院

大判 明34・6・8 民録7輯6巻17頁 …111
10・24 民録7輯122頁…265
大判 明35・7・5 民録8輯7巻34頁 …455
10・23 民録8輯9巻118頁…415
大判 明37・2・23 民録10輯195頁…456
大判 明38・2・23 民録11輯259頁…422
5・11 民録11輯706頁…110
6・6 民録11輯893頁…233
9・30 民録11輯1239頁 …360
大判 明39・5・17 民録12輯758頁…111
10・4 民録12輯1203頁…37
大判 明40・3・27 民録13輯359頁…136
5・31 民録13輯608頁…299
大判 明41・11・2 民録14輯1079頁 …3
大判 明42・11・2 民録15輯846頁 …88
大判 明44・2・22 民録17輯71頁 …233
12・25 民録17輯904頁 …59
大判 大1・12・25 民録18輯1078頁 …109
大判 大4・5・27 民録21輯821頁…312
6・22 新聞1043号29頁 …312
9・14 民録21輯1457頁 …234
10・13 民録21輯1679頁 …238
10・26 民録21輯1775頁 …360
大判 大5・2・26 民録22輯419頁 …88
10・25 民録22輯1988頁 …352
大判 大6・2・24 民録23輯284頁…122
大判 大7・1・21 民録24輯3頁…91
10・29 民録24輯2079頁 …101
大判 大9・1・29 民録26輯94頁 …101
3・10 民録26輯301頁…113
3・24 民録26輯392頁…360
5・15 民録26輯669頁…450
大判 大10・6・8 民録27輯1119頁 …422
6・27 民録27輯1252頁 …392
7・13 民録27輯1318頁…37
10・1 民録27輯1686頁 …272,287
12・21 法学5巻796頁…421
大判 大11・9・29 民集1巻564頁…113
11・25 民集1巻647頁…348
12・28 新聞2084号21頁 …114

大判 大12・3・14 民集2巻103頁……155
4・5 民集2巻206頁……88
6・9 評論12巻商172頁……421
6・13 民集2巻401頁……360,361
6・30 民集2巻432頁……147,148
7・11 民集2巻477頁……88,95
大判 大13・3・7 民集3巻91頁……395
大判 大14・3・12 民集4巻120頁……147
5・20 民集4巻264頁……258,268
12・10 民集4巻585頁……396
12・23 民集4巻761頁……265
大判 大15・3・12 民集5巻181頁……404
7・22 民集5巻647頁……328
12・17 民集5巻850頁……261
大判 昭3・1・9 民集7巻1頁……240
2・9 新聞2849号9頁……91
2・15 新聞2836号10頁……101
10・30 民集7巻865頁……230
大判 昭5・5・10 民集9巻460頁……234
7・4 新聞3163号6頁……250
10・23 民集9巻972頁……293
11・6 新聞3199号4頁……261
大判 昭6・5・22 新聞3275号4頁……455
7・20 民集10巻561頁……449,457
大判 昭7・2・23 民集11巻260頁……230,404
4・28 民集11巻761頁……394
6・22 民集11巻1218頁……121
7・9 民集11巻1604頁……113
11・19 民集11巻2120頁……40
11・26 法学2巻709頁……265
12・24 新聞3518号16頁……91
大判 昭8・4・4 民集12巻543頁……455
4・6 民集12巻551頁……235
4・10 民集12巻574頁……363
5・5 民集12巻1074頁……326
5・9 民集12巻1115頁……233
5・26 民集12巻1343頁……234,297
6・1 民集12巻1401頁……88,91,92
9・15 民集12巻2168頁……39
9・28 新聞3620号7頁……152
9・28 民集12巻2362頁……152
11・7 裁判例7民259頁……281
11・22 民集12巻2756頁……147
12・19 民集12巻2882頁……118,119
大判 昭9・2・23 民集13巻431頁……455

5・25 民集13巻842頁……360,361,363
9・1 小町谷＝伊澤編・商事判例集184頁……461
大判 昭10・1・22 民集14巻31頁……313
2・19 民集14巻137頁……455
3・30 新聞3833号7頁……118
4・16 新聞3835号18頁……457
6・22 新聞3869号11頁……104
12・24 民集14巻2105頁……48,59
大判 昭11・3・11 民集15巻320頁……461
6・12 新聞4011号8頁……265
大判 昭12・2・13 民集16巻112頁……470
11・24 民集16巻1652頁……157
大判 昭13・1・29 民集17巻14頁……396
4・23 民集17巻803頁……361
11・19 新聞4349号10頁……101
11・19 新聞4355号7頁……285
12・19 民集17巻2670頁……266
大判 昭15・7・20 民集19巻1379号……472
10・15 民集19巻1808頁……280
大判 昭16・6・20 民集20巻900頁……240
大判 昭18・4・16 法学12巻10号94頁……457
大判 昭19・6・23 民集23巻378頁……215,216

最高裁判所

最判 昭23・10・14 民集2巻11号376頁……102
最判 昭25・2・10 民集4巻2号23頁……118,120,212
最判 昭26・2・20 民集5巻3号70頁……216
10・19 民集5巻11号612頁……118,120
最判 昭27・2・15 民集6巻2号77頁……109
11・25 民集6巻10号1051頁……315
最判 昭29・2・19 民集8巻2号523頁……188
3・9 判タ40号15頁……118
4・2 民集8巻4号782頁……220
10・29 金融商事529号13頁……476
11・18 民集8巻11号2052頁……119,121,361
最判 昭30・2・1 民集9巻2号139頁……353
5・31 民集9巻6号811頁……215,216
9・22 民集9巻10号1313頁……343
9・30 民集9巻10号1513頁……315
11・18 民集9巻12号1763頁……216
最判 昭31・2・7 民集10巻2号27頁……312,324
4・27 民集10巻4号459頁……362
7・20 民集10巻8号1022頁……62,273,287
9・28 民集10巻9号1221頁……470
最判 昭33・3・7 民集12巻3号511頁……296

3・20 民集12巻4号583頁……89,92
6・3 民集12巻9号1287頁……103
6・17 民集12巻10号1532頁……141
9・11 民集12巻13号1998頁……347
12・11 民集12巻16号3313頁……293
最判 昭34・2・6 民集13巻1号81頁……396
6・9 民集13巻6号664頁……248,250,251
7・14 民集13巻7号978頁……219
8・18 民集13巻10号1275頁……293
最判 昭35・1・12 民集14巻1号1頁……203
2・11 民集14巻2号184頁……360
4・12 民集14巻5号825頁……334
10・25 民集14巻12号2720頁……215,226
10・25 民集14巻12号2775頁……404
11・1 判時243号29頁……278
12・27 民集14巻14号3234頁……148
最判 昭36・6・9 民集15巻6号1546頁……149
7・20 民集15巻7号1892頁……233
7・31 民集15巻7号1982頁……110,261
11・24 民集15巻10号2536頁……281,282,285
12・12 民集15巻11号2756頁……147
12・22 民集15巻12号3066頁……240
最判 昭37・2・20 民集16巻2号341頁……264
5・1 民集16巻5号1013頁……221
7・6 民集16巻7号1491頁……138
8・21 民集16巻9号1809頁……3
9・21 民集16巻9号2041頁……17
最判 昭38・1・30 民集17巻1号99頁……233,353
5・21 民集17巻4号560頁……241,247
8・23 民集17巻6号851頁……199
11・19 民集17巻11号1401頁……141
最判 昭39・1・23 民集18巻1号37頁……82,213
4・7 民集18巻4号520頁……269
9・15 民集18巻7号1435頁……146
10・16 民集18巻1727頁……321,322,324
11・24 民集18巻9号1952頁……234
12・4 判時391号7頁……471
最判 昭40・4・9 民集19巻3号647頁……223,317
4・13 判時413号76頁……247
6・1 金融法務416号6頁……60
6・4 民集19巻4号924頁……123
8・24 民集19巻6号1435頁……103
11・30 民集19巻8号2049頁……149
12・21 民集19巻9号2300頁……220
最判 昭41・4・22 民集20巻4号734頁……353

6・16 民集20巻5号1046頁 ……296
6・21 民集20巻5号1084頁 ……203
7・1 判時459号74頁……154
9・13 民集20巻7号1359頁 ……41,93,136,314
10・4 金融商事32号8頁 ……451,454
10・13 民集20巻8号1632頁 ……276,296
11・2 民集20巻9号1674頁 ……234,276,297
11・10 民集20巻9号1697頁 ……157
11・10 民集20巻9号1756頁 ……285
最判 昭42・2・3 民集21巻1号103頁 ……60
3・14 民集21巻2号349頁……158,284
3・31 民集21巻2号483頁……238
4・27 民集21巻3号728頁……220
6・6 金融商事61号10頁 ……458
6・6 判時487号56頁……133
11・8 民集21巻9号2300頁 ……102,268,352,356
最判 昭43・3・21 民集22巻3号665頁……244,247
4・12 民集22巻4号889頁……149
4・12 民集22巻4号911頁……193,293
12・12 民集22巻13号2963頁……37
12・12 判時545号78頁……106
12・24 民集22巻13号3382頁 ……146,152,154
12・25 民集22巻13号3548頁……73,224
最判 昭44・2・20 民集23巻2号427頁……281,282
3・4 民集23巻3号586頁 ……67,262
3・27 民集23巻3号601頁……324
4・3 民集23巻4号737頁……109,118,144
4・15 判時560号84頁（最高裁判所裁判集民事95号125頁） ……259,422
9・12 判時572号69頁……372
11・14 民集23巻11号2023頁 ……144,327
最判 昭45・2・17 判時592号90頁……294
3・26 判時587号75頁……147
3・31 民集24巻3号182頁……343
4・10 民集24巻4号240号……461
4・21 民集24巻4号283号……309
6・18 民集24巻6号544頁……233,234,336
6・24 民集24巻6号625頁……109
6・24 民集24巻6号712頁……158,312
7・2 民集24巻7号731頁……109
7・16 民集24巻7号1077頁 ……214
11・11 民集24巻12号1876頁 ……234,281,297
最判 昭46・4・9 民集25巻3号264頁……114,224
4・23 金融法務621号36頁……230
6・10 民集25巻4号492頁……473
7・1 判時644号85頁……451,452

10・13 民集25巻 7 号900頁 ……95,130,131
11・16 民集25巻 8 号1173頁……61,212
最判 昭47・2・10 民集26巻 1 号17頁 ……137,314,333
4・4 民集26巻 3 号373頁 ……95,130
4・6 民集26巻 3 号455頁 ……61,187,190,201
11・10 判時689号103頁 ……200
最判 昭48・3・22 判時702号101頁 ……216
4・12 金融法務686号30頁 ……18
10・9 民集27巻 9 号1129頁 ……110
11・16 民集27巻10号1391頁 ……224
最判 昭49・2・28 民集28巻 1 号121頁……193,302
6・28 民集28巻 5 号655頁……155
12・24 民集28巻10号2140頁 ……158,312
最判 昭50・8・29 判時793号 9 頁……157
最判 昭51・4・8 民集30巻 3 号183頁……193,293,294
6・18 金融法務802号34頁……294
最判 昭52・6・20 判時873号97頁……200
9・22 判時869号97頁……223
11・15 民集31巻 6 号900頁……330
12・9 判時879号135頁 ……147
最判 昭53・1・23 民集32巻 1 号 1 頁 ……106,230
4・24 判時893号86頁……302
最判 昭54・4・6 民集33巻 3 号329頁……322
9・6 民集33巻 5 号630頁……119,123,127
10・12 判時946号105頁 ……360
最判 昭55・3・27 判時970号169頁 ……270,356
5・30 民集34巻 3 号521頁……231,359
7・15 判時982号144頁 ……133
12・18 民集34巻 7 号942頁……327
最判 昭56・7・17 判時1014号128頁……313
最判 昭57・3・30 民集36巻 3 号501頁……297
7・15 民集36巻 6 号1113頁 ……235
9・7 民集36巻 8 号1607頁 ……333
11・25 金融法務1034号40頁 ……464
11・25 判時1065号182頁……381
最判 昭59・9・21 判時1134号79頁 ……466
最判 昭60・3・26 判時1156号143頁……319
最判 昭61・7・10 民集40巻 5 号925頁……258,259
7・18 民集40巻 5 号977頁……306
最判 昭62・10・16 民集41巻 7 号1497頁 ……106
最判 平 2・9・27 民集44巻 6 号1007頁 ……331
最判 平 5・7・20 民集47巻 7 号4652頁 ……281,283
10・22 民集47巻 8 号5136頁 ……353
最判 平 7・7・14 判時1550号120頁……218
最判 平 9・2・27 民集51巻20号686頁……262

最判 平13・１・25 民集55巻１号１頁 ……………………………………………187,190,201

控訴院・高等裁判所

大阪控判 明42・10・15 新聞606号９頁 ……………………………………………………89
東京控判 大13・７・22 新聞2294号17頁 …………………………………………………360
東京控判 昭３・２・10 小町谷＝伊澤編・商事判例集968頁…………………………461
宮城控判 昭８・６・27 新聞3595号12頁 …………………………………………………461
東京控判 昭11・10・28 新聞409号７頁……………………………………………………360
大阪高判 昭28・３・23 高民集６巻２号78頁 ……………………………………………85,92
高松高判 昭29・５・６ 高民集７巻６号463頁……………………………………………339
東京高判 昭31・３・７ 下民集７巻３号542頁……………………………………………148
福岡高判 昭33・10・17 高民集11巻８号533頁……………………………………………233
高松高判 昭34・４・27 高民集12巻３号115頁……………………………………………234
東京高判 昭34・９・29 高民集12巻８号401頁……………………………………………451
大阪高判 昭34・12・16 高民集12巻10号491頁……………………………………………361
名古屋高判 昭35・９・22 高民集13巻７号642頁…………………………………………189
東京高判 昭36・６・29 金融法務280号９頁………………………………………………460
東京高判 昭36・11・24 民集12巻11号224頁………………………………………………298
大阪高判 昭36・12・16 金融法務297号70頁………………………………………………285
大阪高判 昭37・１・31 判時294号52頁……………………………………………………146
２・６ 金融法務301号５頁 ………………………………………………92
大阪高判 昭38・４・１ 金融法務347号10頁………………………………………………348
高松高判 昭39・７・９ 高民集17巻５号318頁……………………………………………228
大阪高判 昭40・２・11 金融法務403号７頁………………………………………………352
仙台高判 昭40・８・30 高民集18巻５号402頁……………………………………451,454
大阪高判 昭42・１・30 金融法務468号28頁………………………………………………455
東京高判 昭42・８・30 高民集20巻４号352頁……………………………………252,471
11・27 金融商事92号18頁 ………………………………………………332
大阪高判 昭43・７・30 金融法務520号26頁………………………………………………332
札幌高判 昭44・８・13 下民集20巻７・８号580頁………………………………………291
東京高判 昭49・６・19 判時758号117頁 …………………………………………………465
東京高判 昭49・７・19 判時756号102頁 …………………………………………………190
大阪高判 昭50・３・19 判時788号55頁……………………………………………………106
大阪高判 昭53・７・20 金融商事557号19頁………………………………………………124
大阪高判 昭54・９・５ 判時953号118頁 …………………………………………………234
東京高判 昭55・４・15 判タ416号146頁 ……………………………………………464,465
福岡高判 昭55・12・23 判時1014号130頁…………………………………………………159
大阪高判 昭56・２・25 金融商事623号10頁………………………………………………261
名古屋高決 昭56・７・14 判時1030号45頁 ………………………………………………298
大阪高判 昭57・12・17 判時1077号134頁…………………………………………………356
東京高判 昭58・11・17 金融商事690号４頁………………………………………………370
大阪高判 昭58・11・30 判時1112号131頁…………………………………………………466
東京高判 昭60・１・30 判時1146号142頁 …………………………………………………62
東京高判 平１・４・12 金融法務1235号35頁 ……………………………………………215
東京高判 平２・４・24 金融商事862号27頁………………………………………………189

高松高判 平３・６・10 金融商事881号27頁……366
大阪高判 平５・11・19 判時報1485号118頁……262
東京高判 平12・８・17 金融商事1109号51頁……203

地方裁判所・区裁判所

東京地判 大14・６・１ 評論14巻商法275頁……92
東京地判 昭２・２・18 新聞2670号10頁……91
12・23 新聞2788号５頁……455
東京地判 昭９・12・６ 評論24巻民訴71頁……461
東京区判 昭12・６・19 新聞4158号18頁……467
大阪地判 昭25・４・22 下民集１巻４号598頁……451,453
東京地判 昭27・10・30 判タ25号61頁……451,453
東京地判 昭29・３・22 金融法務36号16頁……465
東京地判 昭32・１・21 下民集８巻１号63頁……315
神戸地判 昭32・８・21 下民集８巻８号1564頁……223
東京地判 昭33・２・19 下民集９巻２号246頁……451,454
東京地八王子支判 昭33・３・28 下民集９巻３号533頁……238
大阪地判 昭34・２・23 下民集10巻２号373頁……451,453
３・10 下民集10巻３号455頁……148
東京地判 昭34・11・６ 下民集10巻11号2343頁……458
大阪地判 昭35・８・31 判時238号28頁……146
和歌山地判 昭36・10・20 下民集12巻10号2498頁……335
東京地判 昭37・６・５ 判時303号34頁……335
東京地判 昭38・１・31 下民集14巻１号143頁……223
大阪地判 昭39・12・10 下民集15巻12号2918頁……62
東京地判 昭40・６・30 下民集16巻６号133頁……260
10・13 判時450号51頁……229
大阪地判 昭40・10・25 金融法務428号14頁……332
大阪地判 昭41・３・８ 金融法務446号14頁……362
東京地判 昭41・３・22 金融法務439号７頁……466
９・13 金融商事30号18頁……332
大阪地堺支判 昭41・10・20 判時482号65頁……422
京都地判 昭41・12・26 金融法務466号33頁……389
東京地判 昭42・10・25 金融商事87号７頁……332
大阪地判 昭42・７・12 金融法務490号32頁……422
大阪地判 昭43・１・25 判時524号70頁……332
東京地判 昭43・４・26 金融商事118号19頁……313
５・13 金融商事116号19頁……348
12・21 下民集19巻11・12号821頁……454
東京地判 昭46・２・24 判時637号59頁……464,465
東京地判 昭47・１・29 判時663号91頁……315
名古屋地判 昭48・２・15 判時700号120頁……463,464
大阪地判 昭48・２・22 判時706号86頁……229
３・18 判時742号49頁……321
９・４ 判時724号85頁……230

東京地判 昭49・3・27 判時738号103頁……332
8・8 判時767号63頁……465
名古屋地判 昭50・3・27 判時729号70頁……190
和歌山地新宮支判 昭50・12・26 金融商事509号32頁……458
東京地判 昭52・12・12 判時877号94頁……62,288,291
大阪地判 昭53・3・7 金融商事566号41頁……261,333
東京地判 昭53・5・29 判時923号115頁……190
東京地判 昭54・11・29 判時957号66頁……464
神戸地判 昭55・8・22 判時992号107頁……467
名古屋地判 昭57・12・13 金融商事671号49頁……465
大阪地判 昭62・7・16 判時1285号99頁……457
大阪地判 平1・11・30 判時1363号147頁……287,291
東京地判 平14・7・4 判時1796号156頁……282
東京地判 平15・10・17 判時1840号142頁……256